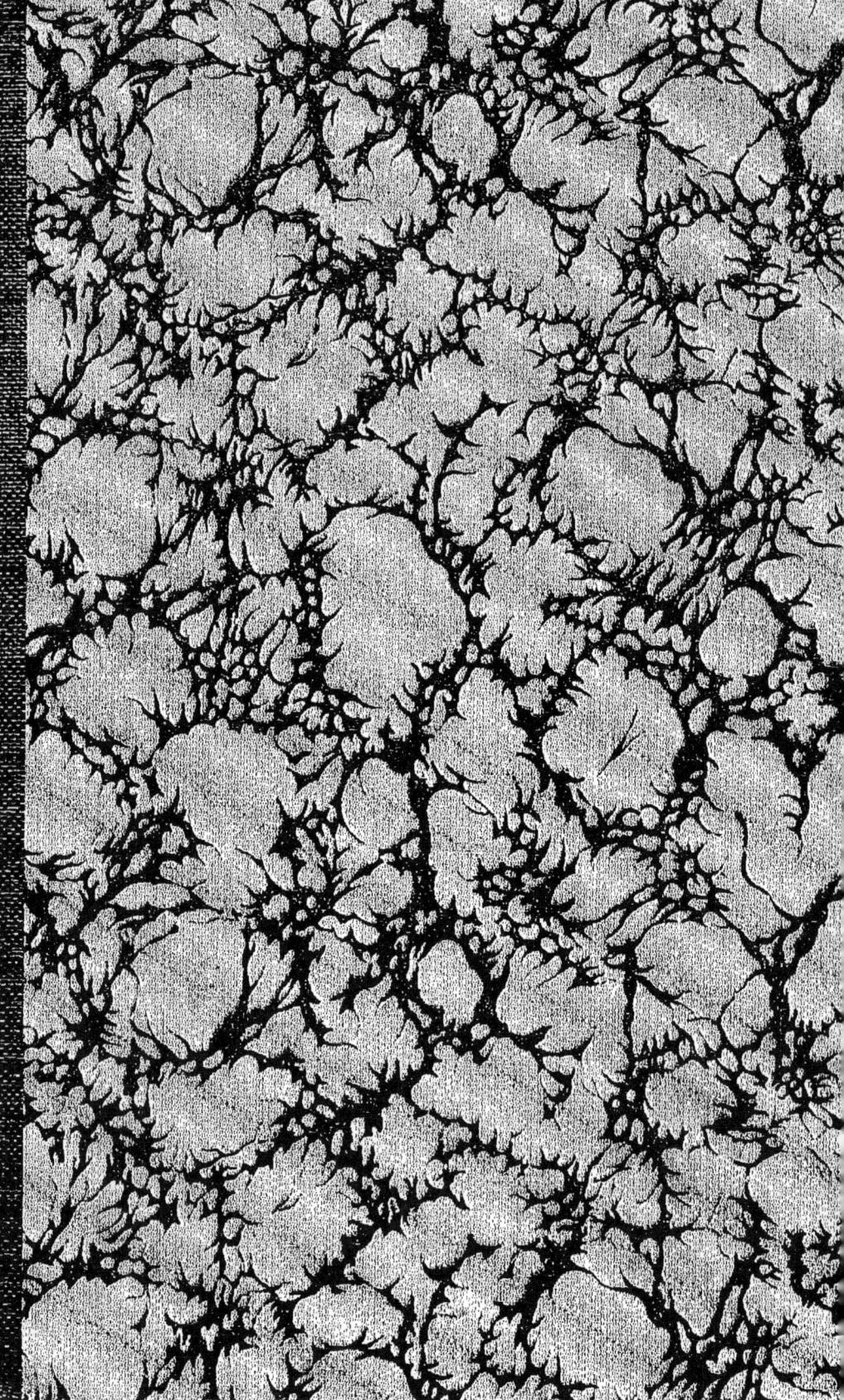

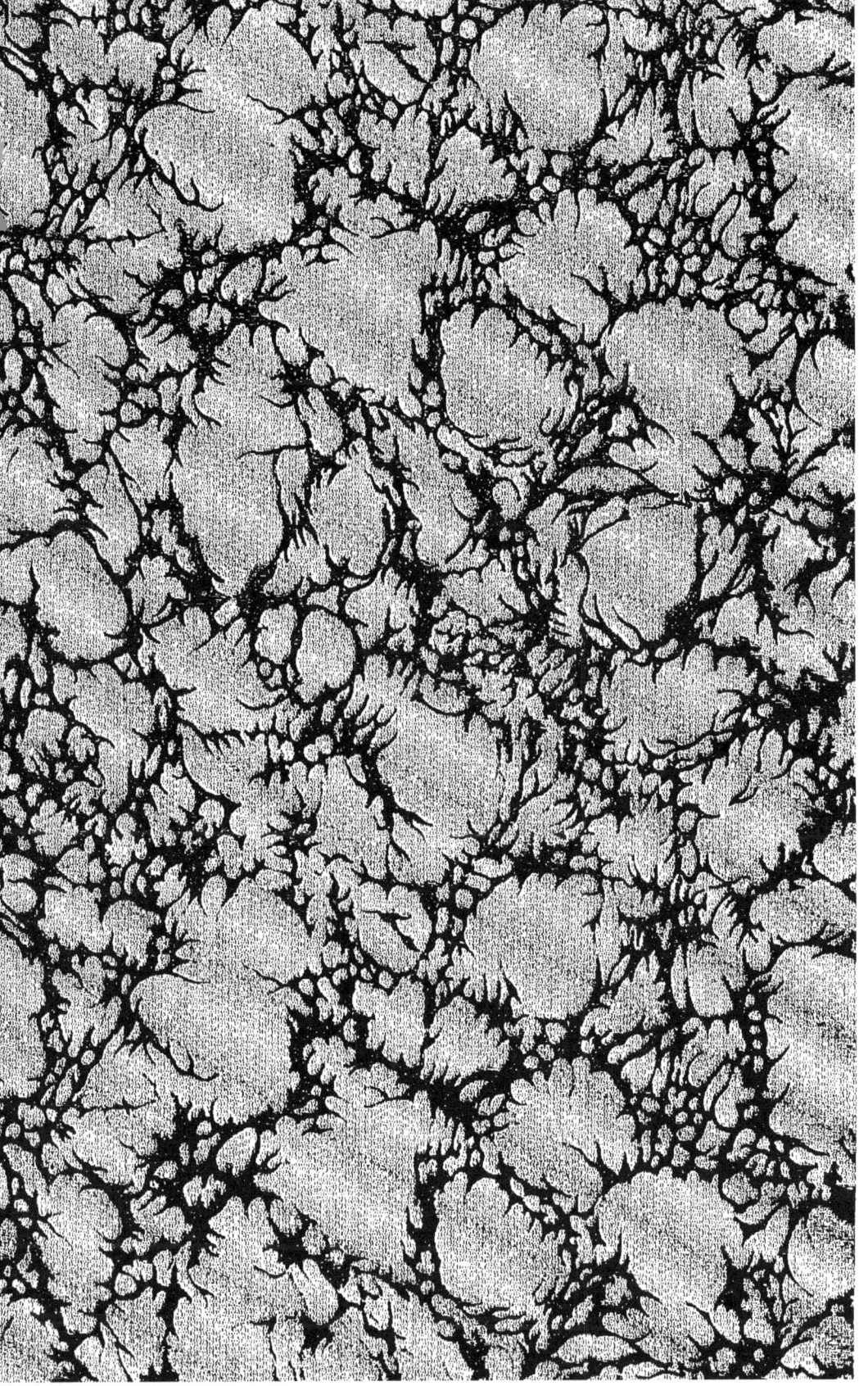

Capitaine breveté BILLARD

# Éducation
# de l'Infanterie

"En avant ! S'agit d'aller,
revienne qui pourra."
Un CROISÉ FRANC, X° siècle.

"Y a qu'à foncer."
DUMANET, XX° siècle.

Avec 4 croquis hors texte et nombreuses figures dans le texte

PARIS
LIBRAIRIE CHAPELOT
MARC IMHAUS & RENÉ CHAPELOT, ÉDITEURS
30, Rue Dauphine, VI° (M. me Mellon à NANCY)
1918

# Éducation de l'Infanterie

Capitaine breveté BILLARD

# Éducation
# de l'Infanterie

"*En avant ! S'agit d'aller,
revienne qui pourra.*"
Un Croisé Franc, x$^e$ siècle.

"*Y a qu'à foncer.*"
Dumanet, xx$^e$ siècle.

*Avec 4 croquis hors texte et nombreuses figures dans le texte*

PARIS
## LIBRAIRIE CHAPELOT
MARC IMHAUS & RENÉ CHAPELOT, ÉDITEURS
30, Rue Dauphine, VI$^e$ (Même Maison à NANCY)
**1913**

# PREMIÈRE PARTIE

## Éducation morale et intellectuelle de l'infanterie.

### CHAPITRE PREMIER

#### Importance de l'éducation morale. Qualités du chef.

**I. Importance de l'éducation morale.**

La guerre se fait avec des gens qui veulent bien se battre, qui le peuvent et le savent, ce qui exige, dans l'ordre d'importance, l'éducation morale, physique, professionnelle des soldats et des chefs.

C'est qu'il s'agit encore moins, à la guerre, d'être habile que courageux; la science cédera toujours le pas au dévouement et à la solidarité. Aussi faudra-t-il imprégner avant tout le dernier troupier de cet esprit de sacrifice supérieur qui se révélera de suite, par l'offensive, par la poussée vers la frontière, afin de sauvegarder les tombeaux des morts et les berceaux des nouveau-nés, par l'en avant dédaigneux de la tranchée humanitaire, salut peut-être des individus, mais sûr cercueil des nations. Non content de s'avancer contre l'ennemi tapi, le soldat au grand cœur achèvera de se compromettre en recherchant toute occasion de secourir le camarade du front, de la droite, de la gauche. Folie, semble-t-il, en face des boucliers, des obus fusants ou torpilles, des bons réseaux de fil de fer, folie qui demeure pourtant l'éternelle condition de la victoire. Malheur aux peuples sans moral, souvent aussi sans « morale », angoissés à l'idée du sacrifice, qui, d'un mot, n'estiment rien tant que la vie, n'appréhendent rien tant que la mort; ces peuples-là sont mûrs pour la disparition.

Si tout ressort n'est pas détendu en notre France, on peut du moins y relever en pleine certitude le leit motiv exclusif du bien ou du mieux-être. A la vie il n'est qu'un but : la bonne pipe et le bon bock, le minimum de travail et le maximum de retraite[1].

Aussi bien, les officiers, derniers desservants des cultes surannés, doivent-ils, dès le soir de l'incorpora-

---

[1] « La civilisation actuelle devient de plus en plus incompatible avec les antiques vertus guerrières. Il faudra que le monde moderne modifie son idéal ou s'efface devant un type plus naturel, moins complexe et moins nerveux. Les chasseurs de dollars sont de moins en moins capables de lutter contre le tueur de daims et son clan ; ils veulent toujours chasser la pensée de la mort.

« Nos pacifistes oublient le loup pour discuter l'utilité des chiens de bergers.... Les sacs d'or et d'argent des grandes puissances dépendent en dernière analyse du courage de leurs soldats.... On ne compensera pas la diminution de l'esprit guerrier par l'augmentation de la solde, la conscription, le nombre ou le perfectionnement de l'armement.... » (HAMILTON.)

« L'idée que la paix et les vertus de la vie civile ont fleuri ensemble est absolument insoutenable. Seuls, les vices de la vie civile peuvent fleurir avec la paix.... Pour l'histoire, les mots inséparables sont ceux de paix et de sensualité, de paix et d'égoïsme, de paix et de mort....; j'ai découvert, en résumé, que toutes les grandes nations ont trouvé dans la guerre le langage de la vérité et la force de la pensée, qu'elles ont été nourries par la guerre et ruinées par la paix; en un mot, qu'elles étaient nées dans la guerre pour mourir dans la paix. » (RUSKIN.)

« Il faut que nous-mêmes, tout en restant des intellectuels, nous redevenions capables d'agir comme des Barbares, si nous ne voulons pas être mangés par les Barbares. » (*Le Mirage oriental*, L. BERTRAND, p. 448.)

tion, se dépenser sans compter à transformer cette mentalité égoïste et jouisseuse, à faire des soldats, c'est-à-dire des gens qui « affamés, se passent de manger, assoiffés, se passent de boire, ne pouvant plus se porter, portent encore leurs camarades blessés[1] »; bref, des gens qui veuillent bien se faire tuer.

Il faut convaincre le soldat qu'il n'est point de recette pour tuer sans risquer d'être tué, qu'il n'existe qu'un moyen de sauver ou venger son pays, c'est la surenchère du sacrifice. La victoire est le prix du sang; il faut en passer par là ou ne pas faire la guerre.

A quoi bon dorer la pilule, peindre la guerre comme une source de franches lippées ou faciles pillages, attribuer à l'ennemi l'infériorité numérique et professionnelle? Tous ces petits moyens ne valent plus aujourd'hui.

Aujourd'hui, le soldat boutiquier qui part en guerre n'a plus l'insouciance de ses aînés, les gueux d'antan; il a tout à perdre, rien à gagner; le pillage est de plus en plus mal « porté »; le mutualiste n'ignore point qu'en se garant dans la tranchée ou à la bonne lisière, il conservera ses versements, qu'en bondissant, il a chance sérieuse de les perdre. Tous savent aujourd'hui que l'adversaire probable sera, pour le moins, aussi nombreux que nous.

Que faire donc? Prêcher d'exemple avant tout, chercher aussi, par tous les moyens moraux, patriotiques, religieux pour certains[2], à rehausser les cœurs, à créer

---

[1] Kléber.

[2] « L'idée de survie soutient le soldat japonais dans sa tâche quotidienne; la mort lui devient une occasion de gloire et, de fait, pour lui, le sort d'un lion mort est cent fois plus enviable que celui d'un chien vivant. » (HAMILTON.)

A Loigny et à Auvours, les volontaires de l'Ouest ont fait preuve d'un patriotisme religieux qui a manqué totalement à la brigade de Jancigny et à la division Pâris: la première, refusant de déboucher de Terminiers, la seconde, s'enfuyant sur Yvré-l'Évêque.

des âmes éprises de sacrifices pour le pays. Ce patriotisme sera d'ailleurs soutenu par la confiance du soldat en soi, dans ses voisins et dans ses chefs, confiance et espoir de vaincre, qui seront le fruit d'une bonne éducation professionnelle et de la capacité des entraîneurs d'hommes.

Enfin, on répétera au soldat que si la guerre, dans sa forme parfaite et victorieuse, *l'offensive*, entraîne souvent, sur le champ de bataille, des pertes plus nombreuses chez le vainqueur que chez le vaincu, ce sacrifice, comme tous les sacrifices, trouve sa récompense. Le pays est sauvé et glorieux; les blessés sont recueillis, bien soignés et, pour une grande part, entièrement guéris — dans la dernière guerre, 50 p. 100 des blessés rentrent dans le rang; — elle n'est plus à craindre, la déroute avec ses malades, ses privations, ses innombrables prisonniers qui vont mourir de misère sur le sol étranger; au total, l'assaillant, le vainqueur de 1870 ou de 1905, Allemand ou Japonais, perd bien moins de monde que le vaincu, Français ou Russe.

Mais le soldat que nous avons à commander n'est ni Turc, ni Russe, ni Allemand; c'est le soldat français, impressionnable, qui veut être aimé, pris dans le sens du poil, soldat intelligent qui ne se donne pleinement qu'aux chefs dignes de sa confiance; il veut bien être tué, mais autant que possible utilement[1] et intelligemment. C'est donc à obtenir, et pour de longues années[2], cette élévation du cœur, cette bonne volonté ardente et confiante du soldat de l'active et de la réserve que doit viser l'éducation morale.

---

[1] « Sacrifiez-nous, mais que ce soit utilement », criaient à Baraguey d'Hilliers les soldats de Melegnano. (*Souvenirs de* CANROBERT.)

[2] Pendant vingt-cinq ans de service, à tout le moins les treize ans de l'armée active. Voir *Instruction professionnelle*, chap. XIII.

## II. — Qualités du chef.

Le but fixé, quelles sont, pour le chef, les conditions à remplir pour élever sûrement les cœurs et gagner la confiance?

1° *La supériorité* en tout ce qu'on veut célébrer : foi du patriotisme, plénitude du désintéressement[1], dignité de vie, ardeur au travail et à l'effort, maîtrise du métier[2].

Seule, cette supériorité peut engendrer la confiance et la persuasion. C'est que sur le champ de bataille, il ne faut pas compter dominer par le galon : « Au combat, dit Solowieff, à la suite des entraîneurs d'hommes de tous les temps, le chef enlève un nombre de soldats correspondant à son influence et à son prestige. » De même, on conquerra les sous-ordres, on les persuadera, moins par la conférence « ex-cathedra » que par la libre discussion.

Comme, d'ailleurs, l'infaillibilité n'est l'apanage d'aucun de nous, le supérieur se montrera bienveillant aux observations des siens; trouve-t-il justes leurs remarques? il n'hésitera pas à les proclamer telles et même, si la discussion a précédé l'action, à les adapter à sa manœu-

---

[1] Certains journaux, dits « militaires », semblent n'être que l'écho du *Bulletin syndical de l'Épicerie*. Il n'y est question que de relèvement de solde, d'augmentation de frais de déplacement, etc., jamais d'une augmentation des heures de travail, voire de présence; un seul objectif : exiger des contribuables un nouvel impôt au bénéfice de gens qui ne veulent plus porter gaillardement la pauvreté, comme leurs anciens, et se soucient peu de la grandeur désintéressée de leur tâche.

[2] Il ne s'agit pas d'être intellectuel, de gagner le bouton de docteur ès droit ou ès médecine, de lire Homère dans le texte, de posséder la librairie philosophique Alcan, de pincer le violon comme feu Ingres ou de réciter des monologues; il faut être essentiellement un chef de section, de compagnie, de bataillon, de régiment, dans la plénitude qu'impose le devoir d'état.

vre, sous réserve d'en endosser toute la responsabilité, s'il échoue; d'en attribuer tout le mérite à l'inventeur, s'il réussit.

2° *La bonté.* — La meilleure recette pour conquérir l'affection du soldat, c'est encore de l'aimer. L'amour appelle l'amour. « Il faut d'abord être bon, dit le général Cardot, et ensuite tâcher moyen de n'être pas trop bête ».

3° *Payer de sa personne.* — Tout pesé, il faut être présent, ici pour pousser, là pour retenir, ailleurs pour guider ou concentrer les efforts. Celui qui « tient la queue de la poêle », le commandant de compagnie, par exemple, doit être le premier soldat par le travail, non le pacha, appuyant son indolence sur le sergent-major — administration — et sur l'adjudant — instruction —. Son indulgence saura excuser telle défaillance de détail de son lieutenant ou d'un sous-officier; il y remédiera de suite par sa présence et, pour l'avenir, par la persuasion, développant chez tous cet amour du travail qui fait préférer, à tout avantage ou plaisir égoïste, le bien supérieur de la Patrie. Encore une fois, on n'est pas supérieur pour se faire suppléer à l'exercice, mais bien pour faire l'éducation militaire des siens, pour les faire « marcher » utilement. Chaque fois qu'il prescrit exercice ou manœuvre, le chef doit se demander ce qu'il penserait, subordonné, d'un pareil « emploi » du temps; il préparera donc au mieux « l'utilisation » des journées qui lui sont accordées pour faire des officiers et des soldats, au lieu de se contenter de la fastidieuse « instruction de détail de compagnie ou des évolutions de bataillon ou régiment au terrain de manœuvre ». Par contre, le chef se fera scrupule d'imposer à ses officiers toute « drogue » inutile; il les fera marcher plus que d'autres pour le gymnase, les exercices sur la carte, le service en campagne, l'instruction du combat; mais il les dispensera par contre de telle marche sur route, de telle « présence réelle » à la visite du capitaine inspecteur d'armes, de telle revue de remplacement que les sous-officiers passeront souvent avec plus de soin...

4° *La connaissance du soldat et de la troupe.* — Il faut au chef qui compte demander beaucoup, l'art de faire passer la règle en long, non en travers. Point n'est besoin, au reste, pour savoir conduire la troupe, cette foule organisée, d'avoir étudié G. Lebon[1] et autres manieurs d'hommes en chambre. Pour avoir sa valeur, cette étude ne vaudra jamais l'affection et l'expérience. Chacun sait que le chef, calme sous les reproches, défenseur acharné des siens, endosseur responsable de toute « histoire », peut être assuré, en retour, du coup de collier de la reconnaissance. De même, la bonne humeur, l'exemple du chef dans les passes difficiles, par mauvais temps, fatigue, retard des distributions, retrempe le courage, renforce la résignation. Le capitaine qui, sous la chaleur, saute de cheval pour guider les siens, est un Alexandre au petit pied, versant aux dieux l'eau boueuse de la Gédrosie. Chacun sait aussi que l'impression morale d'un travail change du tout au tout selon qu'on le présente comme pensum ou récompense; exemple : « La compagnie a bien marché, mais il nous reste à envisager telle situation; nous reprendrons ce soir le même exercice, juste le temps de fixer tout le monde », à comparer avec : « Manœuvre détestable, à reprendre ce soir; on y mettra tout le temps nécessaire, tant pis pour ceux qui voudraient descendre en ville ».

5° *Le caractère.* — Sache bien, capitaine, chef de bataillon, colonel, que tu seras jugé bien moins sur

---

[1] *La Psychologie de foules.*

l'instruction guerrière de tes hommes, sur leur initiative, leur souplesse, leur moral, toutes choses réclamant grande attention, que sur le placement de l'arme ou l'alignement de quelques secondes, en longeant un grand chef; sache qu'en épargnant ta substance grise et abrutissant tes soldats par le demi-tour, mouvement de haute utilité au combat, ou l'arme sur l'épaule, d'importance égale, tu seras plus tranquille et mieux félicité qu'à préparer « uniquement tes soldats à la guerre », qu'à trouver un terrain, des camarades complaisants, un thème vraisemblable, qu'à obtenir l'ordre ouvert au combat. Tu auras contre toi : les laboureurs rebelles à tout sacrifice qui épieront tes mouvements en dehors des routes, les gardes forestiers que tu pourrais priver de quelques brins d'herbe des layons, les chasseurs, tant civils que militaires, que tu troubleras dans leurs exploits, tes soldats qui compareront leur vie active au farniente d'à côté, les camarades qui te trouveront gâte-métier, agité[1] ou arriviste. Et puis, la préparation à la guerre, c'est très bien; mais les supérieurs, eux aussi, sont jugés sur la tenue du casernement, le défilé au terrain de manœuvre, le brillant des capotes... et alors...!

Et pourtant, marche, chef du plus mince au plus multiple galon, raidis-toi contre la routine et les petites persécutions. Dès le temps de paix, sacrifie-toi, vrai chef, au bien supérieur de la Patrie, aimée au-dessus de tout.

---

[1] On ne comprend plus aujourd'hui que « pour obtenir des hommes l'accomplissement ordinaire du devoir, il faut que plusieurs le remplissent avec excès. »

# CHAPITRE II

## L'éducation des officiers.

---

### I. — Éducation morale des officiers.

Le chef doit faire, avant tout, des officiers, c'est-à-dire, des hommes de devoir, de travail, de caractère. Tant valent les chefs, tant vaut la troupe, surtout française. Chez nous, les plus médiocres soldats, bien commandés, rendront toujours plus que la troupe d'élite mal dirigée[1].

Les qualités morales que nous avons envisagées plus haut ne peuvent, proprement, se professer, mais nombreuses sont les occasions de les infuser aux siens : toujours la recette de l'exemple, la plus vieille, la plus convaincante aussi; on prend du caractère à voir le chef défendre justement ses subordonnés et les intérêts supérieurs du pays; on se laisse gagner par la contagion du travail, à en voir le modèle vivant et agissant, par l'attrait de la virile bonté dont on se trouve le premier bénéficiaire.

---

[1] Il n'en est point de même dans l'armée japonaise, et, à un degré moindre, dans l'armée allemande. Dans ces armées, le soldat a le dévouement au chef, non à la personne; il ne se prendra pas d'enthousiasme héroïque pour le général vivant, Napoléon ou Skobeleff; aussi bien, avec des chefs médiocres, de part et d'autre, la troupe allemande nous sera très supérieure; mieux commandée, la troupe française est, par contre, capable de toutes les vaillances. A nous, chefs, de faire pencher la balance.

Le chef se montrera donc l'ami, l'entraîneur d'énergie, de labeur, de caractère; il fera aimer le travail, même le plus humble, en orientant l'esprit vers la grandeur, parfois cachée, du but. Le gymnase devient intéressant au lieutenant qui se sent contribuer à l'endurcissement de la race; les détails de l'instruction ne donnent-ils pas au soldat instruit la confiance indispensable dans sa force; les évolutions guerrières, bien menées, seront la meilleure préparation de la camaraderie de combat, etc.

Le chef sera particulièrement à l'affût d'occasions propres à développer chez tous l'initiative[1] et le caractère, « ces deux ailes de la victoire ». Dans la compagnie, le capitaine dirigera le service en campagne et l'instruction du combat, en laissant de préférence le commandement direct à ses officiers; de même, le chef de bataillon fera commander son bataillon par ses capitaines et établira l'unité d'action par ses remarques ou félicitations à l'issue de la manœuvre. Ce faisant, le chef supérieur n'y perdra rien en autorité ni coup d'œil, bien au contraire.

Sur le papier, nous ne pourrons envisager que l'éducation professionnelle de l'officier, qui, bien menée, développera l'audace, fille de la confiance justifiée en soi, et la volonté de vaincre, basée sur l'espoir de vaincre.

---

[1] Il se gardera de récriminer contre l'initiative suivie d'échec (Orloff à Yantaï); tout pesé, la somme des erreurs et des succès sera toujours positive, puisque l'initiative, c'est la vie. Comme garantie de cette initiative, le chef développera les sentiments d'abnégation au bien commun et la capacité professionnelle.

## II. — Éducation professionnelle des officiers.

### A) GÉNÉRALITÉS

L'instruction professionnelle des officiers doit avoir pour but de créer des réflexes sains, simples et communs au chef et à ses subordonnés :

a) *Sains*, c'est-à-dire conformes à une saine doctrine de guerre;

b) *Simples*, parce que tout ce qui est compliqué ne peut être que dangereux ou inutile. Sous l'angoisse de la mort, hommes et chefs ne pensent et n'agissent qu'avec des facultés amoindries;

c) *Communs au chef et aux subordonnés*, parce que, dans des circonstances critiques, les longs discours ne sont plus de mise; il faut pouvoir se comprendre à demi-mot, souvent même agir de concert sans entente préalable.

« Rien ne se grave dans l'entendement qui n'ait auparavant pénétré les sens » professaient les vieux scolastiques.

Ces réflexes professionnels, le chef serait impuissant à les créer par la méthode déductive, par de vagues généralités sur les principes premiers de la guerre, d'évidence intuitive, mais d'application si ardue; il procédera par expériences successives, jetant ses subordonnés à l'eau pour leur enseigner la natation, les plaçant dans de multiples situations de guerre, entremêlées comme elles le sont toujours, et qu'il leur faudra débrouiller avec le seul bon sens comme guide.

Mais le bon sens lui-même aura besoin d'être aiguisé; toute manœuvre avec troupes, avec cadres, sur la carte, ne vaut que si l'exécutant y réfléchit avant, pendant et surtout après. Au début surtout, le chef devra orienter cette réflexion dans la voie droite; deux moyens sont à sa disposition : la *critique* et le *gibernage*, le deuxième procédé plus familier, plus insinuant, faisant trouver la vérité au lieu de la proclamer, bref, très supérieur puisque ménager de l'amour-propre.

Plus tard, l'officier, habitué à agir adroitement, vérifiera lui-même ses réflexes par les faits de guerre récents, étude que chacun doit faire pour son compte personnel.

En fin d'instruction, les réflexes créés et vérifiés peuvent être synthétisés et raisonnés dans quelques conférences qui établiront les principes fondamentaux de la marche, du stationnement et du combat, dont toute l'année d'instruction n'aura été que l'application féconde.

En résumé, l'ordre logique dans lequel doit être faite l'instruction des officiers semble donc être :

1° La création des réflexes par l'exercice;

2° La vérification de ces réflexes par la réflexion personnelle ou insinuée et par l'étude personnelle des faits de guerre;

3° Leur synthèse par les conférences finales.

## *B*) LA CRÉATION DES RÉFLEXES PAR L'EXERCICE

### 1° La manœuvre avec troupes.

Quelle meilleure recette pour dresser les siens à la manœuvre que de les faire manœuvrer?

Tout directeur de service en campagne ou de combat visera donc la mise en acte, toujours délicate et variable, d'un principe : conduite d'avant-garde, bataillon aux avant-postes de jour ou de nuit, solidarité des grand'-gardes non attaquées, mode d'action d'une flanc-garde, liaison et appui mutuel dans le combat encadré, procédés différents, suivant qu'on engage l'avant-garde ou qu'on fasse une attaque, etc.

Si l'application d'un principe est toujours ardue, l'enchevêtrement de toutes choses vient encore corser la difficulté : les avant-postes sont pris à l'issue d'une marche; ici, il faut concilier le repos maximum avec la sécurité, là, engager le combat en fin d'étape; ce n'est pas seulement contre le fantassin que le fantassin doit lutter, mais aussi contre l'artilleur et le cavalier, de même qu'il reçoit aide de ces deux frères d'armes. C'est donc en pleine « salade russe » qu'il faut placer les exécutants.

Enfin, l'imprévu est monnaie courante à la guerre; il faut prendre une décision forcément imparfaite, mais avant tout rapide, sur un nouvel ordre ou à la réception d'un renseignement.

Aussi bien, fera-t-on précéder ou suivre l'exercice de combat d'un stationnement, d'une marche gardée, etc.; la situation générale connue et la première mission assignée, le directeur fera surgir un nouvel incident — apparition d'une troupe réservée, amie ou ennemie — renseignement réel ou fictif de cavalerie — nouvel ordre ou nouvelle situation — résolution à prendre après un échec ou l'annulation d'une partie de l'effectif en jeu, etc.

### 2° La manœuvre sur la carte.

Bien des jours d'hiver, la pluie, la neige empêcheront troupes ou cadres de quitter le quartier ?

Au lieu de passer une somnolente après-midi dans les chambres ou chez eux, les officiers seront plus utilement réunis par le colonel ou chef de bataillon pour un exercice sur la carte, moins profitable certes qu'un exercice avec troupes, mais beaucoup plus cependant qu'une partie de bridge.

C'est dire que si l'exercice doit être préparé à l'avance,

sa date sera fixée au dernier moment, d'après le mauvais temps.

Comme à la guerre, on marche, stationne et combat avec de faibles troupes relativement indépendantes ou de gros effectifs, les exercices sur la carte peuvent se diviser :

1° En exercices où prédomine le service en campagne, marche, stationnement de jour et de nuit, avec amorçage de combat pour des unités momentanément isolées (avant-gardes, avant-postes, flanc-gardes, etc.);

2° En études de tranches de combat encadré qui peuvent d'ailleurs n'être que le développement de l'exercice précédent;

3° En exercices à grande envergure, où la marche, le stationnement et le combat ne sont envisagés que dans leur ensemble, pour de grosses unités.

Les deux premiers types d'exercices s'appliquent seuls à l'éducation militaire des officiers et sous-officiers des corps, le troisième relevant de l'état-major et des officiers supérieurs et généraux.

Ils sont faits sur la carte de Commercy-Metz ou sur les agrandissements de la garnison. Les thèmes sont établis pour les besoins de la cause; plus utilement, ils seront extraits d'un fait de guerre, en tenant compte des modifications apportées aux engins et à l'organisation.

Le colonel Guionic indique plusieurs études à faire sur la carte :

| | |
|---|---|
| Avant-garde et avant-postes. Flanc-gardes, etc. | La brigade de Woyna à Spickeren. Débuts de l'action du XI° corps à Woërth. Les Bavarois à Langensulzbach. Von der Goltz à Borny. Vendôme. Le X° corps à Beaune-la-Rolande. Le 18° corps à Villersexel. La brigade Keller en flanc-garde devant Dijon. Noisseville. La colline Poutilow, etc. Le Yalou. Les avant-postes du Motienling, etc |

DE L'INFANTERIE.

Combat encadré.
- La 6ᵉ division prussienne et la 20ᵉ division à Vionville.
- L'attaque d'Elsasshausen.
- L'entrée en ligne du 1ᵉʳ corps prussien et du 4ᵉ corps français à Borny.
- Le IXᵉ corps à Saint-Privat.
- Le 18ᵉ corps français à Beaune-la-Rolande.

La situation est établie avec le détail nécessaire; le chef de parti est conduit à pied d'œuvre et dans une situation déterminée. Il fournit sur le papier un ordre (d'avant-garde, d'avant-postes, de rassemblement, de position d'attente). Ceci fait, la situation change et c'est sur un nouveau renseignement ou un nouvel ordre que le chef de parti prend sa décision.

Cete décision, tout comme le dispositif adopté, offensif, défensif, d'avant-postes, d'avant-garde, d'attente, etc., se traduit toujours par un ordre verbal dicté à un gradé secrétaire. C'est la condition indispensable pour sortir de l'habituel flou, du boniment, le seul moyen de faire préciser la pensée et fixer les effectifs.

Le bataillon auquel nous avons l'honneur d'appartenir a étudié en dix ou douze réunions le combat de Günstett du colonel de Maud'huy. Le chef de bataillon lisait le texte jusqu'au premier incident intéressant : (le Vᵉ corps va se porter sur Preuschdorf. L'avant-garde s'établit en halte gardée. Ordre d'avant-postes de la brigade d'avant-garde, mise en route d'un bataillon et d'un escadron pour aller occuper Günstett, etc.).

Les officiers, à tour de rôle, étaient chargés, à brûle-pourpoint, de donner verbalement ou par écrit l'ordre ou le dispositif adopté, en transposant à 1910 effectifs et armements. Après la libre discussion, consécutive à l'ordre donné, une décision définitive était arrêtée par le directeur comme la plus logique. Alors seulement le chef de bataillon poursuivait le récit des mesures adoptées par les Prussiens et les Français. Un peu plus tard, surgissait un nouvel incident, d'où nouvel ordre ou dispositif, mise au point par la discussion, résumé par le directeur et reprise du récit. Le bataillon a ainsi étudié sur le vif le dispositif de marche d'un corps d'armée, d'une division, d'une brigade, d'un bataillon, la halte gardée, les avant-postes de brigade, de bataillon, de compagnie, de jour et de nuit, l'engagement d'un détachement isolé, encadré, dans l'offensive comme la défensive, remèdes à l'insuccès, contre-attaques, etc. Rien de plus animé.

Les grandes manœuvres fournissent également, après coup, d'excellents sujets d'étude. Ici, on fera le « corrigé » de l'opération; là, on trouvera matière au développement d'une manœuvre que le manque de temps ou les invraisemblances du temps de paix ont tronquée ou faussée.

La connaissance de la situation générale et du terrain, le souvenir des quelques fatigues supportées, mettront d'emblée les exécutants dans une ambiance plus nette, plus simple et plus vraie.

### 3° Manœuvre de cadres.

La manœuvre de cadres ne suppléera la manœuvre réelle que si les cultures empêchent la même étude avec la troupe, ou si la garnison ne comporte pas les trois armes.

Généralement la manœuvre de cadres à double action se passe en palabres interminables, le nez sur la carte; on ne parcourt pas même le terrain de la manœuvre. La cause est jugée.

Nous proposons une organisation plus avantageuse, semble-t-il :

1° Si la manœuvre de cadres est faite avec des officiers du régiment ou de la garnison, le thème leur est communiqué d'avance; on étudie, par exemple :

*a*) L'organisation d'avant-postes de combat de jour et de nuit ou la répartition des colonnes de marche;

*b)* Le rassemblement des troupes avant le combat ou l'attribution des objectifs aux colonnes;

*c)* L'engagement;

*d)* L'attaque, par les troupes disponibles, de front, de flanc, la riposte à une contre-attaque, les dispositions de fin de combat, etc.

L'exercice est fait sur la carte, à simple ou double action et par changement de situation, avant l'exercice de cadres.

De cette façon, la manœuvre sur le terrain est une simple *mise au point* des ordres ou des dispositifs, en raison des cheminements relevés, du terrain battu par telle position d'artillerie, etc.

C'est un *exercice sur la carte* avec *contrôle sur le terrain*.

2° Si des officiers de garnisons différentes participent à cette manœuvre, le thème leur sera communiqué, avec une ou plusieurs phases; chaque officier aura sa tâche particulière et fera parvenir au directeur ses ordres ou dispositions. Le directeur, qui a reconnu au préalable le terrain, examine à tête reposée les travaux présentés et prépare sa critique. Après la reconnaissance du terrain par les différents officiers, le directeur réunit tout le monde; il demande à chacun si l'étude des cheminements, des emplacements d'artillerie, etc., modifie en quelque manière les dispositions prises d'après la carte seule. Au besoin, il fait surgir tel ou tel incident pour provoquer une solution immédiate. Il résume alors ce qui a été fait en insistant sur les points intéressants et en ne ménageant pas les félicitations, si elles sont méritées.

*C)* VÉRIFICATION DES RÉFLEXES PAR LA CRITIQUE, LE « GIBERNAGE », L'ÉTUDE PERSONNELLE

La manœuvre, nous l'avons dit, ne vaut que par la réflexion avant, pendant et surtout après la manœuvre.

C'est à force de manœuvrer et de réfléchir sur la manœuvre que l'on arrive à manœuvrer juste, par « réflexe ».

La réflexion sur la manœuvre peut être imposée : c'est la *critique*; mieux encore, elle est suggérée; le subordonné à convaincre est habilement conduit à la découverte personnelle de la vérité de bon sens : c'est le *gibernage*; on atteindra l'idéal, lorsque l'intéressé lui-même, par la méditation, l'*étude des faits de guerre* et leur rapprochement avec telle manœuvre exécutée, se formera lui-même des idées justes et simples.

### La critique.

Le plus souvent, sur le terrain même, la critique se développe sous la pluie ou par le vent aigre des sommets-observatoires, en face d'amours-propres obstinés dans leurs décisions, bonnes ou mauvaises, et de ventres affamés, sourds à la bonne parole.

Ne vaut-il pas mieux réunir le lendemain d'un exercice, gradés ou officiers dans un bureau de compagnie ou à la salle d'honneur? Un croquis du terrain est préparé; le directeur de l'exercice a eu le temps de mûrir et condenser son enseignement; il trouve des ardeurs calmées et des oreilles attentives. Jusqu'au bataillon tout au moins, l'expérience nous a fait ressortir les avantages de ce mode de critique.

### Le gibernage.

La manœuvre terminée et la critique faite, le chef, au cours des innombrables parties de « drogue » : marches militaires, revues, réunions des officiers, etc., fera surgir la libre discussion. Il se contentera de poser et rabâcher certains principes évidents, laissant à ses partenaires l'honneur d'en découvrir l'application à telle ou telle manœuvre.

Ces principes, nous les retrouverons dans les « Axiomes de combat » : vaincre, c'est attaquer — entre deux partis adoptez le plus énergique — la solution simple est d'ordinaire la meilleure — tapez dans le tas et tâchez moyen de taper tous ensemble, etc.

Comme application de cette dernière pensée, le chef ramènera toujours ses subordonnés à cette question : « que pense ou que voudrait le capitaine, chef de bataillon, colonel, etc.? ».

Il ne s'agira donc pas de rechercher le succès personnel isolé, mais de concourir au triomphe ou au salut de la compagnie, du bataillon, du régiment, par le succès certes, si c'est possible, mais, s'il le faut, par l'échec et le sacrifice total.

Les sentinelles n'ont pas à poursuivre une patrouille, puisqu'elles doivent, avant tout, couvrir leur poste; la flanc-garde qui trouve l'ennemi sur l'emplacement permettant d'arrêter sa colonne attaquera, même à infériorité; la grand'garde qui voit le camarade attaqué le renforce au moins par ses feux; le voit-elle enfoncé et l'ennemi en route vers le cantonnement, elle attaque à fond, etc.

#### Le travail personnel.

Rien ne vaut l'effort, l'étude réfléchie des faits de guerre, des ouvrages didactiques, des règlements.

Les magnifiques travaux de l'École de guerre, de la Section historique offrent une mine inépuisable à la réflexion.

A titre d'indication, nous recommandons aux officiers :

*Le Combat* (ARDANT DU PICQ).
*La Guerre de* 1870-1871 (État-Major de l'Armée).
*La Guerre russo-japonaise* (Revue militaire de l'Étranger).
*Le Carnet de route* (Sir HAMILTON).

*Froeschwiller. Infanterie* (Général Bonnal).
*Cours d'Infanterie de l'École de guerre* (Colonel de Maud'huy).
*L'infanterie dans le combat offensif. L'engagement des grandes unités* (Colonel de Grandmaison).
*Les enseignements de deux guerres récentes* (Général Langlois).

### D) Synthèse de l'éducation professionnelle

#### Les conférences.

Après une année d'analyses et d'expériences, le chef pourra condenser les principes trouvés par l'expérience quotidienne, les exposer dans leur généralité.

Il évitera les sujets simplement intéressants ou curieux, qui n'ont jamais servi qu'au conférencier, mais, par une étude en commun, il amènera ses subordonnés à l'entente sur les principes fondamentaux du combat, de la sûreté, de la liaison, plus ou moins dispersés dans le règlement, plus essaimés encore dans les applications pratiques.

A titre d'exemple, les conférences-synthèses pourraient envisager :

1° Les réalités du champ de bataille au point de vue :

a) *De la peur et de ses conséquences*[1] : recherche du cheminement, formations permettant le mieux l'utilisation de l'abri, la conservation de l'ordre et l'emploi du tir pour se donner du cœur, en donner aux voisins ou en enlever à l'ennemi;

b) *De la fraternité de combat* : appui mutuel des fantassins, artilleurs, cavaliers, mitrailleurs; liaison entre

---

[1] On lira avec fruit : *Les Réalités du Combat*, du général d'Audignac.

les armes; liaison dans l'arme; du sacrifice pour les voisins;

c) *De l'ordre et de la vitesse* : parcours du découvert par les renforts ou les troupes d'attaque; du sac; du pas gymnastique; de l'arrêt minimum sur la chaîne préexistante; des procédés matériels et moraux pour maintenir la poussée ininterrompue et la vitesse (manger avant d'attaquer, alléger l'homme, des cris, de la sonnerie de la charge, du drapeau, de la cohésion et des facilités de commandement par l'accolement des unités, etc.).

2° L'état matériel et intellectuel de l'armée allemande; procédés de combat; doctrine de la bataille chez les Allemands. Lui opposer, par un exemple, la doctrine française.

3° La sûreté en station : avant-postes de champ de bataille; avant-postes de jour et de nuit plus ou moins loin de l'ennemi; de l'échelonnement des troupes.

4° La sûreté en marche : organisation des colonnes; place de la cavalerie, de l'infanterie, de l'artillerie, suivant qu'on marche de jour, de nuit, qu'on poursuit, qu'on attaque, qu'on recule.

La sûreté en avant, sur le flanc, en arrière; grand'halte gardée; halte horaire, etc.

5° La liaison en marche, en station, au combat.

*E*) APPLICATION AUX OFFICIERS ET GRADÉS DE LA COMPAGNIE

### 1° De la manœuvre avec troupes.

Le capitaine est un entraîneur d'hommes et un dresseur de cadres. Les grands principes de la guerre, il doit les faire trouver à ses cadres, officiers compris, comme au dernier de ses soldats.

Aussi se réservera-t-il entièrement le service en campagne et le combat. Au début de l'instruction, il fera personnellement, ou à l'aide de ses cadres, l'initiation guerrière de ses jeunes soldats. Plus tard, il passera à l'initiation des cadres eux-mêmes, et, pour les intéresser davantage, laissera le plus souvent le commandement à un officier ou sous-officier.

Chaque fois, il se proposera de faire ressortir un principe : (économie dans les avant-postes, emploi ou non des relais, choix de sentinelles ou de petits postes, emplacements de jour et de nuit, etc.); il recourra à un camarade complaisant, afin d'opposer toujours un ennemi de force inconnue.

Toute cette instruction sera orientée en vue de la guerre moderne, en travaillant chaque fois dans et pour l'unité supérieure. On reléguera franchement aux antiquailles ces manœuvres qui sentent leur bataillon scolaire ou les guérillas de Tarascon : la garde d'un convoi de poudre de trois voitures; l'escorte de deux bateaux; la réquisition de deux voitures de blé; la reconnaissance (?) d'un pont; la conduite de prisonniers, etc.

Tâche suffisante de s'établir en avant-postes en tout terrain, de jour et de nuit; d'organiser, tenir ou enlever un poste; de secourir une grand'garde voisine enfoncée; de manœuvrer comme compagnie de réserve, comme avant-garde, comme flanc-garde; de défendre, enlever un point d'appui dans le combat encadré, offensif et défensif; de manœuvrer sous bois, la nuit, etc.

### 2° De l'exercice de cadres et de l'exercice sur la carte.

A la compagnie comme au bataillon et au régiment, il faudra tenir compte des jours de pluie, de neige, des lendemains de grande fatigue, des jours de garde où la compagnie est disloquée, des douches, de la recrudescence de malades, des lourdes après-midi d'été.

Au lieu de s'emporter contre la nature, le service des

places ou du corps... et de ne rien faire, le capitaine s'attachera à obtenir le moindre mal; il fera un exercice de cadres, un exercice sur la carte, une conférence.

Exercices de cadres et exercices sur la carte seront exécutés d'après les règles données plus haut.

Mais les médiocres parades d'un adversaire inexpérimenté ne suffisant pas toujours à souligner telle erreur de principe du parti opposé, le capitaine dirigera normalement la manœuvre à simple action, en vue d'accuser plus sûrement les fautes; il fera surgir des troupes sur l'unité mal gardée, concentrera les forces de l'ennemi sur l'adversaire éparpillé, opposera un rideau aux timides, fera surgir d'une crête l'attaque contre une troupe cheminant par un bas-fond, etc.

Ces différents exercices pourront, suivant le degré d'instruction des cadres, être plus proprement didactiques ou bien développer l'initiative et la décision.

### a) Exercices didactiques.

1° Déterminer le dispositif d'attente d'une troupe placée plus ou moins loin de sa position de combat et de l'ennemi, en arrière d'une lisière, d'une croupe, dans un village au pied d'une hauteur. Laisser à l'emplacement de combat une « garde de tranchée » de force variable avec le danger et le temps nécessaire au gros pour rejoindre; la relever suivant le temps (pluie, froid...); échelonner le gros; établir la liaison par agent de liaison et éventuellement hommes de relai.

2° Du cheminement pour se porter d'un point à un autre, ou de la formation le moins défavorable en raison de la situation, de la mission, de l'intensité du feu, etc.

Ici, l'on sautera à un point d'appui, en sacrifiant en majeure partie la sûreté à la nécessité d'arriver vite; là on marchera en garde, autant que possible par le terrain; c'est ainsi qu'on traversera une vallée à flancs boisés par la route du fond, si l'on a chance d'atteindre la sortie sans encombre (vitesse); dans le cas contraire, on s'avancera par la lisière... Formations à adopter par un renfort, suivant qu'il ait à utiliser des cheminements dans le sens de la marche (colonne), ou, de-ci de-là, des abris parallèles à la position de l'ennemi (ligne de tirailleurs); se jeter dans l'angle mort à la course.

3° Ouverture du feu par des avant-postes, une avant-garde, une flanc-garde, une chaîne, suivant la situation tactique, ce qui revient à dire que, normalement dans l'offensive, on ne tire que pour appuyer sa marche ou celle du camarade; dans la défensive, on tire de près ou de loin suivant qu'on cherche le combat décisif ou seulement un gain de temps.

4° Marche sous le feu de l'artillerie prussienne.

5° Sûreté en marche, haltes horaires, grand'halte gardée, sûreté dans les bois, la nuit.

6° Sûreté en station, le soir d'un combat. Grand'garde près de l'ennemi, loin de l'ennemi. Poste d'issue. Réduit. Emploi des mitrailleuses. Postes de surveillance.

7° Occupation d'une lisière de village, de bois, de jour et de nuit.

8° Organisation et défense de localités : en avant-ligne ou non, avec un effectif suffisant ou non pour le périmètre à défendre.

9° Exercices de combat :

> Engagement des sections de première ligne. S'éclairer. Chefs en avant de leur troupe. Marche sous le feu d'artillerie, d'infanterie.
>
> Cheminement des renforts. Formations à prendre suivant les cheminements ou abris éventuels qu'on rencontrera, suivant qu'on est loin ou près de la chaîne à renforcer.
>
> Prolongement, doublement. Commandement provisoire. Bonds.

Attaque. Du sac. De la baïonnette. Des vagues. De la vitesse. Du feu par-dessus la chaîne. De l'assaut en ordre. Du retranchement. De la poursuite par les réserves, etc.

#### b) Exercices de décision.

1. Conduite d'une avant-garde (débordement).
2. Conduite d'une arrière-garde (échelons égaux et élargissement contre l'enveloppement, sacrifice ou colonne de route, suivant le cas).
3. Conduite d'avant-postes :
   Rencontrant l'ennemi avant d'avoir atteint leur emplacement;
   Assaillis pendant la prise du dispositif;
   Attaqués une fois placés;
   Voyant qu'on va attaquer la grand'garde voisine, qu'on l'attaque, qu'on l'a enfoncée.
4. Rencontre de l'ennemi au cours d'une halte horaire, d'une grand'halte, dans un bois fourré, dans une clairière, la nuit.
5. L'ennemi, au contact, décampe, que faire?
6. Conduite d'une flanc-garde :
   Qui a du champ;
   Adossée à la dernière position couvrant les camarades;
   Qui n'a pas encore atteint la position couvrant les camarades.

#### 3° Conférences.

Avec des esprits peu cultivés, l'enseignement doit plus étroitement encore s'appuyer sur l'exemple.

Aussi bien, les effets de la gymnastique doivent-ils être vérifiés sur tel soldat bien bâti et sur tels autres plus ou moins tarés.

De même la lecture de la carte se fera au tableau noir (agrandissements des signes conventionnels), avec des pommes de terre (courbes de niveau, vallons, cols), avec la carte au 1/80.000 des environs de la garnison, avec la boussole.

### Détails de l'enseignement.

#### a) Gymnastique.

1. Développement général. Type de beauté physique. Dégénérescences diverses. Développement des fonctions respiratoires, circulatoires. Correction des défauts.

2. Développement spécial au métier militaire. Muscles dorsaux, locomoteurs, respiratoires.

3. Hygiène élémentaire.

4. Gymnastique éducative. Principe et enseignement.

5. Gymnastique d'application. Applications collectives.

#### b) Évolutions de la compagnie.

(Voir plus loin).

#### c) Topographie.

Échelles et planimétrie (deux séances).
Figuré du terrain (deux séances).
Utilisation de la boussole (deux séances).

#### d) Tir et combat.

1. Le soldat et la section au combat (de la peur, des serre-files, du tapage, etc.).

2. La conduite du feu est une question de tactique.

3. Comment faire l'instruction individuelle du tireur et amener l'homme à vouloir atteindre.

4. Comment conduire la troupe sous le feu.

(Voir l'instruction du tir).

**4° Un mot sur l'instruction des élèves-caporaux[1].**

Le capitaine fera avant tout de ses élèves caporaux des praticiens, non des forts en thème; il les laissera le plus possible dans le rang, mais leur confiera dès le début le commandement des patrouilles, des postes de quatre hommes, l'instruction des camarades retardataires, la conduite de l'escouade ou de la section, dès que le gradé est appelé auprès de l'officier ou de l'adjudant pour un motif quelconque.

Dès le début, les élèves caporaux sont réunis une fois par semaine pour des conférences spéciales du capitaine ou du lieutenant sur la gymnastique (trois ou quatre séances), l'orientation à la boussole, les évolutions de la compagnie (au tableau), l'instruction du tir, les principes de l'instruction individuelle, collective, les exercices sur la carte, la critique de la précédente manœuvre.

Caporaux et sous-officiers assistent à ces réunions; il ne suffit pas en effet d'avoir vu une fois; la répétition est la condition indispensable du réflexe.

---

[1] Maintenu dans les nobles fonctions de fripier et de marchand de soupe, le capitaine, depuis 1911, s'est vu enlever, presque partout, sa tâche la plus attrayante, le dressage de ses cadres au combat.

Qu'on en revienne donc au texte primitif des articles 34 et 35 du Règlement : qu'on laisse au capitaine ses élèves-caporaux ; dans le même ordre d'idées, caporaux et sous-officiers seront choisis, autant que possible, dans l'unité ; ce sera la récompense du capitaine.

# CHAPITRE III

## Éducation morale et intellectuelle du soldat.

Le soldat français est :
1° *Intelligent;* il veut comprendre ce qu'il fait;
2° *Plein d'amour-propre* et *d'initiative* jusqu'au particularisme;
3° Par contre, il est demeuré le Gaulois, *peu amoureux de l'ordre, impressionnable*[1], aussi prompt à se démoraliser qu'à se remettre d'aplomb;
4° *Soucieux de justice*, voulant être traité en citoyen et non en matricule;
5° Enfin, à peine sorti de l'enfance, il est souvent ignorant des grandes questions d'*honneur* et de *patrie;* parfois même, ses idées sur ce point ont été déformées.

Comment donc assouplir et développer cette riche et difficile nature en vue de la guerre? Il s'agit toujours de transformer boutiquiers, paysans, ouvriers, en gens qui veuillent, puissent et sachent se faire tuer utilement, en gens qu'il faille retenir et non pousser.

---

[1] A comparer les tribus dissidentes gauloises, lors du soulèvement de Vercingétorix, avec la défense locale de 1870, les discours de Critognat et ceux de Jules Favre, d'un côté l'on mangera de la chair humaine plutôt que de se rendre; de l'autre, nous ne céderons ni une pierre des forteresses, ni un pouce du territoire. A comparer encore nos matches de foot-ball avec le jeu autrement solidaire des Anglais, l'inertie de tel régiment sous le premier comme sous le second Empire avec la marche des corps allemands à Spickeren.

### 1° Développement de l'intelligence guerrière du soldat.

Ce que nous avons dit de l'éducation intellectuelle des officiers et des cadres s'applique, dans l'ensemble, au soldat de même race, d'une intelligence souvent aussi aiguë, sinon également développée.

Le soldat français doit comprendre sa manœuvre; à nous donc de lui exposer ce que le salut du pays exige de son corps, de son cœur et de son cerveau.

Le combat étant le but final de la guerre, il faut graver dans l'âme de chaque troupier un certain nombre d'*axiomes* fondamentaux et indispensables qui, par la répétition journalière, finiront par passer dans son inconscient.

Cette doctrine brève et énergique du combat, on l'inculquera presque exclusivement par la manœuvre suivie de l'entretien familier du capitaine, entretien de courte durée où l'on procédera par demandes et réponses.

Une patrouille a marché en terrain découvert dans une formation en X ou en Y, au lieu de suivre tout bonnement telle lisière ou tel chemin creux. Le capitaine interrogera le chef de patrouille : « Quelle était donc la meilleure formation ? » — « Le terrain, la lisière... » devra répondre le coupable.

Tel poste de surveillance n'a pas envoyé à sa grand'-garde de renseignements, et surtout n'a pas jalonné à coups de fusil l'itinéraire de l'ennemi. « Était-ce donc pour vous le renseignement, pour qui donc deviez-vous agir ? » — « Pour la compagnie. »

Au cours d'un exercice de combat, le capitaine fait « manquer » les gradés. Si un ou plusieurs chefs improvisés ne surgissent pas, le capitaine pose aux plus dégourdis la question : « Quand les chefs manquent, que fait une troupe française ? » — « Elle comporte toujours assez de soldats intelligents et courageux pour entraîner les camarades en avant », etc.

Enfin, de même que l'instruction des officiers et des cadres comporte quelques *conférences-synthèses*, le capitaine, dans un entretien aussi clair que possible, résumera les principes du combat offensif avec quelques mots sur la défensive.

###### a) Axiomes de combat.

1° Vaincre, c'est attaquer, planter sa baïonnette dans le ventre de l'ennemi.

2° La victoire est à ceux qui acceptent le mieux la mort.

3° Tapez dans le tas et tâchez moyen de taper tous ensemble.

4° Quand vous ne savez plus que faire, attaquez ou « rappliquez » en attaquant.

5° Il faut toujours agir ou se sacrifier pour les autres.

6° La seule bonne formation, c'est le *terrain;* à défaut, la vitesse, la promptitude à disparaître ou à tirer.

7° On ne tire que pour *avancer* ou *faire avancer,* et dans la défensive, pour *empêcher d'avancer.*

8° Dans une troupe française, il y a toujours un chef pour entraîner les camarades en avant, etc.

###### b) L'infanterie dans le combat offensif.

Le mouvement en avant, seul, décide. C'est donc vers l'offensive qu'il faut orienter tout son monde. Nous ne pouvons ici mieux faire que reproduire presque intégralement le magnifique catéchisme offensif du colonel de Grandmaison :

1° Pour être vainqueur, il faut faire peur à l'ennemi[1]; quand on a peur, on est vaincu. Le seul moyen de faire peur à l'ennemi est de *l'attaquer* résolument sans s'inquiéter de savoir si on est le plus fort.

---

[1] C'est l'imagination qui perd les batailles : « *Et qui primi omnium vincuntur, oculi* » (TACITE).

2° Quand on rencontre l'ennemi, on doit donc toujours l'*attaquer*, à moins qu'on ait reçu l'ordre de ne pas le faire.

3° *Attaquer, c'est avancer pour chasser l'ennemi* de l'endroit qu'il occupe.

Il faut donc, en toutes circonstances, chercher à *avancer* vers le point que le chef a donné comme direction; on ne s'arrête que quand il est impossible d'avancer.

4° Une seule chose peut empêcher d'*avancer;* le *feu* de l'ennemi quand il devient trop violent. *Combattre*, c'est précisément avancer malgré le feu de l'ennemi.

Il y a deux moyens d'avancer malgré l'ennemi :

Premier moyen : *Utiliser le terrain* pour avancer sans être vu, ou en étant vu le moins possible. C'est ainsi qu'on avance par bonds à la course, en ligne ouverte, ou quelques hommes à la fois, pour que l'ennemi ne puisse pas tirer juste. Ordinairement ce moyen ne suffit pas.

Deuxième moyen : *Tirer soi-même* et tuer des hommes à l'ennemi pour lui *faire peur* et l'obliger à se *cacher.* Alors, il ne tirera plus ou tirera mal.

5° On *tire* pour pouvoir *avancer*. Il ne faut donc ouvrir le feu que quand il est impossible d'avancer sans tirer, quand on n'aura plus de cheminement, quand l'artillerie, l'infanterie amies seront dans l'impossibilité d'agir sur l'ennemi. Le tir ne permet d'ailleurs d'avancer que si les balles atteignent l'ennemi; sans cela, il ne sert à rien. Tirer trop loin, ou sans viser, ou sans voir l'ennemi ou du moins la portion de lisière, de haie qu'il occupe, est donc perdre son temps et ses cartouches.

6° Comment peut-on avancer et tirer en même temps ? On se bat par groupes, sections ou demi-sections. Les uns avancent pendant que les autres tirent; à courte distance chaque groupe fait précéder son propre bond d'une rafale.

Quand on voit un groupe *voisin se lever* pour avancer, on doit faire un feu violent sur l'ennemi, pour l'empêcher de tirer sur les camarades qui marchent. Quand on *avance soi-même*, il faut toujours choisir son chemin de façon à ne pas empêcher de tirer les groupes voisins en se mettant devant eux.

En résumé, la préoccupation constante du combattant doit être d'*avancer* vers le point à atteindre et si, momentanément, *on ne peut pas avancer soi-même, d'aider les autres à avancer* en tirant sur l'ennemi.

### e) Quelques mots sur la défensive.

1° On se défend seulement lorsqu'on a reçu l'ordre de ne pas attaquer ou qu'il est impossible d'attaquer. Exemple : une troupe qui attend des renforts, une grand'garde.

2° Se défendre, c'est empêcher l'ennemi d'avancer. Il n'y a qu'un moyen : lui tuer ou blesser assez d'hommes en tirant sur lui pour qu'il ait peur et n'ose plus avancer.

3° Un tir qui n'est pas juste n'arrête pas l'ennemi et ne sert qu'à perdre ses cartouches.

Quand on ne voit pas l'ennemi, ou qu'on le voit mal, ou qu'il est trop loin, on ne doit pas tirer.

Quand on le voit bien, à bonne distance, il faut faire un feu violent.

Tout le temps qu'on ne tire pas, on doit être complètement dissimulé.

4° Le feu n'est pas toujours suffisant pour arrêter l'ennemi. Il n'y a qu'une chose qui réussisse à coup sûr quand on a du cœur, c'est l'attaque.

Si l'ennemi avance malgré le feu, on l'attend à courte distance et quand il se croit victorieux, on se jette sur lui à la baïonnette.

Nota. — Notre soldat ne donnant à plein collier que lorsqu'il est mis au courant de ce qui se passe, on l'instruira, au moins sommairement, de la manœuvre, au service en campagne et au combat.

Pour satisfaire, même dans le détail, cette intelligence en éveil, on fera trouver le pourquoi de chaque mouvement, même le plus simple.

*Exemples*. — Position à genou vérifiée par le mouvement de joue; avantages de la position couchée : vulnérabilité moindre, tir meilleur;

marche oblique par quatre : difficulté pour l'artillerie ennemie de régler son tir, etc ; avantage de la gymnastique éducative sur le développement de l'individu, par la constatation des résultats obtenus : correction de l'individu, accroissement de poids, amplitude thoracique.

**2º Développement de l'amour-propre, de l'initiative individuelle. — Orientation de l'individualisme vers le bien commun.**

Cette précieuse qualité de l'amour-propre doit être mise en relief et encouragée par tous les moyens : permissions, félicitations au rapport de la compagnie, etc. Exemples : sentinelles signalant à temps l'approche de l'ennemi; poste de quatre hommes jalonnant la nuit ou sous bois la marche de l'ennemi à coups de fusil; tirailleur de droite ou de gauche d'une section se détachant pour voir où en est la section voisine ou pour éclairer sa propre section placée à une aile; lutte de vitesse entre des hommes de relai; lutte de traction ou de répulsion par deux aux perches; assaut d'escrime à la baïonnette; résultats du tir à la cible; abri en collaboration avec un camarade de combat, etc.

Mais le dressage individualiste qui recherche le maximum de chacun pour le bond, le tir, l'escrime à la baïonnette, le service en campagne, etc., serait pourtant un mal s'il n'était orienté vers le bien commun, vers l'action collective, l'aide réciproque, la solidarité en un mot.

Il faut que chacun agisse de son mieux pour couvrir le camarade, l'éclairer, l'aider de son feu, de son mouvement. C'est dans ce but que, dès le premier jour, l'instruction des sentinelles, du petit poste, de la patrouille, des tirailleurs, doit être faite dans l'unité supérieure, afin de solliciter l'attention, la volonté de chacun sur la liaison, le renseignement, l'aide mutuelle. C'est la mise en œuvre, en face du particularisme français, du leit-motiv correcteur : « Péris, mais sauve tes frères. »

### 3° Remèdes contre l'impressionnabilité et le désordre.

Par nonchalance et instinct d'indépendance, notre soldat ne sent pas l'avantage de l'ordre pour aborder l'ennemi, pour se reformer le plus tôt possible après une traversée difficile de bois, après l'assaut, etc.; en outre, il se laisse facilement déprimer par les angoisses du champ de bataille.

Il faut remédier à ces défauts :

1° Par des moyens directs, c'est-à-dire qui agissent sur le soldat même pour conserver à la troupe sa cohésion;

2° Par des moyens indirects, c'est-à-dire qui maintiennent l'ordre en dehors de la participation personnelle du soldat.

#### a) Moyens directs.

On s'attachera à créer, dès l'incorporation, les réflexes aptes à reconstituer la foule en troupe.

*a)* Le *silence* est la première condition de l'ordre; aussi les chefs de section ou d'escouade rassembleront-ils toujours leur fraction en lui tournant le dos[1], ceci pour éviter les cris superflus.

*b)* La troupe doit pouvoir être *reconstituée* dans toutes les formations; aussi, chaque rassemblement de début de manœuvre doit-il se faire dans une formation variable, prise en silence; exercice à reprendre en cours ou fin de manœuvre.

*Exemples.* — « Vers la gauche en échelons de tirailleurs » (chaque section couchée et en tirailleurs); « Ligne de sections par quatre, à genou, à intervalles de déploiement (sur deux rangs) ou de tirailleurs à un pas ». Les chefs de section se placent à genou et lèvent quatre doigts de la main droite, etc. (Voir assouplissement de la compagnie.)

---

[1] Même la nuit, V. P. L.

*c)* On fait doubler fréquemment les sections pour habituer chefs et soldats au partage du commandement, à la création d'*unités provisoires*, à la conduite de la troupe par des chefs improvisés.

*d)* Exécution ordonnée et précise des mouvements du combat.

Il n'existe qu'un *ordre*, en *dispositif serré* ou en *dispositif ouvert*. Dans les deux cas, l'ordre consiste dans l'exécution immédiate d'un mouvement dont la mauvaise exécution peut faire écharper l'unité à laquelle appartient l'exécutant.

Pour la section par quatre ou sur deux rangs, l'ordre consiste à être le plus tôt et le plus silencieusement possible prêt à agir au mieux avec le fusil, la baïonnette ou le cheminement, c'est-à-dire à se coucher, à se relever instantanément, à démarrer en ordre pour l'assaut, à traverser rondement un défilé, un espace battu par le canon; c'est là de l'ordre, au même titre que la section en tirailleurs, attentive à bondir avec ensemble, à cesser le feu aux coups de sifflet, où chaque homme utilise au mieux l'appui ou l'abri, charge rapidement, modifie soigneusement sa hausse, met la baïonnette au canon ou sac à terre sans révéler ses préparatifs d'assaut, etc.; la seule différence, c'est que l'ordre dans le second cas est plus nécessaire et plus difficile, puisqu'une négligence est plus redoutable dans ses conséquences et que l'action du chef est moins immédiate et moins facile. C'est donc de ce côté que doit avant tout s'orienter la discipline de manœuvre : les exigences de soudaineté, de précision, valent, pour le moins, l'ancien maniement d'armes et le renvoi de la main gauche dans le rang.

Avec son bon sens, le règlement demande (art. 40, dernier alinéa[1]) de terminer ou de couper l'exercice en

---

[1] « Les mouvements destinés à remettre la troupe en main doivent être choisis autant que possible parmi ceux dont l'emploi est justifié par

terrain varié par des mouvements susceptibles d'application en campagne. Le soldat, à la suite d'une évolution désordonnée, sentira la supériorité de l'ordre, pour aborder l'ennemi, lui en imposer, et finalement le culbuter.

Si donc, par fatigue, inattention, la troupe a fait preuve de mollesse et de laisser-aller au cours des évolutions nécessitées par la manœuvre, le chef la ressaisira :

Soit par la reprise de la même évolution exécutée sur le même terrain avec la plus grande précision, c'est le mieux;

Soit, du moins, par des mouvements applicables à la guerre :

Rassemblements variés et silencieux; marche au pas de charge, cadencé ou gymnastique, des tirailleurs à la même hauteur et sans traînards;

Mettre la baïonnette au canon, sac à terre pour l'assaut, sans révéler quoi que ce soit;

Garnir en silence une lisière boisée;

Ensemble pour bondir, pour s'aplatir après le bond;

L'ouverture du feu par surprise;

Le déploiement instantané pour contre-attaquer à une crête, à une lisière, etc.

C'est la remise en main profitable qui obtiendra, par son évidente nécessité, l'exécution attentive de tous. La seule objection faite en dernière analyse de discussion, c'est que pareille méthode exige du chef coup d'œil et travail, alors que le maniement d'armes est si commode. A quoi bon, répondrons-nous, les galons, s'ils ne doivent être que le palladium de la routine ?

Bref, le but à atteindre est d'avoir une troupe disciplinée, c'est-à-dire prête à faire tout son possible, sur l'ordre du chef, ou d'elle-même, pour obtenir le résultat indiqué.

---

la situation du moment, de façon à frapper l'esprit du soldat et à lui faire comprendre la nécessité de la discipline du rang. »

#### *b)* **Moyens indirects.**

1. Retarder le déploiement, chercher le cheminement pour conserver son monde groupé, se reformer à chaque abri.

2. S'engager par unités accolées, pour retarder leur mélange. Le bataillon encadré engagera fréquemment trois compagnies accolées, une en réserve, ou même ses quatre compagnies accolées. Dans chaque compagnie, deux sections en première ligne par exemple, les deux autres en renfort.

3. Faire preuve de bonne humeur, de calme réconfortant. Faire reposer après l'effort violent et tandis que les réserves continuent le combat, faire manger, boire[1]; la troupe reformée, reprendre l'action. Le Français est aussi vite reconstitué qu'usé.

4. Prévenir sa troupe de la fatigue qu'on lui demandera et des dangers qu'elle aura à affronter[2]. Lui rappeler également les espoirs qu'on a de vaincre.

#### 4° Justice et bonté dans le commandement.

De tout temps, le soldat français a voulu être traité en guerrier, non en unité anonyme. « Messieurs les maîtres, assurez vos chapeaux » commandaient les officiers de l'ancien Régime. Le souffle égalitaire de la Révolution a développé encore ce sentiment de personnalité.

Eh donc ! que permissions, faveurs, félicitations, galons aillent rechercher les méritants, non les malins, les soldats

---

[1] Après un premier échec devant les Tourelles, Jeanne-d'Arc fait reposer ses hommes d'armes et même venir des quartauds de vin d'Orléans. Puis elle reprend l'assaut qui réussit : « Entrez hardiment, tout est vôtre. » A Dresde, l'Empereur fait reposer et manger la garde dans le Prater avant de la lancer en contre-attaque.

[2] « *Omnia enim plerumque quæ absunt vehementius hominum mentes perturbant* » (Cæsar).

du rang, de préférence aux employés; que le soldat se trouve enveloppé de justice bienveillante, non seulement de la part de ses officiers, mais ce qui est parfois difficile, de la part des gradés subalternes.

### 5° Éducation patriotique du soldat.

Le soldat ne voudra bien se battre, que s'il sait pourquoi il se bat. A nous de lui enseigner que ce pourquoi, c'est la France.

A 30 kilomètres des poteaux frontières, une bonne partie du contingent ignore ce qu'est une frontière matériellement et moralement et quelle race monte la garde de l'autre côté des bornes F. D.; beaucoup n'ont jamais entendu parler de l'Alsace-Lorraine, de l'Allemagne, de nos colonies. Des bacheliers n'ont pu nous citer un seul combat de 1870. Ils peuvent bien triompher les détracteurs de l'histoire-bataille ! Il va sans dire que l'autre histoire, la leur, est aussi gaillardement ignorée.

En face d'un pareil vide historique, géographique, national en un mot, nous estimons indispensable de consacrer, à tout le moins chaque samedi, une demi-heure aux entretiens militaires et patriotiques. Laissant à l'école, à l'atelier, à la ferme, et aux sociétés de secours mutuels, leur rôle respectif, nous nous en tiendrons essentiellement à notre tâche propre de dresser des gens de cœur qui veuillent et sachent se faire tuer proprement et utilement, pour que le français s'enseigne, que les blés mûrissent et que les usines ronflent sous les plis du drapeau tricolore[1].

---

[1] Aujourd'hui comme jadis, l'officier ne doit pas être un pâle professeur de mutualité, mais demeurer pasteur d'hommes « pasteur héroïque qui doit aimer son troupeau jusqu'à lui faire le sacrifice de sa vie, en même temps qu'il trouverait dans son âme déchirée l'effroyable courage de le sacrifier tout entier à l'intérêt supérieur de la patrie. » Colonel de Pimodan.

## I. — Vue d'ensemble de cet enseignement.

*a*) Faire voir que la France s'est constituée et a rayonné dans le monde, grâce aux bons coups d'épée de nos pères, soit la revision guerrière de l'histoire de France et le rassemblement du sol français.

Montrer sa place dans le monde, ce qui entraîne la géographie sommaire de la France, de ses frontières, de ses colonies.

*b*) Expliquer l'acheminement des peuples vers la doctrine de la nation armée ainsi que les risques de la France en cas d'une nouvelle guerre.

*c*) Vertus militaires qui assurent la victoire :

    Qualités de race :
        Aptitude à la marche;
        Bravoure;
        Intelligence.
    Qualités physiques à développer :
        La marche;
        La vigueur générale;
        L'aptitude au tir.
    Qualités morales particulièrement indispensables :
        La résignation et la patience dans les marches, contre-marches, ordres, contre-ordres, sous le coup de la fatigue ou de la faim;
        L'aptitude à supporter les souffrances (sobriété et endurance);
        La discipline dévouée et intelligente;
        La solidarité (travailler pour les autres);
        Le mépris de la mort : « Vaincre, c'est avancer, non avoir des pertes moindres »; « une bataille perdue est une bataille qu'on croit avoir perdue ».

## II. — **Programme des conférences patriotiques et militaires.**

1° La Gaule, frontières naturelles, population, tempérament des Gaulois. Analogies avec la race française : bravoure, présomption, admiration des beaux parleurs[1], particularisme, impressionnabilité, promptitude à se décourager comme à se ressaisir suivant l'angle sous lequel les faits sont présentés.

Conquête romaine. Vercingétorix. César. La civilisation romaine (beaux et mauvais côtés). L'esclavage antique. Le christianisme[2].

2° Les Barbares. Les Francs. Clovis. Les Mérovingiens. La loi salique.

3° Charlemagne. L'Empire d'Occident. Le renouveau littéraire. Successeurs de Charlemagne. Le traité de Verdun et le serment de Strasbourg. La Lotharingie, territoire contesté entre France et Germanie. Les Normands. La féodalité.

4° Les Capétiens « rassembleurs de la terre de France ». Les croisades. Les communes. Bouvines. Le XIII° siècle. L'art. Les corporations. La langue d'oïl.

5° La loi salique et la guerre de cent ans. Développe-

---

[1] Ogmius, le dieu de l'éloquence, tient enchaînés ses auditeurs.

[2] Nous recommandons le *Vercingétorix* de Jullian, le début du cours d'infanterie du colonel de Maud'huy.

On peut rapprocher de ces savantes considérations sur le tempérament national, les humoristiques axiomes de J. Huret (Berlin).

« L'Espagnol rêve d'une tasse de chocolat et d'une cigarette pour tous les jours de sa vie.

« L'Américain veut avoir plus que son voisin.

« L'Anglais attend son héritage en travaillant un peu et en faisant beaucoup de sport.

« Le Français entend jouir de l'existence le plus tôt possible et il fixe un maximum à ses efforts.

« L'Allemand ne s'arrête pas de travailler et veut s'augmenter toujours, car il s'ennuie à ne rien faire au bout de peu de semaines de repos. »

ment du patriotisme. Le grand Ferré. Maillard. Duguesclin. Richemond. Dunois. Jacques Cœur. Histoire de Jeanne d'Arc.

6° La Renaissance. L'art. Bayard. François I$^{er}$ et Charles-Quint. Marignan, Pavie, Cérisoles.

7° Les guerres de religion. Henri IV. Louis XIII. Richelieu. Louis XIV. Louis XV. Condé. Turenne. Villars. D'Assas. Montcalm. Dupleix.

8° Les philosophes. Les abus. La noblesse. Le 14 Juillet. Le 4 Août. Valmy. Sambre et Meuse. Les volontaires et la conscription. Wattignies. Hohenlinden. 1796. Desaix. Moreau. Masséna. Ney, etc.

9° L'Empire. Le Code civil. L'organisation départementale, judiciaire, etc. Les campagnes de l'Empire.

10° La Restauration. La littérature. Monarchie constitutionnelle. La deuxième République. Le second Empire. La troisième République.

Progrès matériel : chemins de fer, outils agricoles, etc.; avantages et inconvénients.

11° Les guerres du XIX$^e$ siècle : Sébastopol, Italie, Algérie, Syrie, Mexique, Cochinchine, Chine.

12° La formation de l'unité allemande (Iéna — coup de fouet), 1813-1814-1815. Les agrandissements, 1815-1864-1866-1870. Les qualités et les défauts des Allemands : Travail, fécondité, perfectionnement, persévérance; peu d'imagination, d'aptitude à se débrouiller (soldat sans chef = o), morgue, obséquiosité, fausseté.

Population. Forces militaires. Tactique. Armement.

13° 1870-1871. Les caractères : Ladmirault, Canrobert, Mac-Mahon, Faidherbe, Chanzy; Sonis à Loigny; Denfert à Belfort. La Commune[1].

14° Les conquêtes coloniales. La réorganisation de l'armée.

---

[1] *Histoire de la Guerre de 1870-1871*, par le général Niox.

État actuel. Le progrès matériel, ses dangers (affaiblissement et stérilité de la race).

15° Organisation détaillée de l'armée. Le corps d'armée. La division. La brigade.

La frontière. Tracé et places fortes[1].

16° La Patrie[2],

17° Le drapeau[3]. Que le soldat sache que s'il flotte sur la position ennemie, c'est la victoire; s'il recule, c'est la défaite, la honte et le démembrement du pays[4].

18° Ce qu'a été, ce qu'est, ce que doit être le soldat (actif et réserviste). Victoires du drapeau.

Exemples d'énergie et de résignation des anciens et des contemporains. Devoirs des réservistes. Devoirs matériels (fascicule entraînement) et moraux[5].

---

[1] Cartes de Vidal-Lablache ou Niox (se trouvent d'ordinaire dans les écoles régimentaires).

[2] On parlera surtout avec son cœur. On consultera avec fruit : *Le philosophe sous les toits*, chapitre sur la patrie (SOUVESTRE); *Éducation patriotique du Soldat*, page 362 (lieutenant ROLLAND); *Le Retour de Jérusalem*, passage « des assiettes peintes » (DONNAY), etc....

[3] *Éducation patriotique* (p. 57, 58, 59 et 133, 134, 135, 136, 137).

[4] Ouvrages à consulter : *Soirées de Saint-Pétersbourg* (de Maistre) (chapitre sur la guerre); Renaud (*ordres, contre-ordres, marches, contre-marches*); *Mémoires* de Bourgogne, de Coignet (*Marengo*), de Marbot (*Eylau*); *Le 1814*, de Houssaye; *La Légende de l'Aigle*, de d'Esparbès; *La Légende des Siècles* : « Soldats de l'an II », « Ceux qui pieusement sont morts pour la Patrie »; *Campagne du Dahomey* : Tuyen-Quan. *Contes du lundi* : *La Dernière Classe, Le Turco, La Prise de Berlin* (Daudet); chants du soldat : *Le Clairon, Le Turco, L'Arrière-Garde, En Avant, Le Vieux Sergent* (Déroulède); *Les Oberlé* (R. Bazin); *Sonis* (Baunard).

Imagerie... { *Les Dernières cartouches* (de Neuville); *Reddition d'Huninge, Le Rêve* (Detaille); *Cartes d'Europe, de France, des Colonies*; *Étapes guerrières du Régiment*, etc...

[5] Le réserviste digne de ce nom doit continuer à tirer à la cible ou dans les baraques foraines, conserver l'habitude de la marche, avoir toujours d'avance une bonne paire de chaussures de guerre, à son pied.

Moralement, il est prêt à se faire tuer au premier signal ; en temps de

19° Le soldat dans le combat offensif et momentanément défensif.

Prendre pour base l'exposé du lieutenant-colonel de Grandmaison donné plus haut.

Commenter également les articles 122 à 127 du règlement (tirailleurs au combat) et l'article 245.

C'est la valeur des troupes qui décide des affaires en dernier ressort; le salut du pays dépend de l'aptitude du soldat à supporter virilement les fatigues et les privations de la guerre, comme de sa ténacité, de sa bravoure et de son entrain au feu.

20° Visites de champs de bataille. Récit antérieur avec croquis. Explications sur le terrain. Faire sonner « Aux champs ». Rendre les honneurs.

### III. — Éducation patriotique par le chant.

Le chant est d'excellent effet moral en garnison; les concerts avec chant donnent de la cocarde au régiment.

Ils sont d'un réconfort particulier au cantonnement, en campagne, pendant les étapes.

#### 1° Organisation.

Une heure de chant au minimum par semaine, le samedi matin, par exemple, et autant que possible le lendemain ou le soir de la marche hebdomadaire.

Les chanteurs sont classés en ténors, barytons, basses. Un sous-officier est désigné comme « chef de partie ». Un officier ou le chef de musique a la haute main et

---

paix, s'il est cultivateur, il acceptera certaines gênes, prêtera sa grange pour le cantonnement, ses outils pour la construction des barricades; il fermera les yeux sur les dégâts insignifiants causés dans ses champs par ceux qui travaillent sans relâche à les défendre, et en cas de dommages sérieux, se montrera conciliant.

prend pour lui la « partie » la plus difficile. A chaque « partie » est affecté un musicien (trombone) pour accompagner le chant.

Les répétitions ont lieu dans deux ou trois locaux bien séparés jusqu'au jour où les « parties » sont pleinement possédées.

On réunit alors les différentes voix.

On adjoint ensuite la musique.

Enfin, pour les pas redoublés, on exécute le chant en marchant, chaque « partie » en ligne sur quatre rangs formant une section derrière la musique, avec « le chef de partie » comme chef de section.

### 2° Morceaux à apprendre.

*La Marseillaise*, deux voix; *Le Chant du Départ*, deux voix; *Le Régiment*, deux voix (Stoupan); *Le Chant de Gaule*, trois voix (Bautz); *Le Fantassin*, deux voix (Perlat); *Salut à la France*, unisson (Pessard); *Chœur des Soldats*, de *Faust; Le Rêve* (Krier); *Ce que c'est qu'un drapeau* (Mareille); *En Avant* (Gounod); *Dis-moi quel est ton pays* (Erckmann-Chatrian); *Va, petit Soldat !* tiré des *Saltimbanques* (Ganne); *Le Tambour* (*Mascotte*), etc.

# DEUXIÈME PARTIE

## Éducation physique de l'infanterie.

### AVANT-PROPOS

Pour pouvoir se battre, le soldat doit être apte à bondir, à user rondement de son fusil et de sa baïonnette, à rallier rapidement les camarades; il faudra donc le rapprocher du type coureur plutôt que du fort de la halle, développer et étirer ses muscles des jambes, des bras; ce sera le but de la gymnastique éducative, du développement local et général.

Mais le soldat doit être en même temps le demi-sang, résistant à la fatigue et à la misère, susceptible de porter le sac, de sauter les obstacles, de gravir les pentes avec chargement, etc. D'où la gymnastique d'application, dont nous avons détaché ce qui a trait à la marche pour en faire un chapitre spécial.

# CHAPITRE PREMIER

## La Gymnastique.

### I. — Développement général et correction de l'individu.

#### A) GÉNÉRALITÉS.

Les exigences de la nation armée, la lamentable natalité française[1], la vie brûlée et jouisseuse des villes sont cause qu'une forte proportion du contingent arrive actuellement sous les drapeaux en médiocre condition pour les dures nécessités de la vie de campagne et même de garnison.

Le chef de petite unité, lieutenant ou capitaine, doit désormais ajouter à son répertoire de connaissances utiles, la physiologie pratique, presque l'orthopédie.

Il faut redresser ces dos voûtés, fixer ces épaules saillantes, amplifier la cage thoracique, déplisser les sommets douteux, rentrer la panse abdominale, épaissir

---

[1] *Riches* et, par suite, inclinés vers l'égoïste jouissance, *privés du droit de majorat pour l'aîné* et, comme conséquence, procréateurs du fils unique, *insouciants de la loi morale*, seule capable de faire accepter quand même l'âpre devoir conjugal, les Français s'offrent, suivant leur condition, automobiles, soirées, chasse, kursaal, bon bock et bonne pipe ; ils n'économisent que sur la vie ; la France en mourra, mais qu'importe, puisque c'est sans douleur.
Cf : *La peur de l'enfant*, chez Maloine, rue de l'École-de-Médecine et la *Population* par des Cilleuls.

et étirer les muscles locomoteurs, atrophiés par la diffusion du chemin de fer, de la bicyclette, etc., bref, rapprocher le sédentaire ballonné, du thoracique antique, du bel et fort animal que doit être le soldat.

Il y a là matière à instruction particulièrement attachante. C'est un vrai bonheur, en effet, que de voir le corps se refaire, le poids s'accroître, en dépit d'un travail intense et de la brûlure d'une bonne partie des tissus adipeux.

Mais c'est une étude assez nouvelle pour un certain nombre d'officiers, habitués, au temps de leurs jeunes galons, à ne recevoir dans leur section que des gaillards choisis.

Les officiers envoyés à Joinville y reçoivent un enseignement approprié; qu'on nous permette de rappeler aux autres quelques principes essentiels et procédés pratiques.

La gymnastique dite éducative a pour but :

1° *Le développement de l'individu*, ce qui embrasse :

*a)* Le développement des muscles *les plus utiles à la vie militaire*.

On y arrivera par le travail *local*, et, suivant le cas, par l'extension, *l'étirement* du muscle intéressé, s'il s'agit d'obtenir une élongation propre, un accroissement de souplesse (muscles des jambes, des bras) ou, au contraire, par son *raccourcissement* quand on voudra obtenir une musculature plus épaisse et mieux fixée (muscles abdominaux, fixateurs des omoplates).

*b)* Le développement des *fonctions* :

*Respiratoires* par le déplissement des poumons et l'accroissement de la cage thoracique;

*Circulatoires* en vue d'obtenir une meilleure assimilation des aliments en même temps qu'un balayage plus rapide des déchets du travail.

On obtient ce double développement respiratoire et circulatoire par le travail de *tout l'organisme* : course, sauts, exercices respiratoires intenses, etc.

2° *La correction des défauts physiques*, défauts qui peuvent, soit empêcher le libre jeu des organes, soit amener des accidents, soit nuire à la beauté de l'individu.

### *B*) DÉVELOPPEMENT DE L'INDIVIDU.

#### 1° Développement de la musculature.

On obtiendra l'allongement, l'étirement des muscles en insistant sur les positions finales des bras et des jambes (1re et 4e séries); on développera les muscles inférieurs particulièrement par les exercices de marche, de sauts, de course de faible durée (6e et 8e séries); on raccourcira et développera les muscles de l'abdomen par les mouvements des 5e et 7e séries; on fixera les épaules par l'extension latérale des avant-bras, le mouvement de fente avant, bras levés, avec poids additionnel, etc.

#### 2° Développement des fonctions.

a) *Développement des fonctions respiratoires.*

L'amplitude de l'échange gazeux dans les poumons passe de l'unité, au repos absolu, à deux dans la marche et à sept dans la course. C'est dire, au seul point de vue respiratoire, l'avantage des allures vives sur le déplissement des poumons et par là sur l'oxydation du sang.

D'autre part, on peut admettre, malgré certaines divergences des spécialistes, l'action réciproque de la cage thoracique et du poumon pour le développement final de la poitrine.

Par suite, on recherchera :

1° Les *attitudes* spéciales favorables au développement de la poitrine : le « garde à vous » dans tous ses détails (double menton, épaules effacées, poitrine saillante, abdomen rentré, etc.), les mains à la poitrine, les bras latéraux ;

2° Les *exercices d'accroissement mécanique* de la cage thoracique (exercice respiratoire proprement dit, suspension, extension, les bras levés avec appui au mur, etc.) ;

3° Les exercices d'*essoufflement modéré* qui déterminent, sans accident du cœur, des réactions expulsives considérables, le déplissement des sommets, ce réduit ordinaire de la tuberculose, soit donc une course journalière brève (de deux à cinq minutes), rythmée pour obtenir l'expiration profonde[1].

b) *Développement des fonctions circulatoires.*

Les conditions d'une bonne circulation du sang sont :
1° La *généralisation* du travail. On opposera les masses

---

[1] L'essoufflement est un besoin exagéré de respirer, conséquence de l'insuffisance d'hématose, d'échange de gaz entre l'air et le sang. Le sang, surchargé par la course d'acide carbonique, a besoin de céder davantage de ce gaz à l'air pour reprendre une quantité correspondante d'oxygène.

Chez l'homme essoufflé, l'expiration, qui devrait être le double de l'inspiration, afin d'assurer complètement cet échange d'acide carbonique et d'oxygène, arrive à n'en être plus que le tiers. Par suite, l'oxygénation du sang à travers les parois des poumons n'a pas le temps de se faire ; le sang demeure chargé d'acide carbonique et la course qui devrait déplisser les poumons, oxygéner le sang, n'amène qu'un empoisonnement de ce dernier ; on est obligé de s'arrêter, épuisé, sans bénéfice pour le développement général.

Comme conséquences :

*a)* On recherchera un essoufflement modéré qui développe le poumon et vivifie le sang. On ne dépassera pas 140 à 160 pulsations ;

*b)* On rythmera la respiration par la volonté et l'exercice. En s'y prenant dès le début de la course, on arrivera à faire l'expiration et l'inspiration chacune sur 3 pas gymnastiques, ce qui permettra l'oxygénation complète et si nécessaire du sang ;

*c)* On reculera enfin la limite de l'essoufflement par l'ampliation de la poitrine, la rectification du tronc, la suspension, etc...

musculaires pour activer la circulation. C'est ainsi qu'on combine dans la 1ʳᵉ série les mouvements de jambes et de bras.

La circulation activée accélère l'assimilation des aliments et, par le balayage des déchets organiques, retarde la fatigue du muscle; on peut faire vingt-cinq à trente minutes de pause sans autre repos que des mouvements respiratoires dans une attitude détendue;

2° La préférence donnée au travail des muscles *inférieurs* et du *tronc*. En même temps qu'on développe les cuisses et les jambes pour la marche et qu'on fortifie les muscles abdominaux, on facilite une circulation intense, sans effort, grâce aux fortes masses musculaires mises en jeu;

3° Le *rejet de la station droite* (garde à vous) non suivie immédiatement de mouvement. C'est bien inutilement enrayer le nettoyage du muscle. Discipline et développement gagneront de concert à la suppression des palabres devant une troupe au garde à vous et quel garde à vous !

4° *L'élimination des déchets* à la suite d'un travail fatigant; après une marche dure, faire des exercices appropriés (suspension, extension, exercices respiratoires...), aussi efficaces pour le lavage du muscle que pour l'extension des cartilages des vertèbres, tassés par la marche. Par contre, supprimer course et sauts.

### c) *Correction des défauts.*

Il faut :

1° Rendre la charpente symétrique. Défauts opposés : dissymétrie, scoliose;

2° Effacer les épaules, les fixer en arrière. Défauts opposés : dos voûté, omoplates en saillie, ensellure;

3° Avoir le type thoracique. Défaut opposé : abdomen en panse;

4° Avoir les battements de cœur réguliers et énergiques. Défaut opposé : palpitations.

*Moyens appropriés.* — On ne peut évidemment faire de la gymnastique médicale applicable à chaque individu. Il suffit, au cours de la leçon de développement, de créer, de maintenir ou amplifier des attitudes correctes qui par là-même sont correctives.

Les procédés correctifs sont basés sur la tendance au raccourcissement d'un muscle qui se contracte plus que son antagoniste.

La tête reculée (double menton) diminue à la longue la courbure cervicale.

L'exercice respiratoire, l'essoufflement modéré de la course développent la cage thoracique et fondent la panse abdominale.

Les mouvements de fente avant avec l'arme, d'inclinaison du tronc en arrière, sur un banc, bras levés avec poids additionnel, sont excellents pour la fixation des omoplates.

La suspension allongée inclinée, l'appui à la barre, la lutte de traction et de répulsion sont d'un grand effet sur le redressement de la colonne vertébrale.

Les rotations, les équilibres, les mouvements sur le dos, l'appui avant, le rétablissement, sont particulièrement efficaces pour développer les muscles de l'abdomen.

## II. — La leçon de gymnastique éducative.

### A) PRINCIPES.

Il faut que le soldat comprenne le but de la gymnastique éducative, qu'il s'y intéresse, qu'il y donne par suite son maximum, au lieu d'escamoter l'effort.

A cet effet, un officier de la compagnie fera chaque année une conférence sur la gymnastique, réduction de celles faites aux gradés et élèves caporaux.

L'officier exhibera un beau type. Il fera voir ensuite sur le torse nu l'effet correctif et de développement des divers mouvements.

En outre, dans les débuts de l'instruction, le moniteur ramènera constamment l'attention des exécutants sur les avantages de tel ou tel mouvement.

Mais la meilleure démonstration ne vaudra jamais un résultat palpable. Laissant de côté les instruments d'école ou de laboratoire, spiromètre, thoracomètre, etc., nous nous contenterons de la pesée mensuelle. Nourriture abondante et gymnastique éducative bien dirigée et bien exécutée déterminent en très peu de temps un accroissement moyen de poids, qui convaincra les jeunes soldats de l'excellence du dressage physique militaire. On mesurera de même à l'incorporation et après six ou huit mois le maximum et le minimum d'ampliation thoracique[1].

Ces bons résultats ne s'obtiennent d'ailleurs que par l'intensité et la fréquence des exercices.

Tandis qu'à l'application, le soldat doit, par l'adresse, atteindre le but cherché avec le minimum d'efforts et de fatigue, à la leçon de gymnastique éducative, il doit rechercher le maximum de travail et d'effort correctif. Tâche rude pour le moniteur et ses aides, mais nullement irréalisable, comme nous l'avons pu expérimenter avec beaucoup d'autres.

La gymnastique éducative commence le lendemain de l'incorporation à raison d'une ou deux séances par jour, une heure au maximum au total. A partir du 20 octobre, on fait alterner leçon éducative et leçon d'application.

---

[1] Dans une compagnie entraînée, on peut relever un écart moyen de 6 centimètres, avec des différences de 7, 8, 9, 10 et 11 centimètres.

Bien peu nombreux sont les véritables instructeurs; aussi la gymnastique éducative sera-t-elle donnée, dans chaque section, par le sergent ou les caporaux suivant leur capacité.

Ce premier débourrage fait, le travail sera exécuté à partir de la mi-novembre, tantôt par toute la compagnie sous le commandement du moniteur général, tantôt par section pour le perfectionnement de détail ou l'ébauche de nouveaux mouvements. Enfin, à partir du 15 décembre, la leçon est donnée entièrement par compagnie et à commandement.

NOTA. — Les hommes sont en treillis, ceinture élastique, espadrilles, képi. Ils emportent le fusil et endossent la capote pour revenir du travail.

### B) LA LEÇON PROPREMENT DITE.

1° La compagnie est rassemblée en ligne de sections par deux (par trois) accolées, suivant l'effectif, de manière à présenter une formation carrée, de surveillance facile. Le moniteur général porte sa colonne en avant (au sifflet de préférence), fait prendre en marchant (au pas cadencé ou gymnastique) intervalles et distances de manière qu'à l'arrêt tous soient placés.

2° Le moniteur entame sans désemparer les exercices d'ordre[1], les positions initiales, fondamentales, les mouvements préparatoires. Il insiste sur la rigidité de la position du garde à vous, à partir du commandement de :

---

[1] Les exercices d'ordre et de discipline sont de tradition à Joinville, mais n'ont pas été prescrits formellement dans le règlement de 1910. C'est une omission regrettable. Voir plus loin un certain nombre de mouvements d'ordre, à titre d'exemple. Par temps froid, les mouvements d'ordre du début de la leçon sont remplacés par des déplacements rapides, des sautillements, le saute-mouton, etc... (art. 15).

« En position », pour que le segment indiqué par le commandement travaille forcément seul et intensivement[1].

3° Le moniteur passe à la leçon proprement dite[2], d'une durée de vingt-cinq à trente minutes, suivant le temps disponible.

La fin des mouvements s'exécute lentement pour éviter l'action des muscles antagonistes et laisser ainsi au mouvement direct toute son ampleur. Ainsi, dans le mouvement simple : « Mains à la poitrine, extension latérale des bras », le début de l'extension se fera vivement et sa fin, lentement, mais à fond, avec maintien de la position étendue; la reprise de position mains à la poitrine se fait au contraire lestement, puisqu'il n'y a pas de travail.

4° Les exercices sont intensifiés au fur et à mesure des progrès, conformément à l'article 8 du règlement.

5° Les mouvements de tête sont combinés avec mise en joue ou alignement. Le mouvement 40 exécuté, l'instructeur commande : « Prenez l'arme, à genou, quatre mises en joue » ou bien : « Prenez l'arme, position du tireur debout, quatre mises en joue ».

Le mouvement 41 est combiné avec le placement du poing gauche et le « Fixe » de l'alignement.

6° A la 3ᵉ série, pour l'exécution de 67, 68, 69 sans appareils, l'instructeur fait numéroter les hommes en profondeur : « Par signaux, en profondeur, comptez-vous deux », les hommes lèvent un ou deux doigts; au commandement : « Pour la suspension inclinée », les numéros impairs prennent la position de fente avant et

---

[1] La vérification du « garde à vous » *de travail* est faite par les sous-officiers disponibles. Pour cela, ils feront osciller le corps en le prenant par les épaules; que le gymnaste soit debout ou sur le dos, tout le corps doit se déplacer d'un bloc, comme une planche.

[2] Le moniteur général est perché sur une table, un sommet d'escalier, etc..., afin d'être vu de tous. Il fixe la cadence et la durée des temps d'arrêt par un geste des bras et ne compte que lorsque c'est indispensable.

placent leurs mains sur l'épaule des camarades. « En position » : les numéros pairs prennent la suspension inclinée; on exécute alors les mouvements 67, 68, 69. Au commandement : « Garde à vous », tout le monde se replace dans la position fondamentale, puis, après le demi-tour, le même mouvement est exécuté par les numéros impairs, portés cette fois par les numéros pairs.

7° Faute de bancs, le numéro 96 est exécuté sur un camarade accroupi : « Par signaux en profondeur, comptez-vous trois » — « Assis sur un camarade, appui avant des pieds, bras levés », le numéro 3 s'accroupit — « En position », 2 s'assied et 1 soutient les pieds, etc. Au commandement : « Changez », 2 devient porteur, 1 s'assied, 3 soutient. Au deuxième commandement : « Changez », 1 devient porteur, 3 s'assied, 2 soutient.

8° A l'aide d'une corde ou d'une ligne tracée à la craie on fait exécuter les sauts de pied ferme ou avec élan à 8 hommes et plus à la fois (8ᵉ série).

9° Les exercices respiratoires sont exécutés dans tout le cours de la leçon, après un exercice fatigant, au lieu du simple « repos ».

10° La leçon se termine par des mouvements d'ordre permettant une révision des mouvements individuels les plus précis et les plus utiles, suivant le cas. *Exemples* : A droite (gauche), demi à droite (gauche), demi-tour, à genou, couchez-vous, face à... couchez-vous, rassemblement à genou.

L'arme sur l'épaule, croisez la baïonnette, l'arme à la bretelle, présentez l'arme, mise en joue, maniement de la hausse, marche au pas d'école, départ, arrêt, demi-tour à droite, marche ou halte, oblique à droite (gauche), s'arrêter à genou ou couché, salut.

Rassemblement ou ralliement à l'extérieur du gymnase ou dans la campagne, en ligne, colonne ou colonne double de tirailleurs, en ligne de sections par quatre, échelonnées ou non, avec utilisation du terrain. Les hommes courent à leurs chefs qui, par leur position ou leur signal de la main ou des bras, indiquent la formation ou la position à prendre.

Ces mouvements, nous nous en sommes rendu compte, s'exécutent d'une manière particulièrement vigoureuse et précise, conséquence de la souplesse et de l'entrain occasionnés par l'exercice de gymnastique, en même temps que témoignage d'une excellente discipline.

### III. — La gymnastique d'application.

#### A) GYMNASTIQUE D'APPLICATION PROPREMENT DITE.

La séparation complète de la leçon éducative et des exercices d'application, actuellement préconisée par le règlement de 1910, constitue un grand progrès.

La leçon éducative peut désormais s'exécuter en tout terrain; l'homme sait aussi qu'à cette leçon il doit rechercher, avant tout, la correction et l'intensité du travail, alors qu'à l'exercice d'application, il s'agit d'atteindre le but avec l'effort minimum.

Nous donnons ci-dessous quelques règles, pour que la réelle détente de la leçon d'application ne dégénère pas en laisser-aller et indiscipline matérielle et morale, pour qu'enfin la solidarité y trouve place, que le soldat y sente la nécessité de la coordination, du sacrifice personnel au but d'ensemble.

1° Les mouvements sont répartis sur huit agrès ou groupes d'agrès, de manière que les huit escouades puissent en 45 minutes parcourir le cycle complet. Une 9° escouade est constituée par les gymnastes d'élite (élèves caporaux ou autres), qui font une fois sur deux de la gymnastique de sélection.

2° Le moniteur général placé auprès de l'agrès qui

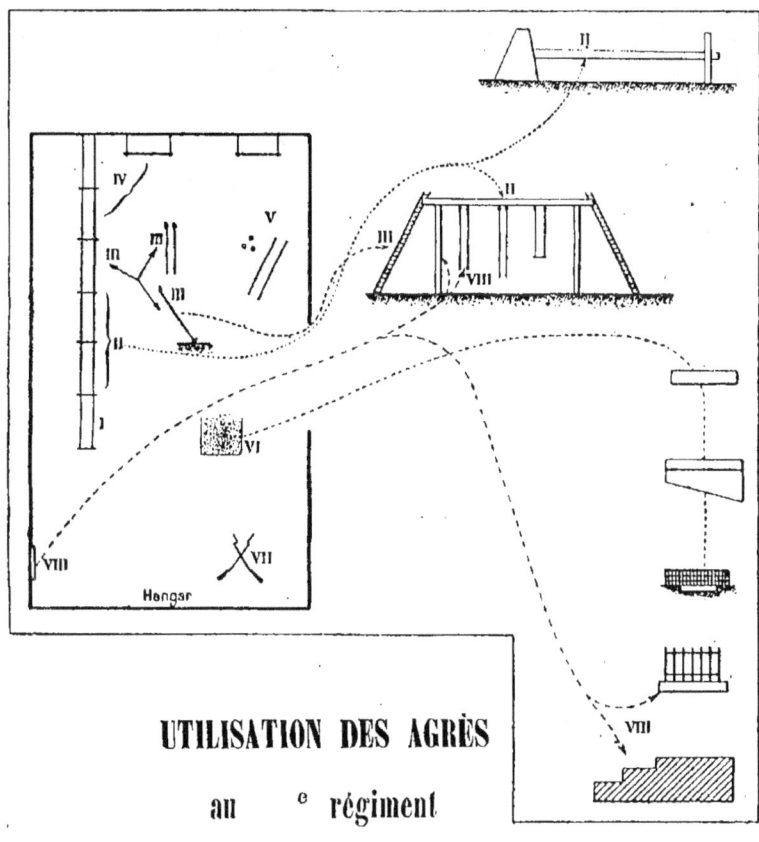

## UTILISATION DES AGRÈS

## au    e régiment

| | Mauvais temps. | Beau temps. |
|---|---|---|
| I. Voltige. | I. Barres. | I. Barres. |
| II. Equilibres. | II. Barres. | II. Barres. — Poutre. — Portique. |
| III. Grimper. | III. Barres. — Cordes par paires ou non. — Corde inclinée. — Planche inclinée. | III. Id. + Echelle inclinée et corde contre un mur. |
| IV. Se rétablir à une barre. | IV. Barres. | IV. Barres. |
| V. Traction. — Répulsion. — Lancement du boulet. | V. Perche. — Corde pour la section. — Boulet. | V. Id. + Pierres quelconques. |
| VI. Sauts. | VI. Sautoir intérieur. | VI. Pistes. |
| VII. Escrime à la baïonnette. | VII. Lutte entre groupes. — Assaut des mannequins. | VII. Id. en précédant l'attaque du mannequin ou la mêlée de 100 à 200 mètres de pas de charge. |
| VIII. Escalade. | VIII. Mur du gymnase. | VIII. Portique. — Mur. — Grille. |
| IX. Spécialistes. | IX. Barres. — Barres parallèles. — Barre fixe. — Boxe, etc. | |

exige le plus de temps (escrime à la baïonnette ou voltige, par exemple,) siffle le changement d'agrès.

Chaque gradé ou moniteur lève le bras et groupe sa classe par deux. Au 2ᵉ coup de sifflet, donné presque immédiatement, les huit classes partent au pas gymnastique, se portent au nouvel agrès, s'arrêtent et se mettent au repos au signal; puis le moniteur commande ou exécute le mouvement.

3° Le tableau et le croquis ci-joints ont été donnés pour le mauvais et le beau temps. Dans le premier cas, tout le monde peut travailler au gymnase. Dans le second, on fait les substitutions correspondantes : l'équilibre sur la barre est remplacé par le portique, le grimper aux cordes par l'assaut du mur, etc.

### B) APPLICATIONS COLLECTIVES.

Les applications collectives ont pour but de développer au maximum la solidarité et l'adresse.

#### 1° Le pas gymnastique.

Pour son exécution énergique, le pas gymnastique d'une certaine durée doit être exécuté en vue d'un but précis, course au point d'appui, bond d'un renfort, rentrée au quartier de meilleure heure.

a) *Course au point d'appui*. — Le point d'appui est-il rapproché à 100, 150, 200 mètres, la troupe prend le pas de charge, l'allonge, passe au pas gymnastique modéré, puis s'élance à l'assaut.

Si le point d'appui est éloigné et qu'on ait encore l'ancien chargement de campagne, il paraît bien difficile de demander aux hommes un pareil effort sans un affreux désordre.

D'autre part, il est préférable d'arriver avec deux sections ou deux compagnies avant l'ennemi que de se présenter à une lisière déjà occupée, avec tout son monde.

Aussi la compagnie, le bataillon, doivent-ils être exercés à jeter rapidement le sac à terre par demi-compagnie ou demi-bataillon. Les gens sans sac se jettent alors au point d'appui; les camarades s'associant par deux, mettent deux sacs l'un sur l'autre et suivent à leur allure, en portant par la bretelle les sacs jusqu'au point d'appui, où les premiers arrivés viennent les reprendre par fractions.

Même avec le sac allégé, cette mesure sera souvent nécessaire.

b) *Bond d'un renfort*. — Les vagues successives d'une attaque doivent se porter du dernier couvert, sans arrêt, jusqu'à la chaîne préexistante; on exercera donc les hommes, en terrain varié, soit en tirailleurs, soit en colonne par quatre, à traverser au pas gymnastique modéré, 300, 500, 700 mètres sans temps d'arrêt. Ce mouvement se fera en tenue de campagne, de préférence avec le chargement des hanches, mais sans sac ou avec sac allégé.

c) *Rentrée au quartier par accélération d'allure*. — Cet exercice se fera avec les hommes porteurs du sac allégé. On marche suivant le terrain; les côtes sont descendues au pas gymnastique, les paliers parcourus en allongeant le pas; les montées à l'allure ordinaire.

d) *Instruction des hommes de relai*. — Au cours de la leçon de gymnastique et des exercices extérieurs, les éclaireurs, agents de liaison, bons marcheurs de la compagnie, sont exercés à leur rôle de transmetteurs de renseignements, de la ligne de feu aux renforts, à l'artillerie, des postes à la grand'garde ou à la réserve, etc.

Les hommes de relai, groupés par deux, observent la direction de l'ennemi; l'un d'eux est en outre attentif aux signaux qui viennent du poste A, l'autre aux signaux venant du poste B. Lorsqu'un camarade de l'un de ces postes apporte à vive allure un renseignement écrit, l'homme de relai, observateur de ce poste, saisit le papier et file à toute vitesse, l'arme à la main, jusqu'au poste ou relai suivant; s'il n'a rien à transmettre en retour, il revient au pas ordinaire.

Au delà de 400, 500 mètres, il faut un relai.

c) *Organisation des courses de vélocité*. — C'est d'après les mêmes principes qu'on organise la course de vélocité entre les quatre sections de la compagnie pour exciter l'émulation. Tous les hommes de la compagnie sont formés en ligne de sections par un, à 60, 100 mètres de distance entre les hommes. Dans chaque section, les

```
o     o     o     o     o     o   4ᵉ Section

+     +     +     +     +     +   3ᵉ Section

▷     ▷     ▷     ▷     ▷     ▷   2ᵉ Section

□     □     □     □     □┄┄┄┄□   1ᵉ Section
                         60 à 100ᵐ
```

coureurs se transmettent de la queue à la tête un papier de couleur différente. Chaque homme est ainsi intéressé à donner son maximum propre pour la victoire de sa section qui reçoit un quart de vin.

### 2º Le mur et l'obstacle.

L'idéal serait de disposer d'une portion de mur du quartier comme mur d'assaut. A chaque prise d'armes, la compagnie franchirait le mur, avec mission de se retrouver le plus tôt possible de l'autre côté, prête à agir.

Le même exercice peut se faire dans la campagne; on se porte, en chaîne, colonne d'attaque, jusqu'au pied d'un mur ou d'une barrière que la compagnie escalade.

Dans chaque section, la demi-section de droite, par exemple, fait passer la demi-section de gauche en deux enlevées, l'escouade de droite agit de même pour l'escouade de gauche; les derniers hommes passent au plus vite; au fur et à mesure qu'ils franchissent le mur, les soldats sont ralliés par section, soit pour tirer, soit pour continuer la marche.

On jette les sacs en arrivant devant le mur; les hommes qui vont escalader tendent un fusil à ceux qui les ont précédés en grimpant sans arme et ainsi de suite.

3° **Lutte de traction entre les sections de la compagnie.**

# CHAPITRE II

## La Marche.

### I. — Exercices préparatoires.

Par définition, le fantassin doit savoir marcher et porter le sac.

Il naissait fantassin le Français d'antan, grand arpenteur des belles routes royales, impériales ou nationales. Mais avec les multiples moyens de transport modernes, son petit-fils perd de plus en plus cette qualité de race, l'habitude des grands pas.

Nous nous contentons d'étendre à peu près la jambe sur la cuisse, mais n'utilisons point en même temps à plein l'articulation de la hanche pour accroître l'amplitude de l'angle formé par les cuisses et exécuter sans fatigue des pas de 0$^m$,8o à 0$^m$,85, sans chargement.

D'autre part, la cadence réglementaire de 120 pas serait très favorable à la formation de pas très étendus; mais nombre de régiments, hantés par le « pas d'octroi » des chasseurs[1], copient à l'envi cette allure épileptique qui n'est au fond qu'un aveu d'impuissance, impuissance du pas large, fier, constant, économique.

« Si de tels errements continuent, les jeunes Français,

---

[1] Toutes les fois qu'on imite, on a chance d'imiter les défauts; les chasseurs ont d'indéniables qualités : esprit de corps, camaraderie, esprit large des chefs, initiative en retour de tous, aide mutuelle, rappliquage. Voilà ce qu'il faut leur prendre.

au lieu d'acquérir au régiment le développement musculaire indispensable à l'exécution facile de longs parcours, verront leurs muscles locomoteurs s'atrophier sous l'influence d'exercices de marche antiphysiologiques[1]. »

A la suite d'un maître tel que le général Bonnal et dans le but de développer l'aptitude à la marche économique, nous nous efforcerons :

1° De ne pas franchir la cadence de 120 pas[2], de la conserver aussi bien sur route que pour la traversée des localités, etc., ce qui aura pour effet de diminuer fatigues et à-coups inutiles.

2° D'apprendre à la place d'armes le pas d'école qui consistera dans l'extension complète de la jambe sur la cuisse et l'amplitude maxima de l'angle des cuisses.

*Détail du pas d'école.* — *a)* Les hommes, au début, mettent les mains aux hanches; ils effacent le corps.

Le pas d'école s'exécute tout d'abord en deux temps :

Un temps, pour dérouler vivement la jambe arrière

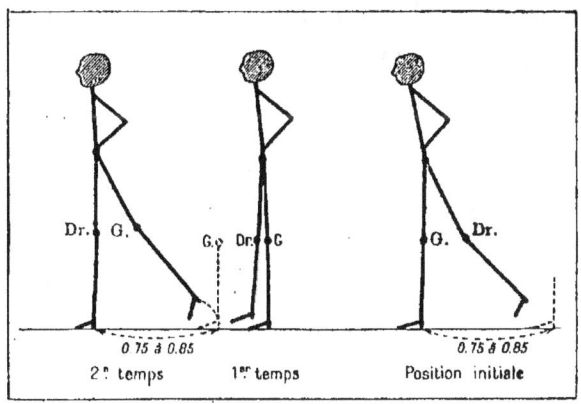

sur le genou (jambe droite sur la figure) et porter le

---

[1] Général BONNAL, *Infanterie*, p. 96.
[2] 124 pas pour les défilés.

pied en avant de la jambe qui pose à terre (jambe gauche sur la figure), le talon du pied à hauteur de la pointe du pied posé.

Un temps, pour pousser le pied levé au plus loin, en même temps que le pied posé quitte le sol, la pointe en extension (en arrière) pour entraîner une légère flexion du genou (genou gauche sur la figure) et faciliter, ainsi, la détente du jarret au pas suivant, conformément au premier temps.

b) Le mouvement s'exécute ensuite en un temps, le pied levé se portant d'un seul coup par une détente de jarret et un mouvement concomitant de la cuisse, de la position levée arrière au poser avant.

c) Le pas d'école s'exécute ultérieurement à l'issue de chaque leçon de gymnastique de plancher, comme remise en main, et dans les défilés, pendant une vingtaine de pas, à un signe du chef de section.

d) Comme le montre la figure, le soldat a toujours le haut du corps en avant.

3° Au cours de la leçon de gymnastique, au retour de la manœuvre, on fera allonger le pas sans accélérer la vitesse (n° 89).

4° Le pas de charge sera exécuté, dès le début, sur 100 à 200 mètres, le corps en avant, l'homme n'ayant qu'une préoccupation, allonger ses enjambées, puis les accélérer de 110 à 160 au maximum[1].

Quand la cadence devient trop fatigante, le soldat s'échappe au pas gymnastique et termine enfin par 30 à 50 mètres de course, quelques coups de baïonnette ou un tir.

5° La marche sera entamée dès le 20 octobre; on pous-

---

[1] Le soldat a normalement l'arme à la main pour marcher et courir plus librement; il ne met l'arme devant le corps que dans la colonne par quatre ou la ligne sur deux rangs, par mesure de précaution.

sera la progression de manière que le soldat puisse, le 15 février, faire 25 kilomètres avec l'équipement allégé, les vivres du jour et 120 cartouches.

## II. — Exécution de la marche.

1° Dans la compagnie, les sections alternent; on conserve un guide en tête de chaque section; tout guide de section intérieure se garde bien, en cours de marche, de conserver sa distance de quatre pas; il ne la reprendra qu'à la halte horaire; le guide de la section de tête fera de même pour la distance qui le sépare de la compagnie précédente.

2° On part à allure modérée, en évitant particulièrement le pas « d'octroi »; la musique conserve la cadence de 120 pas.

3° Au pas de route, hommes et gradés recherchent les grands pas qui fatiguent et écorchent moins.

4° *Discipline de marche.* — *a)* A l'issue de la halte-horaire[1], les hommes, au coup de sifflet du capitaine, mettent sac au dos, rompent les faisceaux et se reforment correctement par quatre; ils peuvent continuer à fumer ou manger, mais gardent le silence, la main droite au battant de crosse; les gradés lèvent le bras. Au deuxième coup de sifflet long, suivi d'un coup de sifflet bref et du signal « En avant, marche » du capitaine, signal répété par les gradés, toute la compagnie part du même pied. Le capitaine la laisse marcher au pas cadencé quelques secondes, une demi-minute au plus, tant pour l'affirmation de la discipline que pour la reprise d'un pas uniforme. Satisfait, il met son monde au « pas de route », par un signal.

---

[1] Quand il faudra gagner du terrain (avant-garde se hâtant vers un point d'appui, flanc-garde, etc...), on pourra supprimer une halte horaire, ou mieux faire la halte-horaire de cinq minutes.

*b*) Si la température amène le capitaine à laisser ses hommes occuper toute la largeur de la route, les chefs de section de tête et de queue sont responsables de l'appuyé à droite, à un seul cri de leur part, répété une fois également par les chefs de section intermédiaires.

*c*) Pour l'arrêt, au coup de sifflet préparatoire, la compagnie reprend le pas cadencé; les chefs de section regagnent au besoin la tête de leur section, les guides reprennent leur distance.

Au deuxième coup de sifflet long suivi d'un coup sec et du signal d'arrêt du capitaine, sur le pied droit, les chefs de section abaissent le bras, courent se placer devant le centre de leur section, tandis que les hommes font face à gauche et jalonnent ainsi l'alignement des faisceaux. D'un geste, chaque chef de section met fin à tout flottement, les faisceaux sont formés, les sacs mis à terre et les hommes s'éloignent sans autre formalité.

Dans les marches de nuit et sur les routes larges, on diminue les à-coups en conservant la formation par quatre pour former les faisceaux.

### III. — Diminution de la fatigue pendant la marche.

#### 1° Grand'halte.

D'ordinaire, pour une marche supérieure à 22 ou 25 kilomètres, il faut faire une grand'halte.

C'est le cas de faire reposer les hommes dans un village au lieu de les laisser au dehors et de barrer les entrées par des sentinelles.

Un adjudant-major et les adjudants de bataillon décolent de la colonne deux heures avant la grand'halte.

L'adjudant-major prend le trot, répartit le village entre les bataillons, fait préparer le feu, l'eau, ouvrir les granges; les adjudants de bataillon et les fourriers[1] le rejoignent, achèvent la répartition et complètent les préparatifs.

A l'arrivée de la troupe, une garde de police est placée au centre de la localité, prête à intervenir en cas d'abus. Les hommes sont bien prévenus que tout acte d'indiscipline ou d'ivresse sera durement réprimé.

Il y a là une habitude à prendre, bien moins difficile que le passage du bivouac de 1870 au cantonnement actuel.

### 2° Entrée immédiate au cantonnement.

Dans bien des corps, l'entrée au cantonnement ne peut s'effectuer sans convocation rituelle des chefs de bataillon, capitaines, sergents-majors, etc. On apprend avec plaisir que l'eau est potable et le cantonnement ordinaire, que l'officier payeur loge chez M$^{me}$ X..., que la dernière levée est faite, etc., au total, perte de temps minima de vingt minutes.

Il faut en finir avec ces traditions désuètes et cette privation de repos.

L'officier de campement se porte au-devant du colonel, et lui communique, en marchant, ainsi qu'aux chefs de bataillon groupés autour du colonel, les renseignements vraiment intéressants : *Point de rassemblement du régiment en cas d'alerte, heure des distributions, qualité de l'eau, s'il y a lieu.* Le colonel ajoute la nature du cantonnement (*ordinaire* ou *d'alerte*) et, éventuellement, l'heure du départ.

Ces renseignements sont transmis, toujours en marchant, par les chefs de bataillon à leurs capitaines; ces derniers les communiquent à leur compagnie qu'ils arrêtent un instant devant le point de ralliement de la com-

---

[1] Peu ou point chargés, ils suppriment une ou deux haltes horaires.

pagnie. Les autres renseignements (adresses, major du cantonnement, etc.), seront pris, en cas de besoin, au poste de police.

### 3° Allégement de la compagnie.

Grâce à la voiture à vivres et bagages, à la suppression du cadre de sac et au remplacement du campement en fer battu par la marmite d'aluminium, l'allégement du sac est considérable.

Nous ne ferons qu'une objection : nous préférerions que l'homme mette ses chaussures de repos à la voiture et garde ses deux jours de vivres du sac.

Lorsqu'on videra la voiture à munitions, on mettra dans les coffres ce qu'on pourra, pour alléger quelque peu le fantassin (espadrilles ou brosse, savon, trousse et mouchoir).

### 4° Marches forcées.

Faire préparer l'eau, les repas à l'avance, en faisant filer les cuisiniers en voiture.

### 5° Marches de nuit.

### 6° Marche par le froid et par la chaleur.

a) *Par le froid*. Chaussures graissées, gants, mouchoir au cou ou sur les oreilles, manches de capote ficelées.

Relever la section de tête par temps de neige.

Suralimenter. Faire prendre des boissons et des aliments chauds.

Faire cantonner dans les salles basses pourvues de foyers, de préférence aux granges. Dans ces dernières, faire des huttes avec des bottes de paille.

b) *Par la chaleur*. Ouvrir les rangs, dégrafer, faire boire dans les villages, etc.

Remarque. — Pour entraîner et distraire troupes et cadres, on coupera la marche par une évolution ou un incident de manœuvre vidé en trente minutes à une heure. Avant comme après, on exécutera la marche sur route classique.

Franchissement d'un obstacle (fossé, mur, escarpement).
Franchissement d'une crête (sous le feu d'artillerie), d'un défilé (pont).
Marche en formations denses, sur route ou à travers champs.
Rassemblement échelonné et gardé.
Entrée au cantonnement, la nuit.
Sûreté en marche et occupation rapide d'une position.
Passage de la colonne de route à la formation de combat.
Marche sous bois.
Mettre sac à terre par demi-compagnie, demi-bataillon ; course au point d'appui. Emport des sacs.
Les trois évolutions en cours de marche (rassemblement, accélérez l'allure, déployez-vous).

# TROISIÈME PARTIE

## Éducation professionnelle de l'infanterie.

---

### AVANT-PROPOS

La raison d'être du soldat, c'est la bataille. Son instruction individuelle et collective ne doit avoir que cette fin. Les prescriptions du service en campagne : marche, stationnement, avant-postes, ont pour but unique de l'amener au combat dans la meilleure « forme ».

Les nécessités du combat devant déterminer toute l'éducation professionnelle, nous esquisserons tout d'abord une vue d'ensemble du combat ; ceci fait, nous étudierons l'infanterie dans le combat et risquerons même quelques exemples de combat encadré ou isolé.

En soumettant les données du problème en même temps que la solution qui nous paraît la meilleure, nous voulons simplement offrir au lecteur une méthode de travail qui lui permette, dans un cas analogue ou différent, de trouver, par la réflexion personnelle, la solution pleinement adéquate.

# CHAPITRE PREMIER

## Vues d'ensemble du combat.
## Axiomes de combat.

### I. — L'offensive.

Les dernières guerres, aussi bien 1870 que 1877 ou la guerre de Mandchourie, ont fait ressortir, comme par le passé, la puissance invincible de l'esprit offensif au service d'une *préparation judicieuse* (utilisation du terrain, choix du moment, appui des feux d'infanterie, d'artillerie, de mitrailleuses, emploi des baïonnettes, des sabres) et d'une *volonté inébranlable* (esprit de sacrifice).

La victoire sera toujours à celui qui veut et sait avancer, qui veut et sait le mieux se faire tuer pour le camarade. L'assaillant a presque la certitude de subir plus de pertes[1], mais aussi la prétention de démoraliser l'ennemi, de le chasser des positions qu'il a choisies ou sur lesquelles il a été arrêté de force. Cette prise du terrain est, en effet, la matérialisation de l'attaque, de même que la marche offensive se traduit par l'indication d'objectifs successifs à atteindre, malgré l'ennemi.

Mais, avec le perfectionnement des engins, le champ

---

[1] « Vaincre, c'est avancer. Quel est celui qui avance? C'est celui dont la conscience et la contenance font reculer l'autre, à ce moment solennel où, sans savoir pourquoi, une armée se sent portée en avant comme si elle glissait sur un plan incliné. Ce soldat qui glisse en avant n'a pas compté les morts ». DE MAISTRE.

de bataille moderne s'est étendu; la zone où plane la mort couvre plusieurs kilomètres ; la fatigue, la peur, angoisseront plus longtemps le soldat, alors que la mainmise des chefs sera autrement lâche que par le passé.

Il faut donc que la nation et le soldat qui en émane veuillent la victoire et acceptent le sacrifice ; c'est de la mort que les peuples vivent, du confortable qu'ils meurent ; toutes les nations sortent des tombeaux.

### II. — L'offensive allemande.

Mais l'adversaire de l'Est, lui aussi, compte attaquer et déployer dans son offensive une brutalité simpliste[1], ainsi synthétisée :

*a)* Marche en ligne de colonnes espacées — manœuvre débordante entièrement préconçue — troupe de manœuvre désignée d'avance, souvent placée à distance de l'attaque de front et en équerre, en vue d'un mouvement *concentrique*.

*b)* Avant-gardes faibles et *passives*, jusqu'au moment où les multiples colonnes, une fois rangées en bataille et

---

[1] A l'encontre, nous sommes trop artistes, trop soucieux de faire montre de notre savoir-faire. Nos ordres ne veulent rien laisser à l'imprévu, pas même la première halte horaire. Attaquer partout, chacun tapant le plus fort qu'il peut, c'est trop commun ; à nous le mélange, par doses judicieuses, de l'offensive et de la défensive *voulue*, voire du combat en retraite ! Pas d'idée préconçue, on réservera son gros pour le lancer, au moment voulu, après connaissance exacte de l'ennemi et de son point faible ! Nous avons les avant-gardes particulières et générales, les flanc-gardes fixes et mobiles, les réserves partielles et générales ; on s'applique à disloquer ce que l'organisation a créé : brigade, division, pour improviser, en plein trouble du combat, des « groupements momentanés » ; on ne peut plus combattre qu'avec un aide-mémoire ! Heureusement que la fatigue des premiers jours de manœuvre simplifie ferme ; la guerre simplifierait davantage.

la troupe d'attaque concentrique en mesure d'agir, tout se déclanche avec la dernière vigueur, *sans réserves*.

Ce « gabarit », les Allemands le justifient :

1°) A la guerre, tout est simple ;

2°) L'attaque à fond, du premier coup, sur idée préconçue, c'est le risque, bien entendu ; mais qui ne veut pas risquer fait mieux de ne pas se battre ;

3°) L'expérience de tous les temps montre que l'attaque à fond, partout et de partout, frappe toujours l'adversaire d'ataxie et range de suite la supériorité morale du côté de l'audace. Et puis, est-ce tant risquer et la « *capacité d'attaque immédiate, la prise à la gorge de l'ennemi* » ne garantissent-elles pas la sûreté de l'assaillant mieux que l'éparpillement des détachements ? Aussi bien cette attaque sur front large, ce débordement toujours recherché, répondent-ils au progrès de l'armement, à la possibilité d'employer en même temps plus de moyens que l'adversaire et dans des conditions désastreuses pour lui, puisqu'une partie des coups, au lieu de se briser contre l'obstacle, frappent l'ennemi dans son flanc ou son dos découvert, « rendent le terrain intérieur intenable[1] ». Il n'est qu'une chance d'enveloppement, c'est d'aborder l'adversaire sur un front déjà étendu, car les déplacements latéraux, dans le rayon du canon, sont des plus risqués, même à couvert ; par contre, si l'on est très en arrière, on s'expose à arriver trop tard ;

4° Ce déploiement *a priori* répond à une idée préconçue, bonne ou mauvaise, à un plan arrêté d'avance, qu'on veut imposer à l'ennemi ; cela vaut mieux, tout compte fait, que de pas avoir d'idée du tout, sous cette étiquette qu'on « agira suivant les circonstances ».

Faut-il donc ramasser pieusement tous ces laissés-

---

[1] *La Manœuvre*, colonel de Maud'huy.

pour-compte d'outre-Rhin ? Pour nous autres Français, il ne s'agit pas de combattre *comme* les Allemands, mais *contre* eux ; si nous leur empruntons quelques procédés, ce n'est pas parce qu'allemands, mais parce que recettes de la victoire, recettes de Rivoli, d'Iéna, de Wagram.

Nos pères ne faisaient pas de grands frais d'éloquence ni de combinaisons ; on voyait l'ennemi, tous se jetaient dessus : « En avant, N. de D., en avant !... » A Magenta, les grenadiers de la Garde n'ont point formé de front défensif derrière le Ponte-Vecchio, pour se faire attaquer par les Autrichiens, cependant que Mac-Mahon prononcerait son offensive convergente ; ils se sont fait tuer bêtement toute la journée pour passer, et ils ne pouvaient mieux faire.

La manœuvre allemande a ses lacunes :

*a)* Lenteur de la préparation, effet d'un naturel méthodique et de l'attente du mouvement concentrique ;

*b)* Risque de frapper dans le vide, en raison de l'insuffisance de la sûreté et de la séparation fréquente des attaques, impossibles à diriger ;

*c)* Absence complète de réserves.

### III. — « Tapez dans le tas et tâchez moyen de taper tous ensemble [1]. »

Le général Cardot a admirablement synthétisé ce que doit être l'offensive française.

#### A) « TAPEZ DANS LE TAS. »

Pour taper dans le tas, il faut : savoir où il est, c'est le renseignement ; se diriger droit dessus, c'est l'orientation de la marche.

---

[1] César l'avait déjà dit en style plus noble : « *Ut undique uno tempore in hostes impetus fieret* », livre I, chap. XXII.

1° *Le renseignement*. — Le chef doit vouloir quelque chose ; sa décision, il doit la tirer de son cerveau et de sa volonté ; le renseignement et le combat font seulement la mise au point, permettent les oscillations nécessaires des colonnes, les dernières modifications dans le placement des troupes réservées, précisent le lieu et le moment de l'engagement.

Le but du chef, c'est évidemment de battre l'ennemi dans les meilleures conditions ; mais tant qu'il ne sait pas exactement où est cet ennemi, sa volonté se traduit par le choix d'une direction de marche, d'une partie du terrain à atteindre. Sur quoi basera-t-il ce choix ? Sur une idée générale, communiquée à tous, par exemple, une orientation telle que, après avoir battu l'ennemi, on le coupe de sa capitale, de ses alliés, de ses ravitaillements. On se donne ainsi un puissant moyen d'action sur le moral adverse : « C'est qu'il n'est pas indifférent à l'ennemi d'être abordé à droite ou à gauche, car le sentiment du danger consécutif à une réussite, même partielle, de l'attaque qu'il subit, constitue déjà un dissolvant d'énergie[1]. » Par contre, l'assaillant trouve un réconfort dans le sentiment qu'il vise un point faible de l'adversaire, que la violence de son offensive trouvera son surcroît de récompense, une fois le premier résultat, la victoire, obtenu. C'est le premier renversement d'équilibre à son profit. A défaut d'orientation générale en vue d'un résultat consécutif à la victoire, le chef peut, tout simplement, rechercher le terrain facilitant la meilleure utilisation des moyens, du fait des routes, voies ferrées, de l'absence de fortifications, de l'action possible des trois armes ; ceci particulièrement applicable aux petites unités.

Mais l'ennemi est toujours l'unique but ; aussi, sa

---

[1] Colonel DE GRANDMAISON, *Deux Conférences*. Travail où nous avons largement puisé.

direction précisée, faut-il effectuer les oscillations nécessaires, placer définitivement les troupes réservées et pointer le tout droit sur lui, par l'indication de points successifs à atteindre.

A la sûreté éloignée de nous dire :

*Où est* l'ennemi et comment il est (en marche, dans telle direction) ;

*Quel front* il occupe (si possible).

Le chef supérieur qui sait où il veut aller doit savoir quels renseignements lui sont indispensables pour y aller. Il n'a qu'à les demander *explicitement* à sa cavalerie[1] et alors, il sera servi.

> *1er exemple* : Reconnaissez sur..... jusqu'à..... (ou jusqu'à rencontre de l'ennemi).
> Reconnaissez sur..... jusqu'à.....
> — sur..... jusqu'à.....
> Renseignements à envoyer sur la route.....
>
> *2e exemple* : L'ennemi est-il sur telle coupure ? Renseignement à faire parvenir à telle heure et à tel endroit.
> L'ennemi est-il sur telle autre coupure ? Renseignement à faire parvenir trois heures plus tard à tel autre endroit.
>
> *3e exemple* : Je veux savoir si telle colonne signalée hier vers..... marche sur mon flanc ou rejoint son gros. Déterminez donc si telle coupure a été franchie par l'ennemi et, dans l'affirmative, sa direction de marche, etc.

La détermination du front est plus rude ; comme moyen : « Foncer sur ce qui est à cheval, faire le tour de ce qui tient au sol. »

2° *L'orientation de la marche.* — Pour taper ensemble, nous marchons sur un front large, prêts pour l'attaque ;

---

[1] Au lieu de se contenter d'un « flou » plus ou moins artistique : « Couvrez-moi sur tel front. Reconnaissez l'ennemi et ralentissez-le sans vous compromettre. » C'est surtout l'ordre qui ne se compromet pas.

pour taper dans le tas et non à faux, il faut donc effectuer à temps les oscillations nécessaires, modifier la direction générale et les objectifs particuliers des colonnes. La sûreté éloignée a fourni les renseignements ; restent les procédés de ressaisissement des colonnes. D'ordinaire, on leur assignera des itinéraires, des heures de départ ou d'arrivée à telle grande coupure ou ligne de terrain. Il sera donc possible, par automobiles, motocyclettes, officiers montés, voire les procédés techniques (télégraphe, aéroplanes...), de modifier chaque itinéraire. Parfois aussi, on pourra prescrire d'attendre un nouvel ordre après un premier bond.

### *B)* « TACHEZ MOYEN DE TAPER TOUS ENSEMBLE. »

Taper tous ensemble, cela entraîne la répartition des moyens suivant le terrain, la prise de possession des points critiques qui s'opposeraient à leur meilleure utilisation, et enfin le dispositif permettant le mieux d'attaquer ensemble.

1° *Répartir les moyens suivant le terrain.* — Il est bien évident que ce qu'on recherche, c'est l'ennemi, et ce qu'on veut, c'est le battre. Mais il est non moins évident qu'on ne le battra pas avec de la cavalerie dans des marais, des bois ou pendant la nuit, que l'artillerie sous bois ne rend aucun service, que, même en plaine, cette même artillerie, nombreuse, n'est d'aucune utilité si son infanterie, angoissée par le terrain plus ou moins découvert, renonce à y progresser en se couvrant des shrapnels et préfère s'entasser, sans résultats, dans les bois, etc.

Dans la composition des colonnes, on tiendra donc compte des possibilités d'emploi de tous leurs éléments, suivant le terrain ; c'est le bon sens tout cru ; mais que de manœuvres et de combats en sont la contre-application !

2° *S'assurer la possession des points critiques du ter-*

*rain.* — Cette première répartition ne peut garantir, en toutes circonstances, l'emploi de tous les moyens; du moment, en effet, qu'on va à l'ennemi, on ne peut choisir le terrain même de la rencontre, puisqu'on est résolu, dans tous les cas, à une attaque immédiate.

Mais, dans la direction primitivement choisie, puis modifiée au fur et à mesure des renseignements, on a à traverser des vallées, régions boisées, etc., qui rendent difficile l'emploi immédiat et total des troupes. Aussi demandera-t-on à la sûreté éloignée de garantir cette traversée des points critiques, en mettant la main dessus à l'avance. Les forces à consacrer à cette mission varient avec l'importance du ou des débouchés ou flancs à tenir, avec la distance des éléments arrière et leur rapidité de préparation au combat. Elles n'ont, en tous cas, qu'un seul but : permettre d'aller, dans de bonnes conditions pour l'attaque, où l'on veut aller.

La cavalerie, chargée du renseignement, entre, bien entendu, dans cette couverture-sûreté éloignée; pour le reste, affaire de cas particulier, sous la réserve qu'on n'emploiera à cette mission que l'indispensable, car ce qu'on y met peut ne pas se retrouver pour taper ensemble.

3° *Se disposer pour attaquer ensemble.* — a) *Des détachements.* — Mais toutes ces précautions ne serviront de rien, si l'on n'est pas disposé pour taper ensemble. C'est ici le moment de se demander s'il faut se donner la sécurité et les renseignements sur *ce que fait* l'ennemi, par des éléments de sûreté immédiate et de combat, — le gros, pas mal écrémé, d'ailleurs, par ces détachements, restant disponible pour agir ou plutôt pour réagir, pour riposter[1]; ou bien n'y a-t-il pas lieu de chercher immédiate-

---

[1] « Le chef devra s'éclairer le plus complètement possible sur les mouvements de l'ennemi pour déjouer ses desseins et le forcer à le changer. » (S. E. C., art. 137.)

ment cette sécurité dans la victoire et, comme moyen, dans la « capacité d'attaque immédiate et énergique », dans la supériorité morale qu'elle confère, dans le sentiment, imposé à l'adversaire, qu'il est attaqué — on laissera aux histoires militaires de l'avenir le soin de nous apprendre ce que l'ennemi faisait ou voulait faire. — Bref, vaut-il mieux partir de « l'idée préconçue que de l'appréhension préconçue », pécher par excès de cœur que de couardise et croire, hardiment « que l'imprudence est la meilleure des sûretés » ?

Faut-il donc supprimer tout détachement ? Non, malheureusement. Il faut bien pousser la cavalerie à la recherche des renseignements, il faut, fréquemment, lui adjoindre des forces variables pour couvrir la traversée des points critiques. Contre les Allemands, monomanes des attaques concentriques, des détachements, également, peuvent être indispensables, pour donner le temps de régler le compte de l'attaque ennemie de front. Mais ces détachements, nous ne les ferons *qu'à regret*, nous n'y mettrons que *l'indispensable* et nous chercherons à les *ressaisir*. Eux, de leur côté, auront une mentalité *offensive* [1].

---

[1] *Cas de conscience.* — Un détachement A est envoyé sur le flanc gauche pour empêcher la jonction d'une colonne B avec l'attaque de front C. Que faire ? La défensive sur une position d'arrêt ? On sera entouré,

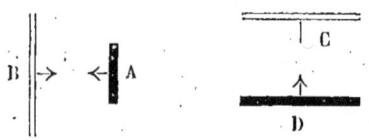

puisque l'ennemi est très supérieur, et une partie de ses forces, assurée de notre passivité, pourra glisser à côté et continuer son offensive sur D sans perte de temps, de par la force morale.

S'agit-il de combattre en retraite — il faut être fort malin — ou de manœuvrer en retraite ? — il faut être alors archi-malin — sans compter

Le détachement de sûreté éloignée, par exemple, s'il n'est pas maître du point critique, l'attaquera; s'il le tient, et qu'il ait une seconde mission à remplir, il amorcera de suite son mouvement tout en maintenant, le temps indispensable, la garde de la première position.

*A fortiori*, les avant-gardes mordront l'ennemi pour déterminer son front; ce n'est que sur l'ordre exprès du commandant de la colonne qu'elles s'accrocheront momentanément au terrain pour permettre l'entrée en action du gros.

De même, les flanc-gardes. Tout à fait exceptionnellement, elles seront fixes, c'est-à-dire inutiles pour le combat; autant que possible, elles couvriront le gros par une marche échelonnée parallèle. Mais toujours à l'affût d'un rôle plus actif, elles épieront toute occasion favorable (renseignement négatif, ennemi peu nombreux ou trop éloigné...) pour changer d'attitude, « rappliquer » au combat et chercher le flanc ennemi.

Encore une fois, avec un adversaire manœuvrant par détachements, il y aurait peut-être lieu à finasseries; mais, en face de gros élargis pour bousculer nos petits paquets et qui ne nous permettraient que de médiocres

---

qu'il y a grande chance que le ralentissement soit faible, si l'on file « à l'anglaise », ou bien que le savant dosage des arrêts, demi-tours, nouveaux arrêts, nouveaux demi-tours, ne se solde par une déroute épouvantable sans profit.

Faut-il donc attaquer ? C'est très simple. Cela troublera au maximum l'ennemi, enrayera toutes ses dispositions, amènera la convergence de toutes ses colonnes sur le téméraire et, par suite, un retard considérable pour reprendre son mouvement, même s'il est vainqueur. Par contre, la flanc-garde risque la destruction ; qu'importe, si l'on a mieux rempli le but : l'arrêt ou le ralentissement de l'ennemi. Ketteler à Dijon; Wedel à Rezonville ; Forey à Montebello, n'ont pas fait autrement :

« .......... Vive la tombe,
Quand le pays en sort vivant.
En avant! »

parades, il n'y a qu'à gagner de vitesse, taper plus fort et plus juste, aux meilleurs endroits.

b) *De la marche à l'attaque sur front large.* — Puisqu'il faut attaquer l'Allemand rapidement et violemment partout, pour prévenir sa mise en bataille méthodique et son action concentrique, un seul moyen : la répartition à l'avance, sur un front approprié à ses forces. Les colonnes sont de forces inégales, suivant le terrain ou (et) l'idée directrice. Ce sont, en tout cas, des paquets autonomes, groupés autant que possible sous le commandement de leurs chefs du temps de paix [1], prêts à attaquer rapidement, sans déplacements latéraux, sans crainte d'enveloppement. Il va de soi que le commandant d'un paquet peut le fractionner [2], au fur et à mesure qu'il se rapproche de l'ennemi, soit pour se déployer plus vite, soit pour couvrir son aile : à lui de fixer et modifier éventuellement les itinéraires et objectifs de ses sous-colonnes.

c) *Des attaques.* — Les avant-gardes, peu fortes d'ordinaire, pour ne pas combattre seules, s'avancent élargies ou prêtes à s'élargir et attaquent immédiatement par débordement et par le terrain favorable. Leur mission est nette : s'assurer qu'on a quelque chose de sérieux devant soi ou un simple rideau, et garantir à la colonne qui suit le court délai nécessaire pour être en mesure d'attaquer.

Les gros s'engagent de suite ; il n'y a pas d'autre moyen de taper fort dès le début. Mais dans cette poussée pour

---

[1] On ne retire pas à une division son artillerie pour la remplacer par de l'artillerie de corps ; on n'intercale pas un groupe dans un régiment d'infanterie ; on évite de scinder une artillerie divisionnaire pour la répartir entre l'avant-garde et le gros, etc.

[2] Inégalement, bien entendu, pour taper, dans sa zone, plus fort, au meilleur endroit.

joindre l'ennemi et le chasser de la position qu'il occupe, les premiers éléments, appelés à traverser un large terrain battu par des adversaires encore en possession de tous leurs moyens (en cartouches, en officiers, en attelages, en instruments de pointage, en sang-froid, en repos relatif), pourront être contraints, comme l'avant-garde, de chercher le cheminement ; ce sera souvent le procédé le plus rapide et le plus économique, permettant au reste du gros de serrer au plus près, sous la protection d'une ligne de feux préexistante pour prononcer brutalement et tout droit l'attaque proprement dite.

Comme les gros se sont engagés de suite, il ne reste plus, pour manœuvrer, que les réserves ; ce ne seront ni des bouche-trous, ni surtout des replis, des « poires pour la soif », mais, tout à fait provisoirement, des parades à l'imprévu et, le plus tôt possible, le dernier effort du chef pour pousser ou forcer le succès, dans la direction choisie comme la plus favorable à l'attaque. L'emploi et la place des réserves sont donc, en grande partie, préconçus, en vue de renforcer « les parties fortes ». Le chef supérieur ne dispose que du *moment* de leur intervention. Quand se décidera-t-il ? Proclamons hardiment que mieux vaut trop tôt que trop tard.[1]

d) *De la liaison dans les attaques.* — En *profondeur*, l'action successive des éléments d'une troupe employée tout entière à une attaque définie est un mal, souvent nécessaire. On l'évitera autant que possible, c'est-à-dire chaque fois que l'armement redoutable moderne sera plus ou moins annihilé : attaque sous bois, de nuit, dans

---

[1] Le « juste milieu » est très variable avec les individus ; chacun estime que le juste milieu, c'est là où il est. Comme, pratiquement, il faut pencher d'un côté ou de l'autre, mieux vaut cent fois pencher vers l'audace, le risque, le sacrifice.

le brouillard, de près, appui d'une nombreuse artillerie neutralisant toute l'infanterie ennemie ; le reste du temps, on cherchera à atténuer les inconvénients des efforts successifs par la rapidité de cette succession.

*Latéralement*, le chef d'une attaque *définie* déclanchera avec le plus d'ensemble possible sa marche offensive ; ce lui est possible, puisqu'il peut juger sur place la situation ; ce lui est un devoir, car sa troupe, combattant tout entière sur le même champ de tir, a tout avantage à diviser l'attention et le feu de l'ennemi.

Autrement dit, le commandant d'une attaque doit toujours faire taper son monde ensemble dans le sens latéral. En profondeur, il devra, au moins, assurer la coordination, la rapidité dans la succession des efforts ; d'où la nécessité d'une liaison « montante » étroite de la troupe engagée au commandant de la colonne. C'est généralement perdu de vue, car l'exécutant, aux prises avec l'ennemi n'a de pensées qu'en avant ; de sa personne, le chef de la colonne se tiendra vers l'avant pour mieux et plus vite se rendre compte et détachera plus avant encore, auprès du chef engagé, un agent de liaison (officier d'état-major, de liaison, sous-officier monté), qui le tiendra au courant.

Cette coordination latérale, cette liaison en profondeur des efforts, sont *uniquement du ressort du chef*, seul qualifié pour retenir momentanément tel élément en vue de la simultanéité. Les exécutants, eux, n'ont qu'une mission : taper le plus fort qu'ils peuvent, droit devant eux, sans attendre l'appui du voisin ou de l'artillerie amie.

Mais pour une *grande unité* attaquant sur un grand front et livrant plusieurs combats distincts, pareille liaison latérale est impossible, inutile et surtout dangereuse. De grâce, pas d'alignement, de pivotement sur telle unité ! Ces clichés d'un temps où le champ de bataille était étroit et le fusil sans portée, font « qu'on s'attend » et que personne ne marche. Que sert le front large, si les voisins stoppent jusqu'à l'enlèvement de chaque position, au lieu de continuer et de déborder l'obstacle qui chagrine le camarade? « L'alignement est en avant pour tout le monde. »

Ici, comme dans l'attaque d'un point défini par une seule colonne, le chef seul doit rechercher l'ensemble par le choix des itinéraires, la fixation des heures de départ, des arrêts sur telle coupure, le dosage des forces; les exécutants n'ont qu'à taper.

Mais cet ensemble des attaques des diverses colonnes sera autrement lâche qu'entre les divers éléments agissant sur le même champ de tir, pour attaquer la même position. Il suffit que la liaison des colonnes empêche la manœuvre de l'ennemi; plus chacun mordra, moins l'adversaire pensera à la riposte.

Si la liaison entre les attaques est moins impérieuse qu'à l'intérieur de chaque attaque, puisqu'il s'agit d'atteindre son objectif malgré l'ennemi et sans attendre l'intervention du voisin, il est pourtant fort utile de savoir si ce voisin est arrêté ou bousculé. A cet effet, on lui attachera un agent de liaison, chargé de faire connaître tout arrêt et échec. Et alors, que faire? Rien du tout, attendre : solution infamante; abandonner sa direction et se rabattre sur l'ennemi qui arrête le camarade; c'est la marche au canon ou au fusil, solution surtout des petites unités; le plus souvent, c'est la continuation du mouvement en avant qui dégagera le mieux le voisin. Il est bon toutefois que l'ennemi sache *de suite* qu'il va être débordé et tourné. D'où une intervention immédiate sur son flanc, intervention variable depuis quelques coups de canon jusqu'à l'envoi d'un détachement important, cependant que le reste continue sur l'objectif primitif.

## Conclusions.

De cette excursion dans l'engagement des grandes unités, où le général Cardot et le colonel de Grandmaison ont été nos guides étroits, nous concluons :

1° On attaque, on ne se défend pas. De deux solutions, prenez la plus hardie. N'ayez pas peur du risque ;

2° Le chef se décide de lui-même ; au début, il choisit sa direction offensive, sauf à la faire osciller à la demande des renseignements, en vue de pointer tout son monde sur l'ennemi ;

3° La solution simple est la meilleure. Aussi est-on décidé à attaquer partout et ensemble ;

4° Dans ce but, on s'avance prêt à combattre, par conséquent, dans les *grandes unités*, sur un front approprié au combat immédiat. A la sûreté éloignée de permettre, par le *renseignement*, les oscillations nécessaires en temps opportun, et par la *couverture* éventuelle, le franchissement des points défavorables au bon emploi des moyens ;

5° Quant on rencontre l'ennemi, on l'attaque immédiatement avec les avant-gardes, avec les gros ; chaque colonne tapant le plus fort qu'elle peut sur son objectif propre ; on ne s'attend pas, on cherche à dépasser le camarade arrêté, sauf à l'appuyer immédiatement avec le minimum indispensable ;

6° Le chef de chaque attaque livrée dans le même champ de tir recherche l'ensemble maximum :

*Concert* des armes, l'artillerie et la cavalerie travaillant uniquement pour le compte de leur infanterie ;

*Totalité* des armes, les détachements étant un sacrifice ;

Enfin, dans chaque arme, *simultanéité* ou du moins, pour l'infanterie et la cavalerie, *action ininterrompue des poussées ;*

7° Les réserves, placées à l'avance au mieux du terrain ou de la situation générale, d'ordinaire aux ailes, s'engagent uniquement[1] pour forcer le succès et de préférence plus tôt que plus tard ;

8° Le plus hardi, le plus persévérant l'emporte. Vous ne savez plus que faire, attaquez avec l'assurance d'être soutenu par les camarades animés du même esprit ; vous hésitez, chef de détachement, sur la conduite à tenir ; risquez et « rappliquez » en attaquant[2]. Vous êtes refoulé, accrochez-vous au plus près ; vous n'avez pas réussi de jour, reprenez l'attaque de nuit ; arrêté par tel obstacle, ingéniez-vous, vous trouverez la solution : explosifs, canons, cisailles, moyens d'éclairage, etc., surtout le sacrifice de la vie ; la chaîne est arrêtée dans son élan : à vous capitaines, officiers, soldats d'élite, d'avancer, d'entraîner derrière vous le maximum de dévoués qui ouvriront la route aux hésitants de droite et de gauche, comme les compagnies et sections d'élite d'Okosaki à l'assaut de la Haute-Colline !

### IV. — De la rapidité de décision. — Rappel de principes évidents.

1° En face de l'imprévu, monnaie courante à la guerre, ou d'une solution relativement compliquée (établisse-

---

[1] Sauf le cas de parade à l'imprévu.
[2] Chaque campagne fait ressortir la médiocre sûreté, la grave imprudence de l'assaillant, toujours à deux doigts de sa perte, et que seul un hasard inexplicable a fait triompher d'une défense ataxique, inhabile à utiliser ses mille chances de riposte. On en conclut qu'à la prochaine guerre « ça va changer », que le défenseur, rompu à toutes les finesses de la contre-attaque et du retour offensif, prendra sa revanche ; l'occasion se représente, la défense a, par-dessus le marché, la supériorité numérique : c'est Liao-Yang et Moukden.
Si Wedel s'était mis sur la défensive, il est probable que le général Ladmirault l'eût bousculé et eût surtout poussé bien au delà du ravin de la Cuve. Mais voilà, Wedel ne s'est pas couvert, il n'a pas connu la force exacte de l'adversaire ; heureusement pour son pays, car, à moins d'être

ment d'avant-postes, de flanc-gardes, halte gardée, etc...) on commence d'ordinaire par palabrer au lieu d'agir, alors qu'il faut :

*a) Démêler* son jeu, adopter une solution incomplète, mais immédiate (couverture sommaire, amorçage des mouvements probables, attaque avec les premiers éléments disponibles, etc...);

*b)* Le *ranger ;* le débrouillage fait, le chef détaillera à ses sous-ordres leur mission, leur objectif; il indiquera son poste de commandement ou sa direction de marche, fixera aux subordonnés leur poste de réception des ordres, répartira les cavaliers entre les colonnes ou détachements, organisera la liaison, etc...

2° Dans son cours d'infanterie, le colonel de Maud'huy mentionne quelques axiomes dérobés, semble-t-il, aux exécuteurs testamentaires de M. de la Palisse, et pourtant constamment violés dans la pratique :

*a)* Deux hommes, toutes choses égales, valent mieux qu'un.

*b)* Un terrain donné ne permet la mise en action utile, à un moment donné, que d'un nombre d'hommes donné; au delà, il n'y a pas augmentation de forces immédiatement, mais seulement en puissance (poussées successives) et en moral (on sent qu'on sera à tout le moins recueilli).

*c)* La forme enveloppante permet la mise en action d'un plus grand nombre d'hommes et d'armes contre un plus petit. On ne peut l'adopter toujours, cela dépend du front ennemi.

---

un Alvensleben, il aurait arrêté son mouvement. Il a attaqué imprudemment, dans des formations détestables, à un contre quatre ; il a été écrasé, mais l'armée prussienne a été sauvée ; Ladmirault, s'estimant trop heureux d'avoir tenu tête à son attaque, n'a plus bougé.

*d)* Les hommes de la première ligne peuvent seuls tirer.

*e)* La faiblesse des ailes et des derrières tient à ce qu'on n'y attend pas l'attaque.

*f)* Une troupe n'est isolée que si elle n'est pas sûre d'être secourue à temps.

*g)* On gagne du temps avec du sang et réciproquement (attaque ou début de l'engagement).

*h)* Le nombre des tireurs n'a de valeur que s'ils utilisent la vitesse du tir; sinon le nombre de balles tirées seul importe. A 700, 800 mètres, par exemple, un homme avec 240 cartouches vaut deux hommes avec 120 cartouches.

Il n'en serait plus du tout de même, à courte distance, au moment de l'attaque; ici, les adversaires n'ont pas plus le temps l'un que l'autre de brûler 120 cartouches, et deux hommes susceptibles de tirer valent mieux qu'un seul, à égalité de moral.

*Remarque pour les petites unités.* — Pour taper ensemble, rapidement et sans crainte d'enveloppement, les grosses unités, divisions, corps d'armée, armée, sont contraintes d'avancer en plusieurs colonnes, sur leur front de combat.

Cette nécessité n'existe pas pour les petites unités (régiments, brigades mixtes...) appelés à se battre dans un même champ de tir et de déploiement rapide. En demeurant le plus longtemps possible sur une seule colonne, elles évitent au maximum les à-coups et les retards qu'entraînent les changements de direction, puisqu'il suffit de conduire la compagnie de tête. De même pour l'ensemble dans l'attaque; tout le monde serrant sur le chef reçoit directement ses ordres.

Le seul danger, c'est d'être enveloppé en colonne par quatre avant d'avoir pu déployer ses moyens.

On y parera en se couvrant :

Par le *terrain* (marche par les crêtes, les lisières, à proximité de l'ennemi) ;

Par des *détachements* (une ou deux flanc-gardes), faits d'ailleurs le plus tard possible, pour éviter tout mouvement à faux et amener à l'attaque jusqu'au dernier homme ; on enverra ces détachements, par exemple, une fois la cavalerie amie refoulée, ou bien lorsqu'on longe une zone boisée rendant le renseignement inefficace ou trop tardif ; par la *possibilité d'attaque* immédiate : on choisit le meilleur terrain de cheminement et d'attaque ; on tient son artillerie prête à appuyer l'avant-garde, on fait progresser cette avant-garde en dispositif débordant ou prêt à le devenir.

En résumé : pour taper ensemble et vite avec de grosses unités, on est forcé de les faire marcher sur plusieurs colonnes ; pour taper ensemble et vite avec une petite unité, on ne peut mieux faire que de marcher tous ensemble[1], en n'émettant des détachements latéraux de sûreté que le plus tard et le moins souvent possible ; on se couvre de préférence par le terrain et le dispositif le plus propre à l'attaque.

---

[1] C'est l'axiome latin : « *Melius est post aciem plura servare præsidia quam latius militem spargere* ».

# CHAPITRE II

## Applications à l'infanterie

### A) DE L'INSTRUCTION INDIVIDUELLE ET COLLECTIVE

Pour braver la mort et marcher à l'abordage, le soldat ne sera jamais trop bon marcheur, trop bon coureur, tireur, escrimeur. L'instruction doit donc viser le maximum de chaque soldat et non l'ordinaire moyenne.

Le combat, toutefois, n'est pas une juxtaposition d'individus agissant pour leur compte personnel, mais bien l'action de troupes, de groupements concourant au même but, s'aidant réciproquement, marchant, tirant et chargeant pour dégager le camarade et faciliter sa marche, ceci, bien entendu, à charge de revanche. Aussi comme nous l'avons bien des fois rabâché, l'instruction du combat, même la plus élémentaire, se fera toujours dans et pour l'unité supérieure, afin de solliciter l'attention du plus humble tirailleur sur la liaison, le renseignement, l'aide mutuelle : « Péris, mais sauve tes frères ».

### B) DE L'APPROCHE

#### I. — De l'approche par le terrain.

Le combat n'a qu'un but : chasser l'ennemi à coups de baïonnette. De son côté, l'ennemi cherche, avec ses fusils et ses canons, à semer le désordre chez l'adversaire, à diminuer son moral, et, ce résultat atteint, il fera intervenir, lui aussi, ses baïonnettes.

En face du défenseur qui cherche à le mettre en désordre, l'assaillant s'efforcera d'arriver dans la meilleure « forme » et le plus près possible du corps à corps[1].

La meilleure « forme » implique à la fois la conservation maximum du moral et des moyens matériels d'attaque.

Une troupe démoralisée, à demi détruite, sans cartouches ou dans un état de dispersion qui l'empêche de jouer utilement de ses fusils et de ses baïonnettes, est impuissante.

Aussi bien pour le régiment que pour la section, la *formation* d'approche qui sauvegarde le plus effectif et moral, c'est le *terrain*[2], procédé particulièrement utilisable, au début de l'action, pour les avant-gardes qui disposent de beaucoup de terrain et de peu de monde, pour les réserves aussi qui peuvent cheminer sans danger, par un bas-fond, jusqu'au déclenchement final, protégées qu'elles sont par les troupes engagées. Ici, on disposera de couloirs de terrain, là de lisières de bois ou de clairières, ailleurs du versant d'une crête. La formation sera donc une résultante du terrain, colonne double, colonne

---

[1] Le soldat veut joindre l'adversaire pour lui affirmer sa supériorité dans le combat rapproché. C'est dire la nécessité de l'escrime à la baïonnette, de place d'armes et d'assaut, si négligée chez nous, et l'obligation de remettre les réservistes à cette école en quelques séances.

[2] Ici encore, il faut s'entendre ; lorsque le terrain est assez fortement accidenté (Argonne, Barrois, région entre Aire et Woëvre, environs de Metz, de Nancy, etc...) pour que 5′ à 20′ soient nécessaires pour grimper de la vallée au sommet, ce n'est pas par le fond que les troupes de première ligne surtout doivent s'avancer, mais bien par la crête, le « perchoir », que le mouvement se fasse *par la crête* ou *de crête à crête*. Qu'on se sou-

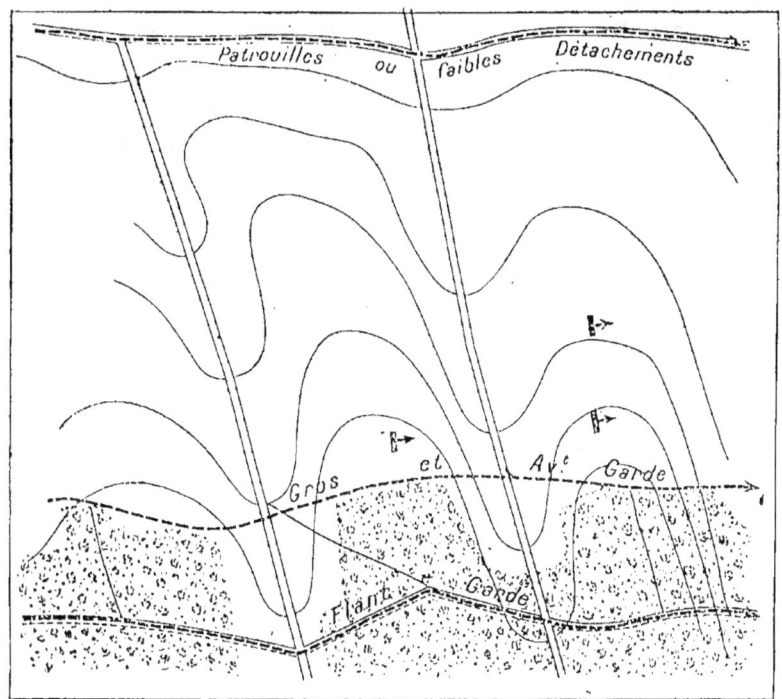

Croquis N° 1. — Marche offensive de crête à crête.

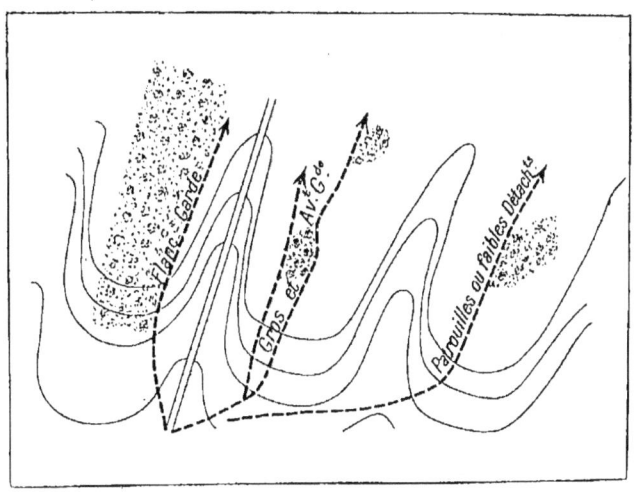

Croquis N° 2. — Marche offensive par la crête.

de bataillon (les compagnies en ligne de sections par quatre), colonne par quatre[1] ou file indienne. Le moindre couvert, même fichant, un fossé de route par exemple, perpendiculaire à l'ennemi, est encore bon; il suffit de pousser en avant quelques éclaireurs qui neutralisent le feu d'enfilade des quelques tirailleurs ennemis qui pourraient emboucher le fossé.

Autrement dit, quand une troupe dispose d'un cheminement : crête, lisière, bois, fossé, haie, etc..., la meilleure formation est celle qui la défile tout entière, sous réserve qu'elle ne soit pas surprise avant de pouvoir agir. La guerre de Mandchourie fourmille d'exemples de progressions, rapides et sûres, de colonnes par quatre s'approchant à petite distance par le cheminement.

## II. — L'approche à découvert des troupes engagées.

Mais on n'aura pas toujours un cheminement *continu* pour arriver, sans coup férir, à distance de baïonnette, et puis il faudra bien avancer par les *découverts qui séparent les pointes couvertes* de l'assaillant. Que l'on compare à ce point de vue l'enfournement de la 19ᵉ division de Kraatz dans le bois de Tronville et l'attaque des

---

vienne du régiment russe écrasé à Motienling, dans le ravin au nord de la colline Rocheuse.

Non seulement on se défile aussi bien par les lisières boisées, où le revers le moins dangereux, où le plus accidenté, mais on cache ses réserves, on dispose de la position d'artillerie, on combat sensiblement en palier ou même on n'a qu'à descendre. Procédé vieux comme le monde : « Fabius per loca alta agmen ducebat, modico ab hoste intervallo » (Tit. Liv.). — « Prospectant Troës et armis alta tenent » (Virg.).

[1] L'idéal, c'est le *cheminement* par *un* ou *plusieurs chemins*. On conserve ainsi le plus longtemps possible la vitesse de 4 kilomètres, 4ᵏ,500 à l'heure et l'on évite la fatigue considérable de la marche à travers champs.

cinq bataillons de Wedel. Lequel des deux chefs a arrêté le 4ᵉ corps?

Il s'agit, en effet, non seulement d'empêcher l'ennemi de tirer concentriquement sur nos cheminements, mais de l'envelopper si possible¹, à tout le moins de lui opposer un front égal de fusils; il s'agit surtout, pour la partie du gros qui attaque par le découvert, d'ordinaire la majeure partie, en raison de la facilité de direction et d'emploi des moyens (sabres, baïonnettes, fusils, mitrailleuses, canons), de rapprocher au plus près de l'ennemi une ligne de feux qui couvre le cheminement de ce gros jusqu'à son débouché final, ou du moins neutralise en partie le feu adverse sur les troupes en arrière, en le rendant incertain.

En terrain découvert, trois moyens permettent de diminuer l'efficacité du tir ennemi : utiliser, dans les terrains dits découverts, les moindres cheminements ou couverts; rechercher la visibilité et la vulnérabilité minima compatibles avec la conduite de la troupe; étourdir l'ennemi à coups de fusils, de canons, de mitrailleuses.

a) *Le terrain découvert présente toujours des « couverts ».* — Il n'est, pour ainsi dire, pas d'espaces dénudés qui n'offrent de-ci de-là, pour de faibles éléments, des cheminements ou couverts, *perpendiculaires* ou *parallèles* à la position de l'ennemi².

---

¹ Il semble superflu de célébrer les avantages matériels et moraux du tir d'enfilade, ne fût-il exécuté que par quelques tireurs servis par la chance, le terrain, le courage et armés du redoutable fusil actuel (Yoshireï-Poulin-Saint-Privat).

² Souvenir du terrain de manœuvre : 2 sections s'avancent contre une position ennemie; l'une d'elle longe à quelque dix pas un fossé perpendiculaire à cette position, l'autre va atteindre un talus parallèle. L'officier directeur commande : « Rafale d'artillerie! » N'allez pas croire que la première section va se jeter au fossé, en colonne par 1 ou par 2, que la section de gauche se déploiera et s'aplatira le long du talus. Toutes deux exécutent la Tortue! à la grande satisfaction de l'instructeur!!!

1° Si donc une fraction parvenue à la limite du cheminement *continu* prévoit l'utilisation ultérieure de haies, rideaux, fossés *menant vers l'ennemi*, elle filera vers ces cheminements *discontinus* en colonne par quatre, par deux, par un. Ce sera encore la formation d'une infanterie prise sous le canon ennemi, car le réglage est plus difficile sur des groupes à front étroit que sur des lignes.

Il n'y aura d'exception que pour les éléments en première ligne, à portée efficace du feu d'infanterie ennemie ; ces éléments ne peuvent avancer ou faire avancer le camarade qu'en étourdissant l'ennemi par leur feu ; il leur faut donc garder la formation en tirailleurs, prête à la riposte immédiate.

2° Lorsque le terrain qui sépare de l'objectif présente des couverts *parallèles à la position de l'ennemi*, les éléments bondiront, non plus en colonne, mais en ligne (de tirailleurs) afin de s'abriter complètement et immédiatement à ces abris, qu'ils soient en première ligne, en renfort ou en réserve.

En résumé, les éléments qui doivent parcourir le découvert chercheront à utiliser le plus tôt possible les couverts ou cheminements qui parsèment le terrain, et ils prendront en conséquence la formation permettant leur utilisation immédiate [1].

b) *Rechercher la visibilité et la vulnérabilité minima.* — Entre les couverts ou en terrain absolument découvert, les précautions pour diminuer la visibilité et la vulnérabilité seront les suivantes :

1° *Amincissement de la formation*, sous la condition

---

[1] D'ordinaire, quand l'attaque traverse une vallée, elle rencontre des couverts parallèles à la position ennemie (d'où formation en tirailleurs); si elle s'avance à cheval sur une crête, elle trouvera plutôt des cheminements perpendiculaires (formation en colonne, sauf pour les éléments en première ligne à proximité de l'ennemi).

que le groupe élémentaire de combat soit réellement commandé et encadré. C'est que le mouvement sous le feu reste subordonné à l'énergie du chef animé d'un seul désir, gagner de l'avant, comme à son habileté à exploiter, pour bondir, tout ralentissement du feu ennemi ou toute occasion propice (feu de l'artillerie amie, du groupe voisin, etc.). Ce qui limitera donc pratiquement la force du groupe de combat, ce sera la *valeur* du chef; ici on s'arrêtera à la *section* bien commandée, là à la *demi-section* : le chef de section dirigeant une de ses demi-sections; un bon sergent de l'active, l'autre demi-section; parfois l'on bondira par *compagnie*, si les chefs sont en partie tombés ou si l'occasion est favorable.

Le front — 60 à 65 mètres — de la section de 45 à 50 hommes en tirailleurs à un pas, est un maximum. En prenant deux ou trois pas, la vulnérabilité serait moindre[1], mais la section devenue immaniable s'immobiliserait[2]. On espérera l'entraîner en lui envoyant

---

[1] A noter que les tirailleurs à un pas sont déjà deux ou trois fois moins vulnérables que sur un rang à 0$^m$15 d'intervalle (Expérience de Wallenstadt).

[2] Pour rendre incertain le feu de l'ennemi, il faut bien lui opposer, en nombre suffisant, des fusils sommairement dirigés dans la bonne direction et des balles lancées au bon moment. Pas d'autre moyen que de grouper dès le début ces tireurs dans la main du chef. S'ils sont trop éparpillés pour fournir un feu efficace et opportun, on épaissira de bonne heure la chaîne à l'aide d'éléments venus de l'arrière; d'où un doublement prématuré, la marmelade de soldats qui ne se connaissent pas et ne connaissent pas leurs chefs, mal du combat moderne qu'on ne saurait trop retarder.

La chaîne, trop diluée, s'immobilisera, surtout parce que l'exemple du chef ne pourra être saisi par tous et sera, par suite, impuissant à chasser la peur et à entraîner le mouvement en avant.

Et comment feront donc les serre-files pour pousser un troupeau tant égaillé, où les « francs fileurs », non surveillés par les camarades et en dehors de l'action de tout gradé, succomberont à la tentation du bon fossé et même de la position couchée, si voisine de celle du soldat tué ou pseudo-tué.

Billard. 7

promptement des renforts. Mais ceux-ci ne pourront que doubler cette chaîne mince répartie sur tout le front, au lieu d'utiliser des intervalles pour prendre la tête du mouvement, d'où une nouvelle cause de désordre. Il est cent fois préférable que les sections de première ligne, forcées de se déployer (de par le terrain ou le feu ennemi), occupent un front maniable et soient séparées par des intervalles qu'utilisent les renforts pour avancer, prolonger la ligne et l'entraîner. On ne saurait trop retarder le mélange des unités.

En somme, le groupe élémentaire sous le feu sera fonction de la valeur des chefs ; soit donc la section par quatre ou par deux, la demi-section par deux ou par un, et chacun de ces éléments en tirailleurs à un pas (sauf exception[1]), selon le couvert, le tir de l'artillerie ennemie, la nécessité de tirer. Faute de chefs capables ou quand l'occasion favorable se présentera, on bondira par compagnie entière (attaque, contre-attaque, dégringolade dans l'angle mort, etc.), ou même par bataillon.

2° *Simultanéité des départs et des arrêts.* — Les chefs restent couchés ou abrités comme les hommes jusqu'au moment où tous bondissent, surprenant l'ennemi qui n'a pu saisir aucun préparatif de démarrage[2].

3° *Vitesse et amplitude du bond.* — Pour gagner un angle mort ou joindre l'ennemi à la baïonnette, les bonds

---

[1] Par exemple dans un combat d'avant-garde, où l'on a beaucoup de place, on pourra augmenter les intervalles jusqu'à deux ou trois pas dans les *demi-sections* bien commandées, sans que ces dernières cessent d'être maniables.

[2] Il ne faut donc pas que le chef se porte seul en avant (alors que ses hommes continuent probablement à tirer), jalonne le nouveau bond, puis lève majestueusement son képi pour appeler son groupe. C'est indiquer bénévolement à l'ennemi qu'on va bondir et orienter à l'avance la rafale sur les siens. Le chef bondira avec sa troupe et la dépassera à la course, tandis que ses hommes suivront en ordre au pas gymnastique modéré.

seront exécutés à la course ; d'ordinaire, ils se feront au *pas gymnastique modéré*[1], très exceptionnellement en rampant.

Comme la troupe, une fois couchée, se relève difficilement, on recherchera l'amplitude maximum du bond, 70-80 mètres, parfois 100-150 mètres, ce qui correspond à l'essoufflement sérieux, comme aussi à la durée (30-40-50 secondes) d'une rafale secourable du ou des groupes voisins (10 cartouches), des mitrailleuses ou de l'artillerie.

A courte distance, de 300-400 mètres à l'assaut, lorsque la troupe, mis à part l'appui de son artillerie, ne peut plus se couvrir que par sa propre rafale suivie d'un bond, il est probable que ces bonds seront raccourcis (30-40-50 mètres) ; mal déplorable qu'il n'y a lieu d'enseigner que pour la dernière phase du combat. (Voir attaque d'un bataillon encadré.)

c) *Étourdir l'ennemi par le feu qui lui tuera du monde, le forcera à se terrer, à tirer peu ou mal.* — On ne tire que pour *avancer* ou *faire avancer* le camarade (pour empêcher d'avancer, dans la défensive).

1° On avance donc le plus possible, *couvert* par le *terrain*, par le *canon* aussi, sous condition, pour les batteries amies, d'être à peu près libérées de l'artillerie adverse et de se tenir au courant, à la vue ou par des agents de liaison, des besoins de l'infanterie et des objectifs qui la gênent particulièrement (infanterie ou artillerie de front ou de flanc).

---

[1] Ceci, moins encore pour prévenir le désordre que les défaillances et faciliter la tâche si importante des serre-files. Il faut enlever aux « froussards », réservistes et autres, par la surveillance arrière des gradés et latérale des camarades plus vaillants, la possibilité de se couler dans le bon fossé, sous couleur d'épuisement et d'essoufflement. Raison du même ordre que celle qui nous a fait rejeter la formation diluée.

De son côté, l'infanterie qui n'aura plus de terrain pour cheminer se couvrira normalement par des *groupes d'éclaireurs* bien commandés (5 à 7 éclaireurs avec le chef de section) qui précèderont le plus possible (à 300-400 mètres) les sections qui s'engagent.

2º Quand ces éclaireurs, qui ne sont pas des Décius, n'oseront plus avancer[1], ils faciliteront du moins par leur feu l'approche de leurs sections qui les rejoindront ; si l'artillerie ne peut plus appuyer la marche — en raison de la distance trop faible qui sépare les deux partis, du terrain couvert ou coupé, du manque de disponibilités d'artillerie — les sections chercheront à avancer par échelons : ici échelons *avant* ou *arrière* favorisant l'approche des sections voisines qui les rejoignent ou les dépassent, plus tard échelons *avant* permettant simplement aux camarades moins favorisés de se porter à leur hauteur. Dans d'autres cas, quand on sera plus près de l'ennemi, un groupe plus hardi ou renforcé exécutera une *violente rafale, suivie immédiatement d'un bond*, pendant le temps nécessaire à l'ennemi pour reprendre son sang-froid et riposter sur les hommes qui s'élancent.

Le rite des bonds et échelons par section, demi-section, n'est d'ailleurs nullement intangible. Toujours le coup d'œil, l'aptitude à profiter des circonstances favorables, le désir de se rapprocher de l'ennemi avec le plus de camarades, dicteront le procédé. Quand les chefs de section sentiront la possibilité de gagner du terrain par compagnie entière, ils seraient inexcusables de conserver le cliché des bonds par section ou demi-section, puisqu'ils peuvent avancer trois, quatre, huit fois plus vite. (Par exemple, lorsque le front ennemi est battu

---

[1] Ici les patrouilles s'arrêteront à 700-600 mètres ; là elles se rapprocheront beaucoup plus près, si le terrain le permet et si les chefs sont énergiques et habiles.

par des rafales d'artillerie amie, qu'on peut gagner l'angle mort, un abri à proximité, etc...). Plus tard également, lorsque les sections seront privées de chefs de valeur, le ou les entraîneurs d'hommes restant à la compagnie, enlèveront le *maximum de soldats*.

Tout cela va sans dire, mais peut-être cela ira-t-il mieux en le disant.

3° Enfin, il est bien probable qu'en raison des effets foudroyants d'un tir rapide *ajusté*, les troupes ne se décideront à l'assaut qu'à très courte distance ; si l'afflux des vagues n'a pas suffi à amener la chaîne très près du défenseur, elle n'aura d'ordinaire le cœur d'aller à l'abordage qu'en couvrant son dernier bond par le *feu en marchant*[1], afin de rendre le tir adverse incertain.

### III. — L'approche des troupes non engagées.

Les troupes de chaque colonne non encore engagées assurent, sans ordre, le soutien de la première ligne et règlent leur mouvement en avant sur elle.

---

[1] D'expériences que nous avons faites, on peut tirer quelques enseignements sur le feu en marchant.

L'exécution de ce feu est très fatigante, elle ne doit pas être prolongée au delà de 8 à 10 cartouches, sinon l'homme ne peut plus épauler.

On évitera donc le tir coup par coup qui augmente la fatigue et on se portera en avant avec le fusil approvisionné à 10 cartouches (8 dans le magasin, 1 dans l'auget, 1 dans le canon). Le tir de 10 cartouches à répétition correspond à un parcours au pas de 100 à 120 mètres; on lancera donc la troupe à l'attaque vers 200-150 mètres, ce qui donnera 30 à 80 mètres d'assaut, le magasin épuisé.

Les hommes (qui ont mis sac à terre) marchent sur un rang, les chefs sur la chaîne; ils tirent quand le pied gauche pose à terre. Quand le magasin est à peu près épuisé partout, les chefs bondissent et crient « En avant ». On a le sentiment que sous cette pluie de plomb le défenseur demeurera terré et que les réserves pourront serrer en ordre et sans trop de pertes.

Elles marchent donc et cheminent de points d'appui en points d'appui, sur un front assez large pour diminuer

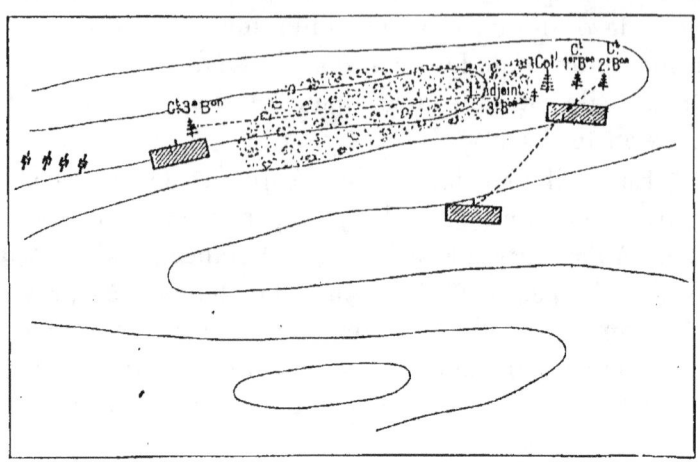

Croquis n° 3. — Régiment en réserve.

leur vulnérabilité et permettre un meilleur soutien de la première ligne ; elles se couvrent à courte distance.

Si un point de la première ligne crève devant une attaque ou contre-attaque ennemie, les réserves en dehors de l'axe de la déroute tirent de suite sur l'ennemi, les autres se couchent, laissent passer les fuyards, se déploient et attaquent.

Lorsque le commandement assigne à sa réserve l'emplacement où elle attendra de nouveaux ordres, le chef de cette réserve amorce ses éléments dans les directions probables où il aura à agir ; il se porte de lui-même auprès du chef qui doit l'employer ou dans sa direction. Les chefs subordonnés se placent au mieux pour agir au premier signal. Les troupes se reposent et mangent.

Pour se porter au dernier couvert et, de là, partir à l'attaque, les troupes non engagées agissent différemment, suivant qu'il y a lieu de gagner du temps ou non.

Dans ce dernier cas, elles cherchent, avant tout, à diminuer ou supprimer les pertes ; elles suivent un ou plusieurs cheminements, sans se soucier d'allonger leur marche, ou bien franchissent les découverts par éléments insaisissables.

Le plus souvent, elles devront se hâter en prenant le minimum de précautions compatibles avec la rapidité d'exécution : se disposer de part et d'autre de l'artillerie amie, de manière à ne pas masquer son tir, ni à recevoir les coups dirigés sur elle — prendre un dispositif large, autant que le permet le terrain et le temps disponible — ne pas révéler intempestivement les préparatifs de franchissement de crête — gagner vivement l'abri ou l'angle mort, etc...

### IV. — L'attaque : Vitesse, masse, action en profondeur et accolement des unités.

Dès la rencontre de l'ennemi, nous avons attaqué violemment et immédiatement, mais en utilisant davantage le cheminement pour parcourir les larges zones battues, en recherchant le débordement et l'enveloppement des points d'appui. Par cette offensive rapide, sur front large et par le terrain, nous avons contraint l'adversaire, animé de même esprit, à prendre une attitude plus généralement défensive sur l'ensemble du champ de bataille ; ses moyens sont d'ailleurs diminués ; il lui manque des chefs, des cartouches, des attelages ; son sang-froid est très relatif ; la fatigue vient et aussi l'émotion à voir ces Français, dépeints comme d'irréductibles défensifs, se rapprocher au contraire pour rechercher le corps à corps.

Mais nous, qui avons plus énergiquement attaqué, nous sommes, *matériellement*, plus usés ; nos tués et nos blessés n'en peuvent plus ; la marche d'approche a permis à nombre de « froussards » de dénicher la bonne lisière et le bon fossé ; ce qui reste, épuisé, demeure cloué au sol[1].

---

[1] « Il est très difficile d'obtenir un nouveau bond du soldat refroidi par la lutte, aplati à bonne distance d'un adversaire qui le guette (200 à

Il s'agit de pousser ou du moins de dépasser cette chaîne à bout de forces avec des soldats aux cartouchières pleines et au moral mieux conservé, grâce aux camarades de la ligne de feu qui leur ont facilité le cheminement, ou du moins l'approche, sans grandes pertes. A leur tour, ces nouveaux arrivants seront usés, perdront leurs chefs, s'arrêteront et brûleront leurs cartouches, assurant seulement l'approche et le nouvel effort d'une autre poussée fraîche, et ainsi de suite.

A cette attaque suprême, chaque commandant de colonne consacrera son dernier homme, et le commandement supérieur sa dernière réserve.

Pour que cette action en profondeur soit efficace, que les impulsions soient réelles, c'est-à-dire se traduisent chaque fois par un gain de terrain, il faut que les renforts ou réserves, une fois en mesure d'agir, fournissent des poussées successives, rapides, se rapprochant le plus possible de l'action simultanée; autrement dit, on aura des vagues précipitées qui n'auront qu'un but : rattraper, pousser plus loin la vague primitive, hésitante, couchée et tirant pour calmer sa peur, et cette poussée, on la fera à coups de fusil, à coups de poing, à coups de clairon, à coups de « gueule ».

A coups de fusil, disons-nous!

Certes, il est à souhaiter que la vague traverse sans arrêt la chaîne couchée, pour pousser le plus loin possible.

---

400 mètres). Chacun conclut de l'exemple des premiers vaillants qui se sont levés et ont été immédiatement abattus, qu'il faut se lever un instant après le camarade qui attirera sur lui les balles; mais comme celui-ci vient d'adopter la même ligne de conduite, personne ne bouge, et il faut de toute nécessité lancer des troupes fraîches qu'on jettera sur la position ennemie sans aucun temps d'arrêt » (*Hamilton*, I, 297), ou avec un temps d'arrêt minimum (tir debout ou à genou jusqu'à épuisement du magasin ou du chargeur et bond immédiat).

Mais souvent, cette chaîne couchée et tirant ne s'apercevra même pas de l'afflux du renfort, et c'est beaucoup demander à ce dernier de recevoir la fusillade de l'ennemi en même temps que celle des affolés demeurés en arrière.

D'autre part, l'arrivée, sur la chaîne clairsemée, épuisée matériellement et moralement, de gaillards nombreux, bien pourvus de cartouches, moins déprimés par la lutte, se manifestera avantageusement par un feu violent et court, destiné à aplatir momentanément l'adversaire et à neutraliser son tir. Ce sera souvent le meilleur moyen de rendre courage à la chaîne préexistante et de lui donner envie de décoller du sol. Bref, la vague, en arrivant sur la chaîne, s'arrêtera juste le temps de vider son magasin ou son chargeur et bondira immédiatement après, avec ce qu'elle pourra entraîner de l'ancienne chaîne, jusqu'au moment où l'ennemi, se ressaisissant, aplatira l'assaillant par la violence de son feu.

Pour que, dans la dernière phase de l'attaque, le bond suive immédiatement la rafale, les renforts, en arrivant sur la chaîne, ne se couchent pas comme elle, mais tirent debout et à genou[1]; on évite ainsi l'adhérence au sol, risquant du sang pour gagner du temps.

Arrêtés dans leur bond par les pertes et la reprise du feu ennemi, renfort et chaîne, mélangés et couchés, entameront un feu violent et ininterrompu pour protéger l'approche d'une nouvelle vague qui entraînera le tout plus loin, et ainsi de suite.

L'attaque doit pouvoir marcher toute seule, sans chefs.

Tous ceux qui vont à l'action doivent savoir qu'il

---

[1] Au point de vue de l'effet utile, le tir à genou du renfort est très supérieur au tir debout; par contre, la tendance à l'adhérence, la rafale terminée, est un peu plus grande.

faut « racheter par la rapidité dans la succession des coups, par la ferveur à entrer en ligne, cet ensemble qui manque[1] », par la faute de la haïssable mousqueterie et de la plus haïssable frousse ; les échelons ne sont que des réserves d'impulsion.

Pour que ces impulsions restent relativement ordonnées, que la chaîne, renforcée, soit le plus longtemps maniable, il faut que les hommes et les officiers se connaissent. Par suite, les unités destinées à pousser droit en avant s'engageront accolées.

Dans le régiment, par exemple, on accolera deux et parfois trois bataillons ; dans chaque bataillon on aura trois compagnies accolées, une compagnie en renfort ; dans chaque compagnie, une ou deux sections s'engageront, deux ou trois sections suivront en renfort.

Ajoutons que toutes les fois qu'on pourra éviter le mal de l'échelonnement, on agira en bloc ou à peu près.

Dans la contre-attaque, le retour offensif, par exemple, on voit venir l'ennemi, on a une très courte distance à franchir pour arriver à l'abordage. Aussi, du premier coup, portera-t-on la ligne de feu au maximum (sur un ou sur deux rangs), avec des renforts à bout portant pour augmenter encore l'impression morale ou pour continuer l'offensive, après la bousculade de la première ligne ennemie.

De même, dans la surprise, l'attaque de nuit, par le brouillard, sous bois, partout où l'effet des armes est réduit au minimum.

En résumé, au début du combat, on chemine rapidement, on cherche à envelopper les différents points d'appui ennemis, à imposer la défensive à l'adversaire.

Une fois rapproché du gros adverse, chaque commandant de colonne et, du côté choisi comme le plus favo-

---

[1] Général CARDOT.

rable, le commandement supérieur lance tous ses moyens, droit devant soi et, dans le même champ de tir, le plus simultanément possible ; on utilisera tout le terrain pour les feux et les baïonnettes, on superposera une ou deux lignes d'artillerie, une ligne pleine d'infanterie, les mitrailleuses, les charges ; les renforts, réserves, poussant sans trêve, du dernier couvert, de nouvelles vagues destinées à renforcer et entraîner la première ligne et, ultérieurement, à entamer la poursuite ou parer aux contre-attaques.

Ces attaques suprêmes sont faites *non en masse*[1], mais *avec des masses*, réservoirs de forces (3, 4, 5, 6 hommes en profondeur), ce qui assure la vitesse (on perd du sang pour gagner du temps) et la surprise de l'ennemi, qui ne peut rappeler à temps ses réserves ou son attaque concentrique.

Dans le même champ de tir, l'attaque doit être encadrée, flanquée par l'artillerie, les mitrailleuses et souvent par des échelons.

Dans la guerre russo-japonaise, la vitesse des attaques qui ont réussi a été de 1 kilomètre à l'heure, parfois beaucoup moins ; parfois il y a eu arrêt pendant plusieurs heures à courte distance (300-200 mètres et moins) de l'ennemi.

A l'attaque du Tera-Yama, Okasaki parcourt 1,500 mètres en 1 h. 15 et perd 200 hommes.

A l'attaque de la hauteur au nord de Zen Shotatsuko, Matsunaga franchit 1,500 mètres en 25 minutes.

A l'attaque de la Haute-Colline, la même brigade Okasaki, retranchée depuis le matin à 400 mètres des Russes, n'enlève la position, à la suite de bonds héroïques de sections et de compagnies, qu'à 5 h. 30 du soir.

---

[1] Sauf exception : attaque de nuit, contre-attaque....

## D) RÉSUMÉ DU COMBAT D'INFANTERIE

1° Dès qu'on sait l'ennemi à proximité, on s'en rapproche le plus vite possible pour l'attaquer, sauf ordre contraire formel.

2° La meilleure formation d'approche pour tout élément d'infanterie, ce n'est pas la ligne de sections par quatre ou par deux, la colonne double ou le losange, les tirailleurs à intervalle variable, etc..., c'est le *terrain*, le reste n'étant qu'un pis-aller en attendant une nouvelle utilisation du terrain.

3° En terrain découvert, on diminuera l'efficacité du tir ennemi :

a) Par la *visibilité minimum*. — Départs, arrêts *simultanés* dans les groupes, le chef ne jalonnant pas l'emplacement de sa troupe, ne trahissant pas le bond qui va s'exécuter.

*Rapidité* des bonds, d'*amplitude* maximum et exécutés au pas gymnastique modéré.

Rechercher une formation *moyennement vulnérable* et *bien commandée*, section par quatre, demi-section par deux, tirailleurs à un pas; toutefois, les bonds pourront être de demi-compagnie ou de compagnie.

b) En *étourdissant* l'ennemi par son feu :

Feux de l'artillerie (liaison à établir) et des mitrailleuses ;
Se faire couvrir par des éclaireurs bien dirigés ;
Feux d'échelons avant et arrière ;
Feux d'échelon avant ;
Bonds immédiatement après rafale ;
Feu en marchant.

4° *Accoler* les unités pour en retarder le mélange.

5° S'engager par paquets *autonomes*, attaquant de suite, violemment et, autant que possible, par débordement; appuyer le camarade dans l'embarras, moins par l'action de flanc que par la continuité du mouvement en avant; on arrivera ainsi sur les derrières de l'ennemi qui arrête ce camarade.

6° Une fois les renforts et les réserves rapprochés de l'ennemi, attaquer par poussées successives, par *vagues précipitées*, qui ne quittent le dernier couvert que pour rejoindre, sans temps d'arrêt, la chaîne et l'entraîner plus loin.

# CHAPITRE III

## Application au combat encadré

Comme nous l'avons déjà dit, au début de l'action, les différents bataillons ou régiments reçoivent d'ordinaire un objectif propre, vers lequel ils cheminent rapidement, dont ils se couvrent et qu'ils cherchent à envelopper.

Ultérieurement, ces groupes facilitent l'action du camarade moins favorisé, d'ordinaire par la poussée directe sur l'objectif suivant.

On peut donc, dans cette phase du combat, étudier isolément l'action d'un bataillon s'engageant contre un point d'appui.

Plus tard, bataillons et régiments, mélangés avec des renforts, continueront leur offensive laborieuse ou résisteront à l'offensive ennemie, jusqu'au moment où les dernières troupes de chaque colonne, ou la dernière réserve, feront un effort brutal, direct et rapproché.

Comme troupe chargée de cette dernière attaque, on peut envisager deux régiments soutenus par l'artillerie et renforcés de cavalerie.

Enfin, comme l'organisation de l'attaque présente des difficultés propres, tant en raison de l'automatisme relatif que doit comporter cette phase de combat rapproché, que de la nécessité, pour la vraisemblance, de simuler des pertes, nous étudierons, pour un terrain donné et à l'instruction, l'organisation de l'attaque par un bataillon encadré.

## I. — **Engagement de la compagnie et du bataillon.**

### A) OBSERVATIONS GÉNÉRALES

1° *Organisation des exercices.* — a) Le combat encadré sera le pain quotidien à la guerre; on devra donc s'y entraîner dès la mi-novembre, à raison d'une séance hebdomadaire au moins, ce qui permettra d'ailleurs de manœuvrer en tout terrain.

b) On opposera d'abord deux compagnies l'une à l'autre sur 300 à 400 mètres de largeur, et 1,000, 1,500, 2,000 mètres de profondeur; l'une des compagnies sera portée par jumelage à 150, 200 hommes[1]. La compagnie de défense gardera son effectif de paix, soit quatre demi-sections.

Dans chaque escouade (ou demi-section) un homme sera pourvu de 40 à 50 cartouches. A tout démarrage de fraction en première ligne ou en renfort (section, demi-compagnie, compagnie), correspondra un coup de feu d'une, deux, trois fractions amies; un deuxième coup de feu signalera la fin du bond, de manière à embrasser toute la durée d'exécution du feu d'appui[2].

c) Plus tard, on opposera deux bataillons : l'un à

---

[1] Avec les compagnies de l'intérieur il faut, pour le S. E. C. et le combat, opérer par jumelage; chaque bataillon forme deux compagnies. Ici encore il faut harmoniser les caractères et non pas suivre l'ordre des numéros; si la 10ᵉ s'accorde en tous points avec la 12ᵉ, le jumelage du troisième bataillon se fera avec 9-11 et 10-12.

[2] Il arrivera que les fractions, à courte distance de l'ennemi, ne pourront être appuyées par le feu de la ou des fractions voisines. Dans ce cas, avant de bondir, la fraction enverra une rafale marquée par deux coups de feu, un de début, l'autre de fin de rafale, et aussitôt elle bondira, le fusil déchargé.

quatre compagnies de 150 à 200 hommes, l'autre (défense) à deux compagnies de 120 à 180 hommes.

On renforce autant que possible chaque bataillon d'une batterie (section) d'artillerie, pour étudier ensemble la liaison, l'accompagnement par le feu sur les objectifs particulièrement dangereux, etc...

2° *De la sûreté.* — Avant d'entrer dans le détail du combat encadré, nous rappelons, une fois pour toutes, certaines dispositions élémentaires, destinées à protéger une troupe de la surprise totale, en marche, en station, au combat [1].

Il faut se garder sommairement par ses propres moyens, sans se fier absolument aux mesures prises par le camarade.

a) *En marche.* — Les dispositions de sûreté sont variables, suivant la place de l'élément dans la colonne, la protection donnée par la cavalerie et la capacité d'attaque immédiate de la troupe.

1° Dès que la cavalerie, refoulée par l'infanterie ennemie ou une cavalerie supérieure, démasque sa propre infanterie, les bataillons d'avant-garde, de première ligne [2], même les réserves cheminant par les couverts, sans voir les camarades, se couvrent, soit par des détachements minima d'infanterie dotés, autant que possible, de quelques cavaliers, soit, au minimum, par des éclaireurs montés.

---

[1] La sûreté est à garantir d'autant plus loin et solidement qu'il faut plus de temps pour mettre en œuvre ses moyens. La sûreté d'un régiment ou d'une brigade est évidemment plus complète et lointaine que celle de la compagnie ou du bataillon. Une troupe à qui l'on ne riposte pas, tire comme à la cible; on risque la destruction. Riposte-t-on, même très mal, la précision du tir adverse s'atténue dans une proportion considérable

[2] Les éléments de première ligne se disposent pour attaquer immédiatement par le terrain le plus favorable; c'est leur meilleure sûreté.

Dans cette jetée de détachements de protection, le chef réserve l'avenir, c'est-à-dire qu'il évite le mélange des unités. Ainsi un bataillon d'avant-garde, qui compte s'engager en losange, couvre sa droite par un élément de la 2º compagnie et sa gauche par un élément de la 3º compagnie.

2º Chaque compagnie du gros d'avant-garde ou du gros de la colonne a son premier groupe de quatre chargé de l'observation.

Les deux hommes de droite observent ce qui se passe

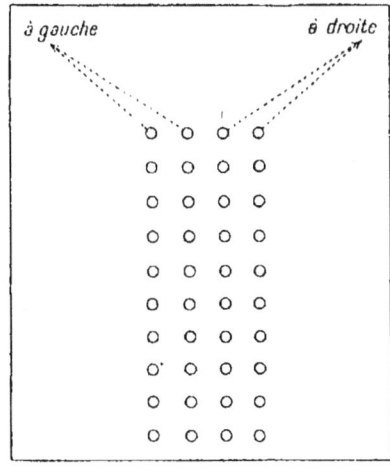

Croquis nº 4.

sur le flanc droit; ceux de gauche surveillent le flanc gauche. En cas de surprise, ils sont les premiers à riposter.

b) *En station.* — 1º A la halte horaire, les éclaireurs gagnent la crête, ou le débouché, avant de mettre sac à terre, et continuent l'observation; la section d'avant-garde en fait autant, met sac à terre et se repose, le fusil à la main.

Dans chaque compagnie du gros, un homme, après avoir mis sac à terre, se détache, le fusil à la main, à quelques pas de ses camarades, pour éviter d'être distrait.

Celui de la 2ᵉ compagnie surveille le flanc droit, celui de la 3ᵉ le flanc gauche, celui de la 4ᵉ fait face en arrière.

En cas de surprise, ces hommes crient : « Aux armes ». en même temps qu'ils vident leur magasin sur l'assaillant (cavalerie, infanterie débouchant d'un abri, etc.).

2° Lorsque la halte se prolonge (grand'halte, long repos...), les bataillons se couvrent, non seulement par trois ou quatre hommes à bout portant comme dans la halte horaire, mais par des postes poussés aux perchoirs de droite et de gauche.

3° Lorsque le stationnement se prolonge, on a affaire aux avant-postes (Voir plus loin).

c) *Au combat.* — Les troupes qui *s'engagent* se couvrent : en avant, par des patrouilles, jusqu'à l'ouverture du feu et dès qu'elles sont ralliées ;

Sur les ailes, quand elles ne sont pas couvertes à la vue par des groupes amis.

Les troupes qui *évoluent*, qu'elles soient à une aile ou en réserve, se couvrent : par une sûreté immédiate (patrouilles ou groupes), par une formation échelonnée (aile) ou aérée (réserve) facilitant la manœuvre et diminuant les pertes en cas de surprise par le canon ennemi.

Nota. — 1) De toute cette sûreté, il faut retenir :

a) Que les officiers, non chargés, pourvus de jumelle, surtout es capitaines montés, doivent être les premiers éclaireurs de leur troupe;

b) Que la meilleure sécurité d'une troupe, c'est encore sa capacité immédiate d'attaque, résultante de la souplesse de la troupe et du coup d'œil de son chef.

2) Les patrouilles seront faites d'ordinaire par des soldats allégés, associés, si possible, à des éclaireurs montés.

## *B*) ENGAGEMENT PROPREMENT DIT DU BATAILLON ET DE LA COMPAGNIE

1° *Dispositions de combat.* — Dès que le combat est imminent, à la halte horaire, par exemple, que l'on croit la dernière sur route, le chef de bataillon commande : « Dispositions de combat ».

*a)* Les hommes vont à la voiture à munitions pour y compléter leur approvisionnement de cartouches, et mettent ces cartouches supplémentaires dans les cartouchières, la musette, les poches, le magasin du fusil.

Les huit chefs de demi-section, les six agents de liaison et huit éclaireurs de compagnie n'ont dans le sac que le jour de vivres et la chemise ; les chaussures de repos, le mouchoir, la trousse sont dans le ballot de vestes de leur demi-section ou dans le caisson à munitions vidé ; ils n'ont pas d'outils.

*b)* Les hommes approvisionnent le magasin.

*c)* Ils mettent les outils au ceinturon.

*d)* Les agents de liaison vont :

Au capitaine (1 homme par section dont le caporal-fourrier)[1] ;

Au chef de bataillon (1 fourrier) ;

Au cheval du capitaine (l'ordonnance)[2].

---

[1] Les agents de liaison sont munis d'un crayon et de papier ; ceux des sections ont l'œil sur leur section, le caporal-fourrier surveille le chef de bataillon et sa section. Ils sont dressés à la transmission verbale sous la forme : « Ordre (ou renseignement) du capitaine, du lieutenant X... » : ...»

[2] Le capitaine met pied à terre lorsque sa compagnie s'engage, c'est-à-dire au dernier couvert *continu* (dernière crête, dernière lisière). L'ordonnance suivra la compagnie par le couvert ou de couvert en couvert. Si l'ennemi lâche pied, ou si le terrain abrite à nouveau toute la compagnie, le capitaine remontera à cheval pour commander plus efficacement les siens, les aiguiller sur les cheminements favorables ou les éclairer.

Bref, le cheval n'est pas un fauteuil offert par un gouvernement huma-

*e)* Le chef de bataillon et les capitaines orientent leur monde sur le but à atteindre et les directions probables.

*f)* A partir de ce moment on prend les dispositions de sûreté, aux haltes, pendant la marche, etc....

2° *Marche d'approche, ordre d'engagement.* — Suivant le cas, le bataillon s'engage directement en partant de la colonne de route ou d'une formation de rassemblement, ou bien son engagement est précédé d'une marche d'approche.

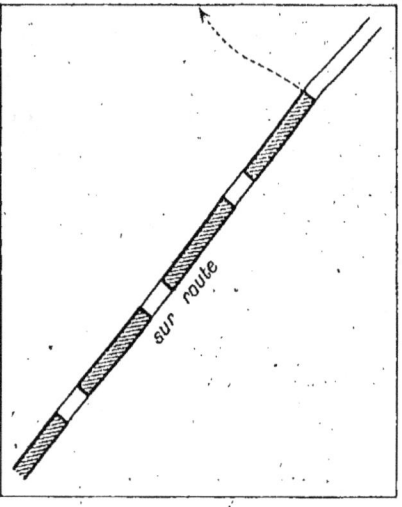

Croquis n° 5. — Sur route.

*a) Le bataillon exécute une marche d'approche avant de s'engager.* — Après avoir pris les dispositions de combat, de liaison, de sûreté, le bataillon quitte la route. Il marche, suivant le terrain, par exemple, en colonne par quatre le long d'une lisière, en colonne de bataillon

---

nitaire aux capitaines d'infanterie chargés de conduire les marches, mais un moyen de diminuer la fatigue et le danger de la troupe pendant la marche, le stationnement, et aussi le combat, toutes les fois qu'il sera possible.

(chaque compagnie en ligne de sections par quatre, les compagnies à distance variable) dans un bas-fond étroit, en losange ou en colonne double dans une vallée, en ligne de sections par quatre à larges intervalles pour traverser une crête sous le feu de l'artillerie, etc....

Il est précédé ou non d'une avant-garde ; en tous cas, chaque compagnie s'éclaire automatiquement sur le front ou le flanc qui lui correspond.

Le chef de bataillon guide la marche ; il a d'ordinaire ses capitaines auprès de lui [1], afin de les tenir au courant et de s'engager plus rapidement.

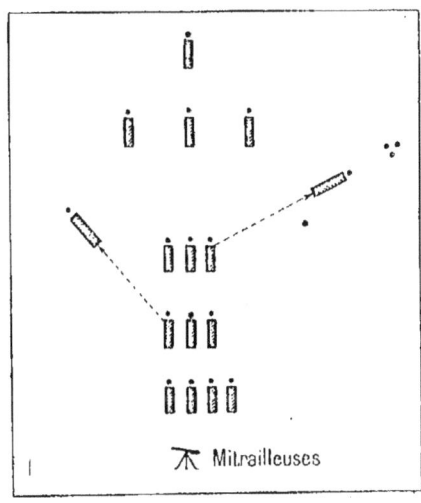

Croquis n° 6. — Colonne de bataillon (cheminement).

C'est au cours de cette marche d'approche que se donne l'ordre d'engagement, contenu souvent en germe dans la formation même d'approche, mais complété par les indications sur le ou les objectifs, le rôle des mitrailleuses, l'itinéraire des renforts, l'emplacement du train de combat, etc...

---

[1] Disposition réglementaire pour l'artillerie (titre V, art. 69).

b) *Le bataillon s'engage en partant de la colonne de route*. — Que le bataillon ait cheminé au préalable à travers champs, ou qu'il s'engage aussitôt après avoir quitté la colonne de route, son chef doit mettre vivement ses unités au courant de ses intentions et les pointer sur l'ennemi.

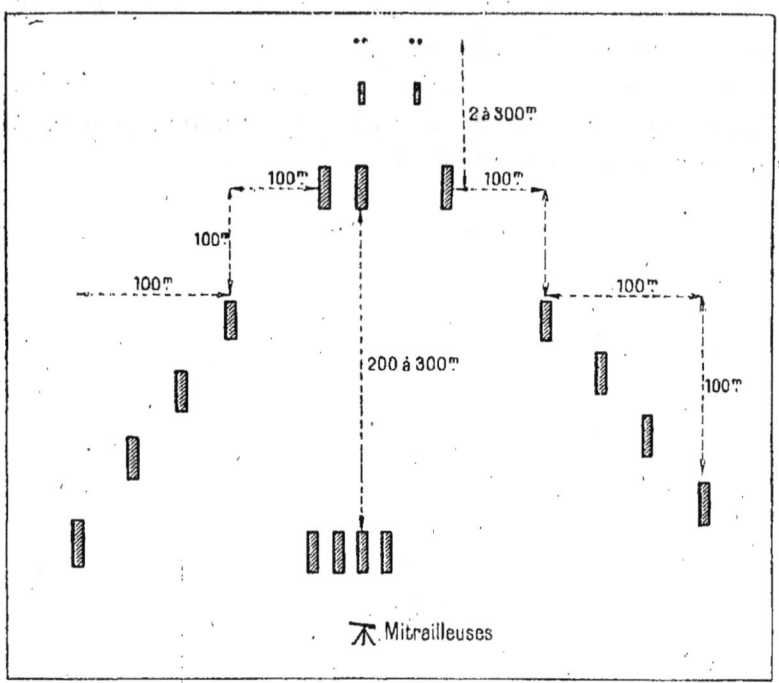

Croquis n° 7. — Losange (terrain découvert, pis-aller).

Il commandera donc à ses capitaines, qui marchaient avec lui :

1° Objectif : telle hauteur (ou telle ferme, ou la lisière et le côté droit du bois[1]);
2° 1re (2e et 3e) compagnie, engagez-vous : 1re compagnie à droite (ou à droite par... ou du calvaire à la tranchée incluse);

---

[1] Au fur et à mesure que le combat se précise, que le front d'action et d'attaque se resserre, les objectifs sont plus étroitement délimités.

2ᵉ compagnie : de front (ou de front par... ou à gauche de la tranchée) ;

3ᵉ compagnie : à gauche (ou à gauche par... ou sur le cimetière) ;

4ᵉ (2ᵉ et 3ᵉ) compagnie, en renfort par...

3° Les mitrailleuses appuieront l'attaque de telle lisière (ou marcheront avec telle compagnie) ;

4° Le train de combat suivra par... (ou s'arrêtera à...) ;

5° Je marche avec... ;

6° Éventuellement, au gradé de liaison de l'artillerie : « J'attaque tel front ou tel objectif ; je ferai mon effort principal par ma droite (gauche).

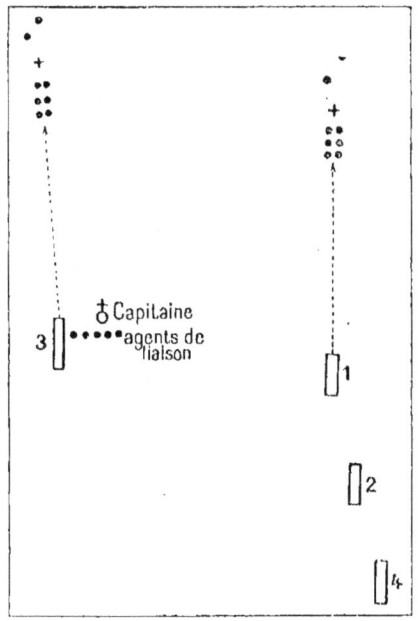

Croquis N° 8.

3° *Compagnies engagées*. — a) *Ordre du capitaine*. — « Objectif : la hauteur (ou la haie et la tranchée à droite jusqu'à...)

« 1ʳᵉ (et 3ᵉ) section, engagez-vous : 1ʳᵉ section sur la tranchée, par telle lisière (ou à droite de la compagnie) ;

« 3ᵉ section, sur la haie, par tel cheminement (ou à gauche de la 1ʳᵉ section) ;

« 2ᵉ (3ᵉ) et 4ᵉ sections, renfort, par tel cheminement (ou derrière la droite (gauche).

« Je marche avec...[1] »

(Éventuellement) : « Les mitrailleuses avec telle section, ou postées vers.., pour appuyer tel mouvement »

b) *Sections engagées*. — Dans chaque section engagée, le chef de section :

1° Indique l'objectif du bras, pousse vivement dans cette direction une forte patrouille (5 à 7 hommes) bien commandée (par le chef de section, un sous-officier ou un bon caporal muni de jumelle) et destinée : à couvrir de la surprise et balayer les patrouilles ennemies, à faciliter par son feu [2] l'approche de la section au plus près ;

2° Précède sa section, à distance de section, s'il n'est pas déjà aux éclaireurs, et, dans ce cas, est suppléé par le chef de demi-section le plus ancien ;

3° Fait cheminer sa section le plus possible, et le plus vite possible, la garde groupée le plus longtemps possible, tire le plus tard possible (grâce au cheminement, aux bonds de couvert en couvert, à l'appui du feu de la patrouille qui la précède) ;

4° Sous le feu de l'artillerie, il garde sa section groupée sur front étroit (colonne par quatre) ou la forme par demi-sections par deux, à intervalle d'au moins 25 mètres

---

[1] Soit avec la section engagée qui semble devoir prendre la tête du mouvement, soit avec une section moins bien commandée, soit avec le renfort.

[2] Dans le cas où l'ennemi tire sur la section, sinon la patrouille se garde bien de réveiller le chat qui dort!

(60 si possible), marche vite, obliquement, fait coucher sa section instantanément, l'enlève au pas gymnastique[1] ;

5° Forcé de déployer sa section, il la forme en un ou deux groupes suivant son effectif et la qualité des chefs de demi-sections. Dans ce dernier cas, le chef de section prend le commandement d'une demi-section, laissant l'autre à son meilleur gradé.

Quand la section ne forme qu'un seul groupe de 40 à 50 hommes, l'intervalle entre les hommes est d'un pas, pour le commandement.

Quand la section se scinde en deux demi-sections, l'intervalle peut être porté avantageusement à deux pas.

6° En dehors du cheminement ou du couvert, le chef de section (ou de demi-section) recherche la visibilité *minimum* :

*a*) Chef dans la position de ses hommes ;

*b*) Aucun mouvement du chef avant le bond ;

*c*) Préparation du bond : « Attention (le chef rampe à hauteur de ses hommes), telle direction ou tel abri. — En avant, marche », ou bien : « Attention, rafale suivie d'un bond. — Feu. » Coups de sifflet : « En avant, marche » ;

*d*) Rapidité pour partir et s'aplatir, longueur maximum du bond (trop tôt limitée par le feu ennemi et la fatigue, de 40, 60 mètres, après une rafale suivie d'un bond — de 100, 120 mètres, quand on est protégé par l'artillerie ou le feu des unités latérales ou des mitrailleuses).

7° Feu ouvert le plus tard possible, soit pour faire avancer (soutien réciproque) ou avancer soi-même (soutien propre).

---

[1] Si toute la compagnie doit franchir un passage obligé, battu par l'artillerie (pont), le traverser par petits groupes, non tentants : avoir soin que le gros (avant et après le passage) soit rassemblé à l'abri (carrière, talus), sinon l'artillerie écrasera le point de groupement.

*Soutien réciproque*[1]. — Toute section (demi-section) qui ne peut avancer (qu'elle soit clouée au sol ou à bout de souffle) et qui voit un camarade bondir, doit immédiatement l'appuyer par son feu jusqu'au moment où le camarade est terré.

Tant que l'intervalle entre les sections (demi-sections) sera suffisant, cette protection réciproque pourra se faire sans danger, tant par l'échelon avant que par l'échelon

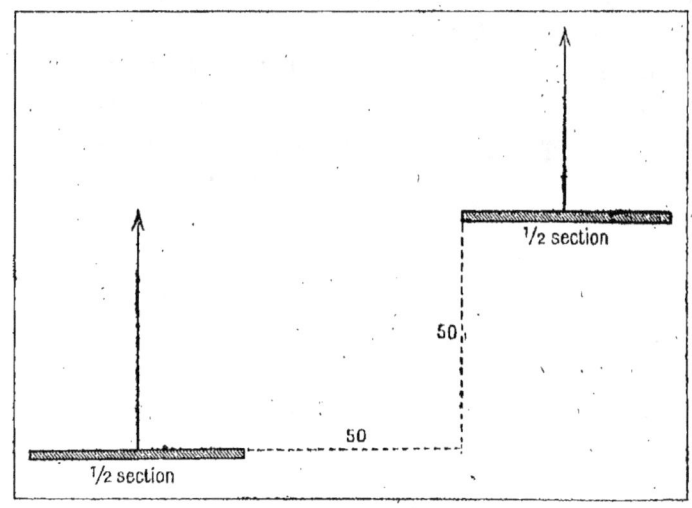

Croquis n° 9.

arrière jusqu'à une distance égale à l'intervalle des deux échelons.

Plus tard, l'appui de l'arrière sera impossible en raison de l'absence fréquente d'intervalle et de la petite distance

---

[1] Étant donnée la dispersion latérale des balles inhérente au tir de guerre, un certain nombre de projectiles siffleront aux oreilles de l'objectif du camarade, tandis que la majeure partie sera dirigée contre l'ennemi directement opposé aux tireurs. Il ne peut s'agir d'effectuer un transport raisonné du tir ou une extension du front battu; dans l'émotion du combat, le tireur ne peut tirer que sur l'objectif qui lui fait face.

de l'ennemi; mais certaines sections, compagnies, mieux commandées ou favorisées par le terrain ou le canon, prendront la tête du mouvement; une fois en avant, elles permettront aux camarades, par leur feu, de les rejoindre (feu de l'échelon avant).

*Soutien propre.* — Les sections ou demi-sections aplatissent l'ennemi par une rafale et, mettant à profit son émotion, bondissent de 30, 40, 50 mètres, avant que l'adversaire se soit ressaisi.

8° On cherchera également à faire appuyer la marche par le feu des mitrailleuses placées sur une position dominante, latérale ou dans un intervalle.

c) *Renforts.* — Les renforts suivent par les cheminements à leur portée, groupés par quatre, par deux, si le cheminement s'y prête, ou bondissent en tirailleurs, d'abri en abri, si le terrain découvert présente çà et là des couverts parallèles à la position ennemie.

Ils serrent au plus près de la chaîne, pourvu que le terrain les abrite. Quand la chaîne est engagée en terrain entièrement nu, les renforts demeurent au dernier couvert; s'ils en surgissent, c'est pour se porter, sans arrêt et à vive allure sur la chaîne [1].

d) *Prolongement et doublement. Partage du commandement.* — Au début du combat, la fréquence des intervalles facilitera le renforcement par prolongement, bien préférable au doublement, cette source inévitable d'hésitations et de retards.

En cas de mélange des unités, les chefs se répartissent le front. Loin de l'ennemi, ils font avancer de quelques

---

[1] « En arrière de la ligne de feu, aucune troupe ne doit être maintenue à une distance ou dans une situation telle (non abritée) qu'elle puisse être atteinte par le feu dirigé sur cette ligne ». (Général Silvestre, *Revue militaire générale*, septembre 1910, p. 278.)

pas, avant le bond, les hommes d'aile de leur groupe provisoire pour le délimiter aux yeux de tous.

Près de l'ennemi, ils se placent chacun devant le centre du groupe provisoire, le traversent et entraînent « un effectif correspondant à leur influence et à leur prestige ». Faute de chefs, les soldats les plus énergiques entraînent leurs camarades.

Après le ralliement, les gradés restants reconstitueront les unités-origines le plus vite et le plus silencieusement possible.

4° *La compagnie (le bataillon) est en mesure d'attaquer.* — En face d'une position faiblement tenue, ou fortement prise à partie par le canon ou (et) les mitrailleuses, le bataillon sera souvent en mesure de pousser jusqu'au bout son attaque, c'est-à-dire qu'il lui restera encore des éléments disponibles pour enlever la position par la marche brutale et directe de front ou de flanc.

L'attaque se fait d'après les mêmes principes que pour la brigade, étudiée plus loin. Nous résumons les caractéristiques ou détails de cette attaque :

1° Signaux envoyés à l'arrière : « Nous attaquons » ;

2° Baïonnette au canon, sans se faire voir (aussi bien pour la chaîne que pour les renforts) ;

3° Sacs à terre au dernier couvert (renforts) et sur la chaîne, si ce n'est déjà fait[1] ;

---

[1] Depuis que l'infanterie doit se coucher, bondir, parcourir de longs espaces au pas gymnastique, elle combat sans sacs (Français à l'Alma, Français et Allemands à Frœschwiller, à Spicheren, marche de la garde allemande de Metz sur Sedan et Paris sans sacs, batailles de Mandchourie). C'est qu'il n'est pas absolument indispensable, pour faire campagne, d'avoir veste et souliers de repos, trousse garnie, mouchoir, livret individuel, brosse à habits ou à graisse.

En raison de la nécessité d'emporter beaucoup de cartouches (250 à 300), l'infanterie engagée devra, à notre avis, mettre à terre le sac même allégé, lorsqu'elle sera contrainte aux *bonds rapides*, sous le feu, à 800,

4° Marche directe, rapide (au pas gymnastique modéré, l'arme à la main); quand on est forcé de s'arrêter pour tirer, on est renforcé;

5° Les renforts déployés en arrière du dernier couvert, pour n'avoir plus à évoluer, marchent également droit devant eux, tirent par-dessus la chaîne et (ou) l'entraînent au plus loin, jusqu'au moment où les pertes aplatissent les survivants; ne pouvant avancer, ils tirent.

Les différents renforts se succèdent à 150, 300 mètres (voir plus loin);

6° Les tambours et clairons battent et sonnent sans cesse, du débouché des premiers renforts à l'assaut; ils surgissent avec les derniers renforts[1];

7° Des mitrailleuses, les unes tirent jusqu'au dernier moment, les autres suivent le mouvement pour couronner la position au plus tôt;

---

500 mètres de l'objectif. Elle pourra ainsi bondir et recouvrer assez rapidement ses sacs, sans lâcher le point conquis : « un homme sur trois aux sacs ». Le plus souvent, les réserves poseront le sac beaucoup plus près, puisqu'elles auront peu de bonds à exécuter; elles pourront même entamer l'assaut et la poursuite, sans temps d'arrêt et sac au dos.

Avec la voiture à vivres et bagages et la dotation individuelle de la marmite d'aluminium, le sac, outil compris, ne pèse pas 5$^k$,500. C'est parfait, mais de grâce, qu'on n'aille pas faire porter au soldat des étiquettes de campement, le cadre du sac, une deuxième paire de brodequins au lieu d'espadrilles, etc....

[1] L'article 263 du décret du 3 décembre 1904 porte au troisième alinéa : « Lorsque le chef juge que le moment est venu d'aborder l'ennemi, il fait battre et sonner la charge. »

De quel chef s'agit-il ? Évidemment de celui qui dirige l'attaque. Au début de l'engagement, lorsqu'une compagnie isolée ou autonome attaque une ferme, un bosquet, c'est le capitaine qui donnera le signal de la charge. Le déclenchement des batteries et sonneries appartiendra au chef de bataillon chargé d'attaquer pour son compte un point d'appui plus considérable. Si l'attaque est menée par une brigade entière, le général de brigade décidera seul du moment où la charge sera battue sur tout le front de l'attaque.

8° A courte distance (200, 100, 80 mètres) on passe au feu en marchant et à l'assaut ou à l'assaut immédiat, suivant la ténacité de l'ennemi et la distance qui sépare de l'abordage.

Les groupes se resserrent sur les chefs pour aborder l'ennemi en ordre, en ligne pleine ; ils marchent l'arme à la main, au pas de charge cadencé ou au pas gymnastique, hurlent : « En avant » avec ensemble au cri des chefs, et ne se jettent à la course qu'à faible distance de l'adversaire pour conserver la cohésion ;

9° Ralliement par groupes provisoires dans une formation (échelonnée ou non), permettant l'utilisation immédiate des troupes. « Comptez-vous trois ! — Numéros trois aux sacs. — Pour les autres, par deux retranchez-vous. » On mange[1].

Les derniers renforts encore en ordre, ou les réserves, qui ont suivi de préférence en colonne (voir plus loin) traversent, se déploient pour poursuivre l'ennemi ou couvrir le ralliement.

---

[1] Le tempérament français est vite usé, mais aussi vite reconstitué. Il nous faut des efforts courts, violents, suivis d'une période de repos et de reconstitution.

Après l'assaut, il y a en effet épuisement de l'énergie intellectuelle et morale des troupes et des chefs. Si l'ennemi avait tenu bon, on eût continué ; mais il se retire, on est trop heureux d'en être débarrassé, c'est le moment d'une joyeuse détente ; les troupes ne répondent pas immédiatement à l'ordre de rentrer dans la fournaise.

Des réserves, maintenues en dehors de l'action, auront seules d'ordinaire le courage de continuer l'action et d'entamer la poursuite.

Le 8 mai 1429, les Anglais « tournent le dos ». « Laissez-les aller, dit Jeanne, puisqu'ils s'en vont ; vous les aurez une autre fois. »

Le 4 septembre 1904, les 2ᵉ et 12ᵉ divisions japonaises, qui se sont engagées en entier depuis plusieurs jours et plusieurs nuits, reçoivent l'ordre d'entamer la poursuite à 3 heures du soir ; elles ne s'ébranlent qu'à la nuit, se perdant ou se laissant arrêter par le moindre incident. Le même fait s'était produit après la traversée du Yalou ; il se renouvelle le 2 mars 1905 ; Noghi s'arrête à la voie ferrée.

Les troupes ralliées, puis reconstituées, se disposent à renouveler leur effort derrière la réserve devenue avant-garde.

### II. — Attaque d'une brigade.

Souvent, les bataillons engagés seront complètement dépensés et usés avant d'avoir pu aborder l'adversaire ; l'attaque alors sera faite par des troupes fraîches.

A titre d'exemple, nous étudierons l'attaque forcément schématique [1] d'une brigade.

1º *Dispositions préparatoires.* — La brigade se porte au dernier couvert, autant que possible par des chemins ou pistes défilés, en vue d'accroître la vitesse de son transport et de diminuer la fatigue des troupes.

Faute de routes, sentiers défilés, la brigade, si elle n'est pas pressée par le temps, recherchera avant tout le cheminement ; sinon, elle se contentera des précautions minima compatibles avec la nécessité de se hâter.

Parvenue au dernier couvert, la brigade s'y rassemble sur son front de déploiement ou sur un front un peu supérieur, de manière à n'avoir plus qu'à marcher droit ou concentriquement sur l'objectif.

*a)* Les bataillons de l'attaque proprement dite s'engageront accolés ; dans chaque bataillon, trois (quatre) compagnies accolées formeront chacune deux vagues (de deux sections) ou trois vagues (d'une section, une section, deux sections), ou quatre vagues (d'une section), suivant la distance du dernier couvert à l'ennemi et le front à

---

[1] Nous n'avons pas choisi un cas concret pour envisager plusieurs hypothèses : distance variable de l'objectif, chaîne préexistante ou non. Cette brigade serait appuyée par de l'artillerie (un ou plusieurs groupes par exemple) et disposerait, autant que possible, de cavalerie (un ou plusieurs escadrons) maintenue provisoirement à l'affût, avec les derniers bataillons de la brigade.

occuper[1]; éventuellement, la 4ᵉ compagnie, en renfort, assurera encore une ou deux vagues, de quatre ou de deux sections.

b) Les bataillons d'échelon, s'il y en a, peuvent avoir :
Deux compagnies accolées démarrant avec la deuxième

---

[1] Il faut, par l'entente préalable, restreindre les explications.
Par exemple :

*Ordre du général de brigade.*

Objectif : la hauteur, de part et d'autre du petit bois.
Le 1ᵉʳ régiment avec un bataillon du 2ᵉ régiment, sous les ordres du colonel du 1ᵉʳ régiment, attaquera et formera des échelons à droite et à gauche.
Les deux bataillons du 2ᵉ régiment, en réserve de la brigade, derrière le centre, avec la cavalerie.
L'artillerie appuiera l'attaque dès que la première vague débouchera.

*Ordre du colonel du 1ᵉʳ régiment.*

Même objectif....
Deuxième et troisième bataillons : attaque proprement dite, le deuxième bataillon à droite. Démarcation : le petit bois, au deuxième bataillon.
Premier bataillon, échelon à droite.
Bataillon du 2ᵉ régiment, échelon à gauche.
Je marche avec le deuxième bataillon.
*Éventuellement* : 400 (300) mètres par bataillon : 2 (3 ou 4) vagues à 1' (2', 3') d'intervalle.
Les mitrailleuses avec leur bataillon.
Le drapeau avec la 2ᵉ (3ᵉ) vague du deuxième bataillon.

*Ordre du commandant du deuxième bataillon.*

Objectif : La hauteur à droite du petit bois inclus.
Les 5ᵉ, 6ᵉ, 7ᵉ compagnies en 1ʳᵉ ligne. 2 (3-4) vagues, à 1' (2'-3') d'intervalle.
La 5ᵉ compagnie, sur le petit bois.
La 6ᵉ compagnie, à droite jusqu'à la haie.
La 7ᵉ compagnie, à droite de la haie.
La 8ᵉ compagnie, en réserve entre 6ᵉ et 7ᵉ avec les tambours.
Mitrailleuses : appuyez l'attaque (Suivant la capacité des commandants de compagnie, le chef de bataillon ajouterait ou non : sacs à terre, baïonnette au canon, on débouchera en colonne par quatre où en tirailleurs.).

vague des bataillons d'attaque, et formant elles-mêmes deux, trois ou quatre vagues;

Une compagnie d'échelon qui surgira en même temps que la deuxième vague des compagnies précitées;

Une compagnie de renfort formant une ou deux vagues (de quatre ou deux sections).

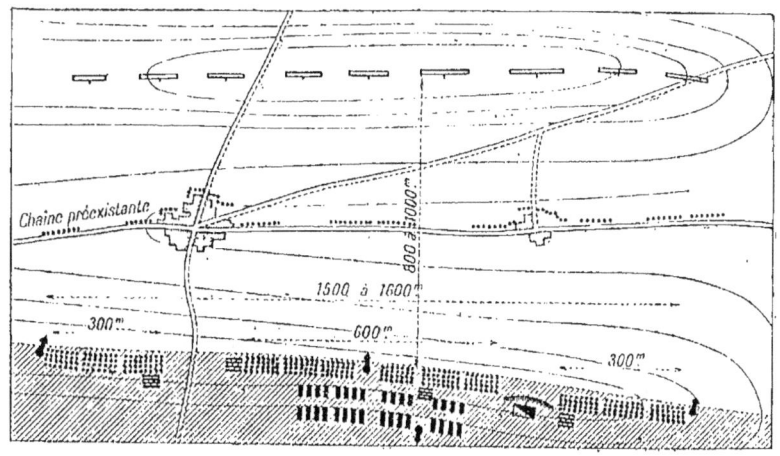

1. — Toute la brigade au dernier couvert.

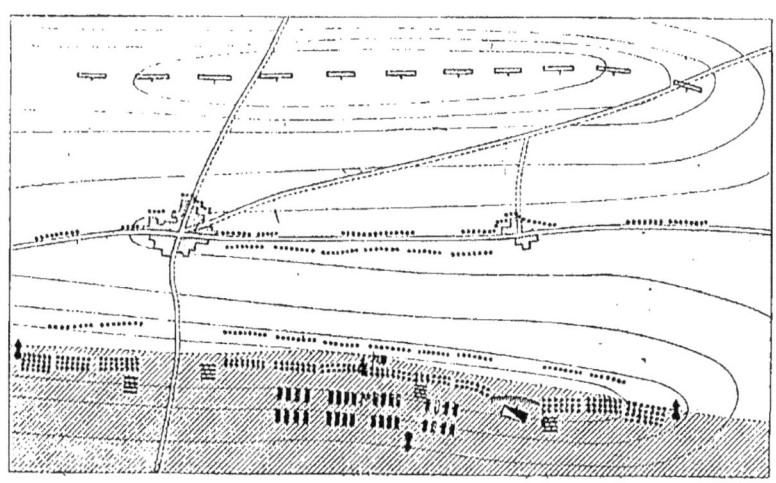

11. — La première vague des 2 bataillons du centre atteint la chaîne préexistante.

c) Les bataillons de réserve, accolés ou en profondeur, sont disposés comme les bataillons d'attaque ou bien forment une ou deux lignes de sections par quatre, suivant que le général pense les faire intervenir pour enlever la position ou entamer la poursuite.

Toutes ces troupes, adossées au dernier couvert, sont précédées ou non d'une chaîne préexistante.

On dépose les sacs, puisqu'il va falloir bondir et courir[1].

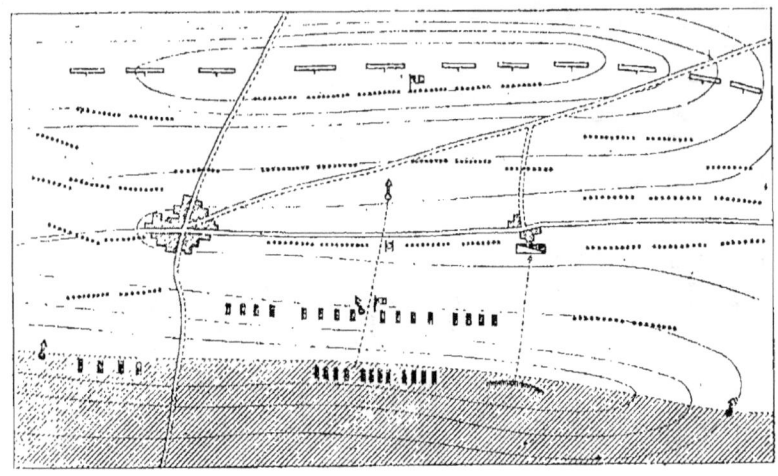

111. — Le 1er bataillon de la réserve débouche en lignes de sections par 4 à intervalle de déploiement sur un rang, ou bien formera deux vagues de 4 demi-compagnies en tirailleurs, selon la marche de l'action.

2° *Débouché*. — Les bataillons d'attaque, s'il n'existe pas de chaîne préexistante, lancent en avant, au plus loin, des éclaireurs bien commandés (huit ou dix par compagnie, avec un officier ou un bon sous-officier).

Du couvert surgit alors la première vague des compagnies d'attaque, suivie, à distances variables, d'autres

---

[1] Sans sacs et en terrain moyennement difficile, on peut faire au pas gymnastique modéré 300, 400, 500 mètres ; il suffit de le vouloir et d'avoir de bons serre-files.

vagues destinées à entretenir le mouvement en avant[1].

Cette première vague n'arrête plus dès son débouché ; elle rejoint sans désemparer ses éclaireurs ou la chaîne préexistante, au pas gymnastique modéré, si possible.

A quelle distance les unes des autres doivent surgir les vagues successives ?

L'attaque doit concilier deux desiderata contraires : n'opposer à la fois aux balles qu'une partie des troupes[2], le reste demeurant abrité au dernier couvert, et faire succéder rapidement les afflux de tireurs pour se rapprocher de l'effort simultané.

Admettons qu'une vague, atteignant le chaîne préexistante ou les éclaireurs, vide son magasin (8 à 10 cartouches) en 30 ou 40", les hommes debout ou à genou ; elle bondit alors en avant, en entraînant ce qu'elle peut de cette chaîne, puis s'aplatit après 30, 40, 60 mètres, sous un feu trop écrasant, protégeant par son feu l'afflux d'une nouvelle vague ; on voit que les vagues peuvent se suivre à 1' ou 1' et demie d'intervalle, c'est-à-dire à *150 mètres* en bon terrain et au pas gymnastique modéré.

Pour la distance maximum entre les vagues, on peut

---

[1] L'artillerie qui a réglé son tir (et éventuellement les mitrailleuses) entame le feu avec le débouché de la première vague.

[2] L'attaque en colonne s'expliquait autrefois ; la première décharge, tirée à 100 ou 150 mètres n'abattait que les hommes du premier rang ; ceux demeurés en arrière se jetaient à l'arme blanche sur l'ennemi, avant qu'il eût rechargé ses armes. Aujourd'hui, avec la distance d'ouverture du feu, la rapidité du chargement et la pénétration des projectiles, la marche, derrière la chaîne, des colonnes de compagnies, lignes de sections par quatre à quelques pas d'intervalle, n'est qu'un inutile holocauste, sauf, bien entendu, le cas où l'ennemi ne peut tirer avec justesse (la nuit, par le brouillard, dans la poursuite.....). Normalement l'attaque se fait par l'afflux successif sur la chaîne de soldats prêts à tirer et charger à la baïonnette, donc, placés les uns à côté des autres, d'ordinaire à un pas.

tabler sur le temps pendant lequel une chaîne aplatie et incapable de progresser peut appuyer efficacement l'approche d'un nouveau renfort par un feu continu relativement ajusté; 3' à 4' de tir couché ininterrompu semble être un maximum, ce qui correspond à *300* mètres environ.

Sous la réserve que les afflux de tireurs gagnent à être précipités, la distance des vagues de renfort variera donc :

1° Avec l'espace qui sépare le dernier couvert de l'ennemi. Les vagues seront d'autant plus rapprochées (100 à 150 mètres) qu'on a peu de chemin à parcourir pour arriver à l'abordage ;

2° Avec la nature du terrain. En terrain facile ou descendant, on peut augmenter la distance, ce qui restreindra le nombre de vagues exposées simultanément au feu d'infanterie et (ou) d'artillerie, sans diminuer pour cela la rapidité des poussées, puisqu'on peut courir sans interruption ; en terrain malaisé ou montant, on sera forcé de diminuer la distance ;

3° Avec le nombre de poussées dont on dispose. Si l'on a beaucoup de monde, on rapproche davantage les vagues pour accélérer les impulsions et précipiter le dénouement, fût-ce au prix de plus grands sacrifices ; si l'on est plus pauvre en moyens, on exposera moins de monde à la fois, mais l'attaque, plus lente, donnera un gain de temps à l'ennemi pour se reprendre et se renforcer.

Il faut, en somme, ne pas exposer tout son monde à la fois et protéger le plus possible l'afflux des renforts par un feu efficace.

L'attaque se présente donc sous l'aspect d'une chaîne dense qui aplatit l'ennemi par un feu violent et profite de cet aplatissement pour bondir ; arrêtée dans son bond par le feu écrasant de l'ennemi qui s'est ressaisi, elle permet du moins, par son propre feu, l'approche relativement facile d'autres vagues allant renforcer des fractions de la même unité.

Ces vagues ne s'arrêtent pas entre le dernier couvert et la chaîne qu'elles veulent rejoindre et dépasser. Elles s'avancent, autant que possible, au pas gymnastique modéré.

Au dernier couvert se tiennent abritées les vagues d'infanterie non encore dépensées et la cavalerie; successivement, les vagues surgiront à 150-300 mètres de la vague précédente, suivant les circonstances.

3° *Formations*[1]. — *a)* Les formations en *sections par quatre* ou *demi-sections par deux*, accolées ou non, sont préférables à *distance d'artillerie*, ou pour les groupes qui peuvent utiliser çà et là des bouts de cheminement *perpendiculaires* à l'ennemi (chemins creux, lisières, haies, ravineaux...).

La ligne de sections par quatre à intervalles de 20 à 50 pas, correspondant au déploiement sur deux ou sur un rang est encore une formation judicieuse pour les derniers éléments d'une attaque qu'on compte utiliser plutôt pour la poursuite que pour l'assaut. Cette ligne de petites colonnes traversera plus facilement la chaîne confuse pour reprendre le combat à son compte; de même elle évitera, en cas d'échec, d'être entraînée dans la déroute par les fuyards. C'est le sort, à Günstett, de toutes les réserves allemandes déployées; une seule compagnie, massée et couchée, laisse passer à droite et à gauche la première ligne débandée, puis se relève, se déploie et enraye le succès des Français.

Au Gunkiyama (col de Taling) deux bataillons russes

---

[1] Nous n'envisageons bien entendu que les formations à partir du dernier couvert, puisque, jusque-là, c'est le terrain qui prescrit la formation.

en bataillon en masse sont entraînés dans la déroute du bataillon d'avant-garde rejeté qui n'a pas trouvé d'intervalles pour l'écoulement de ses fuyards.

*b*) La formation en *tirailleurs à un pas* est à adopter, lorsqu'on débouche à *portée d'infanterie*, pour n'avoir plus à se déployer sous le feu en atteignant la chaîne amie ; c'est aussi la formation à prendre, lorsqu'on a en face de soi des couverts (talus, escarpements, rideaux d'arbres, haies...) *parallèles* à la position ennemie, cas général de franchissement de vallée.

4° *Bonds, sonneries, mitrailleuses, drapeau*. — Dans chaque bataillon, trois ou quatre, six ou huit sections arrivent ensemble sur la chaîne, déclanchent leur rafale et cherchent à exploiter l'aplatissement momentané du défenseur pour entraîner la chaîne préexistante ; on a donc des bonds de bataillon.

Les tambours et clairons de tous les bataillons de la brigade battent et sonnent sans désemparer ; d'abord au dernier couvert, ils en débouchent avec les dernières vagues de leurs bataillons respectifs.

Les mitrailleuses cherchent, les unes à atteindre la position en même temps que la première ligne, les autres à appuyer l'attaque et couvrir les flancs jusqu'à l'assaut, soit à la hauteur de la chaîne, soit d'une position en arrière, dominante et assez rapprochée.

Le drapeau surgit avec les premières vagues[1], ceci pour montrer qu'on avance sans esprit de retour ; le porte-drapeau et sa garde courent avec les tirailleurs, le drapeau porté sur l'épaule pour être plus facilement maniable.

5° *Poursuite et réorganisation*. — La position enlevée,

---

[1] La deuxième ou troisième vague.

ce qui reste des bataillons de réserve entame la poursuite avec le concours de la cavalerie, ou attaque une deuxième position d'après les mêmes principes : envoi d'éclaireurs, vagues successives, appui des mitrailleuses et ultérieurement de l'artillerie.

Si le débouché de la position conquise est momentanément impossible, les réserves tiennent la crête et s'y retranchent. Dans ce cas, les troupes de l'ancienne attaque sont reformées un peu en arrière, pour éviter l'entassement ; tout le monde autant que possible abrité ; on se repose et se réapprovisionne.

### III. — Détails d'exécution du temps de paix pour un des bataillons de la brigade d'attaque.

Les exercices d'attaque sont souvent invraisemblables, en raison de l'accumulation des hommes sur une chaîne non affaiblie par les pertes ; il n'y a plus possibilité de tirer ni de marcher en ordre.

Au risque de rabâcher, nous croyons utile de donner, à titre d'exemple, les palliatifs employés à notre bataillon.

L'ennemi[1] occupe une crête à 450, 500 mètres du dernier couvert (remblai de route). La chaîne amie préexistante[1] s'est arrêtée à 100, 150 mètres en avant du rem-

---

[1] Faute d'effectif suffisant, position ennemie et chaîne préexistante sont simplement jalonnées par quelques hommes.

Quand la complaisance d'un camarade le permettra, on représentera effectivement l'ancienne chaîne par deux ou trois sections clairsemées et l'ennemi par trois ou quatre sections couchées ou abritées. Les défenseurs se découvrent pour riposter quand l'assaillant bondit ; ils s'aplatissent ou ralentissent leur feu lorsqu'un nouveau renfort déclenche sa rafale, pour le reprendre, efficace, pendant le bond suivant, etc....

Chefs et soldats sentent ainsi plus nettement la nécessité d'aplatir le défenseur avant de bondir et d'entraîner la chaîne, de faire ce bond aussitôt ce résultat obtenu, de faire coïncider les pertes avec la reprise du feu des défenseurs, etc.

blai précité et ne peut avancer. Le bataillon d'attaque, partie par cheminement, partie en ligne de sections par quatre à intervalles ou en tirailleurs, suivant les abris successifs, a gagné le couvert précité; il lui est attribué un front de 300 mètres environ.

En raison de la distance assez grande qui le sépare de l'ennemi, le chef de bataillon dispose trois compagnies en ligne de « colonnes de tirailleurs [1] », les sections serrées pour utiliser totalement le couvert, au besoin les tirailleurs des sections 2 et 4 s'intercalant dans les intervalles des sections 1 et 3 (chemin creux) ; la 4º compagnie, réserve de bataillon, au centre, en colonne de compagnie, par exemple, les sections sur deux rangs, les tambours et clairons avec cette compagnie. Les servants des mitrailleuses, cheminant pièce par pièce et homme par homme, par un fossé rempli de blessés de la chaîne préexistante, sont arrivés à sa hauteur et se creusent un retranchement sommaire, prêts à ouvrir le feu.

C'est à ce dernier couvert que la baïonnette est mise au canon, les sacs déposés, si ce n'est déjà fait, les objectifs assignés à chaque compagnie.

Au signal du colonel, donné par la sonnerie de la charge, la première vague de trois sections débouche avec le drapeau, autant que possible au pas gymnastique, tandis que la chaîne préexistante et les mitrailleuses ouvrent le feu.

Du dernier couvert, les tambours et clairons battent et sonnent sans cesse.

La vague ne s'arrête pas avant d'avoir atteint la chaîne; à l'instruction, au lieu de lui faire enlever immédiatement cette chaîne, on lui fait tirer, debout ou à genou, sept à huit cartouches, c'est-à-dire que deux hommes par section vident leur magasin, tandis que les autres se

---

[1] Voir la note annexée au croquis.

DE L'INFANTERIE.     137

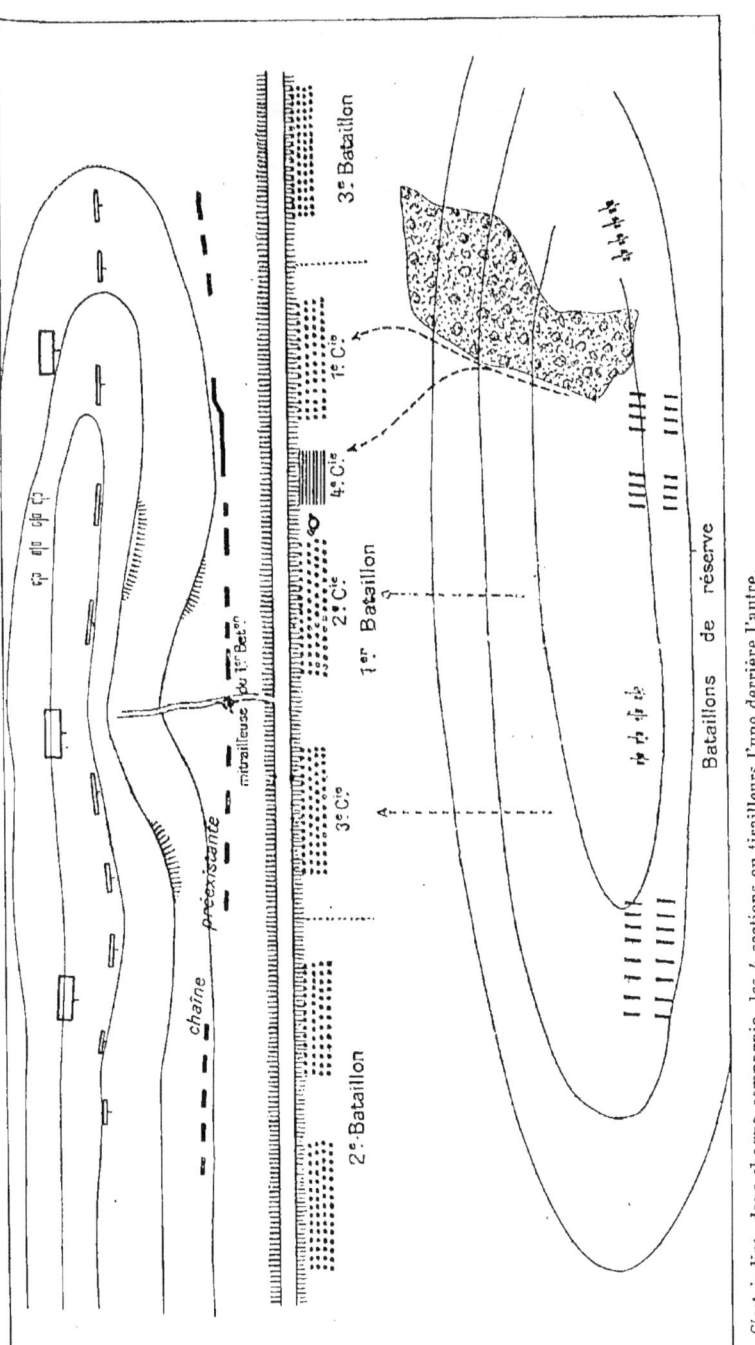

4. C'est-à-dire, dans chaque compagnie, les 4 sections en tirailleurs l'une derrière l'autre.
Si le front de combat eût été plus grand (400 à 500 mètres), ou bien la distance d'abordage plus faible, le chef de bataillon eût disposé ses compagnies en ligne de colonnes de demi-compagnies dans la même formation que ci-dessus, afin d'avoir deux vagues de 6 sections (60 à 70 mètres × 6 = 360 à 420 mètres, sans compter les intervalles entre les compagnies) ou bien 3 vagues, la première de 3 sections, la seconde de 3 sections prolongeant la première à droite ou à gauche, la troisième de 6 sections ; la quatrième compagnie fournirait en outre 1 ou 2 vagues.

bornent au simulacre. Lorsque les magasins commencent à s'épuiser et que les défenseurs se sont aplatis ou ne ripostent plus, les chefs crient : « Cessez le feu. En avant ! », traversent immédiatement la ligne de feu mélangée, et l'entraînent au pas gymnastique à 40, 60 mètres, plus si possible, tant que l'ennemi, aplati par la violence de la rafale, ne s'est pas ressaisi. Dès qu'il se soulève et reprend le feu, trois ou quatre serre-files par section[1] touchent rapidement un grand nombre d'hommes (du tiers aux deux tiers de la section), qui tombent à terre. La chaîne, clairsemée, s'aplatit après quelques pas et entame un feu violent (deux hommes par section) pour protéger l'afflux d'une nouvelle poussée.

Les deuxièmes sections ont, à leur tour, débouché du dernier couvert en même temps que la première vague déclanchait sa rafale, à hauteur de la chaîne préexistante, c'est-à-dire avait parcouru 150 mètres. Elles serrent dans les mêmes conditions, au pas gymnastique, font quelques pertes en route, du fait des serre-files, arrivent à hauteur des camarades couchés, tirent par-dessus et les entraînent à 40, 60, 80 mètres. La chaîne subit alors de très grosses pertes, se couche, tire et facilite l'approche de la troisième vague.

Celle-ci a surgi lorsque la deuxième vague avait parcouru 150 mètres; elle opère de même, subit des pertes dans les mêmes conditions, tire, gagne 40 à 80 mètres, fait de nouvelles pertes, se couche et facilite l'arrivée de la quatrième vague (les $4^{mes}$ sections) déferlant à 150 mètres de la troisième.

C'est alors le tour de la compagnie de réserve, lançant deux ou trois sections à 150 mètres de la quatrième vague; les (la) dernières sections se portent en avant à leur tour, avec les tambours, clairons, autant que pos-

---

[1] On évite les criailleries : *De A à C, tués, de C à K, tués,* etc....

sible en formation par quatre, à 30 ou 50 pas d'intervalle.

Si toutes ces poussées amènent la chaîne à une distance (80 mètres et au-dessous) permettant de se jeter sur l'ennemi d'un seul élan, la chaîne démarre à la baïonnette et fait l'assaut immédiat. Sinon, elle tire en marchant jusqu'à ce qu'elle arrive à distance d'assaut.

Les mitrailleuses cherchent à avancer en même temps que la chaîne, à tirer à sa hauteur ou dans un intervalle et à couronner la crête le plus tôt possible après l'assaut. On fait manquer un certain nombre de mitrailleurs.

Nota. — Cet exercice, d'abord exécuté avec les chefs de section, est repris avec les caporaux ; puis on fait manquer les chefs, en totalité ou en partie, pour que surgissent des soldats entraîneurs.

*La cavalerie au combat.* — Une fois les infanteries au contact, la cavalerie, rejetée en arrière du front, ne peut guère agir efficacement qu'en collaboration avec l'infanterie ; elle devra d'ordinaire se réserver pour le moment où l'ennemi sera ébranlé par le combat ou en déroute ; son chef se tiendra auprès du commandant de l'attaque ; il fera avancer sa troupe, au galop, de couvert en couvert, à proximité des réserves d'infanterie et à l'affût de toute occasion favorable.

# CHAPITRE IV

## Cas particuliers du combat

---

### A) ENGAGEMENT DE L'AVANT-GARDE.

a) *Rôle et mode d'action en général.* — L'avant-garde doit assurer la sécurité matérielle du gros, lui permettre de continuer sa route, s'il n'a devant lui qu'un rideau, ou lui assurer le temps nécessaire pour être en mesure d'attaquer, si l'ennemi est en forces.

La mission de l'avant-garde est donc de balayer les éléments de sûreté de l'ennemi, pour découvrir et déterminer son véritable front.

Dans ce but, l'avant-garde fera tomber rapidement les points d'appui isolés par *glissement automatique* et *débordement*. Ceci fait, elle repartira pour mordre plus loin et ainsi de suite, jusqu'au moment où elle se heurtera au gros ennemi. Elle fixera alors l'ennemi en l'attaquant à fond, en n'hésitant pas à se compromettre, tandis que le gros ami se rassemblera pour attaquer. Le commandant d'avant-garde n'a en effet qu'un devoir et qu'une mission : *taper fort ;* au commandant du gros, qui marche à l'avant-garde, de juger s'il doit arrêter cette offensive et prescrire momentanément la défense des points d'appui enlevés, lui qui a le devoir de *faire taper ensemble.*

Dans cette offensive en largeur et par débordement, le

commandant de l'avant-garde ne laissera du monde, pour assurer la possession des points conquis, que s'il a une forte avance sur le gros.

b) *Dispositif préparatoire.* — La cavalerie amie est refoulée, l'ennemi dans le voisinage; la tête d'avant-garde (section, compagnie) marche par petits paquets ou prête à s'y former.

Le gros suit en colonne de route ou en formation d'approche. L'itinéraire est jalonné par un certain nombre de points de terrain, généralement des points d'appui qu'on se propose d'occuper successivement; on se donne toujours ainsi une mission offensive, c'est-à-dire un point de terrain à atteindre.

Exemple :

1° Tel objectif, à attaquer éventuellement par la droite (gauche), ou par la hauteur, le bois ;

2° 1re compagnie, marchez par la route ou par...

2e, 3e et 4e compagnies, marchez par la route ou bien par la lisière, la crête (2e et 3e compagnies) et par la route (4e compagnie).

Mitrailleuses avec la 1re (2e) compagnie ;

c) *Rencontre de l'ennemi.* — 1° L'ennemi se présente *normalement.* Le premier élément (section, compagnie) s'engage droit devant lui et attaque [1]. Le gros déborde

---

[1] Soit la compagnie de tête d'avant-garde.

Au premier coup de feu, les éclaireurs ripostent, s'il y a lieu, aux patrouilles ennemies, se jettent dans les fossés de la route, avancent le plus possible et protègent l'approche de leur section.

La 1re section s'est également jetée dans les deux fossés de la route, en ligne de demi-sections par un ; elle avance le plus possible; quand elle ne peut plus avancer sans tirer, elle se déploie, une demi-section tirant pendant que l'autre cherche à gagner du terrain.

Les 2e et 3e sections quittent la route, se jettent d'ordinaire du même

automatiquement du côté favorable (défilement du terrain ou appui du canon) et dans la mesure, c'est-à-dire à la distance jugée nécessaire.

Si la résistance ennemie tombe, passer au point d'appui suivant; on assure ou non l'occupation du point enlevé, suivant la proximité du gros de la colonne.

2° L'ennemi se présente *obliquement*. L'avant-garde cherche à s'étendre sur l'objectif primitif et à l'atteindre au moins avec un élément.

*Remarques*. — 1° Dans le combat d'avant-garde, les éléments (sections, compagnies) de l'arrière, ne prolongent donc pas l'élément accroché, mais débordent franchement l'obstacle.

Le procédé le plus médiocre pour déborder est une formation *échelonnée*, d'abord arrière, puis avant.

Bien supérieur se présente, quand le terrain le permet, *le transport du gros d'avant-garde, à l'abri du terrain, sur le flanc de l'obstacle*, et alors le *rabattement* sur le flanc et les derrières de l'ennemi;

2° Pour de grosses avant-gardes (régiment, brigade) on adopte, à proximité de l'ennemi, un dispositif analogue, même plus développé. Des bataillons (compagnies) suivent des itinéraires parallèles et s'avancent pour leur compte, de point d'appui en point d'appui, en mesure d'attaquer et de déborder les résistances locales, comme aussi de tenir immédiatement le front de combat de la grosse unité (division, corps d'armée) en arrière et de couvrir ses préparatifs d'attaque.

---

côté, le plus favorable au cheminement ou au débordement, avancent, se déploient et attaquent.

La 4ᵉ section, suivant le cas, concourt à l'attaque immédiate et au débordement, concurremment avec les 2ᵉ et 3ᵉ sections, ou serre sur la 1ʳᵉ section, par les fossés de la route, en renfort.

Le commandant de l'artillerie de l'avant-garde se préoccupe sans cesse des positions à assigner éventuellement à ses batteries pour qu'elles puissent faciliter l'offensive.

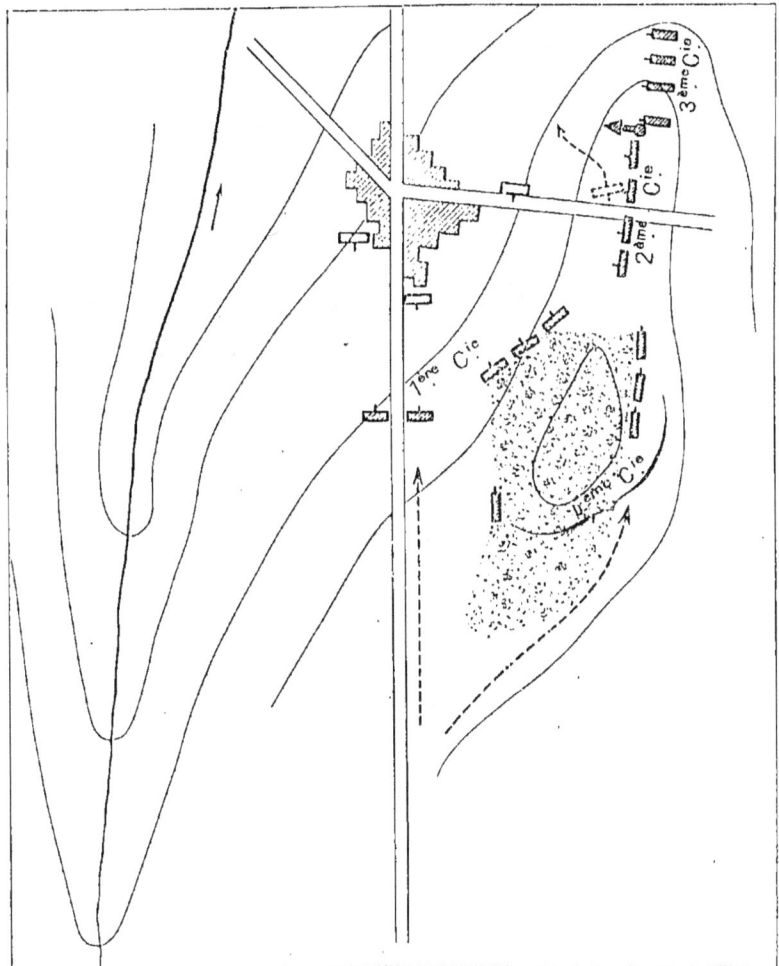

Fig. 6. — Engagement d'avant-garde. L'ennemi se présente *normalement*.

Quand la situation se précise, l'artillerie marche par bonds, en totalité ou par échelons[1].

---

[1] Ce souci constant d'appuyer au plus tôt la marche de l'infanterie et

3° En résumé, marcher dans un dispositif large ou du moins être prêt à le prendre.

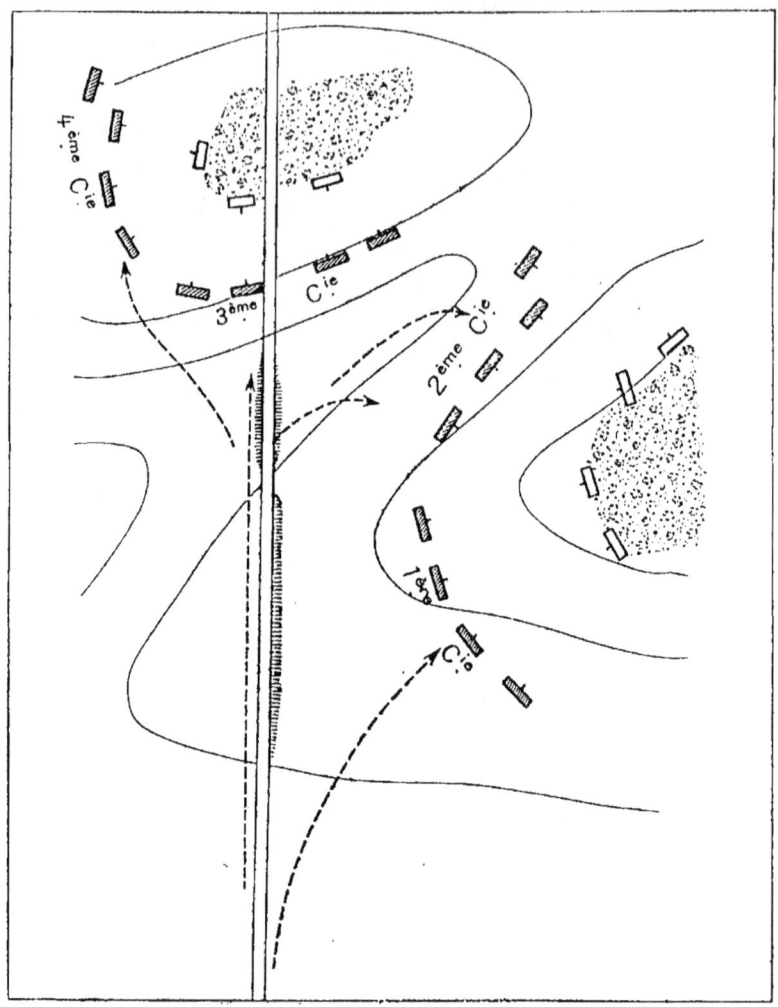

Fig. 7. — Engagement d'avant-garde. L'ennemi se présente *obliquement*.

de combiner l'action des armes est du ressort du commandant de l'avant-garde et de son commandant d'artillerie. L'infanterie n'a pas à s'en préoccuper, ni, surtout, à s'arrêter pour attendre l'appui du canon ; compagnies, bataillons, n'ont qu'une pensée : sauter de suite sur l'ennemi et le déloger.

Au premier coup de feu (de canon) agir de suite, automatiquement pour ainsi dire, par débordement et investissement, dans la direction favorable.

### *B*) DE LA SURETÉ LOINTAINE.

Pour garantir au gros la traversée de points critiques, rendant difficile l'emploi immédiat et simultané des troupes, on renforcera parfois la cavalerie de sûreté en troupes légères (artillerie, cyclistes, infanterie sans sacs) ou même en éléments plus forts, chargés de mettre la main sur ces débouchés, passages, etc.

Leur mission spéciale terminée, les avant-gardes ou flanc-gardes lointaines éviteront de faire la petite guerre pour leur compte; toujours elles agiront pour leur gros et, le plus tôt possible, avec ce gros.

### *C*) DÉFENSIVE.

*a*) Quand on a reçu l'ordre formel de ne pas attaquer ou que la situation force momentanément à demeurer sur place, on se *défend*, c'est-à-dire qu'on empêche l'ennemi de s'installer sur la position qu'on occupe. C'est le cas des avant-postes, d'une flanc-garde adossée à son gros et qui ne peut reculer sans le découvrir, d'une troupe faible, forcée de s'accrocher à un point d'appui devant des forces très supérieures qui l'assaillent et l'investissent, etc.

On ne se défend bien qu'en prenant l'offensive, après avoir privé l'assaillant d'une partie de ses moyens.

*b*) Comme on est, par définition, moins fort que l'adversaire en canons (ou en fusils), il faut rechercher un terrain de lutte qui favorise, à un moment donné, l'offensive du plus faible; par exemple, une position permettant de se battre *avec deux armes contre une* (en arrière d'un débouché de bois, sur les pentes d'une large vallée où l'artillerie ennemie masquée ne peut agir efficacement en raison de la distance).

A défaut, on cherchera le terrain permettant de neutraliser l'action de l'artillerie ennemie ; on luttera ainsi avec *une arme contre une* (dans un bois, à une crête, lorsque l'assaillant arrive à trop courte distance pour que son artillerie puisse agir); on empêchera l'enveloppement par des échelons ou un détachement de flanc.

En conséquence, le défenseur doit se demander tout d'abord *comment* et *par où* il prendra l'offensive.

Sa reconnaissance portera donc sur *l'emplacement de contre-attaque* ou *de retour offensif*, ce qui détermine sa position de défense.

c) La *répartition* des troupes est également une conséquence du projet d'offensive ultérieure : un maximum sur la position où (d'où) l'on veut faire l'effort décisif des feux, baïonnettes, sabres et canons, un minimum en avant pour avoir le temps de prendre les armes, pour obtenir les premiers renseignements sur les mouvements de l'ennemi et jeter un certain désordre dans ses rangs.

Soit donc : *des avant-gardes* (avant-lignes ou avant-postes[1]) faibles, recherchant l'invisibilité et les grandes lisières pour voiler leur faiblesse, les cheminements pour retraiter. Autant que possible les sacs sont laissés en arrière.

*Un gros* détachant d'ordinaire en avant de faibles

---

[1] Dans la zone où l'on se propose de reprendre ultérieurement l'offensive, on affectera judicieusement aux villages ou points d'appui de la vallée des avant-postes-garnisons qui, refoulés à l'intérieur du point d'appui, s'y défendront dans un réduit, sans esprit de retraite.

Pareille mission exige chefs et troupes excellents. Il faut assurer à ces vaillants de l'eau contre l'incendie, des vivres, des munitions, explosifs, mitrailleuses..., pour l'organisation des réduits.

éléments chargés de battre les angles morts de la position de défense (pièces d'artillerie en caponnière, mitrailleuses, sections, groupes de tireurs par deux tous les 20 ou 40 mètres); tout le reste, abrité ou défilé, surgira au plus près, pour tirer, puis attaquer.

*d) La reconnaissance* et *l'usure* de l'ennemi se fait :

A grande distance, par les avant-gardes (avant-lignes, avant-postes) et par l'artillerie ;

A courte distance, par le feu des pièces, mitrailleuses en caponnière, des sections d'infanterie, des groupes de tirailleurs en avant du front de la défense.

*e) Le combat décisif se fait avec le gros* lancé de près. La préparation (marche d'approche, combat lointain, renforcement et mélange des unités, etc...) est ici à peu près nulle, on entame d'emblée la contre-attaque ou le retour offensif ; aussi bien dispose-t-on en première ligne des moyens puissants, c'est-à-dire une chaîne maximum de feux, les renforts en arrière, très rapprochés, servant plutôt à maintenir la poussée morale qu'à alimenter la chaîne de nouveaux tireurs et de cartouchières pleines[1].

*f)* La contre-attaque de *flanc* est très avantageuse, car elle permet un feu concentrique, mais elle sera rare avec de gros effectifs, car l'ennemi borde parallèlement la ligne de défense dans le combat de décision.

D'ordinaire, on ne peut contre-attaquer que de *front* et de *très près*, pour annuler l'action de l'artillerie ennemie (supposée supérieure). Les troupes sont abritées à la crête, lisière de bois, de village (ou un peu en avant), couvertes par les éléments qui battent l'angle mort.

---

[1] Il ne s'agit ici que d'une riposte, d'un coup de boutoir. Si l'on voulait prendre réellement l'offensive, c'est-à-dire aller s'installer sur la position d'où l'ennemi est parti, il serait nécessaire d'avoir de puissantes réserves.

Lorsque l'ennemi, après avoir subi des pertes sérieuses de la part de ces tirailleurs, des mitrailleuses, canons, etc..., arrive essoufflé et en désordre à courte dis-

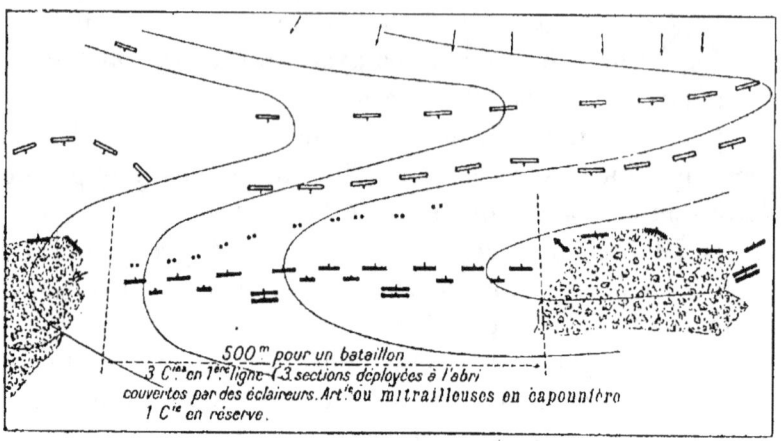

Fig. 8. — Bataillon encadré dans la défensive.

tance, la ligne de feu, réservée jusqu'ici, surgit, autant que possible, à un signal (sonnerie de la charge par exemple), envoie sa rafale à répétition, puis bondit à la baïonnette avec l'appui de quelques soutiens, en laissant néanmoins une garde de tranchée à la position primitive.

La contre-attaque va jusqu'à l'anéantissement de l'ennemi ou à l'occupation d'un couvert (crête militaire, fossé, lisière basse, etc...), terme fixé par le commandement à l'effort offensif. Si la position conquise paraît trop désavantageuse à tenir, on cherchera, par « suintement » arrière d'hommes ou de fractions, à revenir au « perchoir » primitif; ceci, bien entendu, lorsqu'on ne doit pas passer à l'offensive.

g) Le retour offensif s'exécute dans les meilleures conditions, lorsque l'ennemi vient de se rendre maître de la position et qu'il est en désordre, sans artillerie. Les troupes de retour offensif débouchent de près, de front et si possible de flanc avec l'appui de l'artillerie.

Nota. — Nous n'avons considéré ici que la défensive préméditée.

Souvent, au cours du combat offensif ou de rencontre, certaines unités, après l'enlèvement d'un point d'appui, seront prises à partie par des forces très supérieures qui voudront leur arracher leur conquête.

Ces unités feront au mieux, en s'inspirant des principes énoncés plus haut. Elles garniront les lisières, crêtes, avec le minimum d'infanterie et les mitrailleuses, reconstitueront des groupes provisoires en réserve et les abriteront au plus près pour contre-attaquer ; l'ennemi refoulé, elles laisseront une garnison au point d'appui et repartiront sur l'objectif suivant, sans désemparer.

### *D*) FLANC-GARDE.

Chargée de couvrir momentanément le flanc de son gros, la flanc-garde doit :

S'interposer entre l'ennemi et le gros ;

Renseigner le gros ;

Le rejoindre, sa mission terminée.

1° *S'interposer entre l'ennemi et le gros.* — Au point de vue de la logique :

*a)* La flanc-garde, si elle a du champ, combattra en retraite, en évitant la résistance à outrance si possible ;

*b)* Si elle occupe la dernière position qui couvre son gros, elle s'y défendra à fond ;

*c)* Si elle n'occupe pas encore cette position minimum, elle attaquera, même à infériorité, pour détourner de la colonne le fusil et le canon, et elle attaquera par sa droite ou par sa gauche, suivant qu'elle est flanc-garde de gauche ou de droite.

Mais ce n'est pas la logique pure qui mène les troupes, c'est le moral; aussi bien, en raison des difficultés et souvent des piètres résultats du combat (manœuvre) en retraite, voire de la défensive sur place, la flanc-garde, même dans les situations *a* et *b*, couvrira parfois mieux les siens en se sacrifiant et en attaquant (V. p. 80).

2° *Renseigner le gros*. — Ce gros détachera un officier de liaison à la flanc-garde. Cet officier établira deux ou trois relais, usera au besoin du télégraphe. Bref, il se préoccupera essentiellement de l'envoi des renseignements, tandis que le commandant de la flanc-garde s'occupera de l'ennemi.

3° *Rejoindre le gros*. — Si elle est accrochée, la flanc-garde battra en retraite par échelons en s'ouvrant.

Sinon, elle reprendra la colonne de route.

Assoiffée d'agir, la flanc-garde, assurée de n'avoir personne sur le flanc à garder, ou du moins un ennemi éloigné, laissera de ce côté de simples éléments de renseignements ou de maigres fractions retardatrices et rappliquera au combat en cherchant le flanc ennemi.

*Remarques*. — Les flanc-gardes sont des sacrifices; on risque fort de ne pas les avoir pour le combat; le rôle d'un commandant de flanc-garde est d'ailleurs délicat.

Il ne faut donc envoyer de flanc-garde qu'à bon escient, quand le sacrifice est indispensable.

En outre, le service des flanc-gardes est éreintant. C'est un surcroît d'étape, la suppression fréquente des haltes horaires, la source d'à-coups sans nombre. Une colonne assez forte, de corps d'armée, par exemple, devrait couvrir son flanc pendant la marche par deux, trois, quatre flanc-gardes fixes.

Il pourrait arriver qu'une division entière fût consommée successivement à ce service. C'est l'usure par marches et contre-marches supplémentaires.

On remédiera à ces complications, à ces à-coups et à la fatigue correspondante :

1° Par la marche d'un élément de sûreté, sur une route parallèle. Un corps d'armée, par exemple, couvrira son aile découverte par une brigade mixte marchant, sur route, à hauteur de la tête du gros par exemple ;

2° Par l'étalement de l'avant-garde en plusieurs colonnes parallèles, marchant par des chemins, bien entendu. Ces colonnes, par l'élargissement du front de marche, couvrent indirectement le flanc ;

3° Faute de chemins parallèles, ou pour toute autre raison, on s'assure le temps d'envoyer une flanc-garde au point dangereux, grâce aux renseignements de la cavalerie qui lancera des coups de sonde à distance suffisante sur l'aile découverte.

### *E*) ARRIÈRE-GARDE AU CONTACT ET AU COMBAT.

*a)* Quand les adversaires sont *aux prises*, il ne peut, normalement, être question de troupe de repli, puisque tout a dû être employé pour assurer le succès. Tout ce qu'on peut faire, en cas d'échec et de débouché victorieux de l'ennemi, c'est vider les derniers « fonds de tiroirs », lancer sur l'ennemi les escadrons, pelotons d'escorte, soutiens d'artillerie, etc.; l'artillerie, les mitrailleuses tirent jusqu'au dernier moment, jusqu'à la prise du matériel, pour sauver l'infanterie.

A cette infanterie on donne, comme on peut, des directions générales de retraite; les chefs précèdent leurs troupes à un couvert-repli, où ils pourront les ressaisir, les reformer et, suivant le cas, faire front ou prendre la colonne de route.

*b)* La retraite de l'infanterie *non sérieusement engagée* se fait par échelons d'égale force, s'ouvrant contre l'enveloppement ; l'artillerie s'engage d'ordinaire tout entière [1].

---

[1] Si l'on recule par échelons, c'est simplement pour avoir un recueil déjà placé, lors de la rupture de l'échelon de combat. Mais en soi, cette division est un mal puisqu'on diminue d'autant la force retardatrice de

et à couvert, à chaque échelon ; elle va occuper la première l'échelon de repli, pour être placée avant la rupture de l'échelon le plus proche de l'ennemi.

Les arrière-postes sont formés en dehors de l'arrière-garde.

Quand un échelon est serré de près, il cherche à se dégager :

Par la contre-attaque ;

Par le sacrifice de son artillerie, s'il est nécessaire ;

Par le feu violent, suivi d'une retraite à la course en tirant ou en se couvrant par le feu rapide de quelques hommes de cœur qui reculent ensuite à la course[1].

Le contact perdu, prendre la colonne de route, en éclairant ses flancs.

### *F*) COMBAT EN RETRAITE D'UNE AVANT-LIGNE OU D'UN GROUPE DE COUVERTURE AUX AVANTS-POSTES.

Les grands mots ne sont parfois qu'une économie d'idées. Tel le mot « couverture » chuchoté mystérieusement par des esprits dédaigneux du simple.

---

l'échelon engagé. Au lieu de lutter, par exemple, à deux contre quatre, on lutte à un contre quatre. Aussi, pour renforcer l'échelon engagé, déploie-t-on en entier — à couvert pour la retraite ultérieure — *toute* l'artillerie de l'arrière-garde ; cette dernière, qui peut trotter, ira occuper à temps la position de recueil et protéger tout entière la retraite de l'échelon avant, etc....

[1] *Frœschwiller*, p. 240. « Le 3ᵉ bataillon du 1ᵉʳ zouaves rétrogradait sur le Grosswald ; il formait une chaîne épaisse tirant sans relâche à 200 mètres sur une chaîne prussienne également très dense qui avançait en exécutant un feu des plus violents.

Les zouaves chargeaient leurs armes en courant, s'arrêtaient pour faire feu, chargeaient de nouveau, à la course, tiraient encore après avoir fait demi-tour, et, superbes de vaillance, continuaient ainsi, enveloppés d'un épais nuage de poussière et de fumée ».

En couverture, la division cesse d'être une division et les avant-postes de s'appeler avant-postes! Les uns discutent cordons, rideaux ou réseaux impénétrables et continus; d'autres envisagent un dispositif en profondeur : chaque bataillon refoulé trouvant en arrière un bataillon de repli, pourvu, lui aussi, d'un troisième bataillon de recueil et, plus en arrière, d'un quatrième bataillon de réserve générale. C'est la loi du quart, spirituellement troussée par le général Cardot, et l'organisation d'échecs successifs.

Risquons un peu de clarté dans ce fatras. Le maniement des troupes de couverture réclame une énergie et une décision peu communes; inutile d'obscurcir la question par des « mots d'auteur ».

Tandis que le gros de l'armée se mobilise et se concentre, des divisions, corps d'armée, proches de la frontière et à effectifs relevés, couvrent cette préparation. Ces gros éléments cantonnent en vue du combat; ils se couvrent, à distance, par des avant-postes chargés de leur assurer repos matériel et moral, de leur faire connaître s'il y a lieu ou non de se rassembler pour agir et, dans ce cas, de garantir le temps nécessaire à la réunion des forces au point choisi.

Cette réunion effectuée, les divisions ou corps d'armée de couverture agiront au mieux de la situation générale, avec le jugement et le caractère du chef comme guides.

Suivant la distance qui les sépare de la tête de la concentration des armées, suivant le degré d'avancement de cette concentration, la force de l'envahisseur ou le danger d'écrasement pour la couverture voisine, ces gros manœuvreront en retraite, à coups de canon, de préférence, ou bien feront front désespérément, s'il faut assurer un débouché; ils pourront également « rappliquer » au secours de la couverture voisine, etc...

Revenons aux avant-postes chargés d'assurer repos et temps aux gros de la couverture. Ils sont d'ordinaire poussés à 8, 15, 20 kilomètres et peuvent ainsi retarder efficacement l'ennemi en chicanant beaucoup de terrain tout en évitant le plus possible l'accrochage [1].

Mais l'infanterie ne peut retarder sérieusement l'ennemi que par le feu efficace (800, 400, 300 mètres), et c'est alors l'accrochage qu'on voudrait éviter. Il faudra donc adjoindre, autant que possible, aux avant-postes de couverture une ou plusieurs batteries; cette artillerie, s'engageant en entier et masquée, ralentira l'ennemi à grande distance ; l'infanterie d'avant-postes, couvrant les ailes contre la surprise, agira plutôt en soutien d'artillerie qu'en élément de combat.

L'ennemi débordera tôt ou tard ces faibles effectifs; il faut donc avoir, en arrière de la ligne déterminée par l'artillerie et les points d'appui d'aile, un repli d'infanterie qui s'élargira, autant que possible, par rapport à la première position. L'artillerie viendra s'installer à ce repli assez à temps pour couvrir la retraite des premiers éléments et enrayer à nouveau la reprise de la marche par l'assaillant.

Pour ne pas être coupé ni surpris, on éclairera les ailes en même temps qu'on s'efforcera de prolonger l'observation jusqu'à la frontière ; d'où l'affectation aux avant-postes de couverture de pelotons ou escadrons. De ces cavaliers, les uns sont affectés à la surveillance lointaine, associés aux gendarmes, douaniers, forestiers, d'autres répartis entre les détachements d'ailes, le reste, au repos, formera réserve pour le combat et la sûreté des échelons successifs.

Enfin, des officiers ou sous-officiers montés ou à bicyclette se tiendront auprès des avant-postes de couverture

---

[1] La « manœuvre en retraite » paraît possible pour des détachements légers, où tout le monde se voit; cela paraît beaucoup moins vraisemblable pour les gros éléments, division, corps d'armée, etc....

voisins, pour assurer la liaison et permettre de parer à l'enveloppement.

En résumé :

1° Les groupes mixtes d'avant-postes de couverture occupent, avec une partie de leur infanterie et quelques cavaliers, des points d'appui couvrant éventuellement la position d'artillerie ; ces détachements recherchent le terrain coupé cachant les effectifs et permettant de s'éclipser. Le gros et l'artillerie en arrière, au repos.

2° Si l'ennemi présente des unités mal gardées, le surprendre. Au contraire, tirer de loin, à coups de fusil et, mieux, de canon, en évitant le plus possible l'accrochage, sur des forces nombreuses, bien disposées pour l'attaque.

Dans ce cas : *a)* Être avare d'infanterie en première ligne, surtout au centre ; engager par contre toute son artillerie masquée ;

*b)* Avoir ou poster de suite un repli d'infanterie, qui s'élargira autant que possible par rapport à la première position ;

*c)* S'il faut absolument faire tête, chercher un terrain de contre-attaque, à front étroit pour l'ennemi, où l'on ait deux armes contre une (en arrière d'un bois, etc...).

## APPLICATION[1]

1° *Situation générale.* — 1 bataillon à 5 compagnies, 1 batterie et 2 pelotons sont à Limey en avant-postes de couverture d'une division cantonnée autour de Bouconville-Rambucourt. Ce détachement fait face aux débouchés de Dieulouard—Pont-à-Mousson—Vandières. Il a mission de couvrir le débouché de la division à l'Est du bois Jury

---

[1] Purement hypothétique, cela va sans dire.

Un autre bataillon avec 1 peloton et 1 batterie est à Thiaucourt, tenant la route de Prény, la vallée du Rupt-de-Mad et la route de Xammes ; 1 escadron et 2 sections cyclistes sont à Domèvre, couvrant l'extrême droite.

### 2° *Emplacement de jour du détachement de Limey.*

| | | |
|---|---|---|
| Gros à Limey. | 3ᵉ compagnie (3 sections).<br>4ᵉ compagnie (3 sections).<br>5ᵉ compagnie (4 sections).<br>Mitrailleuses ..........<br>1 peloton de cavalerie ...<br>1 batterie............. | 1/2 section, 6 cavaliers. Route de Pont-à-Mousson à l'Ouest du fond des 4-Vaux (dont 4 cavaliers et 5 douaniers à l'auberge Saint-Pierre).<br>1/2 section barricadant l'issue Est de Limey. |
| 1ʳᵉ compagnie 1/2 peloton à Lironville. | 3 sections retranchées au sud de Lironville (cote 320).<br>1/2 section issue Est.<br>1/2 section issue Nord.<br>3 postes mixtes (de 4 hommes, 3 cavaliers) vers | le Sud (3 cav. Noviant).<br>l'Est (3 cav. Martincourt).<br>le Nord-Est (3 cav. Mamey). |
| 2ᵉ compagnie 1/2 peloton à Ansoncourt Fᵉ. | 3 sections retranchées au nord d'Ansoncourt.<br>1/2 section à la ferme même.<br>1/2 section au bois d'Euvezin avec 4 cavaliers.<br>2 postes mixtes (4 hommes et 5 cavaliers)......... | A Remenauville (3 cavaliers à Regniéville).<br>A 340 N du bois du Four (3 cavaliers à Viéville). |

1 section de la 3ᵉ compagnie à Robert-Ménil, amorçant la défense de la 2ᵉ position.

1 section de la 4ᵉ compagnie à l'Est du bois de la Voisogne, amorçant la défense de la 2ᵉ position[1].

*Liaison.* — Échange du sous-officier éclaireur monté du détachement de Limey et de celui de Thiaucourt.

Sergent postal à Domèvre avec les cyclistes.

---

[1] Si l'on reste plusieurs jours sur place, on relèvera — en plein jour — les éléments détachés

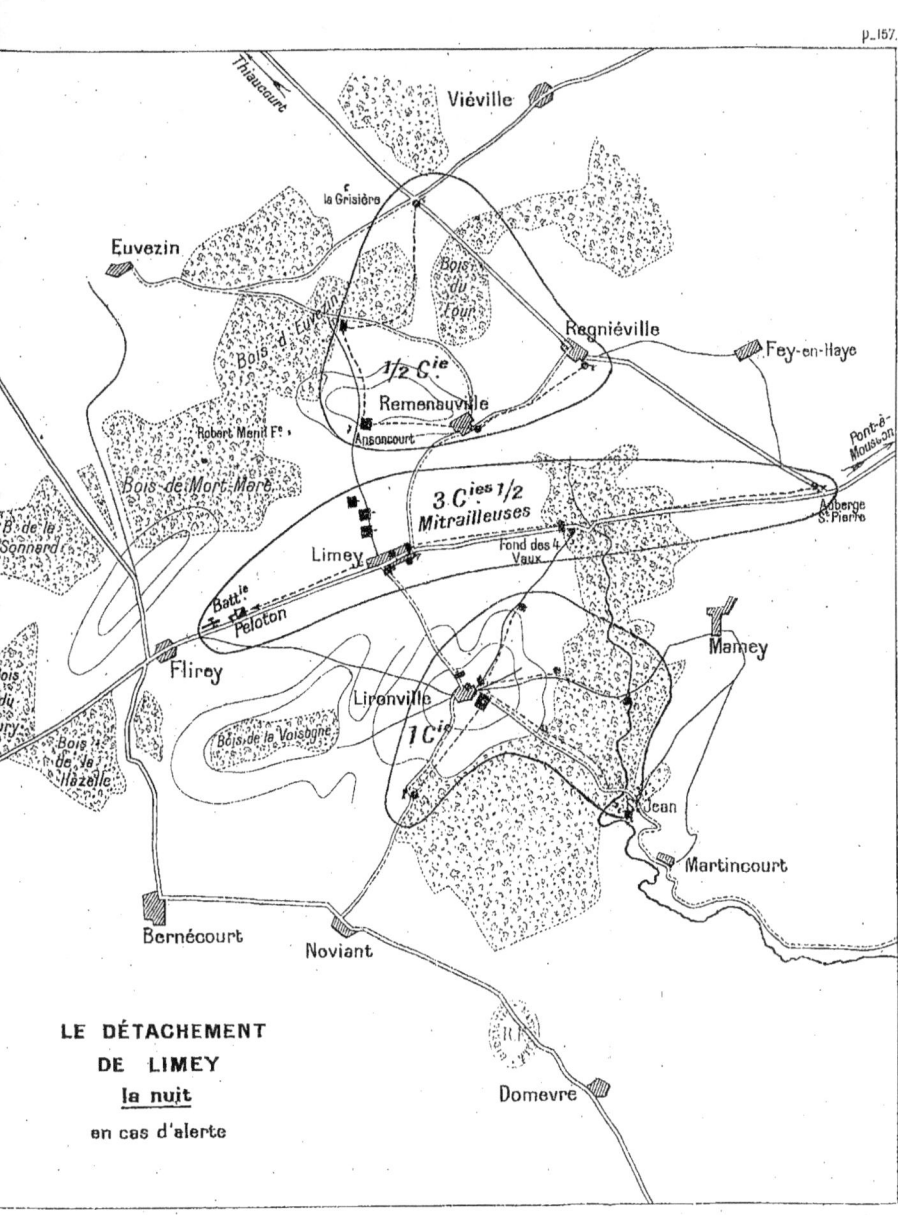

3° *Emplacement de nuit.*

Gros
à
Limey.
{ 
2 sections de la 2ᵉ compagnie (les 2 autres restant à Ansoncourt).
3ᵉ compagnie (4 sections).
4ᵉ compagnie (4 sections).
5ᵉ compagnie, moins 1/2 section au fond des 4-Vaux fournissant 1 poste mixte de 4 hommes et 3 cavaliers à l'auberge Saint-Pierre.
Mitrailleuses.
1 batterie.
1 peloton 1/2.
}

Issues barricadées, réduit créé (1 section et demie au total et 2 mitrailleuses).

Troupe disponible : 12 sections, rassemblées en cas d'alerte sur le chemin Limey—Ansoncourt.

La cavalerie et l'artillerie fileront à Flirey en cas d'alerte.

1ʳᵉ compagnie et 8 cavaliers à Lironville.
{
1 section de petits postes d'issues et de réduit.
3 sections de contre-attaque.
1 poste de 4 hommes et 2 cavaliers au Sud, route de Noviant.
1 poste de 7 hommes et 2 cavaliers à Saint-Jean.
1 poste de 4 hommes et 1 cavalier, chemin de Saint-Jacques.
1 poste de 4 hommes et 1 cavalier, chemin des 4-Vaux.
}

2 sections de la 2ᵉ compagnie et 6 cavaliers à Ansoncourt et bois d'Euvezin.
{
1 section 1/2 en cantonnement d'alerte dans la ferme.
1/2 section retranchée sur le chemin Euvezin—Remenauville, à l'entrée du bois d'Euvezin.
Poste mixte 4 hommes, 2 cavaliers à Regniéville.
4 hommes de relais à Remenauville.
Poste mixte, 4 hommes, 2 cavaliers au carrefour du chemin Viéville-Euvezin et de la route Thiaucourt—Pont-à-Mousson.
}

4° *Travaux de défense.* — De jour : 1/2 section a organisé la lisière est du bois de la Hazelle et créé un abri pour mitrailleuses balayant le ravin au Sud qui se dirige sur Bernécourt ;

1 escouade a organisé un réduit dans Flirey ;

1/2 section a organisé la lisière Est du bois de la Sonnard (fils de fer enlevés à Flirey, tranchées caponnières flanquantes, chemins de colonne).

5° *Résistance, de jour, contre un ennemi très supérieur (3 à 6 bataillons, 3 à 6 batteries).* — Première résistance : avec la compagnie de Lironville, celle d'Ansoncourt et deux sections à Limey, au total deux compagnies et demie, et la batterie (en position au nord de Limey ou à Ansoncourt) ;

Deuxième résistance : Dès que le commandant du détachement se rend compte de la supériorité écrasante de l'ennemi, il dirige les 3e et 4e compagnies sur les bois de Mortmare (3e compagnie) et de la Voisogne (4e compagnie et sections de mitrailleuses). La batterie ira s'installer à la lisière Sud-Est du bois de la Sonnard, escortée par le peloton de cavalerie et une des deux sections disponibles de la 5e compagnie qui se rendent de suite : demi-section, quatre cavaliers à l'Est du bois de la Hazelle, demi-section au réduit de Flirey, une section avec l'artillerie à l'Est du bois de la Sonnard.

Les compagnies de première ligne ont ordre de se replier respectivement sur les bois de la Hazelle (1re compagnie) et bois de la Sonnard (2e compagnie et les deux sections de Limey). Il en est de même pour les défenseurs de la deuxième position (lisière Est de la Voisogne et de Mortmare).

Si donc l'accrochage peut être évité par les compagnies engagées, on pourrait reconstituer le détachement sur le front : bois de la Hazelle - Flirey - bois de la Sonnard, où il faut tenir à fond jusqu'au débouché de la division, soit :

2 compagnies, 1/2 section et les mitrailleuses au bois de la Hazelle ;

1/2 section à Flirey en réduit ;

p. 158.

LE DÉTACHEMENT
DE LIMEY

le jour

au reçu des premières
nouvelles sur l'ennemi

Échelle $\frac{1}{80.000}$

Cap.<sup>ne</sup> Billard — Du Combat

2 compagnies 3/4, 1 peloton de cavalerie et 1 batterie au bois de la Sonnard.

*Remarques*. — On voit qu'un détachement mixte, de la force ci-dessus, ne peut guère fournir que trois résistances successives, car il est fort à craindre que les unités engagées soient plus ou moins accrochées, mises en désordre, démoralisées ou écrasées avant de rejoindre les camarades disposés en repli.

### G) COMBAT DE DÉTACHEMENT

(1 bataillon, 1 escadron, 1 batterie par exemple.)

Il est d'ordinaire impossible à un détachement de remplir sa mission (mettre la main sur un passage, un défilé, procéder à une réquisition, attaquer un gros qui s'est couvert par une flanc-garde, etc...) en négligeant l'adversaire qui se met en travers, à moins qu'on ne dispose d'une supériorité incontestée permettant de courir deux lièvres à la fois. Dans ce cas seulement, on pourra refouler ou maintenir l'ennemi tout en poursuivant l'exécution de l'ordre primitif.

Dans la majorité des cas :

1° La solution simple étant d'ordinaire la meilleure, on marche sur le point ou la direction donnée avec tout son monde, par le chemin le plus court et sans perte de temps. A cette fin, le détachement couvre primitivement son front et ses flancs par la cavalerie et, lorsque cette cavalerie est refoulée ou signale l'ennemi, il continue sa marche avec deux avant-gardes, s'il envisage deux directions possibles de combat, sinon avec une avant-garde et une (deux) flanc-garde minimum, du (des) côté où l'on ne veut pas agir, mais simplement éviter la surprise (application à une troupe qui chemine par le revers ouest d'une crête et qui veut être tranquille par rapport à la crête ouest suivante).

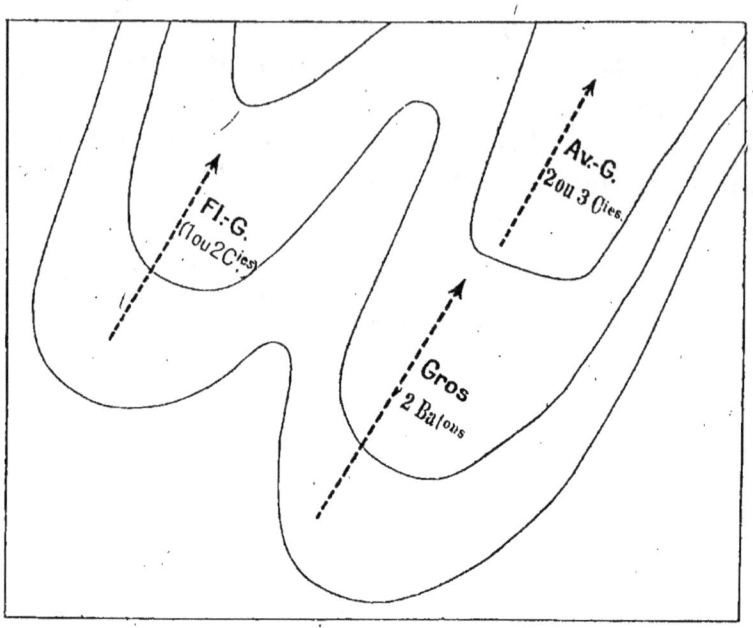

Détachement cheminant par le revers ouest et se couvrant à la crête ouest suivante.

2° L'ennemi s'interpose; on l'attaque :
Avec *tout* son monde (sauf les sacrifices indispensables);
Par le terrain favorable à l'emploi de *tous ses moyens* (infanterie, cavalerie, artillerie);
Autant que possible, dans une *direction* qui permette, tout en battant l'ennemi, de lui couper la retraite ou d'atteindre au plus tôt l'objectif initial.

Comme on a de la place, on recherche l'attaque de *front* et de *flanc*, l'*appui angulaire* du canon, des mitrailleuses, l'action d'*aile* de la cavalerie lancée au bon moment.

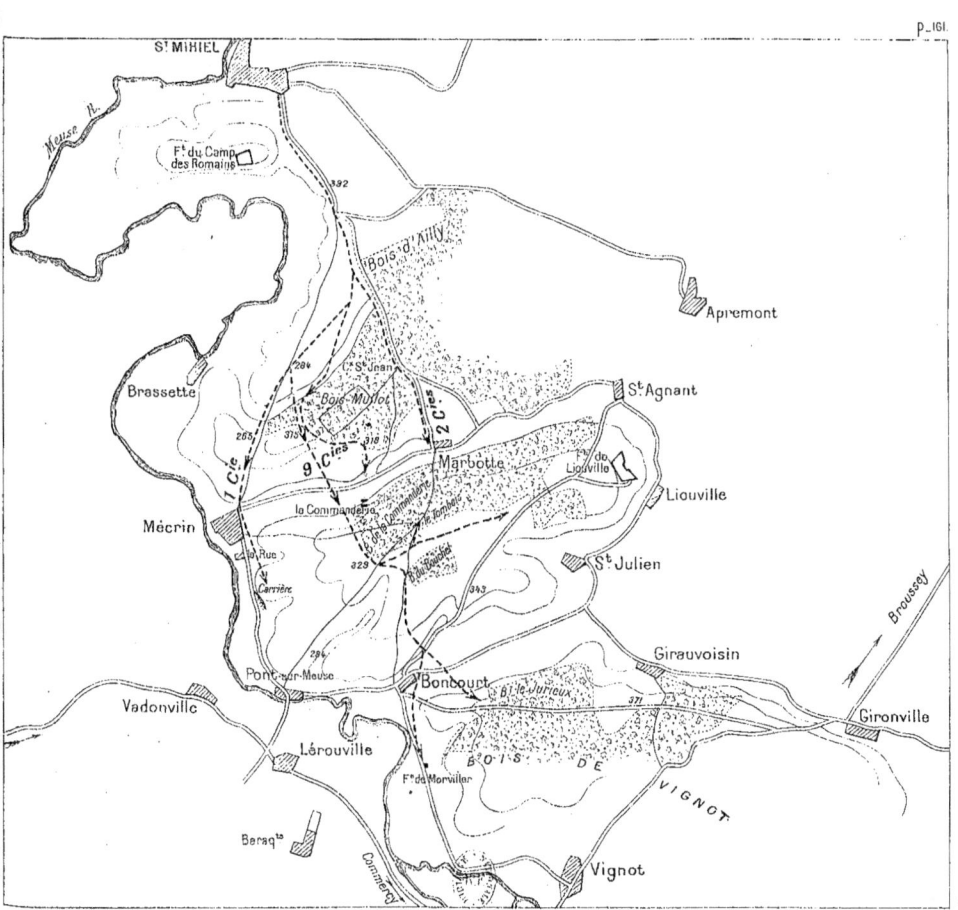

**Exemple de combat d'un détachement mixte. — Idée générale.**

*Situation générale.*

Les ponts de la Meuse, en amont de Saint-Mihiel, sont coupés, à l'exception de ceux de Saint-Mihiel, de Pont-sur-Meuse et de Vignot.

Un détachement de couverture (un régiment, un escadron, trois batteries) couvre les débouchés immédiats de Saint-Mihiel face à l'Est.

Le commandant du détachement est informé qu'une division amie se dirige par Loxéville-Cousances aux Bois-Vadonville sur Pont-sur-Meuse qu'elle atteindra à 14 heures.

En même temps, une reconnaissance lui fait connaître qu'une grosse colonne ennemie se dirigeait, à 6 heures, de Rambucourt sur Broussey.

Le commandant du détachement, craignant que l'ennemi n'atteigne Pont-sur-Meuse ou Vignot avant la division amie, se décide à marcher sur le flanc de l'ennemi pour l'empêcher de franchir les passages précités.

1° *Ordre préparatoire*[1] (écrit), 8 heures :

Le gros du régiment et l'artillerie à la sortie S.-E. de la ville (vieille route de Commercy) pour 8 h. 30;

---

[1] Le détachement, couvert par ses avant-postes, est plus ou moins dispersé ; il faut un ordre préparatoire pour le *rassembler* ou le *mettre en colonne* ; on aurait pu également prescrire :

« Le détachement se portera sur Pont-sur-Meuse, par 332 - Corne du bois d'Ailly - 284 - Mécrin.

P.-I : 332 (vieille route de Commercy).

3 pelotons de cavalerie : 8 h. 40.
1er bataillon et 1 peloton de cavalerie : 8 h. 50.
3e et 2e bataillons : 9 h.
Artillerie : 9 h. 15.

Billard.

La cavalerie à 332 ;

Le bataillon d'avant-postes rejoindra de suite au carrefour, 500 mètres S.-E. de 332.

Les ordres seront donnés à 332.

2° *Ordre donné à 8 h. 30 (verbal)* :

I. — Une grosse colonne ennemie débouchait, à 6 heures, de Rambucourt sur Broussey.

La 40° division atteindra Pont-sur-Meuse à 14 heures.

II. — Afin d'empêcher l'ennemi d'atteindre Pont-sur-Meuse ou Vignot avant la division, le détachement de Saint-Mihiel se jettera sur son flanc.

Le mouvement se fera en une colonne principale précédée par la cavalerie et couverte à gauche par une flanc-garde [1].

III. — Détails d'exécution :

Itinéraire : 332, corne ouest du bois d'Ailly et, suivant le cas, Pont-sur-Meuse par Mécrin ou par la lisière ouest des bois (315-329).

1ᵉʳ bataillon et demi-peloton : avant-garde, 8 h. 30.

Deux compagnies du 3ᵉ bataillon, 2ᵉ bataillon, l'artillerie [2], 8 h. 45.

---

[1] Il est indispensable « d'allumer la lanterne », de dire *grosso modo* ce qu'on veut faire, par où et comment.

Sauf 2 compagnies sur 12, le détachement suivra le même itinéraire, la cavalerie en tête, l'artillerie en queue ; c'est le plus sûr moyen de ne pas perdre son monde.

On suivra d'abord la route, pour aller vite avec le minimum de fatigue ; mais à l'approche de l'ennemi, le détachement s'avancera et attaquera par la lisière des bois et la crête dominante, en évitant le « pot de chambre » de la vallée de la Meuse qui dévoile le dispositif, n'offre aucun abri en cas d'échec, pas de position d'artillerie ; bref, on marchera, se couvrira et attaquera par le terrain le plus favorable.

[2] Tant qu'un détachement ne dépasse pas la force d'un régiment, l'artillerie sera rejetée en queue de colonne, ce qui lui assure un *mini-*

Deux compagnies du 3ᵉ bataillon et 1/2 peloton[1], flanc-garde de gauche, derrière l'avant-garde jusqu'au bois d'Ailly, continueront sur la Croix-Saint-Jean avec rabattement, suivant le cas, sur 315 ou 329, par Marbotte.

Cavalerie[2] :

---

mum de protection — 2.000 à 2.500 mètres — contre une surprise de l'artillerie ennemie.

Qu'on en finisse donc avec le « cliché » : 1 batterie derrière le bataillon d'avant-garde, 2 batteries derrière le 1ᵉʳ bataillon du gros ; c'est plus que dangereux pour les batteries aventurées, qui ne pourront, en cas de surprise, se coucher comme l'infanterie ; c'est inutile, car il est plus facile à l'artillerie en arrière de doubler au trot l'infanterie, qu'à cette dernière de serrer, à sa seule allure, le pas, sur le reste de son infanterie, dont elle est séparée par un kilomètre d'artillerie ; enfin, pourquoi dissocier à plaisir ce que l'organisation a réuni, les 3 bataillons du régiment, les 3 batteries du groupe ? « On fera disparaître l'artillerie des avant-gardes qui n'auraient pas une profondeur suffisante. » (Règl. art., V, 37.)

Avec une troupe bien dressée, il doit être inutile de donner des prescriptions concernant l'arrière-garde. Surtout quand l'artillerie est en queue de colonne, le commandant du dernier bataillon doit automatiquement laisser une section en arrière de l'artillerie. Si la colonne d'artillerie avait plus de 1 kilomètre de profondeur (au delà du groupe), le commandant du dernier bataillon devrait, non moins automatiquement, intercaler entre les groupes une ou deux sections de soutien.

Il est inutile également d'allonger l'ordre en spécifiant que le chef du détachement marche *en tête du gros de l'avant-garde*, c'est sa place normale ; que la halte horaire aura lieu à *l'heure cinquante* ; dans le cas contraire seulement il faudrait le marquer sur l'ordre. Inutile de fixer des 500, 700 mètres, etc..., entre l'avant-garde et le gros ; on donne l'heure du passage de l'avant-garde au P. I. et celle de la tête du gros en comptant « large ».

[1] Toute troupe détachée doit être pourvue de cavalerie qui l'éclaire et permette l'envoi des renseignements au gros.

[2] L'escadron de cavalerie affecté à un détachement peut fournir :

a) 2 ou 3 reconnaissances au maximum, à la distance à laquelle le chef de détachement a besoin d'être renseigné pour la bonne exécution de son opération et pas plus loin, le reste étant de la cavalerie perdue.

b) 1/2 peloton à 1 peloton à la sûreté immédiate.

c) Le reste, 3 pelotons environ, ne doit pas recevoir une mission

Deux reconnaissances sur : 1° Mécrin, Pont-sur-Meuse; 2° Marbotte, Saint-Julien, hauteur sud de Gironville.

Mission : faire connaître si le gros ennemi se dirige sur Pont-sur-Meuse ou Vignot et s'il couvre son flanc droit.

Le gros de la cavalerie (trois pelotons) se portera successivement sur 315-329-343 pour assurer au détachement l'occupation de ces points.

IV. — T. R. et 2° échelon du T. de C. à Chauvoncourt. — T. de C. en queue du régiment.

*Le Colonel X*[1].

#### Engagement.

Les trois pelotons de cavalerie arrivés à 315 signalent plusieurs compagnies ennemies en route de 329 sur 315; ils s'efforcent de ralentir sa marche à coups de carabine.

*Ordre à l'avant-garde* (arrivée vers 284) : « Sautez à 315, je vous suis avec le gros. »

---

vague : « Couvrez le détachement sur tel front, etc... » mais plus simplement : « Allez m'occuper successivement tels ou tels points critiques (lisières, perchoirs, points de passage) en avant du détachement ou sur son flanc ». C'est d'ailleurs le seul moyen de rattraper cette cavalerie pour le combat.

Une fois l'ennemi au contact, la cavalerie « ramentera » au gros, à la disposition du commandant de détachement, soit pour déborder et menacer l'aile ennemie, soit pour profiter de toute occasion provoquée par le combat d'infanterie. Dans ce cas, le capitaine commandant demeure de sa personne auprès du commandant de détachement ou du commandant de la réserve.

[1] Si le détachement s'était porté sur Pont-sur-Meuse de nuit, le colonel X... eût formé une seule colonne, *sans flanc-garde*, la cavalerie derrière l'infanterie, l'artillerie en queue de la cavalerie, avec une compagnie d'arrière-garde.

*Ordre du commandant de l'avant-garde*[1] (verbal) :

« 1ʳᵉ compagnie, sacs à terre; à 315 vivement.

« 2ᵉ compagnie, suivez avec les mitrailleuses.

« 3ᵉ compagnie, continuez sur 265 et, suivant le cas, couvrez le bataillon face à Mécrin ou rappliquez à 315.

« 4ᵉ compagnie, suivez les deux premières compagnies en portant les sacs de la 1ʳᵉ compagnie. »

*Ordre au gros* (verbal) :

« Plusieurs compagnies ennemies se dirigent sur la cote 315; l'avant-garde s'y est jetée.

« Les cinq premières compagnies du gros rejoindront l'avant-garde en se jetant dans le ravin à gauche[2] et traverseront le bois dans sa partie la moins épaisse (la montrer de la main).

« L'artillerie et la dernière compagnie continueront sur 284 à l'abri de la crête pour appuyer éventuellement l'attaque de 315[3].

Premier moment. — Les deux ou trois compagnies ennemies, retardées par la cavalerie, ont été prévenues à 315 par le bataillon d'avant-garde et ont été rejetées sur la Commanderie et bois attenant.

L'artillerie ennemie se révèle à 329; on entend la fusillade vers Marbotte (la flanc-garde est aux prises). Mécrin est occupé par au moins une compagnie.

---

[1] C'est une course au point d'appui; on sacrifie en partie la sécurité à la vitesse : la 1ʳᵉ compagnie se jettera, sans sacs, à 315, suivie par la 2ᵉ compagnie et les mitrailleuses à leur allure propre et par la 4ᵉ compagnie portant les sacs et laissant provisoirement une section en repli jusqu'à l'arrivée du gros. La 3ᵉ compagnie continuera à suivre la route pour couvrir la direction de Mécrin et étendre le front d'engagement.

[2] Il peut arriver que l'artillerie ou les mitrailleuses ennemies atteignent les premières 315; autant gagner de suite l'angle mort.

[3] Tout le monde sera donc disposé pour appuyer éventuellement l'attaque de 315. Le commandant de l'infanterie laisse son T. de C. au nord du bois d'Ailly.

*Ordre donné* (verbal) :

« L'ennemi occupe le front Mécrin-Commanderie-Marbotte; son artillerie à 329.

« Le détachement attaquera le centre vers la Commanderie. Direction générale : 329.

« L'avant-garde, renforcée des deux compagnies du 3º bataillon, sous les ordres du commandant de l'avant-garde, attaquera la Commanderie et ses abords, l'artillerie (vers 315 et 318[1]) appuyant l'attaque.

« Le 2º bataillon et la cavalerie, en réserve :

« Le 2º bataillon à la lisière entre 318 et 315, ses mitrailleuses couvrant la gauche de l'attaque;

« La cavalerie à 265, le capitaine commandant avec moi.

« Le lieutenant adjoint du 2º bataillon ira à Marbotte renseigner la flanc-garde. »

DEUXIÈME MOMENT. — La Commanderie et ses abords, battus à la mélinite, ont été enlevés par l'avant-garde et les deux compagnies du 3º bataillon.

La compagnie ennemie de Mécrin, se voyant débordée à droite, a lâché le point d'appui pour se replier sur « la Carrière »; la compagnie qui lui faisait face s'est jetée dans Mécrin, occupe « la Rue » et attaque la Carrière par l'Est.

Marbotte est toujours à l'ennemi.

*Ordre* (verbal) :

« La Commanderie, le bois à l'Est, Mécrin, sont enlevés.

« L'avant-garde, renforcée des deux compagnies du

---

[1] Il est probable que 2 batteries à 2 batteries 1/2 auront à s'engager à 315, contre l'artillerie et l'infanterie de 329 et abords, tandis qu'une section ou 1 batterie poussée au sud de 318 canonnera la Commanderie et les lisières basses attenantes.

3° bataillon, continue sur 329[1] à cheval[2] sur la lisière Ouest des bois.

« Le 2° bataillon appuiera l'attaque de 329 par la lisière Ouest[3] des bois. Il laissera, en repli et soutien d'artillerie, une section d'infanterie et une section de mitrailleuses à 315.

« La cavalerie se rendra à la Commanderie par 318. »

Troisième moment. — Trois ou quatre compagnies ennemies débouchant de 329, ont bousculé, par le dehors, deux ou trois compagnies d'avant-garde. L'attaque sur la Carrière a échoué.

Une compagnie du 3° bataillon, qui cheminait sous bois, se rabat à droite et prend en flanc la contre-attaque en se déployant à la lisière.

Les trois compagnies et demie du gros (2° bataillon) se couchent pour laisser passer les fuyards, puis se relèvent et attaquent à leur tour; l'artillerie amie crible la contre-attaque que son artillerie ne peut appuyer, de par le terrain en angle mort pour elle. La cavalerie est appelée de la Commanderie.

Le bataillon ennemi de contre-attaque est finalement rejeté sur le bois du Boucher, où le rejoint péniblement son artillerie qui pousse jusqu'à 343. L'escadron a enlevé

---

[1] Au lieu de se rabattre sur Marbotte, le commandant du détachement continue sur le point d'appui suivant, 329. Une fois 329 enlevé, sa chute entraînera celle des défenseurs de Marbotte.

[2] Il faut du monde dans le bois, pour cheminer et éventer les embuscades; il en faut à la lisière découverte pour garder du monde en ordre.

[3] La réserve (3 compagnies 3/4, une section de mitrailleuses, la cavalerie) suivra par la lisière à proximité du couvert et en même temps en ordre, par exemple une compagnie en ligne de sections par 4 à intervalle de déploiement, 3 sections et les mitrailleuses en échelon à droite, 2 compagnies en colonne par 4 le long de la lisière derrière la gauche. La cavalerie ne dépassera pas provisoirement le couvert de la Commanderie.

deux pièces et bousculé deux sections d'infanterie ennemie.

*Ordre du commandant du détachement* (verbal) :

« 2° bataillon (trois compagnies et demie) et les mitrailleuses : attaquez le bois du Boucher.

« 1$^{er}$ et 3° bataillons, ralliement derrière 329 (3° bataillon) et à droite (1$^{er}$ bataillon). La cavalerie avec le 1$^{er}$ bataillon.

« L'artillerie à 329. »

Le ralliement terminé et le bois du Boucher enlevé :

*Nouvel ordre du commandant du détachement* (verbal) :

« Le détachement s'établira à cheval sur la trouée de Boncourt pour couvrir le débouché de Pont-sur-Meuse.

« Le gros du 1$^{er}$ bataillon (trois compagnies) et un peloton se portera au débouché Est du bois Le Jurieux. Sa quatrième compagnie s'établira partie vers la ferme de Morville, partie au Sud-Est de Lérouville (rive gauche), pour tenir les routes venant de Vignot et de Commercy; un demi-peloton avec cette compagnie.

« Le 2° bataillon se portera, avec une batterie et un demi-peloton, sur la hauteur de Liouville pour tenir la gauche de la trouée. Une compagnie, provisoirement en réserve à l'Est du bois du Boucher jusqu'au retour du 3° bataillon, enverra une section au pont même de Pont-sur-Meuse.

« Les deux compagnies disponibles du 3° bataillon se porteront, par le Tombois, sur Marbotte pour prendre à revers ses défenseurs. Ceci fait, le bataillon viendra en réserve à l'Est du bois du Boucher, où seront les deux batteries et un demi-escadron.

« Poste de commandement : 343 (Est du Bois du Boucher) avec la réserve.

« Envoi d'une reconnaissance sur Gironville pour avoir des nouvelles du gros ennemi. »

## H) INCIDENTS DE COMBAT.

a) *Aborder une crête douteuse, en garde.* — Si l'on est incertain de l'occupation d'une crête par l'ennemi, agir comme si elle était réellement occupée.

On enverra l'avant-garde la couronner, l'artillerie en surveillance et le gros à l'abri.

Ou bien, si la distance des deux crêtes est grande ou que la possession de la crête douteuse soit urgente, le gros cheminera, prêt à combattre, derrière son avant-garde; l'artillerie et un minimum d'infanterie demeureront seuls en repli éventuel à la crête du départ.

b) *Course au point d'appui.* — La tête d'avant-garde continue par la route ou par les fossés ou accélère l'allure

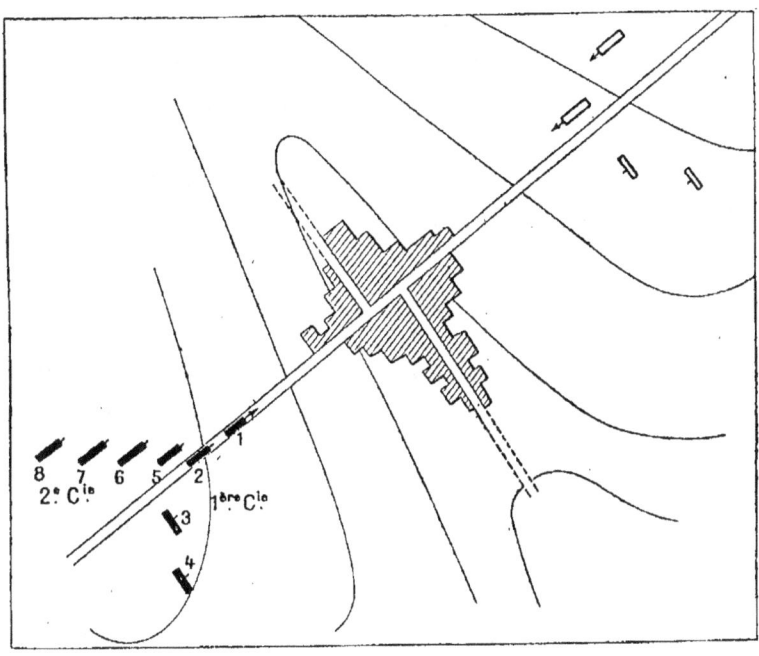

*Course au point d'appui par deux compagnies.*

1-2 continuent par la route, accéléreront l'allure, au besoin sacs à terre et pas gymnastique.
3-4 déployées ouvriront le feu pour ralentir l'ennemi et le forcer au déploiement.
5-6-7-8 s'avancent sur le point d'appui en mesure de combattre.

et jette les sacs à terre en totalité ou par moitié de l'effectif.

Le gros s'échelonne; une partie tire, s'il est nécessaire, pour ralentir l'ennemi et assurer l'avance de la tête d'avant-garde.

A Yushuling, une avance de dix pas suffit à assurer la victoire des Japonais.

c) *Panique d'une première ligne.* — La réserve traversée par les fuyards se couche en formation dense pour ne pas se laisser entraîner par la déroute, puis se redresse, se déploie et attaque.

d) *Surprise.* — Une troupe surprise à courte distance de l'ennemi ou de l'abri attaque ou court à l'abri.

Sinon, elle se couche et le premier rang riposte de suite.

e) *Suspension de combat.* — En raison de la fatigue, de la faim ou de la soif, de la tombée de la nuit, d'un échec, par faute de renforts ou de munitions, on sera souvent forcé d'arrêter le combat pour le reprendre dans la nuit ou le lendemain, dans de meilleures conditions.

1° Les troupes de première ligne se retranchent : « Par deux, retranchez-vous ». A la nuit, elles se couvrent par des défenses accessoires (fils de fer tendus en avant — ou autour — des tranchées et fixés à des pieux ou même des baïonnettes), préparent des moyens d'éclairage, des réflecteurs, disposent les mitrailleuses, poussent au plus loin des postes de quatre hommes[1], organisent le quart dans chaque section ou compagnie provisoire. Les chefs portent un mouchoir dans le dos pour qu'on puisse se rallier à eux, etc... Ils se relient en arrière et font connaître leurs besoins en vivres, eau, munitions...

2° Les renforts, réserves, sont repliés derrière la première crête ou aux premières localités qu'ils organisent

---

[1] Commandés au besoin par un officier ou sous-officier expérimenté.

en cantonnement d'alerte (barricades, réduits, éclairage...); ces troupes font du feu, préparent les aliments, se réapprovisionnent en cartouches, envoient eau, vivres, munitions aux troupes de première ligne. Souvent, on n'aura à consommer que les vivres du sac.

Les réserves sont au besoin déplacées dans la nuit pour une nouvelle attaque du lendemain; si elles sont bivouaquées, on aura soin de maintenir les feux allumés et d'évoluer en silence.

Les blessés sont évacués par les brancardiers, voitures, sur les ambulances, hôpitaux auxiliaires, hôpitaux temporaires ou permanents.

3° L'artillerie est repérée à la tombée de la nuit, en totalité ou en partie, sur les localités, ponts, qu'on se propose d'attaquer de nuit ou au petit jour. On affecte à cette artillerie un soutien immédiat; les attelages et les batteries inutiles pour la nuit sont rejetés en arrière pour l'eau, l'alimentation et le ravitaillement.

4° La cavalerie bivouaque ou cantonne derrière l'infanterie ou à une aile. Dans ce dernier cas, on lui enverra, si possible, un soutien d'infanterie et des mitrailleuses.

f) *Dispositions de fin de combat.* — Désapprovisionner. Inspection des armes. Egalisation rapide des cartouches. Appel.

Compte rendu d'un officier ou sous-officier de chaque compagnie au chef de bataillon (ou son remplaçant). Emplacement occupé, pertes, besoins en munitions et en vivres.

### I) MITRAILLEUSES.

*Offensive.* — 1. On les réservera pour le moment favorable, car, en raison de la densité du groupement, elles ne sont réellement efficaces que sur *des masses ou des tirailleurs au coude-à-coude*, et encore aux moyennes distances, permettant un réglage facile.

Elles doivent donc :

a) *Appuyer l'attaque* quand l'artillerie ne peut plus ou ne peut pas agir.

Comment donc appuyer? En tirant *par-dessus*, de positions très dominantes, de *flanc*[1], parfois en *arrière des intervalles* de la ligne de tirailleurs.

b) *Occuper la position enlevée* au moment délicat du ralliement et de la reconstitution des troupes d'assaut. Une partie des mitrailleuses appuiera l'attaque et l'assaut jusqu'au bout, l'autre échelon se portera en avant lors de l'attaque et cherchera à couronner la position au plus tôt.

c) Agir, même la nuit, soit pour attaquer si l'on dispose de réflecteurs, de bottes de paille imbibées de pétrole, de la clarté de la lune, soit pour couronner la position enlevée.

II. Ordre à donner aux mitrailleuses : « J'attaque tel point, appuyez l'attaque et couvrez mon flanc droit (gauche). » Autrement dit, donner une mission comme pour l'artillerie, non un emplacement.

*Défensive.* — I. Les mitrailleuses arrêteront l'assaillant à courte distance, tant pour produire l'effet de surprise sur ce dernier que pour éviter la destruction par l'artillerie ennemie.

II. Les mitrailleuses battront : les angles morts, d'ordinaire par une position de *caponnière;*

Les passages obligés, ponts, digues, lisières;

Les flancs des points d'appui.

III. La nuit, on les utilisera pour barrer les rues, les ponts, tenir les réduits.

---

[1] Ce sera le cas lorsque, d'un point de la chaîne momentanément immobilisée, elles pourront tirer obliquement et jusqu'au dernier moment sur la zone vers laquelle l'attaque avance.

Avoir soin de préparer de jour le tir, l'éclairage, le pointage, l'obstacle matériel en avant (pour éviter la surprise et l'enlèvement des mitrailleuses).

## K) *Les bois et les localités.*

### I. — Les bois

Les bois constituent un excellent couvert de cheminement pour la bonne infanterie pas trop nombreuse, bien encadrée, manœuvrière et de moral élevé. Faute de ces conditions, on n'y verra, comme par le passé, que désordre, égrènement, panique et défilement en grandes bandes (brigade Woyna à Spickeren, 7° brigade bavaroise dans le bois de Langensulzbach, la XIX° division prussienne dans le bois de Tronville, etc.).

#### *A*) OFFENSIVE.

##### Traversée des bois.

*a)* Autant que possible, on contourne les bois par la lisière, pour ne pas se perdre, et l'on jette des patrouilles ou flanc-gardes sur les chemins intérieurs, parallèles ou perpendiculaires.

*b)* S'il faut traverser un bois, *à proximité* de l'ennemi :

Prendre un axe bien net (route ou layon) pour ne pas se perdre;

Adopter un dispositif variable avec la nature du bois et les circonstances.

Dans une futaie, une clairière, s'avancer en masse échelonnée des deux côtés de l'axe de marche.

## En taillis impénétrable, marcher en colonne de route[1]

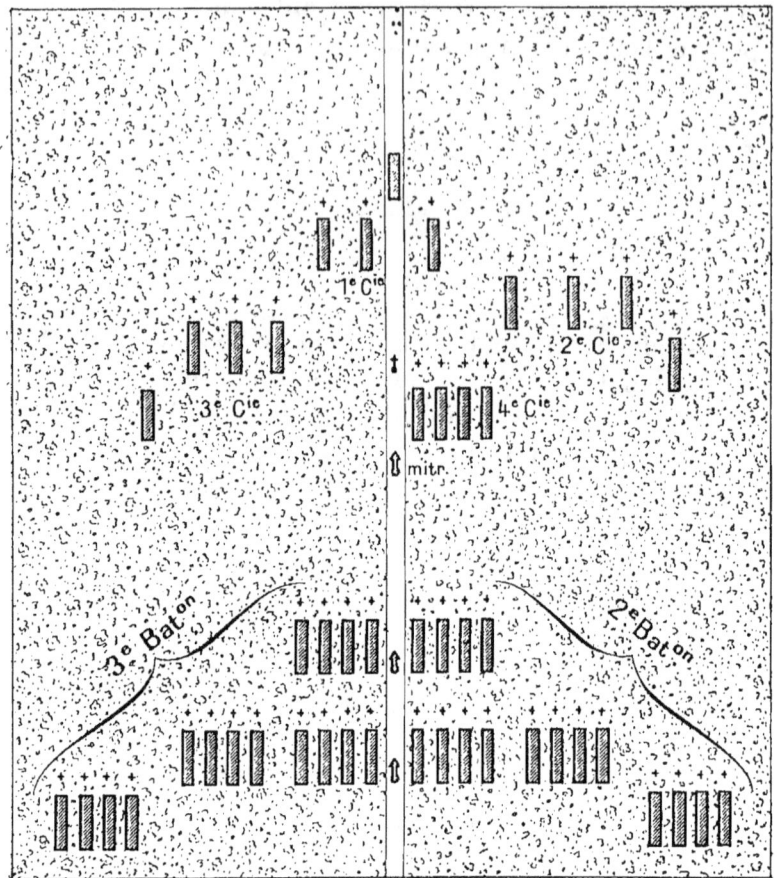

Marche d'un régiment dans une futaie ou une clairière.

---

[1] Sur un layon, l'avant-garde dispose ses éléments à une certaine distances (20 pas entre les sections), pour éviter leur surprise d'ensemble et la panique. Les mitrailleuses peuvent suivre cette compagnie, prêtes à balayer la tranchée, pour permettre à toute l'infanterie de manœuvrer à droite et à gauche.

Si l'on dispose d'une large tranchée forestière ou d'une route, le gros, pour manœuvrer plus facilement, suit en colonne de bataillon, les compagnie en ligne de sections par 2 ou par 4, suivant le front disponible, prêtes à se jeter sous bois ou à s'échelonner.

Il suffit en effet d'ouvrir les intervalles entre les sections.

avec une avant-garde qui s'étale, au cas où l'on dispose de layons parallèles, ou bien détache simplement des flanc-gardes (de deux hommes à une section ou une compagnie) fixes aux carrefours. Ces flanc-gardes sont recueillies en queue de colonne par un serre-file général détaché de l'élément de tête.

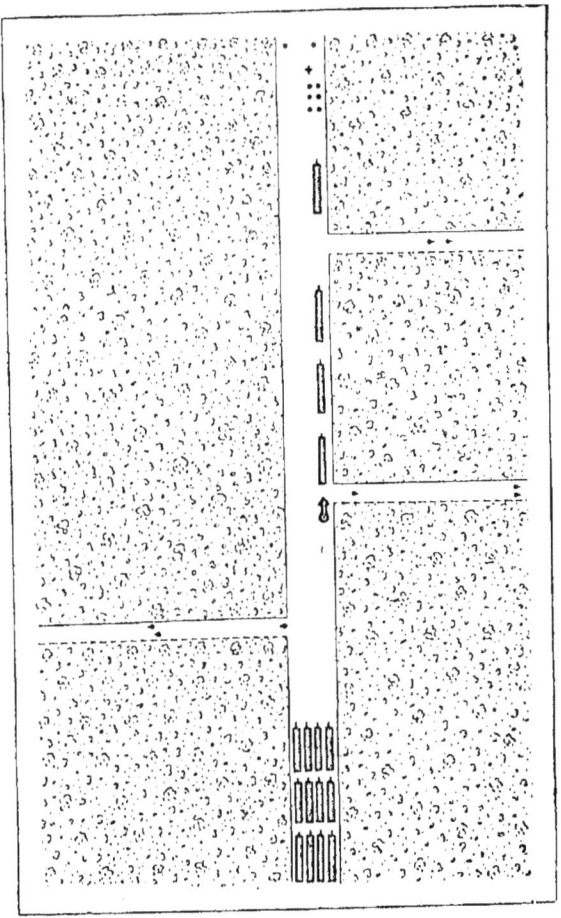

Bataillon dans un taillis épais. — Large tranchée.

Il va sans dire que, si l'on dispose de cavaliers, on les pousse vivement à la lisière opposée sans qu'ils se montrent; à défaut, on fait accélérer les éclaireurs d'infanterie ou montés.

En plein fourré, une compagnie de base marche à la boussole, les autres marchent parallèlement, en files indiennes, échelonnées, précédées de porteurs d'outils.

Dans une poursuite, on s'avance sur route en formation doublée, la cavalerie[1] derrière l'avant-garde, parfois devant.

### 2° Rencontre dans un bois.

*a)* Un minimum (une section, les mitrailleuses, un canon...) est laissé sur la route de marche.

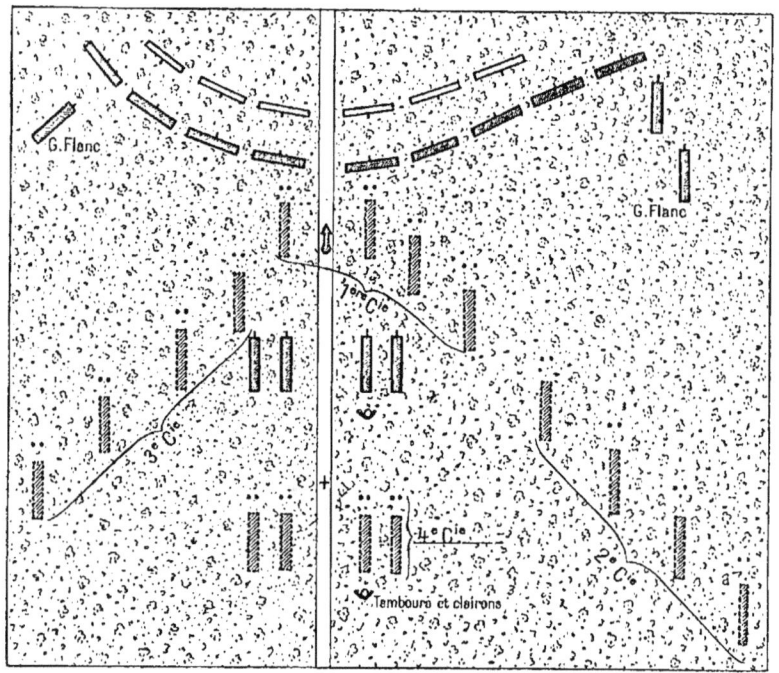

Rencontre dans un bois.

---

[1] Il s'agit ici d'escadrons, régiments de cavalerie.

*b)* Le reste attaque : en s'échelonnant à droite (et) ou à gauche;

En s'éclairant;

En se couvrant à l'aile extérieure par un garde-flanc qui ne concourt pas de prime abord au débordement;

En gardant une réserve à cheval sur la route, en ordre serré, couchée si elle ne marche pas; les clairons et les tambours lui sont rattachés.

Nota. — 1° Quand le bois est très fourré, les échelons en colonne par 4, par 2 ou par 1 ne se déploient qu'au moment de la rencontre. Le chef commande : « En ligne, couchez-vous (ou feu), » puis : « En avant, pas de charge. »

2° L'ennemi refoulé, lancer la réserve en totalité ou en partie, comme nouvelle avant-garde, se rallier échelonné, puis reprendre la formation de marche antérieure (colonne de route ou échelonné, suivant la nature du bois).

3° Si l'on est surpris pendant la marche, l'élément surpris se couche dans le fossé de la route, fait face et riposte; le reste déborde l'embuscade en arrière et en avant, tout en continuant à tenir la route de marche (Fig. p. 178).

### 3° Attaque d'un bois.

*a)* En principe, rechercher son enveloppement.

*b)* Si le bois n'a pas de profondeur, la chaîne qui atteint la lisière traverse le bois et se rallie à la lisière opposée; la réserve suit et dépasse cette lisière pour entamer la poursuite.

*c)* Si le bois a de la profondeur, la chaîne se reforme échelonnée, le long et près de la lisière enlevée.

La réserve s'engage dans le bois, en recherchant un axe de marche (chemin) et couvre le ralliement de l'attaque.

C'est alors une traversée de bois. (Voir *Évolutions de la compagnie*.)

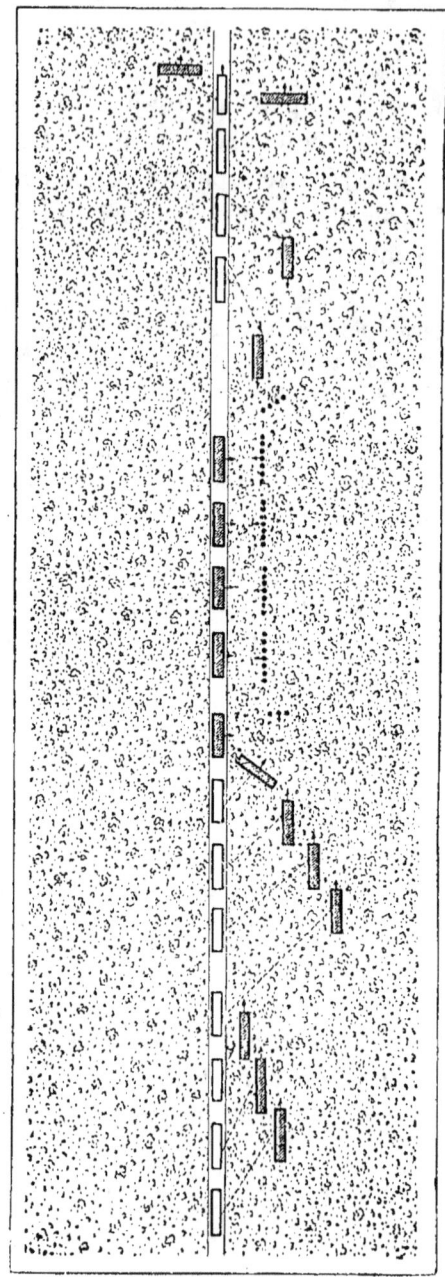

Faire tomber une embuscade

4° **Débouché de bois.**

*a*) Si l'on a une crête rapprochée, l'occuper par une avant-garde et se rassembler hors du bois. (Le XII° corps saxon au nord de la forêt de Dieulet.)

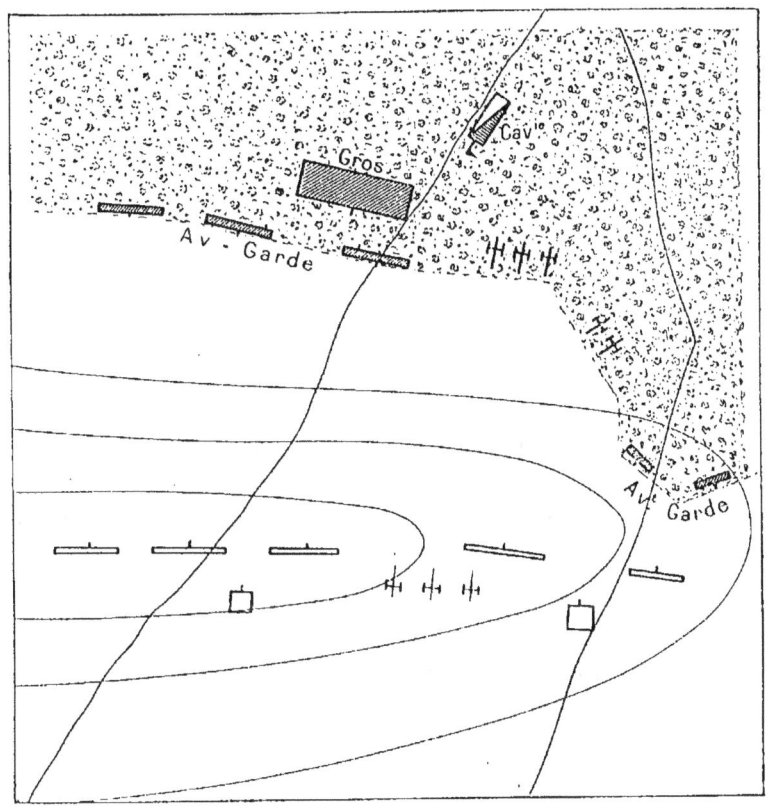

Débouché d'un gros détachement.

*b*) Sinon, préparer le débouché sur un grand front, en dedans de la lisière, mettre les réserves, mitrailleuses, aux ailes pour pouvoir agir et déboucher à un coup de clairon.

Nota. — 1° Avec un petit détachement, on pourra opérer comme il est dit en *b*) ou bien, si l'on suit un layon entre des bois difficiles, on peut brusquer le débouché en se formant sur 2 lignes de sections accolées qui se déploient à toute vitesse (Voir *Evolutions de la compagnie*).

2° Un gros détachement (régiment, brigade) ayant à déboucher en face d'une infanterie et artillerie en surveillance, peut opérer ainsi qu'il suit :

Pousser deux avant-gardes munies au besoin d'artillerie pour laisser l'ennemi dans l'indécision de la direction de débouché du gros et lui mettre une œillère en refoulant ses détachements du bois. Placer l'artillerie angulairement (de front ou de flanc) à la direction du débouché;

Rassembler son gros et sa cavalerie;

Déboucher de front ou de flanc suivant les circonstances ou l'emplacement de l'artillerie.

## B) DÉFENSIVE.

### 1° Défensive à la lisière ou près de la lisière.

*a*) Organisation défensive. (Voir *Organisation d'un bois; travaux de campagne*.)

*b*) L'artillerie est placée sur les routes ou près des routes, en caponnière, si possible, ou sur les flancs.

*c*) Contre-attaque.

Ne garder qu'un repli minimum. Nécessité de l'ensemble. Pour cela, faire sonner la charge, ou convenir d'un signal (coup de langue).

*d*) Retour offensif.

On peut le faire pour éviter de tomber dès la sortie de la lisière sous le feu de l'artillerie ennemie.

Si le bois est en futaie, attaquer l'ennemi quand il pénètre à l'intérieur. (Voir plus haut le *Dispositif de rencontre sous bois*.)

Si le terrain proche de la lisière est en taillis épais, attaquer l'ennemi à la première clairière en arrière et autant que possible parallèlement au chemin qu'il suit. (Voir l'embuscade.)

## 2° Défensive à l'intérieur d'un bois.

C'est l'embuscade, qui ne peut se faire qu'avec un effectif restreint, le bataillon au maximum; sinon l'ennemi surprend les préparatifs, ou bien la cohésion manque.

*Principe de l'embuscade.* — Perpendiculairement à la direction de marche de l'ennemi, un *minimum* (section,

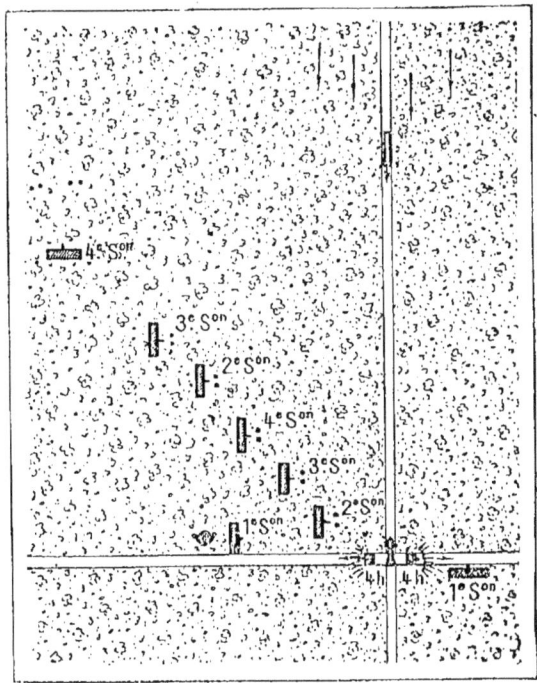

Embuscade dans une clairière.

escouade, mitrailleuses retranchées) et même *rien du tout* quand on espère avoir affaire à un adversaire sans défiance.

Le gros est placé parallèlement à la route suivie (fourré), ou échelonné dans la direction de l'ennemi (clairière).

Exemple (clairière) : « 1<sup>re</sup> compagnie : 1<sup>re</sup> section et les mitrailleuses, retranchez-vous au carrefour face aux trois directions;

« 2°, 3° et 4° sections vers la gauche en échelons[1] (à distance et intervalle de déploiement sur un rang);

« 2° compagnie : trois sections en échelon de la 1ʳᵉ compagnie, la troisième section formant garde-flanc; la 4° section avec moi, en réserve derrière la 1ʳᵉ compagnie, avec les tambours et clairons. »

« Baïonnette au canon, couché, fusil approvisionné à dix cartouches. Tambours et clairons prêts. Chaque section se couvrant à bout portant. L'attaque à la sonnerie de la charge. »

Autre exemple (bois fourré) : « Telle escouade, barrez

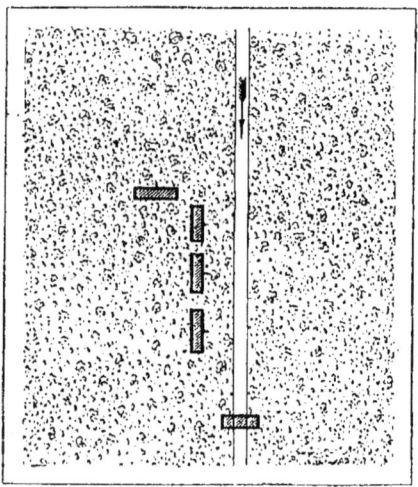

Embuscade dans un fourré.

(ou dépassez-moi), le reste sur un rang, avec 20 pas entre les sections et à distance de tir de la route; un garde-flanc

---

[1] Pour que l'ennemi n'évente, au pis aller, que les fractions les moins favorables à l'enveloppement.

(demi-section) à gauche (tambours et clairons prêts). Baïonnette au canon, tous aplatis, dix cartouches. »

Si l'on est chargé de tenir un carrefour en flanc-garde, il faut « jouer davantage la prudence », pour continuer à

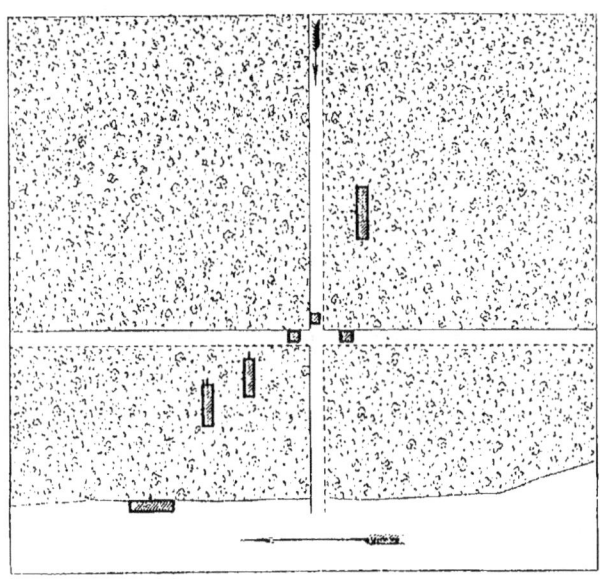

Compagnie en flanc-garde à un carrefour.

couvrir les camarades en cas de demi-succès ou d'échec;

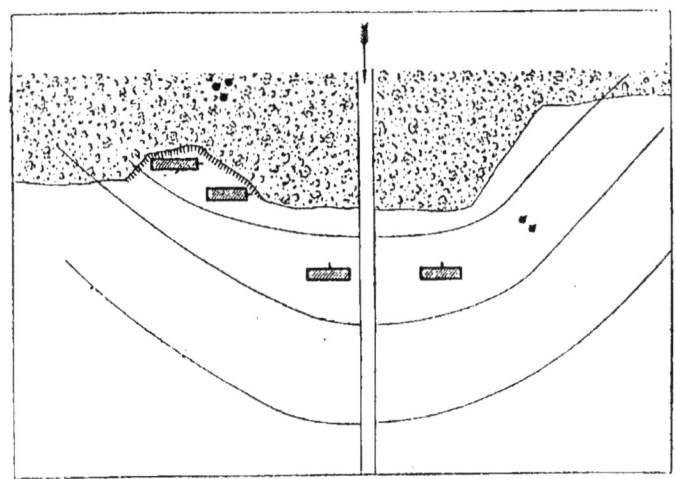

Compagnie à un débouché n'assurant qu'un médiocre champ de tir en raison de la pente.

Pour empêcher l'ennemi de cheminer à travers un bois de médiocre épaisseur, créer un layon abatis en forme de redan, battu à ses ailes et à son saillant. (Voir fortification de campagne.)

### 3° Défensive en arrière d'un bois.

*a)* Disposer son monde échelonné de manière à battre efficacement le débouché.

Envoyer sur les chemins du bois et à la lisière des postes bien reliés à la défense.

*b)* Si l'on n'a pas de champ de tir sérieux, combiner ce minimum de feux avec l'action à la baïonnette.

*c)* Cas particulier d'une région boisée présentant un saillant qui réduit considérablement les avantages de la défense.

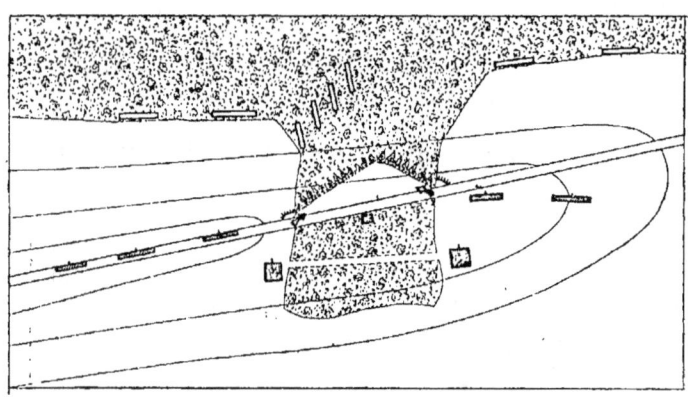

Défense en arrière d'un bois présentant un saillant.

On cherche à interdire le cheminement par ce saillant; on place les réserves de part et d'autre du saillant et on les relie par des chemins de colonne.

## II. — Les localités

### A) OFFENSIVE.

#### 1° Course au point d'appui.

Comme nous l'avons déjà dit, la tête d'avant-garde continue sans désemparer, le gros s'échelonne et tire en partie pour retarder l'ennemi.

Aussitôt engouffrée dans le village, l'avant-garde débrouille le jeu et fait une organisation sommaire comme il est dit ci-dessous, en vue d'enrayer toute contre-attaque.

#### 2° Attaque et traversée de localité.

Rechercher le *cheminement*, pour annuler le champ de tir. Faire prendre au gros une direction *débordante* du côté favorable (défilé ou permettant l'action du canon, des mitrailleuses, des soutiens d'infanterie).

Laisser en arrière un repli minimum (garde de l'artillerie ou des mitrailleuses) qui rejoindra, le point d'appui enlevé.

L'ennemi lâche pied :
a) *Se jeter immédiatement au point d'appui* : en ordre, en s'éclairant, fût-ce à quelques pas.
b) *S'organiser sommairement de suite.*
Soit une compagnie.

La 1re section s'engage en colonne de demi-sections, baïonnette au canon, précédée de deux éclaireurs; aux carrefours, elle détache deux éclaireurs à droite et à gauche et continue jusqu'à la sortie.

Immédiatement, chaque demi-section pousse une patrouille sur chaque chemin, organise une barricade, s'abrite derrière un mur, une haie, dans un fossé.

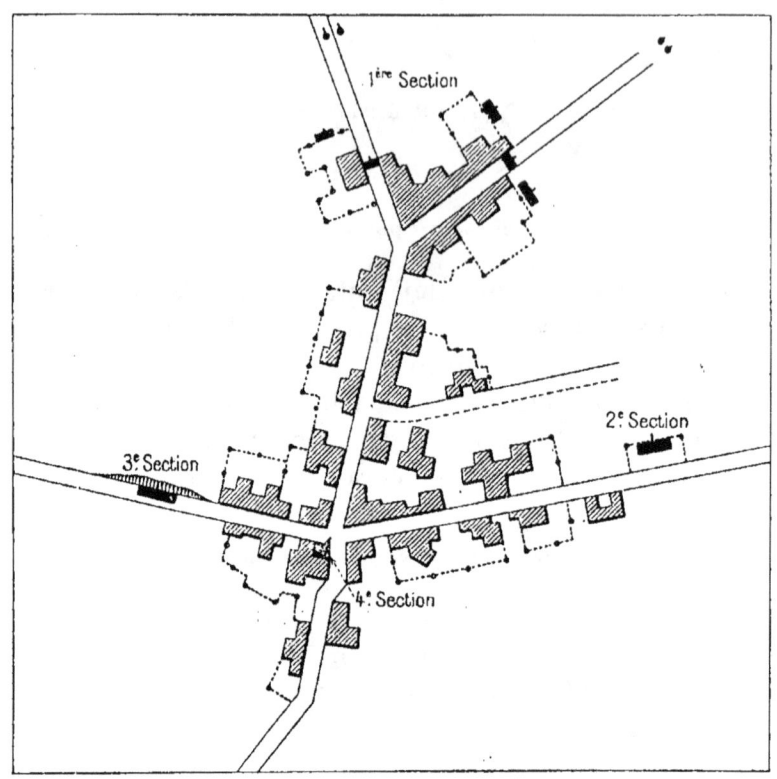

Occupation rapide d'un village.

La 2ᵉ section, qui suivait dans la même formation, tourne à droite pour organiser le flanc droit [barricade, petit poste ou sentinelle éloignée, occupation ou création (à la charrue) d'une tranchée de flanc].

La 3ᵉ section organise de même le flanc gauche.

La 4ᵉ section, en réserve, agit suivant les circonstances ou la mission de la compagnie. Elle organisera (à la charrue) un repli en arrière, ou créera un réduit à l'intérieur, ou bien encore traversera le village pour s'établir à la sortie.

Nota. — S'il s'agit d'un bataillon ou d'un régiment, une compagnie (un bataillon au maximum) agit comme ci-dessus; le reste s'établit sur les ailes ou s'avance en contournant la localité au lieu de s'y engouffrer et de s'y dissoudre (Beaumont, Coulmiers, Saint-Hubert, Sainte-Marie-aux-Chênes).

### 3° Rencontre dans un village.

En cas de rencontre dans l'intérieur d'un village, prendre l'initiative de l'attaque, le plus souvent à la baïonnette; une partie des éléments en arrière glisse par les rues latérales, pour prendre l'adversaire en flanc ou à dos.

Si l'ennemi s'est installé à l'intérieur de la localité et y a constitué un barrage (barricade, réduit), le masquer et passer ailleurs. Au cas où il faut forcer l'obstacle, chercher à le détruire par les explosifs, l'incendie, le canon, ou encore le prendre à dos en cheminant par les maisons.

### 4° Débouché d'une localité.

Autant que possible, faire passer le gros par le dehors; les troupes qui sont dans le village disposent aux lisières une ligne de feu et préparent leur épanouissement rapide par plusieurs rues. Au signal donné, tout débouche.

### B) DÉFENSIVE.

a) *On veut défendre la localité en avant-ligne.*

Laisser les sacs en arrière;

Tenir les lisières, les flancs et le débouché en arrière (pas de réduit);

Lâcher d'autant plus tard que l'abri arrière est plus proche;

Se couvrir alors par le feu accéléré de quelques hommes au moment de l'abandon du point d'appui par les camarades.

Nota. — Si le village est trop grand pour l'effectif (section, compagnie aux avant-postes par exemple) :

1° Surveiller simplement la lisière (barricades et poste de 4 hommes);
2° Garder le gros en arrière, battant le débouché.

b) *On veut défendre la localité à fond* :
1° Aménager la lisière (barricades, haies, fossés, tranchées à la charrue). En garnison, un homme par mètre

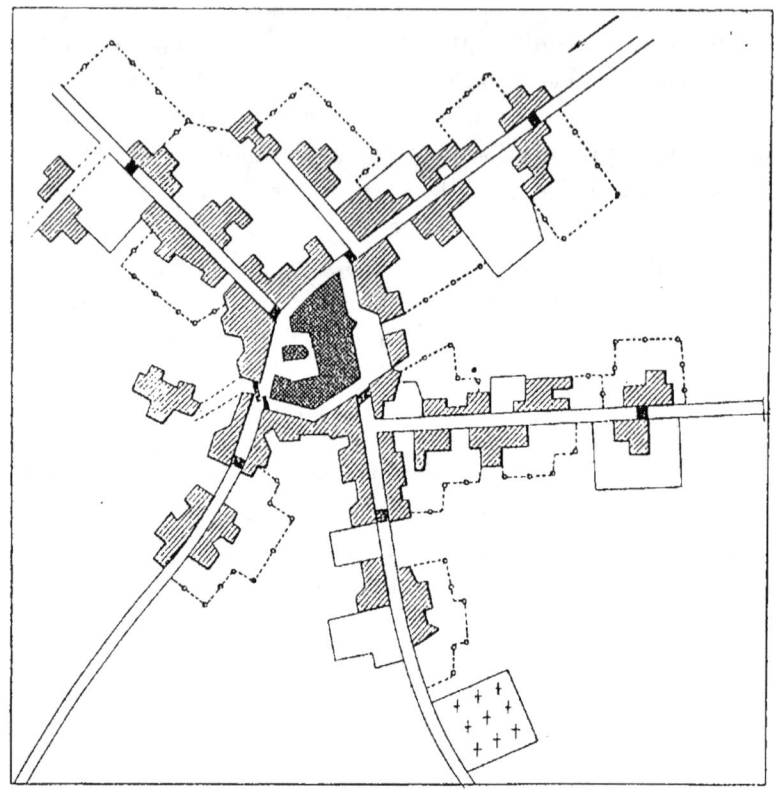

Ilot-réduit.

de front total, soit un bataillon pour un kilomètre de front;
2° Organiser les flancs, fossés naturels ou tranchées;
3° Faire un réduit;
4° Disposer les réserves à l'extérieur et les abriter;
5° Mettre les mitrailleuses en caponnière ou au réduit.
(Voir *Travaux de campagne*.)

Nota. — *Si le village est trop grand pour l'effectif :*

1° On défend la lisière avec un minimum;

2° On organise un îlot-réduit correspondant à l'effectif; on s'y défend à fond.

c) *Petite localité canonnable* (ferme isolée).

1° Établir des tranchées latérales;

2° Ne mettre presque personne à la lisière, avoir seulement en arrière un réduit qu'on ne garnira que dans le combat rapproché, une fois que l'artillerie ennemie ne peut plus tirer;

3° Défiler la réserve en arrière ou sur le flanc.

# CHAPITRE V

## Du service en campagne.

### Généralités.

Fait pour se battre, le soldat ne se bat pas toujours; il marche, mange et se repose.

Les chefs doivent maintenir au maximum l'aptitude de la troupe à se battre, par suite consacrer intelligence et volonté à assurer, avec le minimum de fatigue et d'inquiétude, le transport de leur troupe vers l'ennemi, son alimentation et son repos.

C'est faute de nourriture et surtout de repos que les armées s'usent — bivouacs sous la pluie, avant-postes en plein champ, fatigue nerveuse déterminée par les alertes, paniques, bref par le sentiment de chacun que la sûreté est insuffisante.

Aussi nous appesantirons-nous sur les avant-postes que nous chercherons à rendre moins fatigants en même temps que plus solides; nous ne parlerons pas de la marche en elle-même, déjà étudiée dans la 2ᵉ partie, mais seulement des dispositions de sûreté propres à diminuer la fatigue morale et physique de la troupe en marche, renvoyant au combat pour le rôle de l'avant-garde, de la flanc-garde, etc... en cas de rencontre de l'ennemi.

## § 1. — *Avant-postes*[1].

#### I. — De la concentration des éléments aux avant-postes.

De jour comme de nuit, les avant-postes comprennent des éléments de *résistance*, chargés de couvrir les cantonnements ou bivouacs amis et des éléments de *surveillance* qui doivent donner aux éléments de résistance le temps de prendre les armes et de se concentrer vers le point d'attaque.

Il est évident que les éléments de résistance doivent être maxima aux dépens des éléments de surveillance réduits au strict indispensable.

Plus on manœuvre, de jour et de nuit, plus on sent les inconvénients de la répartition courante en sentinelles doubles, petits postes, grand'gardes, réserves d'avant-postes.

Au lieu de se défendre ensemble, on se fait battre en détail; les petits postes, d'ordinaire trop forts (demi-section, section) pour la surveillance seule, puis le reste des compagnies de grand'garde sont le plus souvent enfoncés successivement avant l'arrivée de la réserve. Cette dernière, portée hâtivement au secours des camarades, arrive en désordre et mal orientée sur un terrain non préparé à moins que la réserve ne résiste là où elle est et alors on a deux combats successifs avec de maigres effectifs, au lieu de la lutte, tous ensemble ou à peu près.

Normalement, la répartition se fera donc en *éléments de surveillance*, petits postes très faibles d'ordinaire (de quatre à sept hommes, suivant la distance et le nombre

---

[1] Ici comme pour l'avant-garde, nous avons beaucoup emprunté à l'ouvrage du colonel de Grandmaison.

de sentinelles à fournir) et en *éléments de résistance* (grand'gardes de force variable, de la section à trois ou quatre compagnies).

Les grosses grand'gardes sont placées aux points les plus importants, les plus dangereux[1], ou susceptibles de faciles navettes. Elles tiennent, de jour, les hauteurs donnant des vues étendues et préparent leur alimentation au cantonnement le plus proche qui barre les routes principales venant de l'ennemi; elles y rentrent la nuit, en ne laissant aux perchoirs de jour qu'une « garde de tranchée[2]. »

Dans ces cantonnements d'alerte, les grand'gardes se donnent le temps de prendre les armes grâce aux renseignements des postes de surveillance et elles défendent leur localité par la combinaison d'éléments minima fixes (gardes d'issues et de réduit) et de troupes de contre-attaque extérieure.

*Premier exemple*. — Une division d'infanterie cantonne à Chambley, Dampvitoux, Dommartin, Saint-Julien, Charey, Jaulny, Xammes... Elle doit se porter le lendemain sur Etain, où de gros rassemblements ennemis sont signalés.

*Premier cas*. — La division a poussé un régiment (bri-

---

[1] Lorsque la G. G. dispose d'un champ de tir suffisant pour ralentir l'ennemi et permettre la navette des grand'gardes voisines, on restreint son effectif; on accumule par contre les baïonnettes en face des points sans champ de tir, à la merci d'une brusque irruption de l'ennemi (grand'garde dans un bois, ou à proximité d'une lisière).

[2] La force de la garde de tranchée varie d'ailleurs de l'escouade à l'effectif total de la grand'garde suivant la proximité de l'ennemi et la distance des postes de surveillance. Qu'on se souvienne de la surprise du Makurayama tenu par un petit poste mal commandé et nullement couvert (HAMILTON, I, 309).

p. 193.

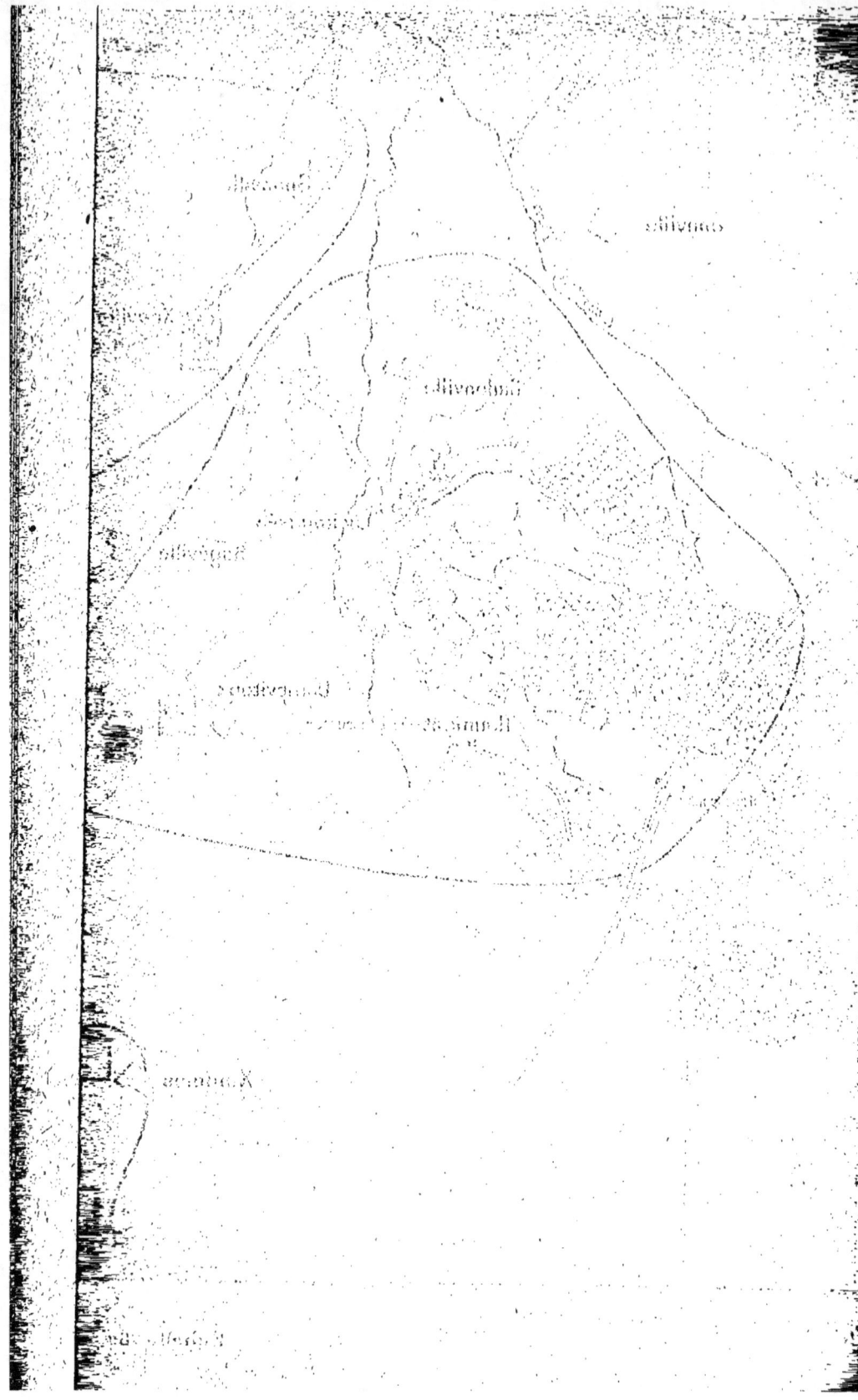

gade) de cavalerie jusqu'au Longeau, les reconnaissances sont au contact vers Etain.

#### a) Ordre d'avant-postes.

*a)* Un bataillon du régiment de Chambley-Champs à *Xonville* avec huit cavaliers. Ce régiment fournira en outre une grand'garde spéciale d'une section ou demi-compagnie aux *Baraques*.

*b)* Un bataillon du régiment de Dampvitoux-Dommartin à *Lachaussée* avec dix cavaliers. Ce bataillon fournira une grand'garde d'une demi-compagnie à la ferme d'*Hassavant*.

Ligne de résistance : Bois du Chapelet (cote 251) Xonville, 235 (Ouest de Xonville), La Chaussée, 225 (Ouest de La Chaussée), Hassavant.

Démarcation : 235 (Ouest de Xonville) au bataillon de La Chaussée.

#### b) Détail dans chaque bataillon.

1° *De jour.*

Bataillon de Xonville.
- 3 compagnies 3/4 à Xonville.
  - 1/2 sections ou escouades d'issues (1 section 1/2 au total).
  - Garde de police en réduit (1/2 section).
  - Poste mixte : 7 hommes et 3 cavaliers à Sponville.
- 1 section retranchée à la cote 251, poussant un poste mixte, 4 hommes, 3 cavaliers, au bois sud de Mariaville.
- Liaison : 1 sergent postal auprès du commandant du bataillon de La Chaussée, 1 éclaireur monté échangé avec la grand'garde des Baraques; 1 soldat échangé avec le poste 251 (le soldat de 251 à la garde de police).
- Cas d'attaque : 1 compagnie à Xonville. Le reste sur la hauteur 230-251.

Bataillon de La Chaussée.
- 3 compagnies à La Chaussée.
  - 1/2 sections d'issues (1 section 1/2 au total).
  - Garde de police en réduit (1/2 section).
  - Poste mixte : 7 hommes, 1 sous-officier, 4 cavaliers au débouché N.-O. du bois de la Baraque, face à Jonville.
- 1 section retranchée à 235 (ouest de Xonville).
- 1 section retranchée à 225 (ouest de La Chaussée). Poste de 4 hommes et 1 cavalier au mamelon 800 mètres ouest.
- 1/2 compagnie retranchée à Hassavant. Poste mixte : 7 hommes et 3 cavaliers à la sortie nord-ouest des bois.
- Liaison : 1 sergent postal auprès du commandant du bataillon de Xonville ; 1 caporal échangé avec la 1/2 compagnie d'Hassavant (garde de police) ; 1 soldat échangé avec chacun des postes est et ouest de La Chaussée (garde de police).
- 1 relais de 8 hommes en cantonnement d'alerte à l'issue nord-est de Haumont, liaison avec Hassavant.
- Cas d'attaque : 1 compagnie à 235 (nord-est de La Chaussée), 2 compagnies à 225 (ouest de La Chaussée), 1/2 compagnie au village.

2° *De nuit.*

Comme on est couvert à distance par la cavalerie, on reste en cantonnement ordinaire, c'est-à-dire qu'on occupe toute la localité pour que les hommes reposent mieux ; les officiers sont logés.

Néanmoins, les rues sont éclairées, les bagages chargés. Les postes de jour, sections de 251, 235 (Ouest de Xonville), 225 (Ouest de La Chaussée), et les postes de surveillance sont maintenus sur place. Celui de 235 (Ouest de Xonville) pousse de nuit un poste de quatre hommes sur le chemin de terre Sponville-La Chaussée.

En cas d'alerte, les éléments mobiles de Xonville, trois compagnies au moins, se disposeront sur le chemin Xonville, 251, la gauche au village de manière à contre-attaquer.

Les éléments mobiles de La Chaussée, deux compagnies et demie, se placeraient, dans le même but, entre La Chaussée et 225 (Ouest).

*Deuxième cas.* — On n'est pas couvert par la cavalerie. Les reconnaissances signalent l'ennemi sur Longeau.

*De jour.*

Mêmes dispositions que précédemment. Mais les gros des bataillons de Xonville et Lachaussée occupent effectivement leurs emplacements de combat; les fourriers, cuisiniers, gardes d'issues ou de réduit organisent seuls la localité ou y préparent cantonnement et repas.

*A la nuit*, on se mettait en cantonnement d'alerte, les compagnies groupées dans la partie Sud de Xonville et Ouest de Lachaussée, les officiers avec leurs unités, le quart organisé dans chaque compagnie, etc.

*2º exemple.* — Un bataillon est posté à Dampvitoux pour couvrir un régiment qui vient cantonner à Saint-Benoît. Un autre bataillon va cantonner à Thiaucourt,

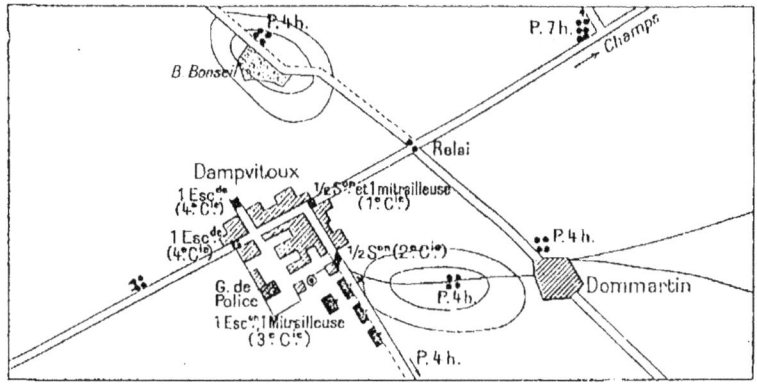

couvrant le deuxième régiment de la brigade à Pannes. L'ennemi est à la frontière.

Arrivée à la nuit : Ordre du chef de bataillon :

« La 1ʳᵉ compagnie barricadera l'issue vers Champs et

poussera des postes de 4 ou 7 hommes sur Dommartin, Champs, le bois Bonseil. Le gros de la compagnie près de l'issue.

Le gros du bataillon cantonnera dans la partie Sud-Est du village; la 2ᵉ compagnie gardant l'issue du Calvaire; la 3ᵉ compagnie en arrière, fournissant la garde de police-réduit, à la maison d'angle; la 4ᵉ compagnie barrant les deux issues Nord-Ouest — Sud-Ouest.

Une mitrailleuse à l'issue de Champs avec la 1ʳᵉ compagnie.

Une mitrailleuse à la garde de police-réduit.

Train de combat groupé à.....

Train régimentaire refoulé sur Saint-Benoît après distribution.

Rassemblement en cas d'alerte et, en tous cas, à 5 heures, des éléments mobiles, le long du chemin du Calvaire, en ligne de sections par 4 dans l'ordre : 2, 3, 4, à partir de la gauche.

La 1ʳᵉ compagnie en réserve derrière la gauche.

Je suis à la garde de police ».

### II. — Les éléments de résistance.— Grand'gardes.

#### A) DISPOSITIF GÉNÉRAL DES GRAND'GARDES

Le capitaine (ou chef de bataillon pour les grosses grand-gardes) débrouille son jeu, se porte dans son secteur le plus vite possible et en se gardant sommairement.

1° Il se demande d'abord : où et comment résister ?

2° Il gardera, en conséquence, le maximum de sa compagnie (bataillon) avec soi, sur la position qu'il a choisie ou qu'on lui a assignée; le reste (petits-postes, sentinelles) étant, dans le fait, troupe dépensée.

3° Le danger aux avant-postes, résidant dans le débordement, le capitaine (chef de bataillon) préparera la défense de sa (ses) compagnie non en un seul point, mais sur un certain front, en constituant plusieurs centres de résistance, s'appuyant (ou se flanquant en caponnière) et reliés, si possible, aux grand'gardes voisines.

4° Il va sans dire que, de jour, les grand'gardes cherchent à se donner le maximum de champ de tir et tiennent les crêtes qui battent les routes.

Le capitaine (chef de bataillon) aura donc :

a) Un *gros* au point de résistance principale, au centre ou à une aile (2 à 3 sections, 2 à 3 compagnies).

b) Des postes sur les flancs, variant de l'escouade à la

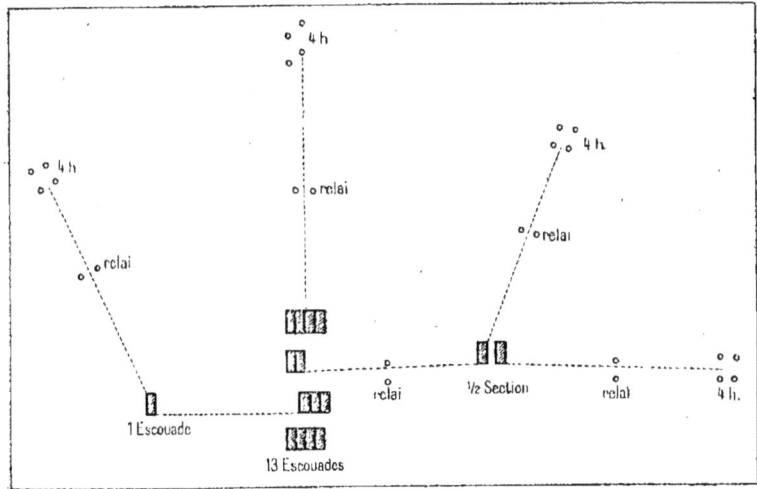

section et même à la compagnie, pour les grosses grand' gardes, complétant la résistance. Nous les appellerons *postes latéraux de résistance* ou *grand'gardes secondaires*.

---

[1] Ces postes *latéraux* de résistance n'ont aucune parenté apec les postes rituels de demi-section ou de section, poussés *en avant* des grand'gardes. Ces derniers postes recevaient seuls le choc de l'ennemi, puis reculaient, d'ordinaire, fort difficilement, sur les deux sections de la grand'garde proprement dite. La grand'garde, à son tour, reculait sur la réserve; c'était la succession d'échecs.

Avec les postes latéraux de résistance et la fusion de la réserve avec la ou les grand-gardes, tout le monde lutte ensemble et dans les conditions les plus avantageuses contre l'enveloppement.

*c)* En avant et en prolongement des flancs, des sentinelles et mieux des postes de 4, 7 hommes avec quelques cavaliers si possible. Ce sont les *éléments de surveillance* (troupe dépensée).

Suivant la direction et l'intensité de l'attaque, le capitaine (chef de bataillon) renforcera, avec partie ou totalité de son gros, un flanc ou son centre.

### *B)* CAS PARTICULIERS

*a)* Une grand'garde d'aile se couvre du côté découvert par un échelon retranché.

*b)* Quand on n'occupe pas de prime-abord l'emplacement de défense (qu'il soit trop en vue ou que l'on utilise un cantonnement de jour ou de nuit), y laisser une « garde de tranchée » qui s'y organisera pour la nuit (réduit à la charrue et fils de fer) et donnera le temps d'arriver.

*c)* Grand'garde à une lisière boisée, dans une clairière, en face d'un débouché de bois. (Voir bois.)

*d)* Dans un village, barrer les issues, couvrir les flancs, organiser un réduit ou une tranchée arrière (ou de flanc) suivant la mission de la grand'garde.

*e)* Une grand'garde isolée se garde en cercle, ou au moins en demi-cercle.

*h)* Grand'garde en plein bois, ou ayant son aile adossée à un bois, cheminement naturel pour l'ennemi.

Une troupe aux avant-postes, en plein bois, est privée de son seul avantage : le champ de tir.

Pour remédier, dans la mesure du possible, à cette situation détestable, elle se placera autant que possible le long d'une tranchée perpendiculaire à la direction de l'ennemi, afin de s'assurer le minimum de champ de tir (largeur et profondeur du layon) et de voir du moins l'ennemi traverser la tranchée.

En outre, le commandant des avant-postes cherchera :

*a)* A se renseigner sur la direction d'approche de l'ennemi;

*b)* A lui rendre plus longue et plus dangereuse la traversée de la tranchée;

*c)* A lui opposer son gros dans la meilleure combinaison du feu et du choc.

*a)* Le gros de la grand'garde (compagnie ou bataillon) se tient au point où l'attaque paraît le plus probable.

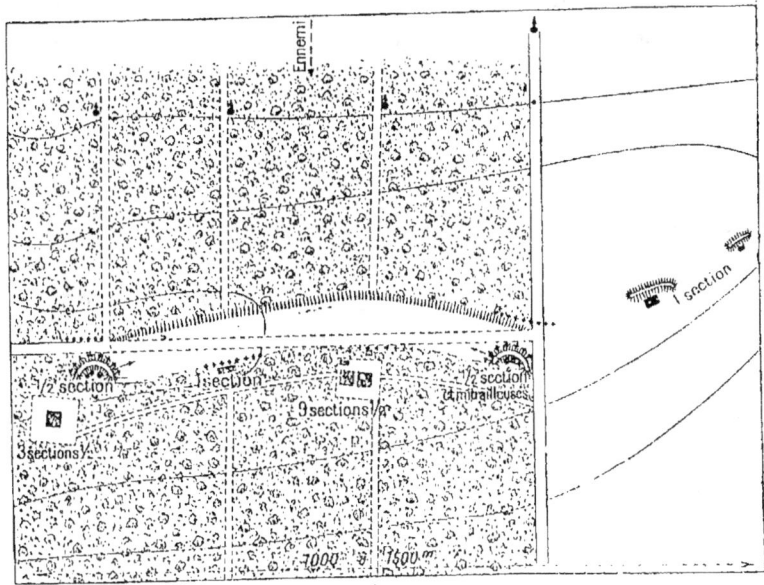

Bataillon d'avant-postes. — Sa droite a le découvert, sa gauche est en plein bois.

Il se couvre latéralement par des postes de résistance disposés en face des layons d'accès ou en mesure de s'y placer, et, en avant, par des postes de quatre hommes fournis tant par le gros que par les postes latéraux.

*b)* En face des layons d'accès et du côté ami, sont disposés des abattis ou mieux des réseaux de fils de fer sur un front de 100 mètres par exemple, pour briser l'élan de l'ennemi à sa traversée de la tranchée; c'est en arrière de ce barrage que sont placés ou peuvent se placer rapidement les postes de résistance.

c) Les mitrailleuses (ou à défaut, une section ou demi-section) sont disposés perpendiculairement à la tranchée pour la prendre d'enfilade; elles sont couvertes, du côté de l'ennemi, par un retranchement, des fils de fer et quelques tireurs.

Si possible, on débroussaille les abords de la tranchée, de manière à organiser un redan permettant des feux croisés.

Enfin, des chemins de colonne sont tracés parallèlement à la tranchée et des places d'armes créées pour le transport du gros destiné à la contre-attaque.

### C) LIAISON ENTRE LES GRAND'GARDES

Quand une grand'garde voisine est *attaquée*, continuer à tenir sa position avec l'effectif jugé indispensable, en raison des renseignements reçus et des facilités défensives du terrain, et *envoyer le reste*, en *navette*, pour empêcher le débordement de la grand'garde amie ou même contre-attaquer en flanc.

A Gébato, une grand'garde qui n'a rien devant elle fait une navette de cinq kilomètres.

Quand une grand'garde voisine est *enfoncée* ou *enlevée* et que l'ennemi marche sur les cantonnements du gros, *toute la grand'garde* attaque vigoureusement de flanc sauf à laisser ou pousser dans la direction primitive des postes de surveillance pour prévenir éventuellement de l'approche de l'ennemi dans cette direction et le retarder si possible.

### III. Les éléments de surveillance.

On les réduit au minimum, surtout de jour où l'observation des sentinelles devant les armes et des patrouilles de cavalerie permet leur économie.

Ces éléments de surveillance, couvrant le front et éventuellement le flanc du gros des grand'gardes ou de leurs postes latéraux de résistance, sont normalement des postes de quatre hommes (trois hommes fournissant une sentinelle simple et un chef) ou de sept hommes (sentinelle double et un chef). On leur adjoint très efficacement un ou deux cavaliers ou un cycliste (1).

Quand ces petits postes sont éloignés de plus de 500, 700 mètres de la grand'garde ou des postes de résistance latéraux, ils lui (leur) sont reliés par des hommes « de relais ».

En cas d'attaque, ces petits postes renseignent, font un feu vif, de flanc si possible, et se dérobent par le couvert en continuant à jalonner la marche de l'ennemi à coups de fusil — mode d'action particulièrement efficace sous bois, par le brouillard, la nuit.

### IV. Les avant-postes pendant la nuit.

A) PRINCIPES DIRECTEURS DES AVANT-POSTES, LA NUIT

*On ne voit pas.*

Par suite : a) Les hauteurs permettant les vues étendues, les champs de tir efficaces, n'ont plus de valeur. Il faut toutefois se ménager pour le lendemain matin la réoccupation de ces perchoirs.

b) La liaison à la vue n'existe pas.

c) On ne se défend la nuit qu'en attaquant à la baïonnette, puisque l'immobilité, c'est l'enveloppement qu'on ne peut parer et que le feu, sauf celui des mitrailleuses, est à peu près inefficace en dehors du brûle-pourpoint.

d) L'ennemi, qui craint de s'égarer, marche d'ordinaire par les routes qui traversent naturellement les localités.

---

[1] On confiera donc tout à fait exceptionnellement la surveillance aux sentinelles doubles *isolées*, à moins qu'elles ne soient très rapprochées de la grand-garde; c'est que le service de la sentinelle double est délicat, surtout pour des réservistes; 2 hommes perdront plus facilement la tête que 4 dont 1 chef.

## B) CONSÉQUENCES

*a*) Au lieu de se disperser relativement en grand'garde et postes latéraux de résistance pour battre tout le terrain à coups de fusil et parer à l'enveloppement, on se groupe près des routes pour agir par le choc : embuscade et contre-attaque.

*b*) On occupe autant que possible les localités, points de passage obligés, faciles à barrer, et qui permettent de reposer davantage les troupes aux avant-postes.

*c*) On maintiendra sur les hauteurs à occuper de jour une « garde de tranchée » fortifiée (fossé, fils de fer...).

*d*) Comme on ne peut se relier à la vue, ni communiquer facilement des ordres, on organisera une bonne *liaison (échange d'agents de liaison, postes de relais)* et on assignera à chacun sa tâche ou du moins son *emplacement* en cas d'alerte. Par exemple, un bataillon qui défend une localité — croisement de routes, se répartit en éléments *fixes* [postes d'issues, de réduit, garde de tranchée de la (des) hauteur (s) voisine (s)] et éléments *mobiles* (point de rassemblement et formation).

L'ennemi refoulé, on s'éclairera et se reformera sans pousser de l'avant.

*e*) Pour éviter que le repos relatif des cantonnements d'alerte risque d'amener la surprise, on assurera la sécurité de chaque élément avec le minimum de fatigue ; on organisera le quart dans chaque unité (V. p. 204.).

## C) DÉTAILS D'APPLICATION

*a*) Soit une grand'garde de une ou plusieurs compagnies, qui défend une localité.

1° Son chef affecte de petits détachements (escouades, demi-sections, mitrailleuses) à la garde des issues barricadées et d'un réduit: c'est la défense fixe; les gardes d'issues poussent sur les routes des postes de surveillance, le piquet ou la garde de police-réduit fournit les agents de liaison des postes d'issue.

2° Il cantonne son gros de manière à pouvoir contre-attaquer par le dehors, c'est-à-dire vers l'arrière du village et sur le flanc par où il projette sa contre-attaque.

3° L'ennemi attaque : les postes de surveillance (de 4 ou 7 hommes) font un feu vif pour prévenir et jalonnent l'itinéraire de l'ennemi à coups de fusil;

Les postes d'issues se défendent à coups de mitrailleuses et de fusils et éclairent l'assaillant;

Les éléments mobiles se disposent, autant que possible, en *avant* et sur le *flanc* de l'issue attaquée; puis ils se portent à l'attaque, au pas, en ligne de petites colonnes, échelonnées ou non, qui se déploient au dernier moment, ouvrent un feu court, à bout portant, debout ou à genou, et se jettent à la baïonnette ou font d'emblée l'assaut sans tirer.

On se reconnaît au brassard; les chefs ont un mouchoir dans le dos; en cas d'échec, on se rallie au point fixé d'avance et on reprend l'attaque.

*b)* Une grand'garde qui apprend, de nuit, l'enlèvement d'une grand'garde voisine, laisse sur place sa défense *fixe* et agit de suite avec ses éléments mobiles.

Si l'ennemi est arrêté après l'enlèvement de la position, elle fait un retour offensif droit dessus.

S'il continue à marcher, elle prend une direction oblique à sa marche :

Arrive-t-elle la première : elle tend une embuscade; croise-t-elle l'ennemi : elle l'attaque; craint-elle qu'il soit passé : elle le cherche, le suit et l'attaque.

### D) MESURES DE SÉCURITÉ PROPRES AUX DIFFÉRENTS ÉLÉMENTS DES AVANT-POSTES, LA NUIT

En résumé, la grand'garde assure sa sécurité :

1° *En avant*, par des *postes de surveillance-embuscades*

(de 4 à 7 hommes), relevés au milieu de la nuit et poussés à 800, 1.000 mètres sur la route. La grand'garde communique avec eux par un relais de deux hommes relevés comme les sentinelles doubles.

2° *Latéralement*, soit par des postes de résistance latéraux auxquels elle se relie par échange d'agents de liaison, soit par des postes de surveillance qu'elle fournit et relève dans les mêmes conditions qu'en avant.

3° *A la grand'garde même* :

a) Par la ou les sentinelles *devant les armes*.

b) Par les officiers, gradés et hommes qui font le *quart de la nuit*; dans chaque escouade, un homme, dans chaque section, un caporal, dans chaque demi-compagnie, un sergent, dans chaque compagnie, un chef de section, dans le bataillon, un capitaine.

c) Quand la grand'garde est cantonnée, on a, en outre, des *postes d'issues* (escouade ou demi-section) barricadés et pourvus éventuellement de mitrailleuses, un réduit tenu par la garde de police ou le piquet; les rues sont éclairées.

d) Souvent aussi, on laisse à la position de jour une *garde de tranchée* fournie par la garde de police ou le piquet et qu'on relève, en cas de mauvais temps, au milieu de la nuit.

### *E)* AVANT-POSTES DE COMBAT

Se reporter à la *suspension de combat*.

NOTA. — I. **Avant-postes et défensive dans le brouillard.**

#### *A)* ANALOGIES AVEC LA NUIT

On s'éclaire au loin sur la route, par des postes mixtes de 4-7 hommes et 1-2 cavaliers.

On ne se défend qu'en attaquant.

On agit par le choc et le feu à brûle-pourpoint.

On organise et défend un réduit.

## *B*) DIFFÉRENCES AVEC LA NUIT

Dispose-t-on d'artillerie, on la garde à proximité, prête à agir, si le brouillard se lève.

Dans le même ordre d'idées, le dispositif est prêt à se déployer; on s'assure l'occupation de points d'aile ou de hauteurs indispensables, au cas où tout se dissiperait.

### II. Offensive dans le brouillard.

On ose parfois moins avancer dans le brouillard que dans la nuit. Exemple : la poursuite des Japonais à Kosereï.

L'offensive se fait, dans l'ensemble, comme une attaque de nuit.

L'infanterie s'appuie, comme la nuit, à un chemin, ou à une ligne de terrain bien nette, pour ne pas se perdre. Elle prend des formations analogues à celles d'une opération de nuit, avec des *intervalles* parfois plus ouverts, correspondant à une visibilité plus grande et surtout avec des *distances* plus considérables, pour ne pas présenter d'objectif trop vulnérable au cas où le soleil percerait.

L'artillerie fait des bonds de position en position, prête à agir, si le brouillard se dissipe; on lui donne un soutien propre.

Les patrouilles de cavalerie opèrent en avant sur les chemins, le gros de la cavalerie marche avec la réserve.

## § 11. — *L'avant-garde.*

Nous avons étudié le rôle offensif de l'avant-garde. Il ne reste à envisager que les détails de son échelonnement et la distance de l'avant-garde au gros.

**Echelonnement de l'avant-garde.**

### A) ÉCHELONNEMENT DES TROIS ARMES.

Lorsqu'on a une avant-garde mixte, par exemple, un peloton de cavalerie, un régiment d'infanterie, un groupe :

1° La majeure partie de la cavalerie assure la sécurité immédiate sur le front et les flancs, un noyau demeurant réservé pour le moment où l'on fera des détachements d'infanterie[1]. De nuit, cette cavalerie marchera en queue d'avant-garde;

2° L'artillerie est franchement rejetée derrière le régiment d'infanterie, ce qui permet de ne pas dissocier

---

[1] A titre d'exemple, nous donnons l'emploi d'un peloton affecté à la sûreté immédiate d'un régiment d'avant-garde.

Le colonel donne 28 cavaliers au chef de bataillon de tête et en garde 4 pour la liaison.

Le chef de bataillon dirige l'officier de peloton et 6 cavaliers, en patrouille lointaine, sur l'axe de la route, à plusieurs kilomètres en avant.

Il reste 22 cavaliers, dont le maréchal des logis; le chef de bataillon en utilise immédiatement 12 pour la protection immédiate, 4 de front, 4 sur chaque flanc. Il lui reste 10 cavaliers disponibles.

Aussitôt que la cavalerie est refoulée et l'ennemi dans le voisinage, une compagnie (section, demi-compagnie) est détachée sur une ou deux ailes; on donne à chaque détachement 4 cavaliers.

Ce détachement cherche à ramener les 4 autres cavaliers détachés antérieurement du même côté; dans ce cas, chaque détachement de flanc s'avance, couvert par 2 cavaliers sur son front, 4 sur son flanc extérieur, 2 cavaliers avec le commandant de compagnie ou chef de section pour la liaison et l'envoi des renseignements.

ce dernier et assure en même temps un minimum de protection (2.000 à 2.500 mètres) à l'artillerie.

### B) ÉCHELONNEMENT EN PROFONDEUR DE L'INFANTERIE.

1° Même si l'on dispose d'une pointe de cavalerie, il est prudent de faire marcher en avant de la section un groupe de 6-8 éclaireurs, sous le commandement du chef de section;

2° Place des chefs : le chef de section aux éclaireurs, le capitaine à la 1$^{re}$ section, le chef de bataillon en tête de la 2$^e$ section de la 1$^{re}$ compagnie, le colonel en tête de la 2$^e$ compagnie, le général de brigade ou de division en tête du 2$^e$ bataillon;

3° Agents de liaison : Ceux du capitaine en queue de la 1$^{re}$ section.

Ceux du chef de bataillon en tête de la 2$^e$ section.

Ceux du colonel en tête de la 2$^e$ compagnie.

Ceux d'une troupe arrière (1 ou 2) à la queue de l'élément avant. Ils sont responsables de la direction de leur troupe origine aux changements de direction (bois, village, brouillard).

### C) PROTECTION LATÉRALE.

1° Une fois la cavalerie amie rejetée ou du moins au contact, l'avant-garde détache, sur les ailes, des compagnies, sections, escouades, ou se dispose pour attaquer par le cheminement ou le côté le plus favorable à l'emploi de tous ses moyens;

2° Dans les bois, la nuit, par le brouillard, et seulement lorsque la rencontre est imminente, l'avant-garde pousse, aux carrefours, des groupes de 2 (3) hommes pendant la traversée du bataillon (régiment). Un gradé collecteur du bataillon d'avant-garde est laissé en queue.

Parfois, on emploie des groupes plus forts qui constituent de vraies flanc-gardes.

### D) DISTANCE DE L'AVANT-GARDE AU GROS

Comme il s'agit, somme toute, d'attaquer violemment et le plus tôt possible, aussi bien avec l'avant-garde qu'avec le gros, il vaudra mieux pécher par diminution qu'augmentation de distance. Aussi bien, lorsque l'artillerie de l'avant-garde, d'ordinaire en queue de cet élément, doublera son infanterie ou se déplacera à travers champs, la longueur de route qu'elle laissera libre constituera une profondeur d'avant-garde très suffisante.

On se contentera donc, d'ordinaire, de 500, 1.000, 1.500 mètres entre l'avant-garde et le gros afin de donner de l'aisance à la marche.

On ne porte pas d'ailleurs la distance d'avant-garde sur l'ordre; on se contente de déterminer, en fonction de cette distance, l'heure de passage de la tête du gros.

## § III. — *Reconnaissances.*
## *Eclaireurs montés d'Infanterie.*

### I. Reconnaissances [1].

*a)* La reconnaissance sera, autant que possible, des trois armes, pour reconnaître l'ennemi à coups de canon, lui faire révéler, au moins en partie, sa propre artillerie; tout cela, sans compromettre l'infanterie de la reconnaissance, simple soutien de l'artillerie et repli en arrière.

*b)* Si l'on ne dispose que d'infanterie et de cavalerie, utiliser cette dernière, l'infanterie formant repli.

Au cas où la cavalerie ne peut percer, l'infanterie, pour

---

[1] A noter que les reconnaissances n'ont, d'ordinaire, aucune signification; on ne reconnaît sérieusement que par le combat.

avoir le renseignement, attaquera en un point, par le couvert ou à proximité du couvert-refuge et se gardera un repli. La route ouverte, la cavalerie se reportera en avant à la recherche du renseignement.

c) Si l'on n'a enfin que de l'infanterie, on fait reconnaître par les patrouilles le gros demeurant en repli.

Dans l'impossibilité d'avoir des renseignements autrement que par le combat, attaquer vivement; le résultat obtenu, s'éclipser, autant que possible par un itinéraire différent.

## II. Eclaireurs montés d'Infanterie.

Il ne faut pas se leurrer sur la valeur de ces médiocres cavaliers montés sur de plus médiocres chevaux; toutefois, on se servira avantageusement des éclaireurs montés :

1° En marche, pour suppléer la cavalerie divisionnaire et couvrir les flancs à petite distance[1]; d'ordinaire, on combinera les éclaireurs montés avec des patrouilles d'infanterie, le chef de patrouille les utilisant :

a) Pour atteindre dare-dare l'objectif;

b) Pour rapporter le renseignement.

2° En station, on affecte une partie des éclaireurs aux postes de surveillance pour les éclairer et les relier aux postes de résistance; le reste se repose.

3° Au combat, les éclaireurs montés couvrent la marche d'approche avec 2 ou 3 patrouilles (les disponibles en réserve).

Ils suivent ensuite les fantassins, tandis que les pa-

---

[1] Bien entendu, on les ménagera; le régiment n'utilisera que 4, 6 éclaireurs au maximum pour couvrir ses flancs jusqu'à la première crête; le reste marchera en tête du régiment ou avec le bataillon d'affectation.

Billard.

trouilles d'infanterie prennent la tête; on les utilisera alors pour l'envoi des renseignements, pour la liaison et la couverture des flancs.

Les éclaireurs montés sont des réservistes de cavalerie quelconques; on les recruterait bien plus avantageusement parmi les jeunes réservistes d'infanterie, anciens éclaireurs de compagnie, auxquels on ferait faire, avant libération, un stage de 4 semaines analogue à celui des ordonnances d'officiers montés. On aurait ainsi des éclaireurs mieux au courant des besoins et de la manœuvre de l'infanterie.

# CHAPITRE VI

## Manœuvres de nuit.

La nuit, de grosses troupes (brigade, division) suivront les routes pour se rapprocher des éléments engagés ou se transporter d'une aile à l'autre. Pendant la nuit également, des effectifs, d'ordinaire restreints, attaqueront tel ou tel point important pour la manœuvre du lendemain. En même temps, afin d'annuler les renseignements des aéroplanes, le tir de l'artillerie, le feu lointain du fusil ennemi, sans tomber dans la confusion, le manque de direction et l'impossibilité d'exploiter le succès — caractéristiques du combat de nuit, — les réserves seront rapprochées de la ligne de feu ou des avant-postes, et disposées en vue d'entamer l'attaque générale au petit jour.

Inversement, on recherchera, du côté opposé, à se reposer tranquillement et à conserver ses emplacements de combat ou d'avant-postes; enfin, certaines troupes, mal engagées, chercheront à s'esquiver à la faveur de la nuit[1].

---

[1] Dans ce cas, elles auront avantage à se reposer la majeure partie de la nuit et à filer seulement un peu avant le jour; elles fourniront au total une plus longue étape, puisqu'elles seront reposées et marcheront surtout de jour, avec plus de facilité et d'ordre.

## § 1. — *Marches de nuit.*

a) On assurera la *direction* :
1° En prenant un guide que surveilleront deux éclaireurs;
2° En contrôlant le guide par un officier qui marchera en tête de la colonne, muni d'une carte, d'une boussole et d'une lanterne sourde. Un deuxième officier en tête de la 2ᵉ compagnie, vérifiera encore l'itinéraire donné;
3° En suivant le plus longtemps possible de bonnes routes;
4° En réduisant la distance entre l'avant-garde et le gros;
5° En détachant à la queue de l'unité avant un gradé de l'unité arrière responsable de la direction.

b) On assurera la *sécurité* :
1° En se faisant précéder, à distance de vue, par des éclaireurs. Souvent aussi, en avant de ces éclaireurs immédiats, on poussera en enfants perdus, avec un officier, une patrouille *lointaine* sur la route de marche;
2° En prenant une certaine distance (20-30 pas) entre les éléments (sections) de l'avant-garde pour éviter la répercussion d'une panique et l'embuscade totale de toute cette avant-garde;
3° En faisant marcher, à proximité de l'ennemi, les éclaireurs sur les bas-côtés et même par le fossé; aux carrefours, quand le danger est imminent, on enverra des patrouilles fixes (2-4 hommes et au-dessus). V. avant-garde p. 207.
4° En se gardant pendant les haltes, au moins aussi bien que de jour (chaque compagnie pousse

2 hommes à quelques pas, sur le côté qui la concerne).

c) On assurera le *secret de la marche* :
1° En l'annonçant juste à temps; mais alors on fera connaître à tous les chefs le but, la direction, l'heure du départ; autant que possible, on fera reposer la troupe la première partie de la nuit;
2° Les montres sont réglées pour les haltes horaires. A petite distance, on ne les sifflera plus; mais une lanterne tournée vers l'arrière et manœuvrée horizontalement comme sur les voies ferrées annoncera l'arrêt. (Signal préparatoire, signal d'exécution.) Le même signal répété en fin de halte horaire annoncera la reprise de la marche;
3° Les chevaux sont rejetés vers l'arrière (chevaux des officiers, cavaliers adjoints à la colonne).

## § II. — *Attaques de nuit.*

Seules, les petites unités feront vraiment du combat de nuit (avant-garde, flanc-garde, avant-postes, troupe chargée de l'enlèvement d'un point d'appui).

On ne dépassera pas normalement le bataillon ou le régiment pour une attaque; des troupes plus fortes pourront être rapprochées pendant la nuit, prêtes à exploiter l'attaque si elle réussit.

Dans l'attaque de nuit, il faut craindre les erreurs de direction, le désordre et la panique; il faut en outre préparer l'enlèvement du point conquis et en assurer l'occupation.

### A) ASSURER LA DIRECTION.

Les mesures à prendre pour une marche de nuit sont applicables à une attaque.

Si l'on a quitté la route à proximité de l'ennemi, on devra suivre au moins des lisières, fossés, voies ferrées;

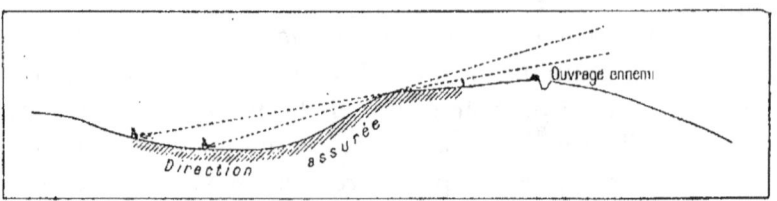

parfois même, on jalonnera la marche par des feux arrière défilés d'ailleurs à l'ennemi.

### B) REMÉDIER AU DÉSORDRE ET A LA PANIQUE

I. — Si possible, prononcer l'attaque un peu avant le jour pour se reconstituer plus facilement aux premières clartés de l'aube.

II. — Employer un effectif restreint à l'attaque proprement dite, et ne former d'ordinaire qu'une seule colonne. — Si l'on en constitue plusieurs, leur donner un chef unique et assigner à chacune un objectif propre.

III. — Marcher par paquets à distance suffisante pour qu'ils ne soient pas entraînés dans la même panique. Sur une route, les sections de la première compagnie au moins marchent à 30 pas de distance (davantage par un temps de lune).

Les chefs ont un carré blanc (mouchoir) dans le dos pour que les hommes puissent se rallier à un chef quelconque.

IV. — Se donner un but: l'occupation d'une hauteur, d'un village, etc.... Ceci fait, s'arrêter, se reprendre, se garder, voire se retrancher. Eventuellement, entamer un nouveau bond, mais seulement après s'être reconstitué. Le plus souvent, on se contentera d'un premier avantage, en raison des difficultés de regroupement d'une troupe qui a donné un effort la nuit.

## C) PRÉPARER L'ENLÈVEMENT ET ASSURER L'OCCUPATION D'UN POINT D'APPUI

En même temps qu'on s'assigne un but, on prépare dans le détail les moyens de l'atteindre.

*a)* Fixer à l'avance le rôle particulier de chaque unité et, éventuellement, la formation à prendre.

*b)* Donner de même: les moyens de reconnaissance (brassards des hommes[1], carrés blanc des chefs), le point de ralliement ou (et) le dispositif d'occupation du point enlevé.

*c)* Rassembler à l'avance et répartir le matériel ou l'outillage nécessaires à *l'attaque* ou (et) à *l'occupation* du point conquis.

Pour *l'attaque*, on peut avoir :

A couper des fils de fer (cisailleurs en tête des sections);

A éclairer un retranchement, une barricade, etc... pour en faciliter l'attaque (combat de Manjuyama); on usera de bouchons de paille imbibés de pétrole et enflammés avec des allumettes tisons, de feux de bengale, de pistolets éclairants, de réflecteurs électriques...;

A éteindre, par contre, à coups de crosse, ou avec de la paille (herbe) mouillée, les feux de l'ennemi qui éclairent l'assaillant et laissent dans l'ombre le défenseur;

A détruire ou escalader un obstacle (barricade, mur); il faut prévoir la destruction par la mélinite, la grenade à main ou la poussée d'un canon à courte distance (on enveloppe les roues de paille), le franchissement par échelle, les moyens d'incendie, etc.

Pour *l'occupation*, il faut :

Se retrancher, par suite placer d'avance les outils au

---

[1] Aux Eduens alliés, qui manquaient de linge, César faisait simplement retrousser le bras droit : « *Dextris humeris exsertis* ». Livre VII, chap. L.

ceinturon; éventuellement prendre un alignement à la boussole et à la lanterne pour éviter les erreurs de directions;

Constituer un obstacle; emporter du fil de fer et des pieux, à tout le moins, tendre le fil de fer et le fixer à des baïonnettes; c'est déjà l'occasion d'un bon temps d'arrêt;

Préparer les moyens d'éclairage en même temps que les écrans qui permettront un tir plus ajusté sur l'assaillant, tout en laissant dans l'ombre les défenseurs (planches, tas de terre, sac...).

### § III. — *Applications (attaques de nuit).*

#### 1°. — Attaque d'une localité par un bataillon.

*a)* Le but à atteindre et le rôle éventuel de chaque compagnie sont donnés à l'avance. Les dispositions de combat sont prises (porte-haches, cisailleurs, en tête des sections, carrés blancs des chefs, sapeurs avec explosifs, canon, etc.).

*b)* D'ordinaire, marche en une colonne sur (ou près de) la route ou le long d'une lisière ou d'un fossé; l'avant-garde, précédée d'éclaireurs et d'une patrouille lointaine pousse au besoin des patrouilles aux carrefours; les sections se suivent, bien reliées, à 20 ou 30 pas.

*c)* Arrivée devant le village :

La 1$^{re}$ compagnie, en colonne de demi-sections, baïonnette au canon, précédée de sapeurs, de cisailleurs, bourre par la route ou cherche à glisser par les jardins, ruelles, maisons à proximité, si l'on ne peut démolir la barricade; elle dégage la route, si des mitrailleuses la balaient.

La 2$^e$ compagnie et au besoin la 3$^e$ glissent le long de la lisière jusqu'à une autre entrée pour se rabattre ensuite dans l'intérieur du village, ou bien poussent derrière l'avant-garde, si cette dernière a percé.

La 4° (et 3°) compagnie est maintenue à cheval sur la route, prête :

A renouveler l'attaque;

A repousser une contre-attaque;

A occuper la position enlevée.

Les mitrailleuses se tiennent d'ordinaire avec ces compagnies ou à un repli ou défilé en arrière.

d) Les premières compagnies pénètrent dans le village.

Si l'on dispose de deux compagnies de réserve : la 3° traverse alors ou contourne vivement le village, va se rassembler à l'extérieur, barricade l'issue vers l'ennemi et dispose derrière la barricade une fraction et les mitrailleuses; le reste de la compagnie se tient prêt à agir en contre-attaque et s'éclaire au loin.

La 4° compagnie : dirige aux issues latérales des sections (demi-sections) qui se barricadent en poussant au loin des postes de surveillance.

Laisse du monde pour fouiller la localité et éventuellement enlever ou neutraliser le réduit de l'ennemi, organise un réduit vers l'arrière (une section).

Les 1re et 2° compagnies sont rassemblées à la sortie et renforcent la 3° compagnie.

Si l'on ne dispose que de la 4° compagnie, une partie (2 sections) traverse le village, barricade et couvre le débouché vers l'ennemi; une section ou demi-section barricade les issues latérales et s'éclaire; une demi-section fouille la localité, une demi-section organise un réduit vers l'arrière.

## 2°. — Rencontre de deux troupes la nuit.

L'avant-garde se débrouille, tire à bout portant ou (et) attaque. Le gros prend de suite une formation échelonnée du côté favorable, les sections en colonne puis en ligne, et enveloppe automatiquement l'assaillant; il conserve momentanément sur la route, en arrière de l'avant-garde, une réserve.

Les mitrailleuses, par une nuit claire, ou quand on dispose de bouchons de paille au pétrole et d'écrans, balaient la route, libérant l'avant-garde qui peut, de suite, manœuvrer en entier à droite ou à gauche. On laisse aux mitrailleuses une garde immédiate, la réserve par exemple.

*Nota.* — La conduite à tenir serait la même si le bataillon (la compagnie) se heurtait à une grand'garde barrant la route. Si l'ennemi s'est embusqué de flanc, l'élément surpris fait ce qu'il peut, le reste, sauf la réserve, déborde automatiquement l'embuscade.

### 3° — Attaque d'une hauteur par un régiment (brigade).

*a)* Les premier et deuxième bataillons se disposent des deux côtés de l'axe de marche, leurs trois compagnies intérieures sur deux lignes de demi-sections par 4, à 12 pas d'intervalle, la compagnie extérieure en ligne de demi-sections accolées, à 24 pas[1].

Les agents de liaison se portent, avec les capitaines, à 20 pas en avant de chaque compagnie; les chefs de section à 8 ou 10 pas en avant de leur section[2] avec un

---

[1] Par nuit claire ou pour une attaque au petit jour, on prendra avantageusement l'intervalle correspondant au déploiement sur un rang (24 pas entre les demi-sections — 50 pas entre les sections). On augmente ainsi le front de l'attaque, sans diminuer sa puissance de choc et sa facilité de direction.

[2] A ce propos, nous demanderons que l'officier d'infanterie soit armé sérieusement en temps de guerre. Pour un combat de nuit, pour une patrouille, sous bois, au moment de l'assaut, etc..., l'officier d'infanterie dispose d'un sabre ridicule dont le fourreau l'empêche de courir.

Il faut qu'en campagne l'officier soit armé du sabre de sergent-

cisailleur. Tous les chefs ont un mouchoir dans le dos; les hommes ont la baïonnette au canon, un brassard et l'outil au ceinturon; une patrouille précède chaque compagnie à distance de vue.

Le 3° bataillon est en ligne de demi-sections accolées,

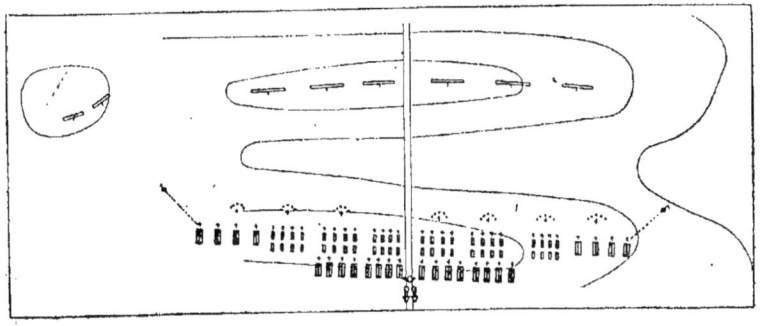

1. — Rassemblement.

à 12 pas d'intervalle, derrière le centre du dispositif, avec les tambours et clairons du régiment et le drapeau.

Les bataillons ou compagnies disposent d'un ou plu-

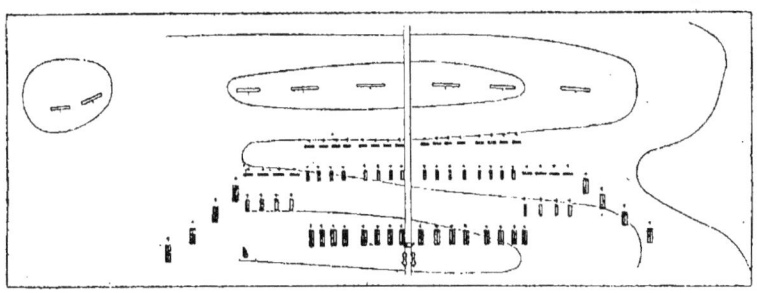

2. — Marche à l'attaque.

sieurs détachements de travailleurs portant des engins de destruction, franchissement, éclairage, etc.

---

major, et mieux, à notre avis, qu'il soit doté du mousqueton d'artillerie avec 15 cartouches (au total 4 kilogrammes avec le couteau-baïonnette, au lieu de 2 k. 500 à 3 kilogrammes, sabre, revolver, étui, cartouches).

Les mitrailleuses suivent, à bras, le 3ᵉ bataillon, ou forment repli, en totalité ou en partie, avec une section du régiment.

b) La première ligne des 4 compagnies intérieures (16 demi-sections) s'ébranle, suivie à 50 pas de la deuxième ligne. Les éléments de tête des deux compagnies voisines

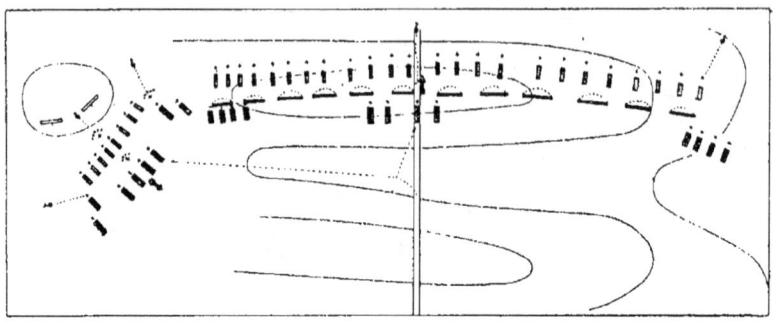

3. — Occupation sommaire : 3 Cⁱᵉˢ du 3ᵉ Bataillon marchent sur le mamelon Ouest.

de droite et de gauche partent en même temps que la 2ᵉ ligne, leurs éléments de queue suivent à 50 pas; les deux dernières compagnies d'aile droite et d'aile gau-

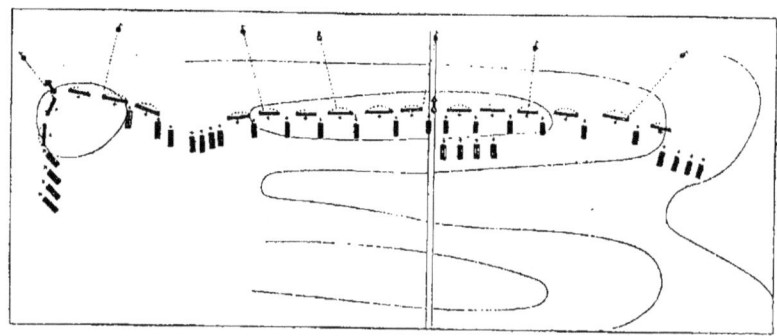

4. — Occupation définitive.

che partent avec ces éléments de queue, mais s'échelonnent par sections, assurant la garde des flancs.

Le 3ᵉ bataillon suit la 2ᵉ ligne à 100 pas.

Quand on aborde l'ennemi, on bat et sonne la charge, on ne court pas, on hurle avec ensemble sans perdre la cohésion, on ne tire qu'à regret, à brûle-pourpoint (1 rang debout, 1 rang à genou ou sur 1 rang) et le temps que les camarades enveloppent.

La position enlevée :

On se couvre, soit de front seulement, à l'aide du bataillon de réserve qui traverse l'attaque;

Soit de front et sur le (les) flancs, pour parer à un enveloppement et élargir la brèche. Le 3° bataillon peut diriger, par exemple, 2, 3, 4 compagnies sur le flanc gauche. Ces compagnies s'avanceront à 300, 500, 800 mètres ou jusqu'à un point d'appui fixé d'avance; ceci fait, elles se retrancheront en attendant le jour.

On se reforme, se retranche et s'éclaire. Les bataillons d'attaque se reconstituent sur 2 lignes de demi-sections ou de sections, mais sur un front plus large (30 pas entre les demi-sections, 60 pas entre les sections) permettant le déploiement sur un rang avec un certain intervalle. Dans chaque compagnie, deux sections se déploient sur un rang et creusent deux tranchées à intervalles qu'elles couvrent par des fils de fer, si possible. On braque les mitrailleuses, prépare l'éclairage. Les deux autres sections protègent le travail et s'éclairent au loin, ou du moins au contact, par des patrouilles d'officier.

L'organisation achevée, les sections de couverture se reploient derrière les intervalles des tranchées, les compagnies d'aile ou de réserve se disposent prêtes à contre-attaquer.

*Observation.* — Si l'ennemi est engourdi (fin de nuit, mauvais temps, fatigue), on fait l'attaque directe et par surprise.

S'il se tient sur ses gardes (soir de combat), on pourra exécuter quelques bombardements avec l'artillerie repérée et de fausses attaques avec les avant-postes, en réservant à plus tard et dans une autre direction l'attaque vraie, une fois l'ennemi divisé ou devenu indifférent à ces provocations qu'il juge sans valeur.

On préviendra les troupes de ne pas s'énerver de ces démonstrations.

## § IV. — *Attaque générale au petit jour.*

I. — En vue de l'attaque générale au petit jour, les troupes en arrière sont transportées, en fin de nuit, jusqu'à hauteur ou proximité des avant-postes ou de la ligne de combat de la veille. On prend les précautions prévues pour les marches de nuit. Autant que possible, on donne à chaque élément d'attaque une *route*, pour serrer au plus près sans se perdre, une *ligne de rassemblement* marquée par un chemin, une crête, un ruisseau parallèle à l'ennemi et enfin un *objectif propre*.

Cette attaque générale pourra être précédée d'un bombardement exécuté par quelques pièces laissées en position, sur des localités repérées de jour, en vue de troubler les rassemblements ou cantonnements ennemis et de couvrir le bruit des préparatifs de l'attaque.

Elle pourra de même être précédée d'une ou plusieurs attaques particielles, faites contre tel ou tel point important. Dans ce cas, tout le monde sera, autant que possible, sur place au moment de cette attaque de nuit, en prévision d'un retour offensif de l'ennemi; cette attaque ne précédera d'ailleurs que de peu l'attaque générale qui pourra ainsi exploiter ce premier succès.

II. — L'attaque au petit jour est menée par les troupes au contact, prolongées ou renforcées par les réserves, ou bien elle est conduite presque exclusivement par ces réserves.

En effet, si les troupes au contact sont peu usées et

suffisamment groupées, leurs bataillons attaqueront droit devant eux, en terrain connu; le ou les bataillons disponibles de chaque régiment prendront la tête, une fois l'ennemi enfoncé. Les troupes en arrière sont employées à prolonger l'attaque aux ailes ou sont réservées pour les attaques ultérieures.

Mais si la ligne de feu est épuisée, dispersée, à bout de munitions et de moral, l'attaque se fera avec les ré serves; les éléments au contact qui n'auront pas suivi le mouvement en avant seront ralliés, regroupés et réapprovisionnés en vue d'un nouvel effort.

III. — Le rassemblement et l'ébranlement de chaque élément de l'attaque générale se font comme pour une attaque de nuit; si l'attaque marche dans le brouillard avant d'avoir atteint son objectif, elle augmentera au besoin ses intervalles et, en tout cas, ses distances; enfin, si le jour se lève complètement, les troupes d'attaque pourront accélérer leur allure, augmenter encore leurs intervalles; elles feront cheminer leurs renforts et recevront d'ailleurs l'appui de leur artillerie.

IV. — L'artillerie, en effet, à l'exception des pièces maintenues sur place depuis la veille, a été rassemblée en fin de nuit, de manière à appuyer l'attaque dès qu'il sera possible, ou à couronner la position conquise.

Les réserves d'infanterie et de cavalerie sont également en place au petit jour, prêtes à exploiter le succès.

V. — A la différence d'une attaque en pleine nuit (p. 214), on fixe à chaque élément (brigade, régiment, bataillon) une direction générale en même temps qu'un premier objectif; le lever du jour permettra en effet à chaque attaque de pousser en ordre au delà de son premier objectif.

## § V. — *Défensive la nuit.*

La question a déjà été traitée avec les avant-postes.

Voici, à titre d'exemple, une organisation défensive de hauteur par un gros effectif (régiment) qui craint une attaque de nuit.

*Répartition :*

1$^{er}$ bataillon en ligne.

2° bataillon en échelon offensif à droite (gauche); cet échelon peut être primitivement refusé ou avancé, suivant le cas.

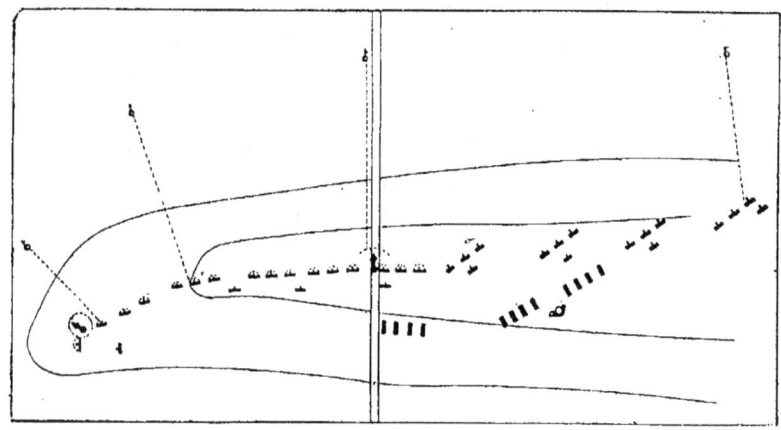

Régiment sur sa position de combat.

3° bataillon : 1 ou 2 compagnies en échelon défensif à gauche (droite), 2 ou 3 compagnies en réserve derrière le centre avec les tambours des 1$^{er}$ et 3° bataillons, à courte distance de la ligne de défense (100 à 200 mètres).

Mitrailleuses sur le front, battant les points de passage, ou placées à l'extrémité de l'échelon défensif.

*Détails d'organisation :*

a) 1$^{er}$ bataillon, 3 ou 4 compagnies en ligne, suivant

le front à défendre. Dans chaque compagnie, 3 sections en ligne sur 1 rang, 1 en soutien; les sections retranchées (éléments à intervalles, se flanquant au besoin, couverts par des fils de fer), munies de moyens d'éclairage (paille, pétrole, tisons, écrans-réflecteurs), d'appuis de tir. Les sections de soutien sont placées en face des intervalles. En avant, postes de 4, 8 hommes, avec des officiers, sur les routes.

b) Le 2ᵉ bataillon gardera provisoirement un garde-flanc (section, compagnie) qui ne concourra pas de suite à l'enveloppement.

c) Le 3ᵉ bataillon a une ou deux compagnies en échelon refusé du côté où l'on ne compte pas primitivement attaquer (même organisation qu'au 1ᵉʳ bataillon), le reste (2 ou 3 compagnies) forme réserve, partie derrière le centre, partie du côté de l'échelon offensif.

d) Mêmes précautions de reconnaissance (mouchoir des chefs, brassard) que dans l'offensive.

Après une contre-attaque, on se rallie sur la position primitive à un signal ou coup de clairon, sous la protection de faibles groupes laissés sur place.

e) Bien entendu, ce dispositif n'est pris qu'au contact; sinon on laisse une garde de tranchée — on se couvre. — Le gros bivouaque en arrière.

# CHAPITRE VII

## La liaison

### § 1. — *La liaison dans l'arme.*

#### I. Principes de la liaison.

Sur le papier du moins, la liaison est à l'ordre du jour. Dès qu'on entame l'application, le vague apparaît.

1° Qu'il soit bien entendu, tout d'abord, qu'au combat une troupe doit *exécuter la mission qu'elle a reçue, sans faire dépendre son action de ce que fait le voisin*. Nous l'avons déjà dit, chacun ne doit avoir qu'un désir, se rapprocher à distance de baïonnette, attirer le plus possible d'ennemis à soi pour dégager d'autant le camarade. L'alignement est en avant pour tout le monde.

Dans le même ordre d'idées, le camarade en arrière ou sur le côté, momentanément réservé, ou faiblement engagé, désire ardemment secourir le camarade en détresse; à tout le moins, il se tient prêt à l'appuyer au premier ordre.

De leur côté, les artilleurs et les cavaliers n'ont qu'une préoccupation : aider les fantassins à avancer, tant par une action opportune de leur part, que par le *mépris de tout danger*, une fois que l'infanterie a besoin d'aide.

C'est là l'essentielle liaison, la liaison morale. Elle nécessite une éducation *intellectuelle*, fruit de travaux et de manœuvres en commun et aussi l'éducation *morale* proprement dite, le sentiment dans le cœur de tout soldat et de tout chef que sa peau passe toujours après celle du camarade en avant, à droite, à gauche, de la même arme, ou de l'arme sœur.

2° Aussi bien, pour faciliter cette liaison sur le champ de bataille, on affectera à la même attaque, autant que possible, les troupes de toutes armes réunies dès le temps de paix sous le même commandement; à tout le moins, on les mettra explicitement sous les ordres d'un seul chef. (Liaison d'un régiment d'infanterie et d'un régiment de cavalerie à une aile. Affectation d'un ou plusieurs groupes d'artillerie de corps à une attaque....)

3° Dans le même but et pour les petites unités (régiment, brigade...) appelées à se battre dans le même champ de tir, on gardera son monde le plus longtemps possible avec soi; on évitera les inutiles et multiples colonnes, sources d'inquiétude dès leur mise en route. (V. le combat p. 89.)

4° En revanche, la nécessité d'une attaque immédiate et rapide entraîne, pour les grosses unités, la répartition sur plusieurs colonnes; ajoutons que l'artillerie sur route, en particulier, doit être protégée contre les surprises du canon à tir rapide, que les cantonnements doivent être couverts de plus loin qu'autrefois. Bref, les distances et intervalles se sont considérablement accrus; il faut donc se relier en profondeur, c'est indispensable, et en largeur, c'est très utile. (V. p. 84 et 85.)

Le seul procédé, nous l'avons dit à propos du combat, nous semble être *l'envoi* ou *l'échange d'agents de liaison*, envoi d'agents de liaison auprès du chef le plus en avant, pour la liaison en profondeur, échange d'agents de liaison entre les colonnes, pour la liaison latérale.

L'œil et la pensée constamment tournés vers son unité d'origine, l'agent de liaison est tout porté à solliciter ordres et renseignements à l'adresse et au profit de cette dernière. Le cas échéant, il n'hésitera pas à la renseigner ou l'avertir de sa propre initiative.

5° Cette mesure entraînant un écrèmement, il faudra y regarder à deux fois quand il s'agira de recourir aux services d'un officier; on sera plus large quand il s'agira d'échanger soldats, gradés, éclaireurs montés.

6° Un seul mot de la liaison inerte, fragile et encombrante (téléphone, télégraphe, signaleurs...). Presque toujours, pour les petites unités (bataillons, régiments, brigades), cette liaison sera impossible en marche et au combat; elle ne servirait d'ailleurs qu'à ralentir l'offensive.

### II. La liaison en marche, en station, au combat.

#### *A)* LIAISON EN MARCHE.

1° *Liaison en profondeur.*

*a)* Elle se fait de l'arrière à l'avant. L'unité détachée en avant est suivie d'un groupe de liaison (un gradé responsable et 1, 2 hommes) de l'unité suivante.

Ce groupe marche *en queue* de l'unité détachée jusqu'au moment où l'égrènement devient indispensable (nœud de routes, la nuit, dans un village ou un bois, ou encore lorsque la distance entre les éléments dépasse 400, 500 mètres afin de permettre la transmission par relais).

Dès que l'éparpillement devient inutile, les hommes serrent à nouveau sur l'unité de tête, ne fût-ce qu'à la halte horaire; on évite ainsi toute dispersion inutile, pour conserver le plus possible fusils et hommes sous la direction d'un chef.

Mêmes dispositions, lorsqu'une unité pousse une fraction à droite ou à gauche.

*b)* Le long d'une unité non disloquée (compagnie, bataillon en colonne de route) la transmission se fait de l'arrière à l'avant ou inversement par les chefs de sec-

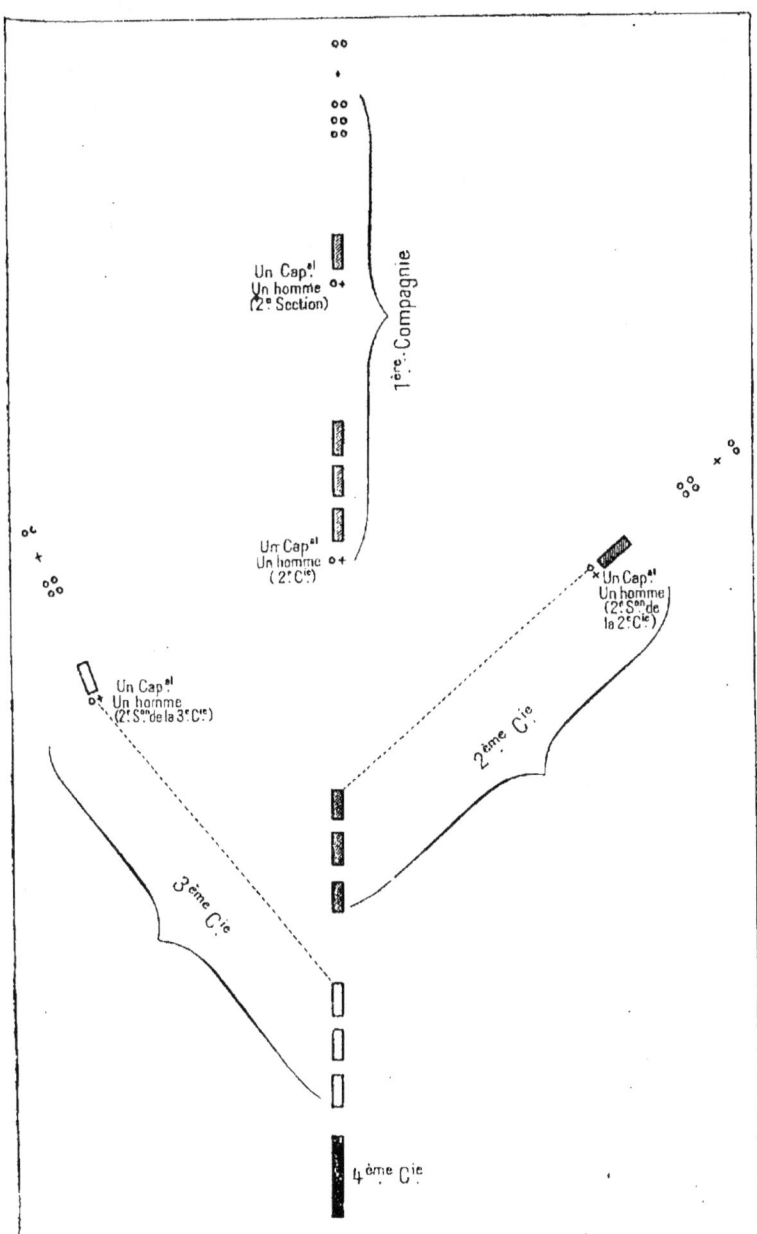

Bataillon en marche

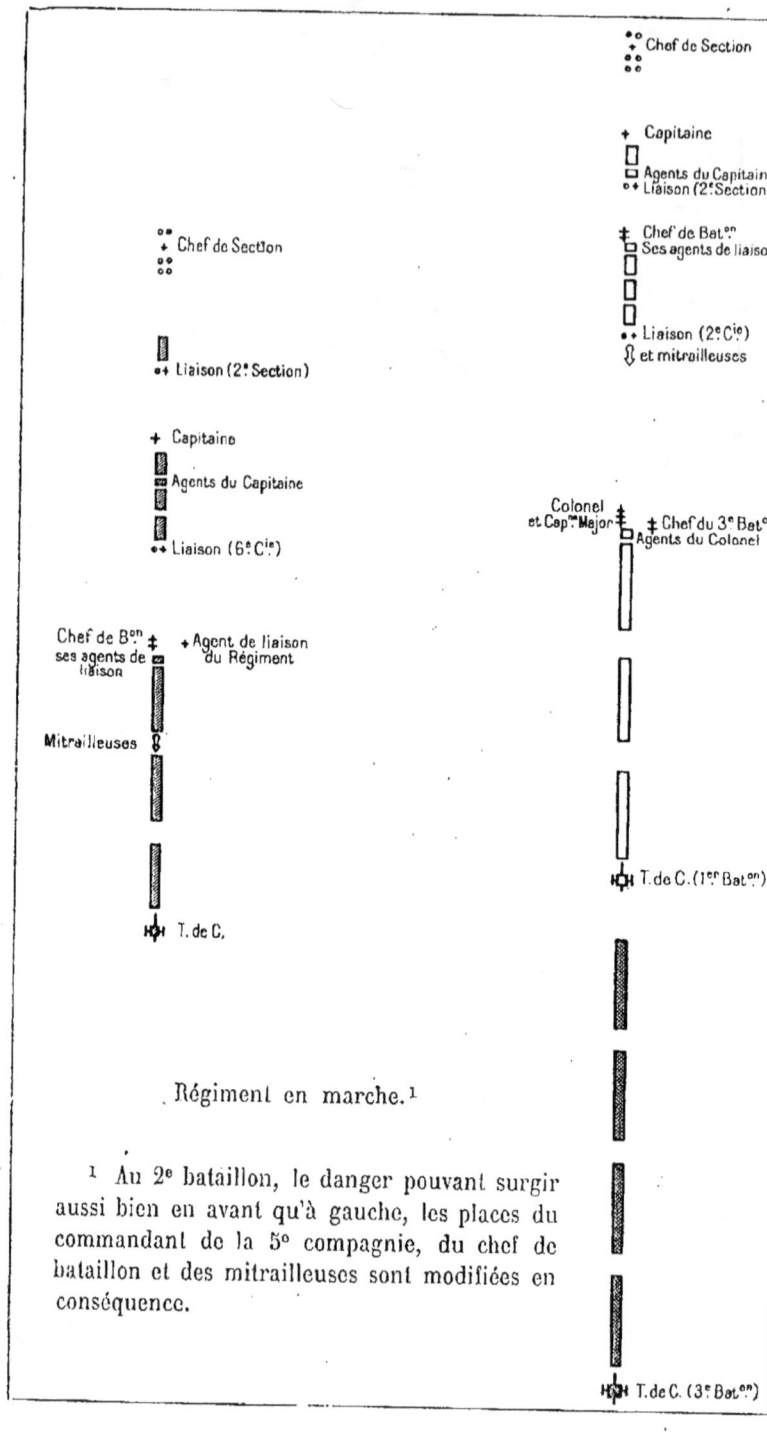

Régiment en marche.[1]

[1] Au 2ᵉ bataillon, le danger pouvant surgir aussi bien en avant qu'à gauche, les places du commandant de la 5ᵉ compagnie, du chef de bataillon et des mitrailleuses sont modifiées en conséquence.

tion qui se passent, *à la course*, ordres ou renseignements.

c) Tout chef de troupe en première ligne (avant-garde, avant-postes, éléments engagés) qui croise un porteur de renseignements à destination de son supérieur prend connaissance et signe « Vu », ce qui donne à penser à ce supérieur que les premières mesures de parade ont été prises.

2° *Liaison en largeur.*

Les colonnes parallèles, ou encore la colonne principale et sa flanc-garde se tiennent en communication, par échange d'agents de liaison (gradé, sous-officier éclaireur monté, officier adjoint, etc.) ou du moins par envoi d'agent de liaison auprès du commandant de cette flanc-garde.

*B)* LIAISON PENDANT LE STATIONNEMENT.

*Liaison à l'intérieur de la grand'garde.*

En arrivant à l'emplacement probable du gros de la grand'garde, le capitaine (chef de bataillon) affecte à chaque *poste latéral de résistance* un *agent de liaison* tiré du piquet (ou de la garde de police). Quand la distance des *postes latéraux de résistances*, ou des *postes de surveillance* au gros de la grand'garde dépasse 500 mètres, le capitaine (chef de bataillon) détache également un *relais* intermédiaire de 2 hommes.

De son côté, chaque poste de résistance, *une fois placé*, envoie au piquet (à la garde de police) un agent de liaison propre.

a) Les *agents de liaison*, ainsi échangés entre le piquet (garde de police) et les postes de résistance sont « en subsistance » à leur unité provisoire d'affectation; ils y ont leur sac, y mangent, s'y reposent et sont utilisés pour les rondes et la transmission au premier relais; à défaut de relais, ils vont jusqu'au poste ou à la grand'

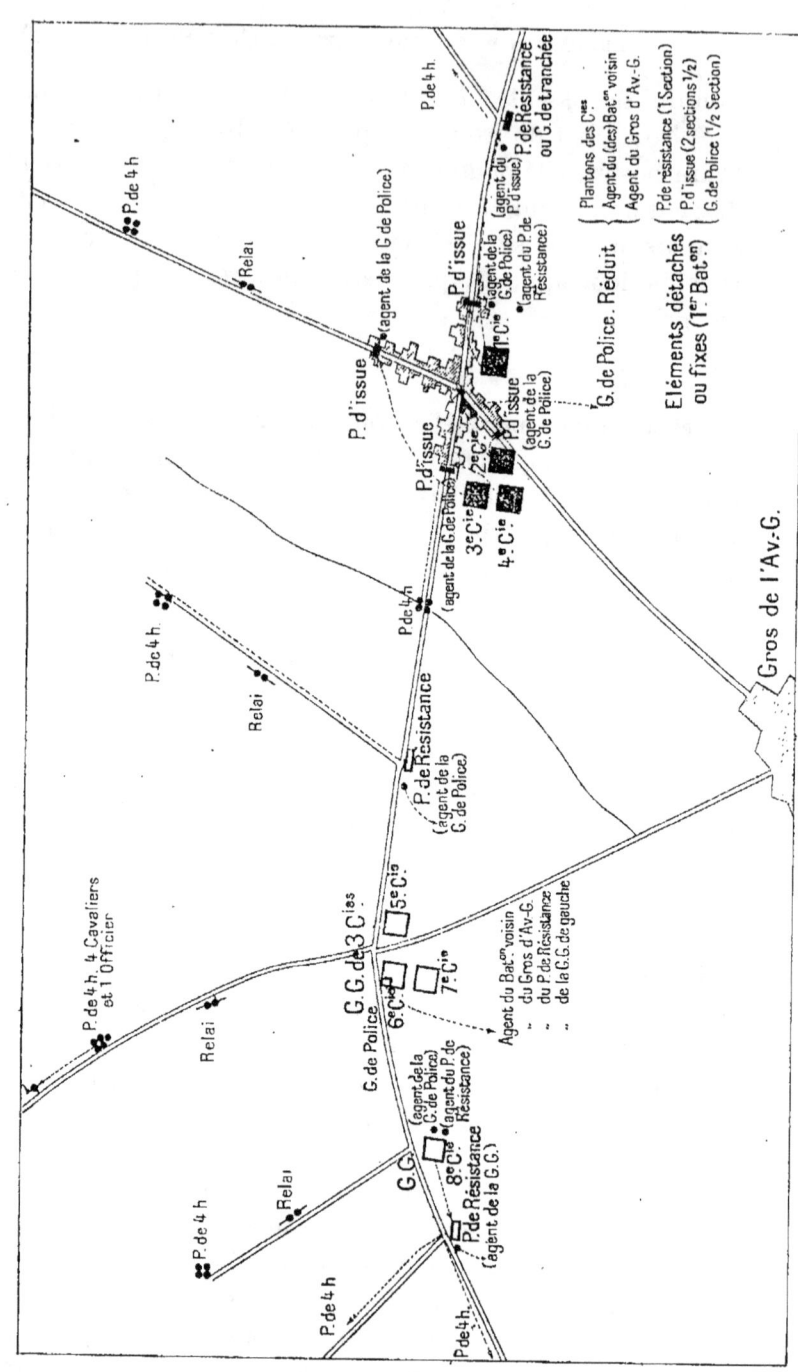

Avant-postes.

garde. A eux de solliciter ordres ou renseignements auprès du chef de leur unité d'affectation, si celui-ci n'y pense pas.

b) Les *hommes de relais*, fournis par le piquet (garde de police), sont relevés comme des sentinelles et laissent leurs sacs à la grand'garde.

*Liaison entre deux grand'gardes.*

Deux grand'gardes échangent entre elles un caporal ou soldat de $1^{re}$ classe qui va au piquet (garde de police) de la grand'garde d'affectation ou à son poste le plus rapproché de la grand'garde d'origine, suivant les circonstances.

*Liaison entre deux bataillons d'avant-postes.*

Deux bataillons d'avant-postes échangent un sous-officier (éclaireur monté, sergent postal, etc.) susceptible de porter rapidement un ordre. L'officier adjoint de chaque bataillon reconnaît en outre l'itinéraire unissant les gros des deux bataillons.

*Liaison entre le gros des avant-postes et le gros de l'avant-garde ou le commandant des troupes.*

a) Un sous-officier (adjudant de bataillon à bicyclette, sergent postal) et exceptionnellement un officier (officier adjoint d'un bataillon du gros) sera détaché au gros du bataillon d'avant-postes avec un cycliste de l'Etat-Major du régiment; il vivra à l'état-major du bataillon. En cas d'attaque, il envoie, par cycliste, les premiers renseignements. Quand la situation s'aggrave, il porte lui-même les renseignements au commandant de l'avant-garde ou au commandant des troupes et rentre à son unité.

C) LIAISON AU COMBAT.

*Liaison entre les compagnies.*

Le capitaine d'une compagnie de renfort décolle de

manière à suivre au plus près la (les) compagnie engagée.

*Agents de liaison du chef de bataillon.*

a) Lieutenant adjoint ou sous-officier de cavalerie, s'il n'est pas auprès du colonel.

b) L'adjudant de bataillon chargé d'écrire les renseignements destinés au colonel, et de solliciter les ordres du

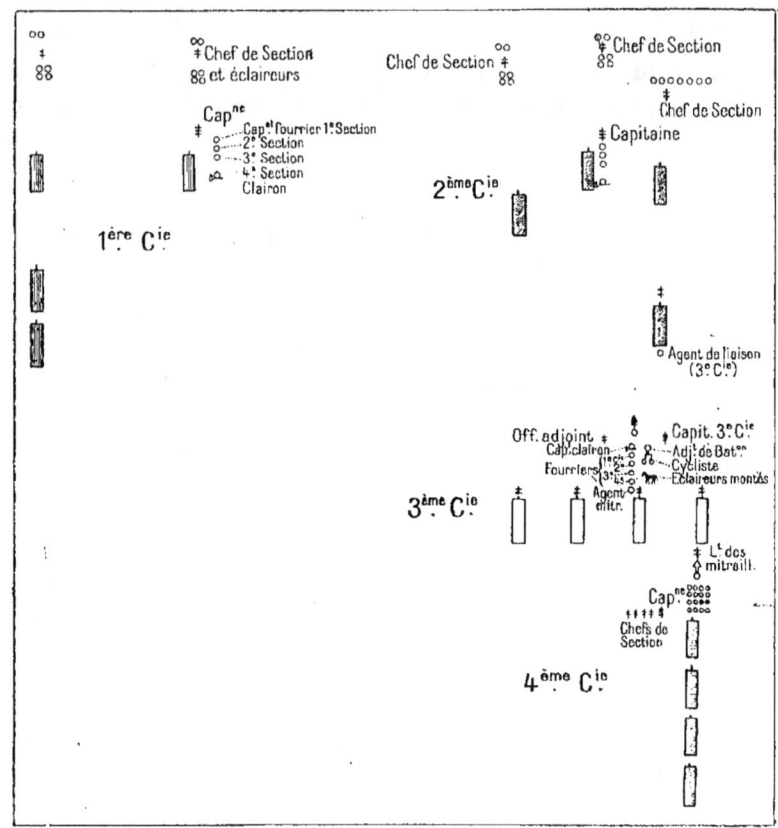

La Compagnie et le Bataillon au combat.

chef de bataillon, relatifs à la marche ou au stationnement du train de combat.

c) 1 à 4 éclaireurs montés et 1 cycliste surveillant l'ennemi et rendant compte à l'adjudant de bataillon.

*d)* Le caporal clairon chargé d'épier les signaux ou déplacements du colonel.

*e)* Un fourrier par compagnie et l'agent de liaison des mitrailleuses surveillant leur compagnie ou section et rendant compte à l'adjudant de bataillon qui peut ainsi tenir le chef de bataillon au courant.

*Liaison entre deux bataillons s'engageant accolés ou en profondeur.*

Lorsque deux bataillons s'engagent accolés, ils échangent ou non cycliste ou éclaireur monté, suivant les circonstances.

Au cas où un bataillon est arrêté ou suit en réserve, son chef décolle pour suivre au plus près le mouvement du bataillon qui le précède ou se tient auprès du commandant du régiment.

*Agents de liaison du colonel.*

*a)* Le capitaine major et éventuellement 1, 2, 3 lieutenants ou sous-officiers adjoints des bataillons.

*b)* Les 3 cyclistes de l'état-major du régiment.

*c)* 3 éclaireurs montés.

*d)* 3 éclaireurs sans sac, 1 par bataillon.

*e)* 3 clairons, 1 par bataillon.

Les clairons surveillent particulièrement l'ennemi et rendent compte au capitaine-major ou à défaut au colonel.

Les éclaireurs sans sac surveillent leur bataillon et écrivent les ordres à destination des chefs de bataillon.

Les éclaireurs montés et les cyclistes sont employés à la liaison avec l'autorité supérieure et les bataillons. A faible distance de l'ennemi, ils sont suppléés par les éclaireurs sans sac.

*Communication des ordres et renseignements.*

En position d'attente, le chef supérieur fait connaître

son *poste de commandement*; il y laisse, s'il se déplace, un gradé chargé d'aiguiller les renseignements. Il fixe également les *postes récepteurs* d'ordres de ses subordonnés directs.

En marche et au combat, il indiquera l'unité avec laquelle il marche ou la direction qu'il suivra.

### Liaison entre les régiments.

Deux régiments, s'engageant *accolés*, échangeront ou non, suivant les facilités de la liaison à la vue, un officier adjoint ou un sous-officier éclaireur monté.

Surtout, ils feront preuve d'une offensive décidée sur leur objectif.

Si les deux régiments s'engagent *en profondeur*, le colonel du deuxième régiment décolle pour suivre le régiment engagé et détache au besoin auprès de son chef un officier adjoint ou sous-officier éclaireur.

### D) LIAISON ENTRE LES TROUPES ET LES ÉTATS-MAJORS. LIAISON DES ÉTATS-MAJORS ENTRE EUX.

*Liaison entre le général de brigade et ses régiments.*

Le général de brigade, au combat, a auprès de lui un des trois officiers adjoints de chaque régiment.

Il marche d'ordinaire avec un régiment[1] et envoie ses ordres au deuxième régiment par l'officier adjoint ou son officier d'état-major actif.

*Liaison entre la brigade, la division et le corps d'armée.*

Le général de division a auprès de lui :

---

[1] « Le chef doit toujours être à proximité pour sentir battre le pouls des troupes; la remarque s'étend au généralissime qui doit se trouver au point décisif, en mesure d'apprécier la situation morale et matérielle de l'ennemi, de se rendre compte de ce qu'il peut exiger de ses propres troupes, et de ce qu'elles peuvent tenter, sous l'exaltation de la victoire. » Général Silvestre.

Son chef d'état-major et un officier d'état-major de la division;

Un officier d'état-major du corps d'armée, s'il agit loin du commandant de corps d'armée;

Les deux officiers d'état-major (réserve) des brigades, et d'ordinaire, un de ses généraux de brigade;

Le commandant de l'artillerie divisionnaire;

Un agent de liaison de l'escadron divisionnaire (sous-officier ou brigadier).

Un officier d'état-major ou stagiaire de la division se tient auprès du commandant de corps d'armée; celui qui marche avec le général de division est détaché au besoin momentanément auprès de la brigade avec laquelle le général de division ne marche pas de sa personne.

## § II. — *La liaison des armes*

### I. L'infanterie et la Cavalerie.

#### 1° SE GARER DE LA CAVALERIE ENNEMIE.

La cavalerie est surtout à craindre aux moments de crise et c'est alors qu'on se garde le moins.

On se gardera donc, même au combat, même à l'assaut :

a) Par des patrouilles;

b) Par la vigilance des chefs, premiers éclaireurs de leurs troupes;

Si la compagnie est encore groupée, le capitaine indique le côté où il faut faire face et commande « Cavalerie — Feu ».

Chaque section est placée face à l'attaque; les fractions

qui font mouvement mettent baïonnette au canon en marchant, les autres peuvent ouvrir le feu de suite.

Si la cavalerie ennemie est signalée, mais n'attaque pas, il faut s'en garer, sans se laisser détourner de sa mission. Le capitaine (chef de bataillon) commande : « Contre la cavalerie, dispositions de sûreté ». On s'échelonne et s'éclaire, la baïonnette est mise au canon et l'on continue la marche sur l'objectif primitif.

2.° AIDER LA CAVALERIE AMIE. — L'UTILISER AU MIEUX.

*a)* La cavalerie amie charge-t-elle, l'infanterie en profite pour bondir au lieu de se croiser les bras.

*b)* Le soutien d'infanterie d'une grosse troupe (division, brigade) de cavalerie marchera, par deux ou trois routes parallèles, derrière cette cavalerie. « Il ne s'agit pas d'avoir beaucoup de fusils à certains endroits, mais des fusils en beaucoup d'endroits[1]. »

Si le soutien couvre un pont, défilé, par où la cavalerie doit déboucher ou, au contraire, se replier, en cas d'échec, il se portera assez en avant pour que cette cavalerie puisse se déployer ou, rejetée, se reformer en colonne pour franchir le passage.

---

[1] Il va sans dire que cavalerie et infanterie marchent à leur allure propre, l'infanterie sans sacs si possible, les cyclistes s'il y en a, avec l'avant-garde de cavalerie. Les trains de combat de l'infanterie et de la cavalerie marchent derrière l'infanterie, les trains régimentaires des deux armes et éventuellement les voitures de sacs et une partie des trains de combat plus en arrière, au delà des défilés, ponts..., jusqu'à ce que la situation soit définie ou que la nuit approche.

L'infanterie de soutien est dotée d'un minimum de cavalerie de sûreté immédiate. Si la cavalerie amie est refoulée, l'infanterie, occupant un large front de points d'appui, couvre son ralliement — ou combine son feu avec les charges des camarades — ou encore prend l'offensive, l'infanterie prête à recevoir la cavalerie ennemie, une de ses ailes couverte, si possible, par un obstacle (rivière, lisière) ou un échelon, la cavalerie amie à l'autre aile, momentanément à l'allure de l'infanterie et à l'affût de l'occasion favorable.

c) Quand une fraction de cavalerie est adjointe à l'infanterie (à une avant-garde, flanc-garde, etc.) le chef de l'infanterie donne à la cavalerie des ordres précis :

1° Patrouilles lointaines à envoyer sur le front et les flancs (heure de départ, itinéraire général, ce qu'on désire savoir par rapport à l'ennemi).

2° Itinéraire du gros de cavalerie et points d'appui successifs à saisir, si l'effectif de la cavalerie le permet; sinon, affectation de toute cette cavalerie à la sûreté immédiate de l'avant-garde et, éventuellement, aux détachements de flanc. (V. p. 206.)

3° Garder quelques cavaliers pour l'imprévu et la liaison.

d) Aux avant-postes, voir service en campagne.

### 3° LIAISON MATÉRIELLE ET MORALE DE L'INFANTERIE ET DE LA CAVALERIE AU COMBAT.

a) *Cavalerie divisionnaire en arrière du combat d'infanterie.*

Un officier de cavalerie, le commandant de l'escadron de préférence, se tient auprès du commandant de l'infanterie à proximité, avec un ou deux cavaliers de liaison, à l'affût de l'occasion favorable.

Dans l'escadron, un officier (sous-officier) surveille ses gestes (casque ou shako levé : « à moi! »).

b) *Régiment, brigade de cavalerie à une aile.*

Un officier de cavalerie (officier de peloton, officier d'état-major [réserve] de la brigade de cavalerie) se tient auprès du commandant de l'infanterie le plus proche qui le mettra au courant des besoins de l'infanterie et du moment favorable, donnera au besoin aux cavaliers un soutien propre, de l'artillerie, etc.

Naturellement, le chef d'escadrons, colonel ou général de brigade qui verra une occasion favorable, la saisira sans attendre ordre ou demande de secours du commandant de l'infanterie.

## II. L'infanterie et l'artillerie.

### A) SE GARER DE L'ARTILLERIE ENNEMIE.

L'artillerie appelée à nous faire face, l'artillerie allemande actuelle, nous enverra, de positions peu défilées (1), des shrapnels analogues à notre obus à balles et des obus explosifs. Nous recevrons les shrapnels pendant notre marche ou nos arrêts à découvert; les obus explosifs seront dirigés percutants sur nos canons, nos réserves masquées dans les bois, les murs crénelés; ils seront tirés fusants contre nos tirailleurs abrités dans des tranchées.

a) Tiré fusant, l'obus explosif donne un cône d'éclats si ouvert qu'une partie de ces derniers tombe presque verticalement. Il sera donc très efficace contre des troupes adossées à des obstacles, mais sous la condition, bien rarement remplie, d'avoir un tir absolument précis, puisque l'action en profondeur est très faible.

Tiré percutant, l'obus donne des résultats supérieurs au shrapnel percutant, quand il s'agit d'atteindre des troupes placées sous bois, ou de démolir l'artillerie à boucliers.

b) Le shrapnel fusant est d'emploi général; il renferme même nombre de balles que notre obus de 75; mais sa plus grande légèreté lui confère une vitesse initiale moindre et une déperdition de vitesse plus rapide; en outre, ses balles ne pèsent que 10 grammes au lieu de 12. Son action ne s'étend pas en profondeur sur plus de 100 mètres et les balles sont moins meurtrières que les nôtres.

La batterie de 6 pièces bat un peu plus de 100 mètres; mais ne peut faucher; le pivotement de la pièce sur l'affût au delà de 1 à 2 degrés en dehors du plan médian,

---

[1] En raison des appareils de pointage et des idées régnantes en Allemagne, du moins chez les exécutants.

amènerait le dépointage. Les Allemands ne font pas et ne peuvent faire de tir progressif.

Cette connaissance sommaire des moyens de l'adversaire nous permet de déduire les meilleurs préservatifs :

I. — La meilleure formation, ce sera toujours le terrain, le cheminement.

II. — A défaut de cheminement, on prendra des formations étroites, à l'intervalle maximum que permet le terrain dont on dispose (colonnes de sections ou demi-sections à intervalles de 60 mètres) et à la distance minimum de 150 mètres si possible; surtout, on *marche vite* (à la course pour gagner l'angle mort); on *oblique* pour gêner le réglage et amener des dépointages; on *s'aplatit* sous la rafale.

III. — A titre d'exemple : si l'on est *pressé de traverser une crête*, on se dispose en arrière, en ligne aussi large que possible de petites colonnes, puis tout dévale dans l'angle mort. Un bataillon, sur un front de 600 mètres, exige, pour être battu simultanément et uniformément, le feu de 6 batteries allemandes[1].

Si *on a le temps*, on cherchera un cheminement.

B) SE FAIRE APPUYER PAR L'ARTILLERIE AMIE.

Nous croyons utile d'étudier rapidement, en fantassin

---

[1] Autre exemple : deux bataillons ont à franchir la même crête sur le même front de 600 mètres, en vue de gagner un dernier couvert rapproché de l'ennemi et d'entamer l'attaque sans désemparer.

6 compagnies, disposées sur tout le front disponible, en ligne de colonnes de tirailleurs, franchissent ensemble la crête avec leurs vingt-quatre sections sans sacs, dévalent rapidement dans l'angle mort, gagnent le dernier couvert et entament immédiatement l'attaque avec la première vague de 6 sections, les vagues non dépensées restant momentanément abritées.

Les 2 compagnies de réserve des 2 bataillons franchissent la crête dans les mêmes conditions, une fois les 6 compagnies dans l'angle mort, et vont les rejoindre au dernier couvert.

Billard.

profane, mais intéressé, le règlement provisoire d'artillerie, les propriétés du canon à tir rapide avec leurs conséquences tactiques et la manière dont nos camarades comptent appuyer notre « tâche rude et laborieuse ».

1° *Propriétés de l'artillerie.*

*a)* L'artillerie se caractérise par la puissance de *destruction* : des buts vivants, non abrités, en formation dense, s'exposent à des pertes très sérieuses; des batteries en vue, à bonne portée, prises à partie par des batteries non contrebattues, risquent une prompte démolition.

En revanche, ses effets sont presque nuls sur le personnel abrité, aplati, ou se présentant par paquets peu tentants et multiples et sur le personnel des batteries défilées, non en action.

C'est alors qu'intervient une deuxième propriété de l'artillerie, le pouvoir de *neutraliser* l'ennemi, d'interrompre plus ou moins complètement son activité. Un matériel défilé a toujours une certaine vulnérabilité, s'il agit; son personnel d'observation, de transmission, les servants à demi abrités pendant le service de la pièce subissent des pertes, en particulier des shrapnels fusants tirés obliquement et des obus explosifs; surtout ils perdent la tête. De même, l'infanterie sera presque indemne si elle se terre; mais alors elle n'empêche pas l'infanterie ennemie d'avancer; veut-elle enrayer sa marche, elle se découvrira en partie pour tirer et redeviendra vulnérable.

L'artillerie donne en outre un *appui moral* en même temps qu'elle fait *diversion* en détournant sur elle une partie de l'attention et des coups de l'ennemi. Ces deux effets résultent de l'efficacité connue de l'artillerie, mais n'en sont pas moins distincts, puisqu'ils peuvent être produits par une artillerie dont l'efficacité réelle sera nulle ou faible[1]. On en tiendra compte pour ouvrir

---

[1] Cf. *La Bataille de l'Aconcagua*, p. 271.

ou retarder le feu, augmenter ou diminuer son intensité, etc.

b) Cette puissance de l'artillerie peut se doubler de la soudaineté, de l'effet de *surprise*.

c) *Défilée*, l'artillerie conserve souvent son action *offensive* et, en outre, la *résistance à l'usure*.

## 2° *Conséquences tactiques.*

a) Dans l'offensive, le feu d'artillerie accompagne l'action de l'infanterie, mais *ne la précède pas*[1]. Ou bien shrapnels et obus terreront l'adversaire pendant que l'infanterie avance, ou bien, s'il se découvre, ils le couvriront de balles et d'éclats, qu'il veuille tirer, renforcer ou contre-attaquer.

Suivant le cas, l'artillerie appuiera son infanterie en tirant sur l'infanterie, les mitrailleuses ou l'artillerie qui s'opposent le plus efficacement et immédiatement à la marche des fantassins amis.

b) L'artillerie occupera de préférence, *surtout au début de l'action*, des positions *masquées* qui lui conservent sa liberté d'action, la protègent de la destruction et permettent souvent une action *offensive* aussi efficace[2].

---

[1] Le contraire est pourtant d'usage courant (Yalou, Liao-Yang, Schaho..., etc.). Les adversaires aboient à grande distance dans l'espoir de s'effrayer, comme les héros d'Homère s'injuriaient, puis, voyant que rien n'avance, ils se décident à en découdre avec l'infanterie, alors que les caissons sont à moitié vides.

[2] Une figure schématique montre, du premier coup d'œil, la supériorité d'appui par l'artillerie dans l'offensive.

Le parti A attaque la hauteur B (Frœschwiller, Saint-Privat, Pont-Noyelles, Tera-Yama, Zen Shotatsuko, etc.). Il gagnera le fond C, soit à la course, soit par éléments à peu près insaisissables pour l'artillerie B, soit, mieux encore, par des cheminements que l'artillerie B ne pourra battre. Une fois en C, l'infanterie de A remontera les pentes CB avec l'appui de l'artillerie qui, en A, même masquée, agira jusqu'au

Elle usera donc du *défilement maximum lui permettant*:

1° D'atteindre l'objectif (battre le village, le bois attaqué et ses abords) sans crainte de le laisser en *angle mort* ou *d'écrêter* la masse couvrante (1); si l'on attaque

---

dernier moment, tandis que l'artillerie du défenseur, en B, ne pourra agir dans l'angle mort, et assez médiocrement, qu'en se montrant et par suite en risquant beaucoup de la part de l'artillerie A.

Si le défenseur avait occupé C en avant-ligne (avant-postes), le parti A aurait livré un combat d'infanterie, mal appuyé de part et d'autre par les artilleries opposées, si elles restent masquées, offrant des dan-

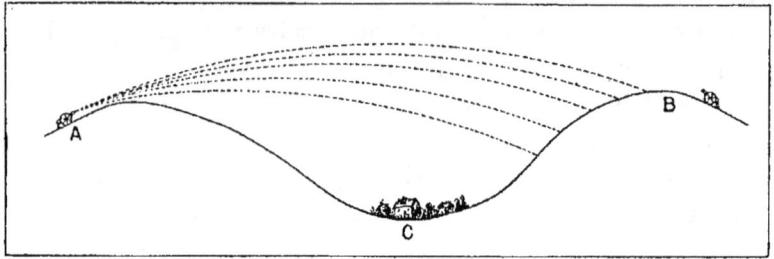

gers égaux pour ces mêmes artilleries si elles veulent appuyer efficacement ce combat de vallée. En tout cas, par sa supériorité numérique, l'assaillant arrivera, de jour ou de nuit, à refouler ces troupes avancées, forcément faibles, et l'on reviendra au mode de combat précédent pour l'attaque de la crête B.

Seules, des batteries, sections, pièces en caponnières de la défense seraient très efficaces; mais il n'y aura pas de caponnière partout; souvent aussi, ces caponnières seront enfilables; ce n'est donc pas une panacée.

[1] Techniquement, on peut tirer de *partout*, sur un but à *grande distance*, sans écrêter.

Aux *moyennes* et aux *courtes* distances, il faut mesurer expérimentalement, pour un angle de site donné, la *hausse minima*, au-dessous de laquelle on ne peut descendre, et inscrire le résultat sur le bouclier droit.

Enfin, dans les meilleures conditions de terrain, les artifices employés pour *supprimer l'angle mort*, « l'espace mort » des artilleurs (relèvement progressif du correcteur sur la trajectoire de la hausse minima) tombent à néant en deçà de 1.300-1.500 mètres. Bref, pour battre l'angle mort il n'y a que le franchissement de la crête ou la caponnière. Il faut se découvrir pour couvrir les camarades de l'infanterie.

une hauteur, les batteries pourront, même masquées, appuyer l'attaque; mais si le combat se livre en contre-bas, il faudra d'ordinaire, pour que les coups atteignent l'objectif, sacrifier plus ou moins le défilement, tirer au défilement de l'homme debout, du matériel ou à découvert, bref, franchir la crête;

2° D'atteindre cet objectif dans des conditions de *rapidité* variables avec le tir à effectuer, la nature de l'objectif, la situation. Cette rapidité, dans le tir fortement masqué, est d'autant plus difficile à réaliser et d'autant plus nécessaire que l'action se précipite, que le nombre des batteries est plus considérable, que les virtuoses du tir (capitaines, pointeurs, officiers, chefs de pièces...) sont en partie hors de combat, que la difficulté de transmission croît avec le fracas des coups amis et ennemis[1], avec le resserrement des intervalles, avec la peur. Bref, le défilement, parfois assez prononcé au début (défilement des lueurs, de l'homme à cheval) se restreindra et disparaîtra pour nombre de batteries, si l'on veut agir rondement et efficacement au bénéfice de l'infanterie qui risque tout et est bien en droit d'exiger que les artilleurs en fassent autant pour arracher la victoire[2].

Les batteries n'hésiteront donc pas à franchir la crête quand leur mission le demandera; toutefois, elles rechercheront les *masques* (haies, rideaux d'arbres, etc.) et seront *protégées par d'autres batteries défilées* qui les dégageront ou du moins diminueront l'efficacité du feu ennemi.

*c)* On recherchera activement la *priorité d'occupation*

---

[1] Comment peut-on songer à diriger le feu de toutes les batteries au moyen du téléphone alors que dans la vie civile, celui-ci ne fonctionne sûrement que si l'on s'enferme dans une cabine silencieuse (général de Rohne).

[2] Monsieur Jourdain (Acte II, Sc. III) sera seul à croire « qu'un homme, sans avoir du cœur, est sûr de tuer son homme et de n'être point tué ».

*des positions*, tant pour soutenir immédiatement l'infanterie que pour profiter des imprudences de l'infanterie et de l'artillerie adverses et faire peser sur l'ennemi le péril que constitue l'occupation de positions, même masquées, par une artillerie nombreuse en face d'un adversaire prêt.

En raison de la lenteur de la préparation du tir masqué, et de la vulnérabilité d'une masse d'attelages à proximité de la position de tir, les batteries seront d'ordinaire en surveillance et non en position d'attente, sauf faute de place ou en plein inconnu; mieux vaut être trop fort que manquer l'occasion de la surprise; tant pis pour le risque du déploiement prématuré!

d) De ces batteries en surveillance, on ne fera d'ailleurs *tirer que le nécessaire*, mais en comptant très large, car on tire très mal à la guerre. Si la batterie française, grâce au coulissement sur l'essieu et à une large ouverture du faisceau, peut battre 200, 300, 600 mètres, on sera fréquemment amené à resserrer le front à battre — tir à démolir — destruction d'un personnel abrité dans une tranchée — feu convergent sur de l'artillerie défilée.

Le feu lui-même ne s'exécutera pas seulement par rafales violentes avec intermittences; tantôt il sera lent et continu pour maintenir la neutralisation de l'adversaire; tantôt il s'exécutera ultra-rapide, sur front large, fourchette large, en tir progressif, sur un objectif important et fugitif (mise en batterie à découvert, franchissement d'une crête par l'infanterie) ou en tir sur hausse unique ou par rafales échelonnées et précipitées au moment de l'assaut.

e) On ne *change de position* que lorsque le premier emplacement ne satisfait pas aux conditions de l'engagement, soit qu'il faille se rapprocher pour mieux voir l'objectif, *agir plus intimement* avec l'infanterie, soit qu'il y ait lieu de préparer le *couronnement* de la position enlevée. Ce sera l'affaire du commandant de l'artillerie qui doit prévoir, provoquer et souvent ordonner de lui-même ces changements de position.

*f)* Excellemment, le règlement provisoire ordonne le tir par-dessus l'infanterie *jusqu'à l'abordage*, par tir fusant, percutant ou à obus explosif suivant le terrain. Tant pis pour l'accident isolé : la victoire avant tout.

### 3° *Liaison de l'infanterie et de l'artillerie au cours du combat.*

#### a) Avant-garde.

Dès qu'il prévoit une rencontre, le commandant de l'avant-garde se préoccupe des positions à assigner éventuellement aux batteries pour favoriser la marche de l'infanterie et au besoin la recueillir en arrêtant l'adversaire.

La situation se précisant et l'ennemi signalé, l'artillerie de l'avant-garde se tient prête à occuper ou occupe effectivement les positions successives répondant aux intentions ci-dessus; soit donc une marche par bonds, en totalité ou par échelons, cependant que l'infanterie continue sans désemparer, par route ou par cheminement, prête à envelopper la première résistance.

D'après le premier obstacle à la marche de l'infanterie : résistance d'un point d'appui ou tir de l'artillerie ennemie, l'artillerie de l'avant-garde s'engage tout d'abord contre les défenseurs du point d'appui ou la (les) batterie qui gêne sa propre infanterie. Dans cette entrée en action, on exploite la capacité de tir de chaque batterie (front battu de 200, 400, 600 mètres), avant de faire appel à leur nombre. L'artillerie non engagée demeure en surveillance aussi défilée que possible, prête à agir contre l'artillerie adverse, à dégager ses propres batteries en action si elles ont dû s'étaler à découvert pour appuyer l'infanterie, à canonner de nouveaux points d'appui.

Bref, de même que l'infanterie, l'artillerie de l'avant-garde sera toute mobilité et activité; elle s'étalera pour mieux battre les différents objectifs, diminuer sa propre vulnérabilité, réaliser si possible la convergence des feux.

Les batteries du gros doublent d'ordinaire l'infanterie et se déploient, prêtes à prendre la priorité du feu.

Cette rapidité initiale de l'offensive pourra entraîner le succès total en brisant l'élan de l'adversaire.

b) Engagement des gros. — Répartition de l'artillerie.<br>
Liaison morale et matérielle.

Les gros intervenant pour continuer et intensifier l'attaque, l'artillerie poursuit sa mission : aider de tous ses moyens la marche de son infanterie. Pour cela, elle doit empêcher de tirer, non seulement les défenseurs du point d'appui attaqué, mais autant que possible ceux des tranchées voisines, dont le feu peut atteindre l'assaillant : toute infanterie dans un rayon de 1.000 mètres et toute artillerie à 3, 4 kilomètres du point (zone) attaqué.

Pour que cette intervention se produise au bon moment et au *bon endroit*, il faut une liaison étroite, morale et matérielle entre les deux armes.

Si l'artillerie se trouve déjà sous les ordres du commandant *d'une attaque déterminée* (commandant d'avant-garde, de détachement, etc.), ce dernier fait connaître au commandant de l'artillerie par où il compte prononcer son effort principal. Le commandant de l'artillerie fait sa répartition en conséquence, charge tout ou partie de ses batteries d'appuyer l'attaque, le reste éventuellement en surveillance, prêt à s'engager contre les batteries ennemies ou sur de nouveaux objectifs qui gênent l'attaque. Ceci fait, il revient auprès du commandant de l'attaque pour rester au courant de ses besoins, ou, s'il reste avec ses batteries, se fait représenter par un agent de liaison.

Si le commandement est chargé, non pas d'une seule, mais de *plusieurs attaques*, il agira différemment, suivant son tempérament et l'entente antérieure; ou bien il fixera à son commandant d'artillerie les objectifs de l'infanterie, leur importance relative et les troupes chargées de les attaquer, en lui laissant le soin de répartir ses batteries (groupes) en conséquence; ou bien il fera la répartition lui-même. Exemple : « Tel régiment attaquera Champs, deux groupes appuieront son attaque; deux bataillons du 2° régiment attaqueront Saint-Julien, 312, un groupe les appuiera ». Le commandant de l'artillerie désigne rapidement les groupes de chaque attaque; aux chefs de ces groupes de prendre langue directement avec les commandants d'infanterie des attaques.

Quand un *nouvel élément* d'artillerie vient appuyer telle ou telle attaque d'infanterie, son chef se renseigne auprès des groupes déjà au feu et le plus ancien donne les ordres pour le renforcement des batteries affectées à telle ou telle mission.

Enfin, dans les attaques menées par de grosses masses sur une zone *large*, avec l'appui de nombreux canons, il n'y aura plus lieu de jouer au fin, mais simplement de répartir sommairement l'artillerie, pour balayer le front de l'attaque et ses abords, contrebattre l'artillerie ennemie de front, de droite et de gauche. Dans ce but, on réunit sous un commandement unique, celui du général commandant l'artillerie du corps d'armée, par exemple, tout ce qu'on peut grouper ou ressaisir d'artillerie. Quand l'attaque débouche, les batteries, *non prévenues*, entament le feu *de leur propre initiative*, au bénéfice, soit des troupes déjà engagées qui tenteront un dernier effort, soit des réserves qui débouchent.

Somme toute, l'artillerie comme l'infanterie reste le plus possible sous les ordres de ses chefs du temps de paix, commandant d'artillerie divisionnaire ou de corps, général de division ou commandant de corps d'armée. Mais chargé d'appuyer l'attaque de tel régiment, de telle brigade de la division, le commandant du ou des groupes d'appui de cette attaque se mettra en rapport avec le commandant de l'infanterie pour lui demander par où il compte attaquer avec son gros, ou, ce qui revient au même, dans quelle direction il désire surtout être appuyé; c'est la *liaison initiale*, la *subordination de mission*.

Tant que le commandant de l'artillerie d'une attaque n'a pu établir cette liaison, il fait de son mieux, tirant sur ce qu'il voit, d'après ce qu'il sait déjà ou croit savoir; il exécute par exemple un tir lent continu ou de brèves rafales espacées pour entretenir le moral de l'infanterie arrêtée; chaque déplacement de cette dernière sera l'occasion d'une reprise violente de feux pour maintenir et encourager ce mouvement, jusqu'à l'assaut, si possible. Pour les grosses attaques d'infanterie appuyées par les masses d'artillerie, la liaison se borne, comme nous l'avons dit, à une répartition sommaire des objectifs et à l'ordre d'ouvrir un feu ininterrompu dès que l'attaque débouchera du dernier couvert.

La *liaison au cours de l'action*, la *liaison pour l'exécution des feux* sera assurée normalement à la vue, éventuellement par agent de liaison fourni par l'artillerie.

L'agent de liaison rejoint à pied, s'il est nécessaire, le commandant de l'infanterie de l'attaque et lui demande 6 à 8 hommes de relais. Lorsqu'il a une première demande à transmettre, il revient à ses batteries en répartissant ses hommes de relais tous les 4 à 500 mètres, au mieux du terrain. Après transmission directe du premier renseignement, l'agent de liaison revient auprès du commandant de l'infanterie.

De ce moment, il transmettra rapidement, par ses relais de fantassins, en langage clair, à l'aide d'un croquis ou par signaux, les besoins de son infanterie, c'est-à-dire les objectifs à frapper, la nécessité d'allonger le tir ou de redoubler le feu au moment de l'attaque.

c) *Engagement des dernières réserves.*

Le combat s'est déroulé avec des alternatives de succès, d'arrêt ou de recul; les infanteries opposées sont plus ou moins épuisées, pauvres de munitions; les batteries ont perdu une partie de leurs chefs, de leurs pointeurs; certains instruments de pointage sont faussés, les cartouches en partie consommées.

Le commandement va lancer dans la zone qu'il a choisie ses dernières réserves, aux cartouchières pleines et au moral mieux conservé; il a réapprovisionné de préférence l'artillerie susceptible d'agir de ce côté, soit de front, soit de flanc et ramené au besoin de l'artillerie (artillerie de corps) d'autres parties du champ de bataille. Il faut qu'au débouché de l'infanterie on puisse tirer sans compter.

C'est le dernier acte, particulièrement brutal. De même que l'infanterie, relativement diluée au début de l'action, et cherchant le cheminement, va s'engager dans la zone choisie, par vagues ininterrompues de tirailleurs, sur une densité totale de 3, 4, 6 hommes par mètre courant, de même l'artillerie resserrera ses intervalles[1] pour faire place à un plus grand nombre de batteries et laisser de plus larges passages aux réserves d'infanterie; elle n'hésitera pas davantage à porter une partie de ses canons en avant de la crête pour appuyer plus rapidement la marche de l'infanterie et couronner la position enlevée.

Autant que possible, le commandant de l'artillerie de l'attaque a réparti les tâches : le feu s'ouvre d'une façon pour ainsi dire ininterrompue, dès le débouché de l'infanterie du dernier couvert.

d) *L'artillerie dans la défensive.*

Son rôle est délicat. D'ordinaire, elle sera inférieure au nombre et risquera beaucoup à engager ses batteries à découvert. Si elle reste masquée, elle désunira à grande

---

[1] A 5 mètres au besoin entre les pièces.

distance l'adversaire, le forcera à cheminer; mais sera peu efficace dans le combat de fond de vallée et sur les pentes rapprochées, à l'exception des sections (pièces) en caponnières, retranchées. Ces positions de caponnières ne se trouveront d'ailleurs pas toujours et la retraite sera des plus aventurées.

### C) RENDRE SERVICE A L'ARTILLERIE AMIE

*a)* Toute compagnie, section, dans le voisinage de l'artillerie, doit prendre langue avec son chef et déférer à ses demandes, sauf à rendre compte.

L'infanterie, soutien d'artillerie, surveille d'ordinaire

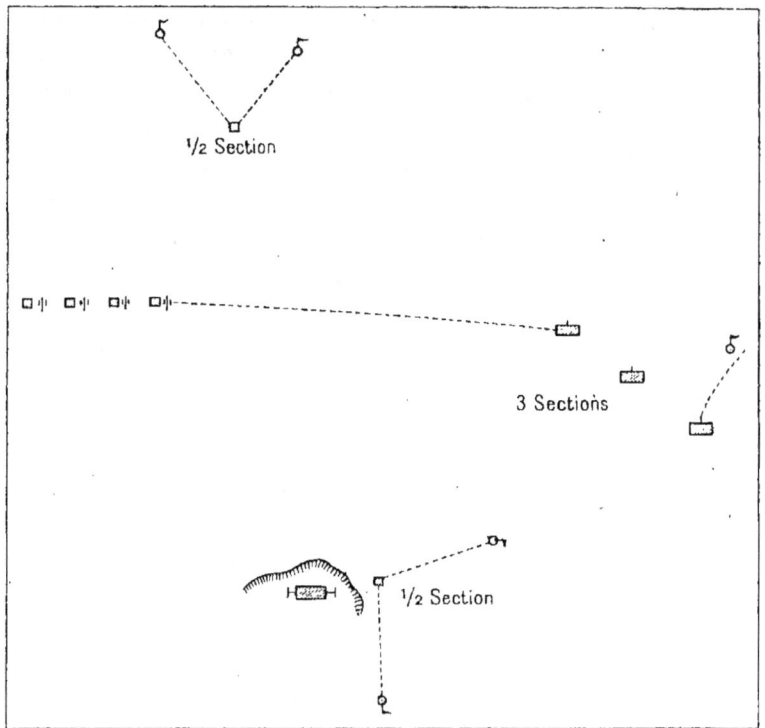

Schéma de la compagnie soutien d'artillerie.

en avant, couvre les flancs à 1.200, 1.500 mètres avec des fractions dotées d'éclaireurs d'artillerie et laisse une garde immédiate aux attelages ou à l'échelon.

DE L'INFANTERIE

Le commandant de l'infanterie de soutien reste auprès du commandant de l'artillerie ou lui détache un agent de liaison afin de faire démarrer une partie du soutien avant le changement de position des batteries.

b) En marche, au delà du groupe (1 kilomètre sur route), le bataillon qui précède immédiatement l'artillerie intercalera une ou deux sections entre les groupes, sans autre indication.

c) Au cours d'une bataille de plusieurs jours, l'artil-

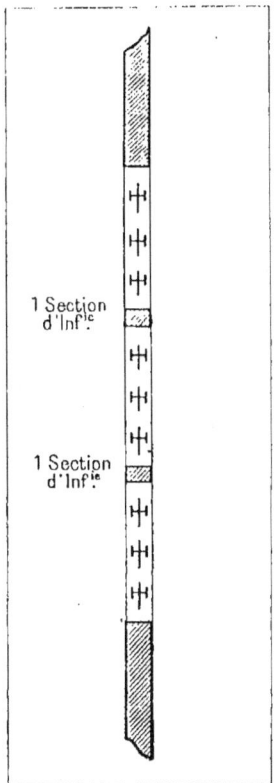

lerie restera souvent en position et repérée; il sera nécessaire de lui affecter un soutien de nuit (surprise d'Athis, guerre de Mandchourie).

# CHAPITRE VIII

## Programme et méthode d'instruction.
## Tableau de travail.

### I. Programme d'instruction.

En France, ailleurs peut-être, le supérieur s'estime satisfait et couvert quand il a demandé et reçu une progression, hebdomadaire naturellement, avec l'appoint de la progression journalière à fournir un jour ou deux d'avance.

Il va sans dire que le temps, la fatigue, l'état du terrain ou les cultures, etc., contrecarrent régulièrement le beau programme. C'est un papier de plus.

Tout le monde sait que les manœuvres ou exercices de combat par entente amicale de 2, 4 compagnies et plus, avec adjonction de cavaliers, ou d'artilleurs, ne peuvent s'organiser qu'au dernier moment, qu'il en est de même des manœuvres à plus grande envergure, sinon le mauvais temps ou tel autre incident feront remettre (?) la manœuvre, euphémisme pour enterrer.

De programme, il n'en peut exister; on fait ce qu'on peut, avec l'idée directrice de parcourir avant les manœuvres le cycle du programme ministériel. Ici encore, il faut distinguer ce qui doit durer quinze ans et ce qui ne servira que le 14 Juillet.

Le double leit motiv de l'instruction, c'est que le soldat doit faire son instruction de *tireur*, de *gymnaste*, de *sentinelle, patrouilleur, tirailleur dans la section*, etc., jusqu'à sa *libération;* d'autre part, en raison de l'état des cultures, il est indispensable que *la compagnie, le bataillon, le régiment, manœuvrent avant que l'emblavure des avoines et des légumes force compagnies et bataillons à ne plus quitter les routes ou à se réfugier dans les bois.*

Dans la première ou deuxième quinzaine de novembre, les hommes, s'ils ont été orientés dès leur arrivée vers l'instruction guerrière, sont en état de figurer honorablement dans la section. On peut, dès lors, réserver un ou deux jours par semaine aux évolutions, au service en campagne ou combat encadré de la compagnie, du bataillon et du régiment. Au fur et à mesure que les espaces libres se resserrent, on restreindra les effectifs jusqu'au moment où l'enlèvement des céréales redonnera, un peu avant les manœuvres, la possibilité de reprendre l'instruction d'ensemble. Pendant cette période de printemps et d'été, on perfectionnera l'instruction individuelle guerrière (patrouilleur, poste de 4 hommes, sentinelle, etc.), l'instruction d'ensemble, suivant les ressources en terrains, et l'école de décision.

Beaucoup discuteront ce mode d'opérer. Combien avons-nous vu de camarades se refuser, l'hiver, à une manœuvre de bataillon, d'avant-postes ou d'avant-garde, de combat de localité, de manœuvre de trois armes sous le prétexte que leurs hommes n'étaient pas suffisamment « assis ». Arrivait le mois de février ou mars avec les annuelles recommandations du commandement : « Ordre de respecter les cultures, maintenant que les dégâts seraient considérables, responsabilité des officiers engagée, etc. ». Et les défenseurs de l'instruction de détail n'avaient plus, pour appliquer leur mirobolant dressage (?), que la route — marche militaire — patrouilles, sentinelles sur route.

Enfin, et avant tout, il faut que le capitaine commande et instruise une compagnie. Or, avec la réduction du temps de service — faute de patriotisme — et la diminution des effectifs — faute d'enfants — on a encore trouvé moyen de multiplier les soldats hors du rang; la vérité, c'est qu'on ne combat qu'avec les compagnies de l'active à l'effectif maximum, renforcées du minimum indispensable de réservistes. « Les neuf dixièmes de la force d'une armée dépendent de l'effectif de paix de la compagnie d'infanterie », disait le 16 décembre 1886, le général Ricotti à la Chambre italienne. Au premier coup de canon, tous les parasites s'éclipseront; ce seront autant de forces perdues pour les compagnies[1].

Quelques exemples : les sapeurs exécutent les menues réparations et confectionnent les cibles. — En temps de guerre, ce seraient les téléphonistes tout indiqués du régiment, si l'on accorde quelque valeur à ce nouveau multiplicateur d'inertie. Dans le fait, on adjoint aux sapeurs douze sapeurs auxiliaires, préposés aux cibles, cependant que les ouvriers d'art s'emploient, avec une rare vitesse toute militaire, à l'ornementation de réfectoires modèles, de salles de réunions, de parloirs familiaux, de garages à bicyclettes, etc. En outre, chaque bataillon distrait du rang 6 à 8 fricoteurs téléphonistes pour une tâche naturellement dévolue aux sapeurs.

Tout le monde sait que la musique est doublée, puisque le musicien de 2ᵉ année fait son apprentissage pendant dix mois de la première année. On renforce naturellement la musique d'un effectif scandaleux de tambours et clairons. Alors qu'un tambour ou clairon et un élève sont plus que suffisants par compagnie, on en a quatre quand ce n'est pas six. Soit donc une cinquantaine de tambours et clairons et 60 à 70 musiciens tant avoués que clandestins. Quand une armée n'a plus de soldats, elle pourrait bien se passer de musique.

Pour les mitrailleuses, on a adopté le système antiration-

---

[1] Aviateurs, mitrailleurs, cyclistes, téléphonistes, signaleurs, etc., ne sont qu'un appoint, souvent un embarras; mais l'infanterie, c'est l'armée.

nel des mulets ou chevaux de bât comme si nous devions livrer la bataille décisive dans les Alpes ou les Pyrénées. Ajoutons que la réquisition ne nous donnera ni mulets, ni chevaux de bât, alors que des semaines d'entraînement sont nécessaires! Il n'y a qu'à charger mitrailleuses et munitions sur voitures légères de Puteaux, ce qui économiserait, par section, 6 ou 7 chevaux sur 13 et 6 hommes au minimum[1]. Seul, Darius pourrait se plaindre l'allégement de nos trains.

Et nous ne parlons pas des jardiniers, des gérants de coopératives, des pistes pour les cavaliers, des conférences complémentaires de l'école pendant les heures d'exercice, etc.

Bref, un régiment se compose d'une énorme batterie musique, de sections de mitrailleuses, de détachements téléphonistes, cyclistes, d'une ribambelle de voitures, etc., etc..., et de fantomatiques compagnies.

Nos vainqueurs de 1870 ont eu des déboires avec leurs unités engorgées de réservistes. Exemple : le 11ᵉ bataillon de chasseurs prussiens à Günstett et les corps bavarois. Depuis, ils se sont appliqués à la *qualité;* c'est à l'armée de caserne qu'ils demandent la victoire. Derrière, ils auront les troupes de réserve, la *quantité*, pour envahir et exploiter le succès.

Chez nous, avec l'humanitarisme pleurnichard et l'horreur du sacrifice, on veut une armée de réserve *encadrée* par l'armée de métier, au lieu de l'armée active *renforcée* par des réserves. Rien de plus commode pour flagorner Démos comme on n'a pas adulé Louis XIV, pour caresser la tendance électorale des milices, l'armée active n'étant plus qu'une école d'instruction.

---

[1] On pourrait encore placer mitrailleuses et caisses de Puteaux sur essieux de charrue (dispositif amélioré du sergent Hbst), ce qui économiserait 10 hommes et 9 chevaux par section et permettrait une mise en batterie instantanée.

Puisque nous ne voulons plus grandir en multipliant les fils au pays, il faudra, dans quelques années, si nous ne voulons pas mourir, revenir aux *trois* années de service ou à *deux années et demie*[1], afin d'avoir une armée de caserne susceptible de tenir tête aux prolifiques d'Outre-Rhin.

### II. Méthode d'instruction.

Nous rappellerons les principes déjà mentionnés dans la première partie, pages 29 et suivantes.

1° Enseigner, dès l'arrivée des recrues, les mouvements *indispensables à la guerre*, ceux qui doivent demeurer quinze ans; ces mouvements, on les exécutera à l'extérieur. Bref, on cherchera à développer les réflexes nécessaires dans les circonstances critiques où le jugement compte pour peu.

L'homme devra, par exemple, prendre et quitter rapidement la position couchée, approvisionner et tirer dans cette position, bondir au pas gymnastique modéré, toujours en partant de la position couchée, utiliser l'abri pour charger, l'appui pour tirer, manœuvrer énergiquement et avec souplesse sa baïonnette, être attentif à protéger ses camarades arrêtés, marchant ou combattant.

Dans la section, il sera exercé avant tout aux rassemblements variés et silencieux face à un point, à l'ouverture et à la cessation du feu en plein vacarme, à la marche en ordre dans une formation dispersée, etc.

Dès leur arrivée, les jeunes soldats seront exercés à ces mouvements primordiaux; le demi-tour, l'arme sur

---

[1] Avec une instruction orientée vers la guerre, utilisant au mieux la saison très favorable et l'intelligence native des Français, les recrues d'infanterie, appelées en avril après les gros travaux agricoles, seraient certainement mobilisables en juillet; on aurait donc trois classes mobilisables pendant les trois mois d'été et, le reste du temps, deux classes.

l'épaule, etc., demeurant exclusivement réservés aux jours de pluie.

2° Partout où l'intelligence entre en jeu, l'éducateur *fera trouver la solution*. On ne retient guère que ce qu'on découvre ou croit découvrir; on apprend par la gaffe personnelle bien constatée.

Aussi ne débitera-t-on pas des théories sur le S. E. C., suivies d'applications, mais on fera trouver par les jeunes soldats eux-mêmes, sur le terrain, les principes de la sûreté, de l'observation, du bond, etc. Cette période d'initiation guerrière se fera tout le mois d'octobre.

On se gardera, cela va sans dire, d'obscurcir les idées claires par des mots d'auteur : extrême-pointe, pointe, tête, gros, lancer des antennes, jeter des yeux, s'établir en rassemblement articulé, et autres « mégots » tactiques. La chose seule vaut et la manière de s'en servir. Les principes une fois découverts par la pratique, on pourra y revenir dans les théories, soit pour en retirer l'axiome du combat, soit pour féliciter ou reprendre, soit enfin pour faire ressortir l'utilité de telle prescription au point de vue moral : Nécessité de l'ordre serré, de l'ensemble dans les bonds sous le feu, du silence, de la discipline du feu, etc.

Enfin, au développement de l'intelligence et du raisonnement se joindra le discernement dans l'importance relative des obligations : Faut-il rendre les honneurs ou observer l'ennemi; continuer la mission primitive négative ou secourir un camarade en danger, etc.

3° On exigera *l'ordre*, que la troupe soit dans une formation ouverte ou serrée, en s'attachant plus particulièrement à l'ordre ouvert plus difficile, plus fréquent à la guerre, plus indispensable.

De même, on remédiera au désordre d'une manœuvre ouverte par la reprise de cette manœuvre même, autrement dit, on remettra la troupe en main par des mouvements applicables à la guerre.

### III. Tableau de travail

Le tableau de travail se ramène à la mise en œuvre de quelques principes généraux :

1° Développer de pair l'instruction individuelle, pour obtenir le maximum de chaque soldat, et l'instruction collective, pour coordonner ces bonnes volontés et corriger les excès de l'individualisme.

2° Donner le pas à l'instruction individuelle et collective de combat sur celle, très secondaire, de parade[1].

3° Développer, dès le début, le soldat par la gymnastique éducative.

4° Demander de suite l'exécution immédiate et à peu près simultanée plutôt que la correction absolue. Il nous faut des hommes qui obéissent sous le feu et non des virtuoses de défilé.

5° On se fixera le nombre d'heures de travail journalier dans les premiers temps, afin de ne pas surmener le jeune soldat mis en face d'exercices très fatigants, en raison de la non-coordination des muscles et de la tension nerveuse nécessitée par cette nouvelle vie.

La première semaine, on ne dépassera pas : 3 heures 30 de travail proprement dit.

La deuxième semaine, 4 heures à 4 heures 30.

De la troisième semaine au 1ᵉʳ décembre : 5 heures à 5 heures 15.

Du 1ᵉʳ décembre au 15 février : 6 heures à 6 heures 30.

6° On exécutera le matin l'instruction de détail : (gymnastique, instruction élémentaire, mécanisme de la section, instruction théorique, service des places). Le soir sera réservé au service extérieur en utilisant au mieux le temps, le terrain et la complaisance des camarades, et

---

[1] Ce qu'on ne voit pas, hélas, aux environs du 14 juillet, à l'annonce d'une inspection, etc.!

en prélevant une après-midi de marche sur route et un court service de nuit de 5 heures à 7 heures.

Les mauvaises journées seront consacrées à l'instruction de pied ferme (art. II, III. Titre II), aux théories morales et autres, à la gymnastique, aux Kriegspiel de sous-officiers, aux exercices de mobilisation, de chargement du sac, etc...

*Exemple d'exercice journalier.* — (Début de l'instruction des recrues.)

Matin. — Service intérieur, des places, etc. : 25 minutes.
Gymnastique éducative ou d'application, escrime à la baïonnette : 25 à 45 minutes.
Positions du tireur, instruction au chevalet : 15 à 25 minutes.
Instruction élémentaire individuelle : 20 minutes.
Soir. — I. — Rassemblement dans une formation changée chaque jour (ligne de sections par quatre — en échelons — sur un rang — couché — à genou, etc.). Inspection des armes.
II. — Marche aller et retour.
III. — Instruction individuelle de combat (ou gymnastique éducative).
IV. — Initiation guerrière des recrues (principes du service en campagne et du combat trouvés par les recrues mêmes).
V. — Ordre serré applicable à la guerre — marche oblique de la section par quatre — faire face à un point — se coucher — cheminer — marcher à l'assaut — se rallier couché par quatre ou en tirailleurs..., etc.
VI. — Rentrée par un exercice d'application (allonger le pas — pas gymnastique — assaut d'un mur, pas de charge..., etc.).

Nota. — a) Un peu plus tard, on remplacera III, IV, V, par l'école d'exécution et d'économie des efforts (combat de la section — de la compagnie — établissement économique et retranchement d'une grand'garde — combat d'une avant-garde — d'une flanc-garde — organisation d'un village comme avant-postes..., etc.) ou par l'école de décision pour les gradés (V. P. L.).
b) A partir du 1er ou du 15 novembre on fera une fois au moins par semaine une manœuvre ou un combat de bataillon, régiment.

# EXEMPLE DE TABLEAU DE TRAVAIL

| | Instruction individuelle | | Instruction collective | | | Instruction théorique et morale |
|---|---|---|---|---|---|---|
| I | II | III | IV | V | | VI |
| Gymnastique | Élémentaire | de combat | Service en campagne et couchet | Marche sur route | | |

## Instruction des Recrues

| | | | | | | |
|---|---|---|---|---|---|---|
| Journalière. 1° *Éducative* : chaque jour, de l'arrivée des recrues au 30 octobre (1 ou 2 passes). 2° *D'application* : alternant avec la gymnastique éducative à partir du 30 octobre. 3° *D'application collective* : une fois par semaine, à partir du 15 novembre. | 1) Positions : sans armes, autour de l'entité, à la baïonnette, de pas de charge, de l'arme sur l'épaule, positions couchée, à genou, se remettre debout. 2) Différents pas cadencés, d'école, de charge, gymnastique. 3) Maniement de l'arme et mouvements du tir. | 1) Exercices préparatoires de tir au stand, à la cible. 2) Escrime à la baïonnette théorique et faisant (cette dernière extension à la leçon de gymnastique d'application). 3) L'utilisation du terrain (fossé, arbre, mur) et répartie de la surveillance des distances. 4) Compte rendu. | 1) Instruction de la section (5 séries). 2) Travaux de campagne. Retranchements par deux, Abréviations. Création d'un retranchement. Travaux spéciaux (redans, barricades, abris de mitrailleuses, etc.). Passerelle d'infanterie. 3) Extensions de la compagnie. 4) Combat de la compagnie, du bataillon, du régiment. 1 fois par semaine à partir du 15 novembre. 5) Service en campagne: a) d'initiation. b) défensive. | 25 à 30 kil. en février. | | 1) Service intérieur. 2) Entretien des effets et des armes. 3) Hygiène. 4) Éducation morale. 5) Service des places. 6) Service en campagne (sous forme de critique à la portée des exécutants). 7) Organisation de l'armée française. 8) Mobilisation. 9) Exercice sur la carte, les jours de pluie (officiers, sous-officiers, caporaux, et élèves caporaux). |

## Instruction de Printemps et d'Été

| | | | | | | |
|---|---|---|---|---|---|---|
| 1 Leçon journalière, aussi fermé, mais seulement une des deux fois par semaine. Natation. | Comme à l'Instruction des recrues (60 à 90'). | 1) Au stand : tir à durée limitée, badinomètre au créneau, etc. Dans la campagne : Exercices préparatoires aux tirs à la cible. Au tir à la cible: tirs individuels plus difficiles et tirs de groupe. 2) Escrime à la baïonnette face à face (2 fois par semaine: 1°). Escrime d'assaut, à la gymnastique d'application. 3 et 4) Une fois par semaine, de 60 à 15'. | 1) 4 h. à 4 h. 30 par semaine. 2) Le jour de tir ou le lendemain du service de nuit. 3 et 4) Un exercice de combat de compagnie, bataillon ou régiment une fois par semaine. 5) Un exercice défensif (par la compagnie, bataillon ou régiment par semaine). Un exercice d'application et de décision de compagnie, bataillon ou régiment par semaine. Un exercice de garderie sensiblement de compagnie ou bataillon en dehors de l'exercice principal de la journée. (Instruction des estafettes, patrouilleurs, postes de 4-7 hommes, postes d'écoute, surveillance du service dans les postes, grand'gardes, etc. Cela en dehors par les petits gradés.) 6) Un service de nuit tous les 15 jours, d'avril à août. Un exercice hebdomadaire en août. Combat d'avant-gardes. ≈ d'avant-postes. ≈ d'arrière-garde. ≈ de flanc-garde. ≈ de bois. ≈ de localités. 6) Service de nuit (briefée en cadre). | Marche combinée avec exercice didactique ou d'application (IV-5). | a) d'appui. b) défensive. | Théorie du capitaine sur 2, 4, 6, 7, 9, 11, les jours de pluie, et le samedi. |

# CHAPITRE IX

## Dressage individuel.

---

**I. Détail des articles I, II, III du règlement de manœuvres.**

1° *Garde à vous.* — Il n'en doit pas exister de deux sortes: pour la cour du quartier et pour l'extérieur; ou plutôt, on demandera plus d'énergie et de tension au garde à vous du service en campagne ou de l'exercice de combat, lorsqu'on sentira la nécessité d'exiger ordre et silence.

2° *A droite, à gauche, demi-tour.* — Ces mouvements se font par un coup de reins et un décollement momentané et très peu sensible des bras, pour imprimer vigueur et rapidité.

3° *Pas cadencé.* — Nous renvoyons au Chapitre II de l'Education physique pour la longueur, la vitesse du pas, l'exécution du pas d'école comme moyen d'accroître l'amplitude de l'angle formé par les cuisses.

Ajoutons que le coup d'œil et la discipline réclament, en terrain facile, le démarrage et l'arrêt brusque. C'est pour beaucoup une question de commandement. Le chef aura soin de maintenir un intervalle constant (deux pas) entre le commandement préparatoire et le commandement d'exécution.

Exiger en outre la tête levée fixant la direction et l'allongement des doigts qui empêche le soldat de « faucher ».

4° *Pas gymnastique.* — L'allégement apporté au chargement de campagne permet d'exécuter sur plusieurs centaines de mètres, en terrain varié, plat ou descendant, un pas gymnastique dont la longueur et la vitesse dépendent du terrain et de la fatigue de la troupe.

5° *Couché, à genou, bondir.* — Positions d'abord très détaillées, puis prises d'un seul coup, dans tous les terrains. Passer de ces positions et le plus vite possible au bond.

6° *L'arme sur l'épaule et présenter l'arme.* — Le mouvement de l'arme sur l'épaule n'a aucune utilité guerrière, bien plus, il peut révéler intempestivement l'approche d'une troupe. Le « Présentez Arme » suffit pour rendre les honneurs de pied ferme, tirer debout, passer l'inspection des armes, etc. En marche, le soldat rendrait les honneurs en rectifiant le port de l'arme à la bretelle. On défilerait l'arme à la bretelle et on prendrait la position du pas de charge en arrivant devant le chef.

Si l'on tient absolument à conserver l'arme sur l'épaule, il faut modifier la position de l'arme, la rendre plus naturelle et moins fatigante. Cette position, les gradés, soldats de 2° année, mitrailleurs d'infanterie, la prennent d'instinct; elle est réglementaire pour la carabine et le mousqueton.

« Placer l'arme sur l'épaule droite, le levier en dehors, en la faisant glisser dans la main gauche qui se place sur la crosse, les doigts joints, le chien sur l'épaule, l'arme dans une direction perpendiculaire à la ligne des épaules, le coude droit abattu. »

7° *Demi-tour, à droite et à gauche, en marchant*[1]. — Rien de particulier; il est bon de faire faire à l'homme

---

[1] Le règlement d'artillerie a très heureusement supprimé les mouvements de marquez le pas, demi-tour à droite halte. Le changement de pas est un mouvement purement individuel.

l'oblique à droite (gauche) individuel au pas cadencé et au pas gymnastique, en partant d'un abri ou de la position couchée (mouvement contre l'artillerie).

8° *Pas de charge.* — La position de l'arme à la main, le bout du canon en l'air, est bien préférable, pour la marche et le pas gymnastique, à la position réglementaire de l'arme dans le pas de charge. Aussi bien, la ligne de feu, les vagues de tirailleurs attaqueront-elles l'arme à la main et ne saisiront le fusil des deux mains que pour aborder l'ennemi à la baïonnette.

La position actuellement réglementaire du pas de charge est à réserver pour les colonnes par 4 et les lignes sur deux rangs, dans la crainte d'accident.

Sous la réserve que la position de l'arme dépendra de la formation, on exécutera le pas de charge, en partant de la position couchée ou à genou avec une vitesse croissante (de 120 à 140-150 pas à la minute); laisser les hommes s'échapper au pas gymnastique lorsque ce dernier devient moins fatigant que le pas de charge très accéléré, terminer par 20, 30 mètres de course, un coup de baïonnette ou un feu à genou ou couché.

9° *Escrime de combat à la baïonnette.* — Le projet d'escrime de combat à la baïonnette, du 28 octobre 1911, a apporté des améliorations indiscutables aux mouvements élémentaires actuels.

Le bon sens veut que l'homme soit libre de placer le pied droit derrière le pied gauche, mouvement instinctif de tout tireur d'épée, de fleuret, de tout boxeur.

De même, le pas latéral, le lancez, plus ou moins modifié, de l'ancien règlement étaient à rétablir; à un autre point de vue, on fait plutôt face à un point vers la droite (gauche) que face à droite (gauche); le bond est souvent préférable au pas et l'emploi de la crosse s'impose dans le combat rapproché.

En revanche, *l'opposition* et le *dégagement* paraissent

à rejeter; l'arme peut s'accrocher par les garnitures; ce sont d'ailleurs des mouvements délicats pour la moyenne.

L'article 115 — Parades et ripostes — pourrait être augmenté d'une parade *basse* destinée à parer un coup dirigé vers la cuisse ou le bas-ventre : « Déplacer l'arme avec la main droite vers la gauche et en bas, faire en même temps un pas à droite par saut, riposter immédiatement ».

La *Première Partie* de l'instruction individuelle préparatoire est d'une application trop compliquée, qui prendrait trop de temps, de matériel, de place et nécessiterait trop d'instructeurs. Nous proposons sa simplification ainsi qu'il suit :

*a)* Mouvements élémentaires et coups aux mannequins (sans changement).

*b)* Dès que les mouvements sont connus, les hommes sont placés, dans chaque section, face à face, par groupes de deux, à 8 ou 10 pas d'intervalle et de distance; guidés par les instructeurs, ils simulent tour à tour des déplacements, attaques, parades et ripostes logiques.

*c)* Assauts sur mannequins balancés.

A la gymnastique d'application, les soldats réunis par 4, 6, 8 sont exercés, en terrain varié, à parcourir 200 mètres au pas de charge, suivi du pas gymnastique, du pas de course et de l'assaut sur des mannequins largement espacés auxquels l'instructeur a imprimé, à l'avance, un léger balancement.

La *Deuxième Partie* — exercices d'assaut — semble, également, demander certaines simplifications.

118-119. Sans changement.

120. Ces exercices se divisent en :

*a)* Leçon d'assaut (sans changement).

*b)* Assaut libre et composé.

L'escouade est partagée en deux groupes d'égale force. Les adversaires sont d'abord placés en terrain plat, à distance variable et se portent à l'attaque au pas de charge ou au pas de course. On se rapproche ensuite du combat réel en plaçant les groupes en terrains inclinés, au bord d'obstacles, de retranchements, etc.

Dès qu'un homme est touché, il s'écarte de la lutte et le vainqueur, imbu du sentiment de solidarité, se porte à l'aide de ses camarades.

Enfin, l'article 121 doit être modifié ainsi qu'il suit, si l'on ne veut pas transformer l'escrime à la baïonnette en dressage de virtuoses, au lieu de préparer la compagnie active et ses futurs réservistes au combat corps à corps.

121. Les assauts et les concours sont de puissants moyens d'émulation. Ils auront lieu entre escouades, sections, compagnies, de manière à contrôler l'instruction de l'unité entière et non la virtuosité de spécialistes.

*Remarques.* — 1° Pour développer l'initiative et faire surgir les chefs occasionnels du combat, dès qu'un instructeur est appelé par l'officier, un homme prend le commandement; après la manœuvre, si le capitaine appelle les sous-officiers, les caporaux rassemblent les sections, etc.

2° Il faut que l'homme au feu connaisse la direction de son objectif, qu'il s'en rapproche, même sans chef.

Aussi donnera-t-on le pas à la direction sur l'alignement, alors qu'on fait toujours le contraire à cause du coup d'œil.

Un rassemblement est formé d'unités disposées d'abord face à un point, puis placées à leurs distances et intervalles.

La section est rassemblée, change de direction, oblique, face à un point et non sur le prolongement de....

3° Pour la bonne exécution des mouvements d'ordre

serré, il faut que les commandements préparatoires et d'exécution soient séparés par un intervalle invariable pour que le soldat, qui prévoit l'instant d'exécution, s'y conforme d'autant plus énergiquement.

Exemples :

| P. g. | P. d. | P. g. | P. d. | P. g. |
|---|---|---|---|---|
| A droite (gauche) | par 4 | | droite | |
| | Demi-tour | | droite | |
| | Demi-tour à droite | | marche | |
| | En avant | | marche | |
| | Section | | halte | |
| | Compagnie | | halte | |
| | Oblique à droite | | marche | |
| En avant | | marche | | |
| | | Oblique à gauche | | marche |
| | En avant | | marche | |

## II. Instruction du tir

### 1° BASES DE CETTE INSTRUCTION.

1. — Vaincre, nous l'avons dit, c'est avancer, se rapprocher de l'adversaire, se jeter sur lui à coups de baïonnette et prendre sa place.

Le meilleur moyen d'avancer, c'est le terrain; quand le cheminement manquera, il ne restera plus qu'un moyen d'avancer : le feu qui étourdira l'ennemi.

Dans ce but on marchera :

1° Précédé d'éclaireurs.

2° Par échelons de sections ou de compagnies. La protection sera assurée, à distance moyenne et tant qu'il y aura des intervalles, par les échelons tant arrière qu'avant.

3° A courte distance, seul l'échelon plus avancé permettra, par son feu, aux éléments laissés en arrière de rejoindre.

4° Enfin, l'élément le plus énergique, le mieux favorisé par le terrain, le mieux pourvu de cartouches fera une rafale violente suivie immédiatement d'un bond pendant le temps que l'ennemi étourdi n'aura pas repris ses moyens.

II. — Derrière la ligne de feu, les renforts cheminent par les couverts ou courent d'un couvert à l'autre, en colonne ou en ligne, suivant le terrain.

Faute d'abris, ils en creusent, ou se portent du dernier couvert sur la chaîne. A noter qu'en guerre les cultures défilent très souvent.

III. — L'attaque, la marche brutale à la baïonnette jusqu'au corps à corps ou jusqu'à l'occupation du terrain demeure en définitive :

1° Nécessaire, car il n'y a pas d'autre moyen pour conquérir un point d'appui que d'y aller;

2° Possible, car la ligne de feu préexistante, par sa proximité et le sifflement de ses balles disperse le tir ennemi qui, sans cela, serait foudroyant sur les renforts et les réserves; possible également, car, sur le point attaqué, à un ennemi usé, dépourvu plus ou moins de cartouches, privé d'une partie de ses chefs, épuisé par une résistance de plusieurs heures aux différentes dépressions du combat[1], on oppose de l'infanterie relativement fraîche, encadrée, pourvue de cartouches, précédée de la rafale de ses canons et soutenue par l'espoir de vaincre.

IV. — Les bonds seront étendus, de 70 à 100 et 120 mètres, exécutés par des fractions entières susceptibles d'agir ensemble, soit pour avancer, soit pour tirer (demi-sections, sections, compagnies).

2° CONDUITE DE LA TROUPE ET DU FEU.

La conduite du feu ne fait qu'un avec celle de la troupe. Dans le fracas du champ de bataille, le chef n'a

---

[1] Le défenseur est encombré de ses morts et blessés qui le dépriment; l'assaillant s'en débarrasse en avançant.

qu'un désir : amener sa troupe le plus près possible de l'ennemi, dans la meilleure forme matérielle et morale, par conséquent, groupée et par le cheminement.

Quand le cheminement manquera, à la distance où le tir de l'ennemi devient très efficace (700, 600, 500 mètres), le chef en première ligne devra déployer son groupe pour éviter l'anéantissement ou simplement céder à l'énervement de ses hommes, mais avec la volonté de regrouper les siens dès que le cheminement se représentera.

Épiant toujours le moment de bondir, il ne tirera que :

Pour *faciliter* par son tir son propre mouvement;

Pour *appuyer* le mouvement du voisin, parer à l'imprévu ou exploiter des occasions exceptionnelles;

Dans la défensive, il ne tirera que pour *empêcher* l'ennemi d'avancer.

### Distance d'ouverture du feu.

S'agit-il de *retarder* l'ennemi (avant-postes, flanc-gardes, etc.), le chef de section tirera de loin[1]. Dans ce cas, pour obtenir des effets suffisamment retardateurs, il cherchera à fixer la hausse avec exactitude; en outre le calme relatif de sa troupe lui permettra de préciser le but à battre.

S'agit-il de *battre* l'ennemi, on tirera de près, car le feu n'est décisif que de près.

Dans l'offensive, la section utilisera le cheminement, la vitesse du bond, le feu de ses patrouilleurs, de l'artillerie, des mitrailleuses ou des voisins pour retarder l'ouverture des feux décisifs.

---

[1] Même à blanc. A la bataille de l'Aconcagua en 1894, les parlementaires, n'ayant plus que des gargousses et point d'obus, appuient quand même à « blanc », pour l'effet moral, les colonnes d'attaque qui réussissent à rejeter les Balmacédistes sur Valparaiso

Dans la défensive, on battra les angles morts, on disloquera les liens tactiques de l'ennemi, à distance, par des feux de petits groupes bien approvisionnés, de mitrailleuses ou de canons et on réservera les gros des sections pour le feu à bout portant (1) et la contre-attaque.

### Emplacement de la section.

En principe, les hommes sont au même abri que le chef ou dans la position couchée ou minima pour voir, sauf en *fin de lutte*, où les renforts, arrivant sur la chaîne, tirent debout ou à genou pour éviter le long arrêt et l'adhérence au sol.

### Formation de la section.

Suivant que l'on veut économiser du sang ou du temps, on use de la ligne de tirailleurs à 2 ou 3 pas ou de lignes épaisses au coude à coude avec renforts successifs, destinées à entretenir la densité de la chaîne, ce qui porte la profondeur initiale à 2, 3, 5 hommes par mètre courant; d'ordinaire, la section au feu, à découvert, est en tirailleurs à un pas pour rester maniable; si elle s'avance par demi-sections, l'intervalle entre les hommes est porté avantageusement à deux pas.

### But à battre.

L'objectif est désigné au début de l'action; les hommes tirent sur l'objectif ou les résistances interposées et chacun d'eux sur la partie de l'objectif qui lui fait face. Les tirs à grande distance ou d'embuscade permettent seuls de préciser aux hommes le but à battre.

### Ouverture et cessation du feu.

Le combat par le feu commencé, le tirailleur réappro-

---

[1] « Quand l'ennemi dirige sur vous un feu nourri, raconte un officier japonais, c'est désagréable, mais rien n'est impressionnant comme le silence des fusils de la défense. »

visionne de lui-même au commandement de: cessez le feu, laisse le bouton quadrillé à la position *arrière* et reste en surveillance. Il bondit l'arme chargée; s'il trouve un abri en fin de bond, il attendra, pour ouvrir le feu, l'indication de son chef; si l'abri manque, il est à craindre que le feu ne s'ouvre de lui-même; le chef ne pourra guère le maîtriser qu'en faisant miroiter un abri plus avant, où il portera ses hommes, ou bien il les fera retrancher.

### Commandements du tir.

Normalement, le tir est exécuté à répétition; la position prise est la position abritée, couchée ou minima pour voir; la hausse de combat suffit dans le combat rapproché, en deçà de 600 mètres; l'objectif est indiqué au début de l'action.

Par suite, la conduite du tir se bornera d'ordinaire à commander :

*Halte. Feu. Cessez le feu.* (Eventuellement : En avant, *Marche.*)

*Attention! Feu. Cessez le feu.* (Eventuellement : En avant, *Marche.*)

*Rafale suivie d'un bond. Feu. Cessez le feu. En avant, Marche.*

A la fin de l'action et à courte distance de l'ennemi, on commandera :

*Debout (à genou). Feu. Cessez le feu. En avant, Marche.*
*En marchant. Feu. En avant! En avant!*

A grande distance, on pourra commander le feu comme il est prescrit à l'école du soldat (Hausse, but à battre).

*Nota.* — En raison du tapage du combat, le commandement de Cessez le feu, même à l'exercice, même au champ de tir, est remplacé par des coups de sifflet précipités.

### 3° CONSÉQUENCES POUR L'INSTRUCTION DU TIR.

Qu'il s'agisse d'instruction individuelle ou collective,

de tirs individuels ou de groupe, le soldat doit être placé en face des réalités du combat.

*a)* Dès le premier exercice préparatoire, on se servira de la hausse de combat, on fera prendre la position couchée, on fera viser le milieu du bas d'une silhouette, etc.

*b)* Il n'y a pas de tirs d'instruction, de tirs d'application, de tirs individuels de combat, mais bien des tirs individuels qui se rapprochent de plus en plus des conditions du combat, aussi bien pour le tireur que pour l'objectif[1]. Tous ces tirs individuels comptent pour le classement, surtout les derniers, les plus difficiles. Le soldat sera, par suite, directement intéressé, au cours des évolutions et manœuvres de la section, à ouvrir rapidement un feu ajusté, à appuyer son arme, à cesser le feu quand l'ennemi disparaît, etc., sûr qu'il est de préparer du même coup ses tirs individuels.

*c)* Pour rendre plus efficace cette préparation, on dotera abondamment le soldat de cartouches en bois (15 à 20 et non pas seulement 7). L'énergique manœuvre de la culasse n'allant pas sans de fréquentes pertes de cartouches, le capitaine les remplacera sans récrimination et le fonds commun, de son côté, recomplètera gratuitement les fausses cartouches perdues, jusqu'à concurrence de 4 à 5 par homme, avant de les imputer aux fonds particuliers. Sinon, les articles 90 du Règlement de manœuvres et 20 de l'instruction du tir ne seront qu'une tournure littéraire dont chacun connaît la valeur.

De même l'allocation de 50 cartouches à blanc, bonne peut-être au temps où le service en campagne se bornait à arrêter des parlementaires et le combat encadré à faire de l'école de compagnie dans une cour, n'est plus de mise aujourd'hui; il faudrait allouer 100 cartouches à blanc par homme.

---

[1] Les tirs individuels ne différeront, somme toute, des tirs de groupe que par le large intervalle des tirailleurs et des objectifs permettant à chacun de relever ses résultats.

La nécessité d'entraîner le groupe au combat encadré avec cartouches à balles, même au champ de tir, entraîne une majoration des allocations, 200 cartouches au lieu de 170.

*d)* Les objectifs se rapprochent le plus possible des objectifs du combat. Dès les exercices préparatoires, le soldat vise une silhouette; dans ses premiers tirs, il vise le bord inférieur d'une silhouette peinte sur panneau; enfin et surtout, pour lui faire croire « que c'est arrivé », on fera disparaître les silhouettes sous les balles, ou bien encore on diminuera leur grandeur, en les agenouillant ou les couchant.

On aura un matériel rustique, économique et toujours prêt à fonctionner, en utilisant les silhouettes en bois, osier, carton, que l'on fixe à une perche tenue par un marqueur. On les fait surgir au coup de langue ou à Commencez le feu; le marqueur qui perçoit nettement le choc de la balle, fait disparaître sa silhouette en totalité ou en partie suivant la consigne reçue. On obtient ainsi, dans le même tir, une difficulté croissante et le nombre de points attribués aux atteintes varie dans le même ordre.

On peut aussi, avec 2 ou 3 clous et une ficelle, organiser une silhouette pantin qui salue avant de disparaître, ce qui rend le tir plus vivant et amusant.

*e)* Quand on aborde le tir de groupe, on substitue, à l'amour-propre individuel, l'amour-propre collectif; on fait lutter, autant que possible, des sections, compagnies, afin que chefs et groupes normaux ou provisoires donnent leur maximum.

*f)* De même qu'en terrain varié, on mène de pair l'instruction individuelle et celle du groupe, de même, au champ de tir, une fois les hommes affermis dans l'exécution des tirs individuels, on clôturera la séance de tir par un feu de groupe, de difficulté naturellement croissante avec la date de son exécution.

### 4° INSTRUCTION INDIVIDUELLE DU TIREUR.

I. — Aujourd'hui, un certain nombre de nos recrues nous arrivent sachant tirer. Aussi, dès leur arrivée, le capitaine ou le lieutenant convoquera-t-il au stand tous les gaillards qui se piquent de faire un carton. Cette première épreuve permettra de dispenser 8 à 10 % du contingent des exercices préparatoires.

Tous les autres, recrues et anciens médiocres tireurs, passeront par 4, 6 à la fois, aux 4, 6 chevalets élémentaires constitués par les tables des chambres recouvertes chacune de 2 traversins. — Ceci pour aller plus vite qu'avec les appareils compliqués, très longs à mettre au point. Les hommes visent des silhouettes à 200, 400 mètres avec la hausse de 400 mètres. On aura ainsi une deuxième élimination.

Il ne restera plus que les hommes qui ne comprennent rien à la visée, ceux qui ne voient que de l'œil gauche, ne savent pas fermer un œil, ont besoin de lunettes, etc. (environ 15 %). Le sergent de tir, assisté d'un ou deux instructeurs, s'attelle à ces retardataires; il les fait passer aux appareils spéciaux et sensibles (chevalet Bénuraud, appareil Dumas...).

Seuls, ces hommes suivront la filière rituelle de l'instruction préparatoire. (Prendre la ligne de mire, viser un point marqué. — Constatation de régularité, visée avec les différentes hausses.)

Après les exercices de mise en joue dans la position couchée et l'action du doigt dans cette position, toutes les recrues et les anciens mauvais tireurs sont conduits au stand. Cette nouvelle épreuve faite, les bons tireurs ne sont plus assujettis qu'à 10 minutes d'exercice journalier, tandis que les mauvais sont repris 30 minutes chaque jour au chevalet, à l'action du doigt, à la mise en joue, à l'échange de cartouches au stand, de manière que leur défaut finisse par être saisi et qu'on y porte remède.

II. — Dans tous les exercices du quartier et du champ de manœuvres, les hommes utiliseront les cartouches en bois.

III. — Les exercices au chevalet, les visées et tirs dans la position couchée, à genou, seront faits avec les hausses de 400, 600, 800 mètres à distance vraie et sur des silhouettes ou objectifs vivants, jamais sur des ronds!

IV. — Pas de correction de pointage; on vise le but, le pied du but[1]; contre un but mobile ou par un vent violent, on vise le bord du côté du déplacement ou du vent.

V. — On laissera tranquilles les gauchers, les hommes qui tirent les deux yeux ouverts, pourvu qu'ils tirent bien.

VI. — D'après la fréquence d'emploi à la guerre, on enseignera tout d'abord la position couchée et la position abritée dans un fossé; la position à genou sera prise moins souvent; enfin la position du tireur debout et le feu en marchant ne seront enseignés qu'après janvier. (Ceci pour empêcher les gradés, sous prétexte de mauvais temps ou de plus grande facilité d'exécution, de revenir tout doucettement à l'unique feu debout.)

Dans le même ordre d'idées, les tireurs d'élite seront seuls exercés avec la hausse de 250 mètres.

VII. — *Différents feux et mouvements du tir.* — Le feu à répétition est le feu *normal;* plus facile à faire cesser que le feu à volonté, grâce à l'accalmie succédant à l'épuisement du magasin, il est plus facile à ouvrir et d'un effet utile supérieur.

Le feu à répétition s'exécutera d'ordinaire, sans autre indication; le feu coup par coup sera explicitement commandé; quant aux feux à cartouches comptées et par salves, ils sont absolument exceptionnels; il n'y a aucun inconvénient à les supprimer.

En raison de l'emploi normal du feu à répétition dans

---

[1] Voir, p. 281, l'artifice à employer pour empêcher les tireurs de viser le centre du but.

la position abritée ou couchée, ce feu s'exécute et cette position se prend, sans autre indication, au commandement de *Halte* ou de *Feu*. On commande par contre les positions et feux exceptionnels. A genou (Debout — En marchant), Feu coup par coup — Feu.

Au commandement de *Cessez le feu*, le tirailleur qui use normalement de la répétition, réapprovisionne à huit cartouches, met une neuvième cartouche dans l'auget, pousse légèrement la culasse en avant, la ramène vivement en arrière pour relever l'auget et charge l'arme en manœuvrant la culasse.

Le bouton quadrillé reste donc à la position *arrière* jusqu'au commandement de : *Désapprovisionnez* ou *déchargez* et non toutes les fois qu'on commandera : *Cessez le feu;* on évite ainsi toute cause d'enrayage, tout retard, dans l'ouverture du feu et on peut, d'ailleurs, le magasin épuisé, continuer coup par coup la manœuvre énergique de la culasse relevant chaque fois l'auget.

Les mouvements de *Désapprovisionnez* et *déchargez* sont détestables pour l'instruction, puisqu'ils enseignent la manœuvre molle de la culasse; on ne les exécutera guère qu'en fin de combat, alors que, toute la journée, on aura dû réapprovisionner et manœuvrer énergiquement la culasse. Par suite, à l'instruction, il convient de rejeter en fin de progression ces deux mouvements, pour que les instructeurs ne leur donnent pas la même valeur qu'aux mouvements indispensables.

Même à l'instruction *individuelle* de détail, les feux s'exécutent par section ou escouade, afin de développer les réflexes d'ouverture et cessation du feu à commandement.

Les mouvements du tir s'enseignent donc dans l'ordre suivant :

Approvisionnez.
A genou (debout) approvisionnez } Le soldat approvisionne à 8 cartouches, en met une neuvième dans l'auget et charge en manœuvrant la culasse.

A 8 cartouches, approvisionnez } { Dans ce cas, le soldat qui n'est
A genou (debout), à 8 cartouches, } { pas appelé à tirer de suite, ramène le bouton quadrillé à la
approvisionnez } { position *avant*.

Feu à répétition (ou simplement Feu).
A genou (debout) feu à répétition (ou simplement Feu).
Cessez le feu (réapprovisionnement, surveillance).
Bondir, l'arme chargée. Se coucher (s'abriter) ou s'agenouiller. Ouvrir le feu.
Bondir, l'arme déchargée. S'abriter. Réapprovisionner. Se mettre en surveillance (éventuellement, diminuer la hausse).
Reprise du feu. Attention, feu.
Chargez.
A genou (debout) chargez.
Feu coup par coup. Feu.
En marchant. Feu (au préalable, approvisionner à 10 cartouches).
Inspection des armes.
Désapprovisionnez.
Déchargez.

Dans le tapage du combat, il sera préférable de commander « hausse 8, 9, 12... » au lieu de « à 800 mètres, 900 mètres »; les hommes, d'ordinaire, n'entendent que l'inutile mot « mètres ».

IX. — Dresser l'homme à *vouloir atteindre*. Pour cela :

a) Le faire tirer couché sur un objectif visible seulement à genou ou debout. — L'homme doit prendre de lui-même la position minima pour voir.

b) Désigner un objectif peu visible (centre de haie, lisière de bois...) de manière sommaire; l'homme qui n'a pas compris doit lever la main pour demander un complément d'indication que lui fournira l'instructeur, ou le serre-file, ou le camarade. En attendant, il ne tirera pas.

c) Faire tirer sur un objectif qui va disparaître et ne pas commander la cessation du feu.

d) Faire tirer sur des objectifs très visibles et très vulnérables, puis sur des objectifs très difficiles (couchés, abrités, se déplaçant, etc.). Ce dernier tir trouvera son application fréquente quand il faudra étourdir l'ennemi, lui faire baisser la tête pendant le bond d'un camarade ou avant son propre bond. Le tireur visera d'autant plus lentement et soigneusement l'adversaire peu visible, la crête de la tranchée ou le pied de la haie qui l'abrite.

### 5° EXERCICES DE TIR AVEC BALLES.

#### A) *Tir au stand.*

Le tir au stand met en évidence le défaut le plus habituel du tireur, le *coup d'épaule;* par l'échange de cartouches, on convaincra le soldat de la nécessité d'agir progressivement sur la détente, de se laisser surprendre par le coup.

Le feu est exécuté au commandement de :

« Feu à répétition.... Feu! »
« Attention!.... Feu! »
« Feu coup par coup.... Feu! »

Une fois pour toutes, l'officier a mesuré le point moyen obtenu en visant, avec la hausse de combat, le pied d'une silhouette à genou (debout). C'est par rapport à ce point moyen qu'on jugera le groupement des tireurs.

Les instructeurs, munis de jumelles (celle de l'adjudant, du lieutenant), observent les résultats, de leur place, et corrigent le tireur dès la première balle.

#### B) *Tirs individuels.*

I. — Afin de donner aux tireurs confiance dans leurs moyens et dans leur arme, les premiers tirs à la cible sont faciles; on gradue les difficultés :

a) Avec la distance; on tire de 200 à 400, 500, 600 mètres.

b) Avec la surface de réception des balles; au début,

on tire sur des silhouettes tracées sur panneaux de 2 mètres, avec deux cercles légèrement tracés, le cercle extérieur d'un diamètre égal au $1/200^e$ de la distance.

c) Avec la durée d'apparition de l'objectif (tirs à durée limitée).

d) Avec la fatigue et l'essoufflement (chargement de campagne, bonds, etc.).

e) Avec le terrain; les appuis et abris sont avantageux ou nuisibles suivant l'aptitude du soldat à les utiliser.

II. — Le tir se fait d'ordinaire couché ou abrité, quelquefois à genou, debout, à la suite d'un bond exécuté à courte distance de l'objectif (300, 200, 150 mètres), en marchant (de 150 à 50 ou 30 mètres).

III. — On fait toujours viser le milieu de la base du but, mais on disposera les silhouettes de manière que l'écart probable vertical inférieur demeure acquis au tireur

A cet effet, dans le tir sur panneau, on comptera la bande correspondant à cet écart, au-dessous de la silhouette; avec les silhouettes sur perches ou fixes, on disposera à la partie inférieure une bande blanche correspondant très largement à cet écart. L'homme visant le bord inférieur de la partie noire bénéficiera des atteintes dans la partie inférieure blanche.

IV. — Pour ancrer les réflexes de la discipline du feu, le tir, même à durée illimitée, sera ouvert par toute la ligne aux commandements de : Feu à répétition (ou Attention) — Feu; on le fera cesser par des coups de sifflet répétés.

V. — Les résultats ne sont pas signalés par le fanion, au cours du tir, pour ne pas habituer l'homme à charger nonchalamment, entre deux coups de fusil.

Dans le tir sur panneau, aux coups de sifflet de la cessation du feu, le clairon de la ligne de feu fait la sonnerie correspondante, suivie du : « Levez-vous! »; les marqueurs bouchent les trous et le clairon aux marqueurs, passant avec le sergent devant chaque cible, signale les résultats : deux coups de langue précipités pour une balle 2 points, un coup de langue pour une balle, 1 point.

On a en outre un relevé rigoureux et impartial des résultats puisque le tir est relevé par série. Le collationnement devient aussi facile qu'honnête.

Dans le tir sur silhouettes, les atteintes sont signalées par la disparition ou diminution progressive de l'objectif.

Les bons tireurs, anciens ou recrues, passent aussitôt que possible aux tirs plus difficiles.

On exécute ainsi deux tirs simultanément.

VI. — Avec les balles D et S la distance du combat de feux décisifs se trouve reculée. Nous voulons dire qu'à 700, 600 et 500 mètres, des troupes seront parfois en butte à un feu violent et efficace qui enlèvera souvent au chef une action prépondérante sur le tir de ses hommes. Il est donc bon que ces derniers, même non commandés, soient entraînés à tirer judicieusement à partir de 500, 600 mètres, c'est-à-dire qu'ils veuillent atteindre et ne tirent que pour aider leur propre bond ou celui du camarade.

## DE L'INFANTERIE

### BONS TIREURS

| DISTANCE | HAUSSE | CAR-TOUCHES |
|---|---|---|
| 250 | 250 | 6 |
| 300 | 400 | 6 |

1. — Silhouette debout (au bout d'une perche) ; à chaque atteinte, la silhouette devient successivement : *à genou, couchée, derrière une haie* de 2ᵐ de large. Lorsque la silhouette couchée derrière une haie est touchée, elle saute en l'air pour faire voir qu'elle a été atteinte, et disparaît.

2. — Même tir à 300ᵐ.

*Nota.* — 4 balles suffisent à la rigueur ; au lieu d'avoir 10 points, le tireur qui rapportera 2 balles non tirées sera inscrit pour 12 points ; celui qui en rapportera une sera inscrit pour 11 points.

Silhouette debout : **1** point.
Silhouette à genou : **2** points.
Silhouette couchée : **3** points.
Silhouette derrière une haie : **4** points.

### RECRUES ET ANCIENS MAUVAIS TIREURS

| DISTANCE | HAUSSE | CAR-TOUCHES |
|---|---|---|
| 250 | 400 | 6 |
| 300 | 400 | 6 |

1. — Silhouette abritée sur panneau à 2 zones de 1ᵐ,25 et 0ᵐ,60 de diamètre, le bas de la silhouette à 0ᵐ,35 au-dessous de l'axe horizontal.

2. — Même tir à 300 mètres, silhouette à 0ᵐ,30 au-dessous de l'axe horizontal. - Zones de 1ᵐ,50 et 0ᵐ,75.

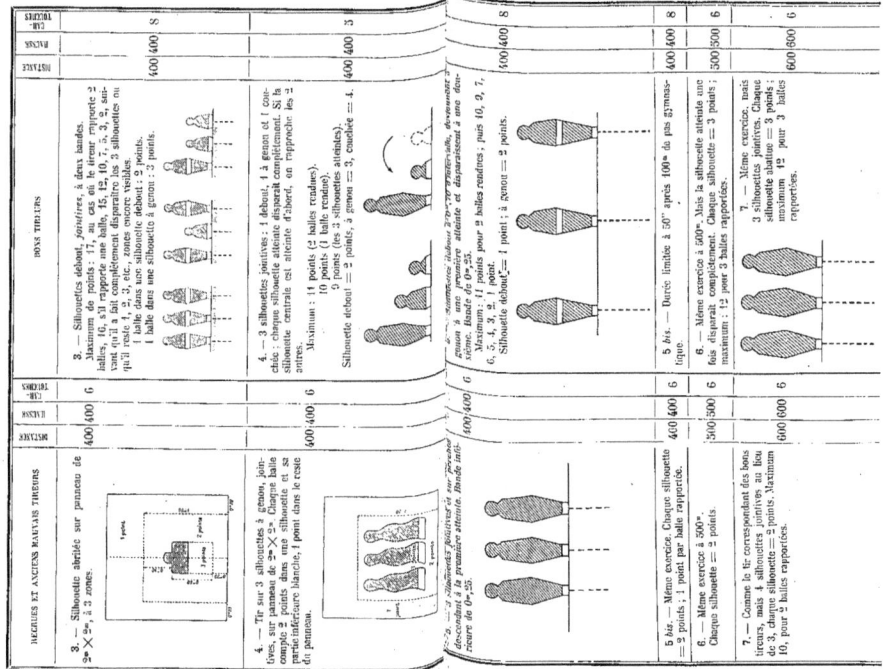

| | HAUSSE | DISTANCE | CAR-TOUCHES |
|---|---|---|---|
| BONS TIREURS | | | |
| 8. — 3 silhouettes couchées jointives à bande inférieure de 0m,15, on ne rapproche pas les silhouettes. Chaque silhouette = 3 points ; maximum, 12 points. | 400 | 400 | 6 |
| 9. — 3 silhouettes couchées, 1 à 0m,75. Chaque silhouette = 3 points ; maximum, 12 points. | 400 | 400 | 6 |
| RECRUES ET ANCIENS MAUVAIS TIREURS | | | |
| 8. — 3 silhouettes à genou sans intervalle disparaissant complétement à chaque atteinte. Bande inférieure de 0m,25 ; on ne rapproche pas les silhouettes lorsque celle atteinte disparaît. Chaque silhouette = 2 points. Maximum = 9 points. | 400 | 400 | 6 |
| 9. — 3 silhouettes à genou, dont 2 jointives, 1 à 0 m,75. Chaque silhouette = 2 points. Maximum = 9 points. | 400 | 400 | 6 |

| TOUS LES TIREURS | HAUSSE | DISTANCE | CARTOUCHES |
|---|---|---|---|
| 10. — A éclipse. 3 silhouettes de groupement, hauteur, durée d'apparition variables. (V. organisation détaillée.) | 500 400 250 à la volonté du tireur | 450 à 250 | 6 à 7 |
| 11. — A éclipse. 2 silhouettes de groupement, hauteur, durée d'apparition variables. (V. organisation détaillée.) | 400 et 250 | 400 à 200 | 6 à 7 |
| 12. — Tir sur silhouette à genou, puis couchée, puis derrière une haie. | 400 et 250 | 350 à 200 | 6 |
| 13. — Tir sur buste plus ou moins visible, bonds. | 400 ou 250 | 300 à 200 | 6 |
| 14. — Tir sur buste derrière une haie, un bond. | 250 | 250 à 200 | 6 |
| 15. — Tir en marchant, sur 3 silhouettes bustes à 0m,20 d'intervalle. | 400 | 150 à 50 | 10 |

## *Organisation détaillée des tirs 10 à 15*

10. — Garde à vous (exhibition des objectifs). Commencez le feu (disparition). 450m. Coup de langue. (Les tireurs sont en surveillance.) Le sergent aux marqueurs fait lever les silhouettes : « debout jointifs (6 à 7") disparaissez ».
Temps mort [1].

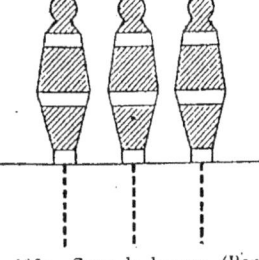

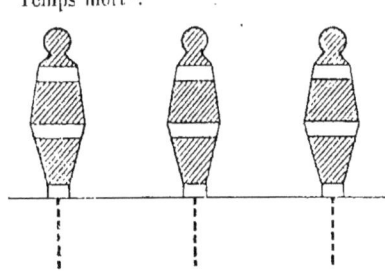

400m. Coup de langue. (Bond de 450 à 400m, les objectifs disparus, 15".) Puis « en tirailleurs (12") disparaissez ». Temps mort.

[1] Le « temps mort » est utilisé pour ramasser les étuis, redresser le levier tout en gardant l'arme chargée et empoigner la culasse. — Au coup de langue les tireurs bondissent au pas gymnastique modéré, sauf la première fois; à l'apparition, ils se couchent et tirent.
Le sergent aux marqueurs a sa consigne écrite et une *montre à secondes*, il sait qu'au premier coup de langue il fera immédiatement apparaître l'objectif accolé, 6 à 7", qu'au 2e coup de langue, il comptera 15" « pour rien », puis fera apparaître les silhouettes en tirailleurs pendant 12", etc.

350ᵐ. Coup de langue. (Bond de 400 à 350ᵐ, les objectifs disparus, 15".) « En tirailleurs à genou (12"), disparaissez. »

300ᵐ. Coup de langue. (Bond de 350 à 300ᵐ, les objectifs disparus, 15".) « Tête (6"), buste (6"), disparaissez. »

250ᵐ. Coup de langue. (Bond de 300 à 250ᵐ, les objectifs disparus, 15".) « Tête (6"), buste (6"), disparaissez. »

*Nota.* — La silhouette atteinte ne reparait plus. Chaque atteinte compte 4 points; maximum, 15 pour 3 balles rapportées.

11. — Garde à vous (exhibition des objectifs). Commencez le feu (disparition). 400ᵐ. Coup de langue. (Tireurs en surveillance.) « Debout jointifs (6 à 7"), disparaissez ».

350ᵐ. Coup de langue. (Bond de 400 à 350ᵐ, 15".) « En tirailleurs (12"), disparaissez. »

300ᵐ. Coup de langue. (Bond de 350 à 300ᵐ, 15".) « En tirailleurs à genou (12"), disparaissez. »

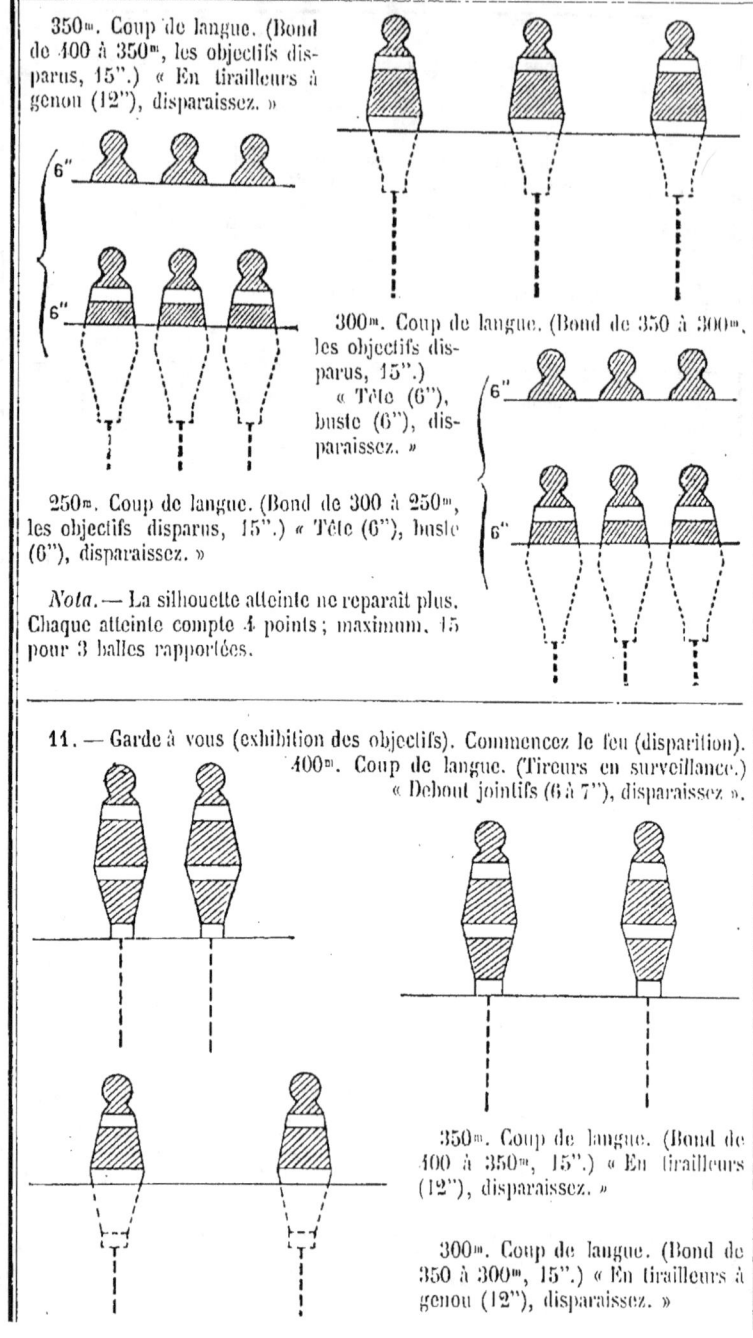

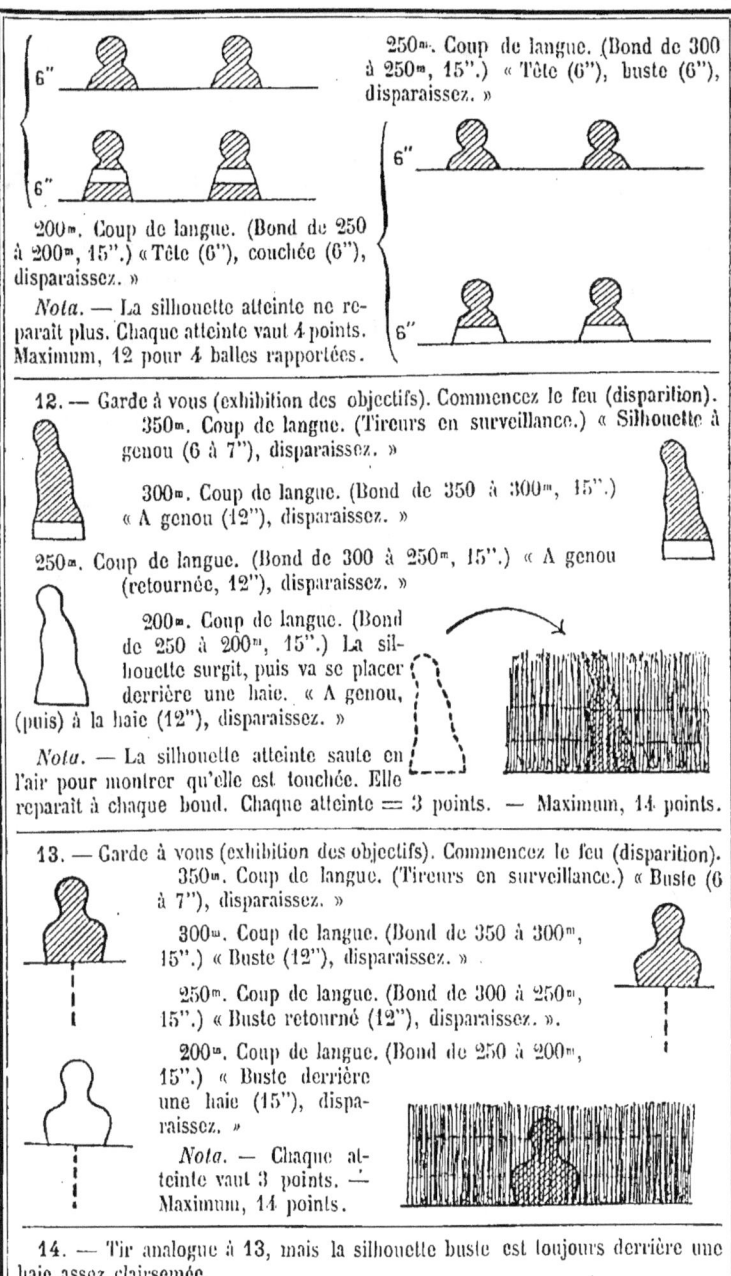

250ᵐ. Coup de langue. (Bond de 300 à 250ᵐ, 15".) « Tête (6"), buste (6"), disparaissez. »

200ᵐ. Coup de langue. (Bond de 250 à 200ᵐ, 15".) « Tête (6"), couchée (6"), disparaissez. »

*Nota.* — La silhouette atteinte ne reparaît plus. Chaque atteinte vaut 4 points. Maximum, 12 pour 4 balles rapportées.

12. — Garde à vous (exhibition des objectifs). Commencez le feu (disparition).
350ᵐ. Coup de langue. (Tireurs en surveillance.) « Silhouette à genou (6 à 7"), disparaissez. »

300ᵐ. Coup de langue. (Bond de 350 à 300ᵐ, 15".) « A genou (12"), disparaissez. »

250ᵐ. Coup de langue. (Bond de 300 à 250ᵐ, 15".) « A genou (retournée, 12"), disparaissez. »

200ᵐ. Coup de langue. (Bond de 250 à 200ᵐ, 15".) La silhouette surgit, puis va se placer derrière une haie. « A genou, (puis) à la haie (12"), disparaissez. »

*Nota.* — La silhouette atteinte saute en l'air pour montrer qu'elle est touchée. Elle reparaît à chaque bond. Chaque atteinte = 3 points. — Maximum, 14 points.

13. — Garde à vous (exhibition des objectifs). Commencez le feu (disparition).
350ᵐ. Coup de langue. (Tireurs en surveillance.) « Buste (6 à 7"), disparaissez. »

300ᵐ. Coup de langue. (Bond de 350 à 300ᵐ, 15".) « Buste (12"), disparaissez. »

250ᵐ. Coup de langue. (Bond de 300 à 250ᵐ, 15".) « Buste retourné (12"), disparaissez. ».

200ᵐ. Coup de langue. (Bond de 250 à 200ᵐ, 15".) « Buste derrière une haie (15"), disparaissez. »

*Nota.* — Chaque atteinte vaut 3 points. — Maximum, 14 points.

14. — Tir analogue à 13, mais la silhouette buste est toujours derrière une haie assez clairsemée.

15. — Le tireur a baïonnette au canon, pas de sac, 10 cartouches dans e fusil. L'intervalle entre les groupes de 3 bustes à 0ᵐ,20 est d'au moins 5ᵐ, en raison de l'irrégularité de ce tir.

## C) TIRS DE GROUPE OU DE COMBAT.

### 1. Duel de deux sections.

a) Départ à 700 ou 800 mètres.

b) Objectif : 2 sections de silhouettes sur perches.
- Debout (ou à genou) sur un rang 700 mètres.
- En tirailleurs debout (ou à genou) à un pas 600 mètres.
- En tirailleurs à genou 550 mètres.
- En tirailleurs couchés 500 mètres.
- En tirailleurs couchés 450 mètres.

Garde à vous — (Exhibition) — Commencez le feu — (Disparition).

700 mètres. — Coup de langue : 15 secondes d'apparition — puis disparition et exhibition des résultats, le feu cessé. — On enlève à chaque section le nombre d'hommes correspondant aux silhouettes atteintes par la section adverse[1].

600 mètres. — Coup de langue : 25 à 30 secondes de disparition. (Les sections bondissent de 700 à 600 mètres environ.)

13 à 15 secondes d'apparition — puis disparition — exhibition des résultats — suppression de tireurs suivant les atteintes de la section adverse.

550 mètres. — Coup de langue : 13 à 15 secondes de disparition — Bond de 600 à 550.

15 secondes d'apparition — puis disparition — exhibition des résultats, suppression de tireurs, etc.

500 mètres. — Coup de langue : 13 à 15 secondes de disparition. — Bond de 550 à 500.

---

[1] Les chefs tués disparaissent (on a mis des signes distinctifs aux chefs des silhouettes). C'est l'occasion d'un feu non conduit ou avec un chef de fortune.

Les hommes vivants se précipitent sur leurs camarades pour leur prendre leurs cartouches (magasin ou cartouchières).

15 secondes d'apparition puis disparition — exhibition — suppression de tireurs, etc.

450 mètres. — Coup de langue : 13 à 15 secondes de disparition. — Bond de 500 à 450.

15 secondes d'apparition, puis disparition — exhibition.

*II. Marche par échelons. Renforcement.*

1° Bond de A de 700 à 600 mètres, sous la protection de B tirant sur B' (silhouettes debout, en tirailleurs ou sur un rang).

2° Bond de B de 700 à 550 mètres sous la protection de A tirant sur A' (silhouettes à genou en tirailleurs).

3° Bond de A de 600 à 500 mètres sous la protection de B (tirant sur les silhouettes à genou non atteintes).

4° Bond de B de 550 à 450 sous la protection de A (silhouettes à genou).

5° Bond de A de 500 à 450 sous la protection de B (silhouettes à genou).

6° Rafale simultanée de A et de B et bond des **deux** sections, sitôt la rafale, de 450 à 400 (silhouettes à genou).

7° On fait passer A derrière B, en renfort, à 100, 150 mètres ou bien une autre section de la compagnie qui n'a pas encore tiré. — Renforcement par doublement; renforcer également les silhouettes ennemies, couchées, à l'effectif primitif. — Chaîne et renfort ont baïonnette au canon et déposent le sac.

*a)* Feu de B pour protéger l'approche du renfort.

*b)* Feu à genou ou debout du renfort par-dessus les tirailleurs couchés de B.

La rafale achevée, bond immédiat, de 400 à 350 mètres, de la chaîne B renforcée.

8° Au cours de ce bond, nouvelle apparition des silhouettes, nombreuses pertes subies par la chaîne B qui se couche et tire pour favoriser l'approche d'un deuxième

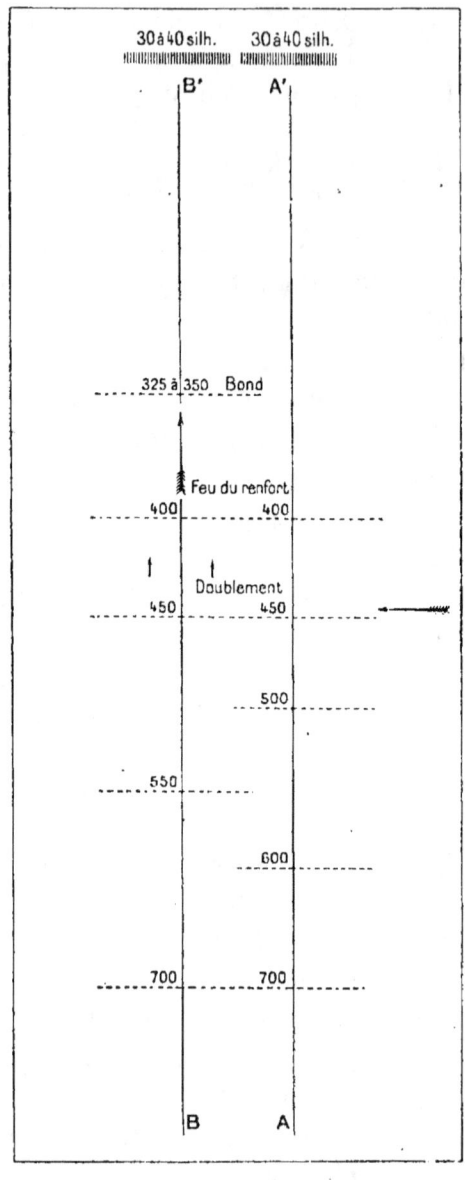

renfort. — Feu de ce renfort. — Nouveau bond de la chaîne B mélangée, etc.

9° Finalement on pourrait faire le feu en marchant de 150 à 50 mètres.

*Nota.* — *a)* Le tir est exécuté par deux compagnies amies qui engagent d'abord chacune une section de 35 à 40 hommes, le reste formant les renforts.

*b)* 20 à 25 cartouches par homme.

*c)* Par économie, on peut commencer le tir à 600 mètres.

*d) Conventions de tir.* — Garde à vous. — Exhibition des objectifs. — Commencez le feu. — Disparition des objectifs.

Coup de langue. — Apparition immédiate des silhouettes pendant le bond de A (25 à 28 secondes), tir de B, puis disparition et ultérieurement exhibition des silhouettes atteintes qui ne reparaîtront plus avant le renforcement.

Coup de langue. — Nouvelle apparition de 30 à 35 secondes, bond de 700 à 550, tir de A, puis disparition et, ultérieurement, exhibition des silhouettes atteintes.

Coup de langue. — Apparition de 25 à 28 secondes (bond de A de 600 à 500, tir de B, puis disparition, etc.).

Coup de langue. — Apparition de 25 à 28 secondes (bond de B de 650 à 450, tir de A, disparition, etc.).

Coup de langue. — Apparition de 15 à 20 secondes (bond de A de 500 à 450, tir de B, disparition, etc.).

Coup de langue. — Apparition de 15 à 20 secondes (rafale de A et B préparatoire au bond de A et B de 450 à 400).

Puis placement d'un renfort à 100, 150 mètres de B, sac à terre, baïonnette au canon. On fait disparaître beaucoup d'hommes de B.

Coup de langue. — Apparition des silhouettes ennemies renforcées et couchées pendant 1 ou 2 minutes. Feu de B pour protéger l'arrivée du renfort, et feu de ce dernier debout ou à genou à hauteur et par-dessus la chaîne B couchée. — Disparition des silhouettes. — Bond de la chaîne renforcée.

Au cours du bond, coup de langue, nouvelle apparition des silhouettes 1 ou 2 minutes, nombreuses pertes de la chaîne qui se couche, tire et protège l'afflux d'un nouveau renfort. Feu de ce dernier renfort, disparition de l'objectif, bond immédiat.

S'il reste encore des renforts, nouveau coup de langue au cours du bond, nouvelle apparition de l'objectif 1 ou 2 minutes, nouvelles pertes de la chaîne, tir de protection du renfort, tir de ce dernier, etc.

Si l'on veut faire le feu en marchant, avoir le fusil approvisionné à 10 cartouches. Au coup de langue, les silhouettes se montrent jusqu'à l'assaut. Tir en marchant de 150 à 50, 30 mètres.

e) Le tir de groupe est particulièrement important; on l'exécutera plusieurs fois; à la fin de l'action on n'aura que des chefs de fortune, les « chefs manquants » surveillant le tir au seul point de vue « sécurité ».

f) Pour bien exécuter ce tir, il faut une butte de 100 mètres à 120 mètres de large, comme celle dont dispose la brigade de Saint-Mihiel, permettant un intervalle de 40 mètres entre les sections; sinon, l'échelon arrière ne dépassera pas, *pendant le tir*, l'échelon avant.

La butte ne permet-elle que le tir d'une section (demi-section)? On figurera la marche par échelons avec une deuxième section (demi-section) tirant à blanc (un seul homme brûlera des cartouches à chaque bond).

A la distance où la marche par échelons deviendrait impossible, on utilisera tout l'effectif et toute la largeur du champ de tir pour exécuter plusieurs renforcements.

*III. Tir sur un objectif très peu visible.*

L'objectif est caché par une haie occupant un front très supérieur à celui des silhouettes.

Il n'est guère visible qu'à la jumelle; il faut, en tout cas, que le chef de section attire l'attention de ses hommes sur le centre, la droite, la gauche de la haie, pour diriger le tir avec quelque efficacité. Le tir s'exécute de 700 à 500 et 400 mètres.

*1re section*. — *a*) Coup de langue. — 15 à 20 secondes de disparition correspondant au bond de la section placée primitivement à 750 mètres. Le sergent dans la tranchée tire alors une ou plusieurs cartouches à blanc révélant l'apparition et le feu de la section de silhouettes qui se montre, pendant 20 à 22 secondes, en tirailleurs à 1 pas, à la droite de la haie.

Découverte de l'objectif par le chef de section, tandis que les hommes se couchent à sa hauteur, l'arme chargée; feu et disparition de l'objectif.

*b*) L'ennemi disparu, on ramasse les étuis, on prend la précaution de sûreté pour le bond. C'est un temps mort. — Puis coup de langue; c'est le signal du nouveau bond de 15 à 25 secondes. — Nouveaux coups de feu, nouvelle apparition, de 20 à 22 secondes, des silhouettes à 1 pas d'intervalle, à la gauche de la haie.

*c*) Même jeu... l'ennemi paraît à droite et à gauche, « à gauche (2º demi-section) et à droite (1re demi-section) feu! ».

*2º section*. — Dispositions analogues, mais pour éviter la « carotte », les objectifs n'apparaissent pas de la même manière.

*Observations*. — 1º Nécessité de la jumelle pour le chef;

2º La haie doit être organisée de manière que le chef puisse seul, avec sa jumelle, repérer immédiatement l'emplacement de la section ennemie. Mais il est bon que les tireurs, une fois orientés, distinguent confusément l'objectif et cessent le feu d'eux-mêmes quand ils ne voient plus rien. — Une autre fois, la haie sera au con-

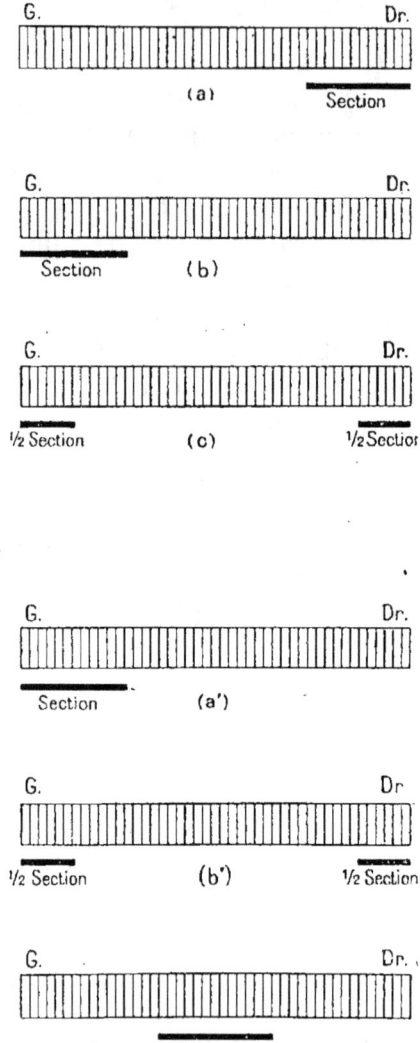

traire épaisse pour habituer les hommes à cesser le feu immédiatement aux coups de sifflet du chef.

### D) TIRS DE DÉMONSTRATION.

Ces tirs ont pour but de graver un enseignement par l'exemple.

1° *Tireurs en avant d'une troupe postée.*

| 3 groupes de 2 tireurs à 20 ou 30 pas d'intervalle. | Un groupe tire coup par coup. L'autre tire à répétition; les hommes réapprovisionnent ensemble. Le troisième groupe fait un feu *roulant*, un homme tirant tandis que l'autre réapprovisionne. |
|---|---|
| Chacun de ces 3 groupes tire, pendant 5', sur une | Colonne par 4, de 400 à 600 mètres. Section déployée avec ou sans intervalle à 400 mètres. |

*Conclusion.* — 1° Le meilleur tir est le feu roulant (2 fusils par tireur).

2° Des groupes de 2 hommes tous les 20 mètres sont redoutables pour une attaque à découvert, si l'adversaire ne les neutralise pas, ou du moins ne diminue la justesse de leur tir en leur opposant ses propres éclaireurs.

2° *Tirailleurs, patrouilleurs, en avant d'une troupe qui avance.* — Peu vulnérables, les tirailleurs éclaireurs bien dirigés (en principe par le chef de section) peuvent se rapprocher à petite distance de l'ennemi sans être cloués au sol; puis, par leur feu, ils étourdissent l'ennemi et permettent à leur section d'avancer sans tirer, ni s'arrêter.

Pour une consommation très inférieure, ils obtiennent d'ailleurs un résultat équivalent, car l'efficacité décroît très rapidement avec l'augmentation de la distance (on voit mal et on prend rarement la hausse).

Nous avons vu une patrouille de 7 hommes, bien commandée, obtenir à 400 mètres le même résultat, pour 56 balles tirées, que les 35 hommes de la section, tirant à 800 mètres, avec la hausse exacte, 448 cartouches.

3° *Feu roulant par demi-section.* — Analogue au feu de 2 hommes. L'ennemi n'a pas un moment de répit. « Dans chaque section, par demi-section, feu roulant. » La demi-section de droite entame le feu.

4° *Dans un feu de courte durée et à courte distance*, la baïonnette a plutôt un bon résultat en abaissant le tir.

5° *Tir sur deux rangs.* — Dans les conditions de surprise où ce tir s'exécute d'ordinaire, il faut agir rapidement, passer par exemple de la colonne par 4 à la ligne; les hommes du second rang, serrant insuffisamment ou ne se mettant pas dans leur créneau respectif, peuvent déterminer les accidents les plus graves.

Aussi doit-on habituer la section à exécuter normalement le tir sur deux rangs dans les deux positions : le 1$^{er}$ rang s'aplatit à genou et le second tire par-dessus dans la position debout.

6° *Position des tireurs.* — Effet utile très supérieur à genou; ce sera le tir à exécuter par les renforts de l'attaque ou par la troupe de contre-attaque, si la distance séparant de l'ennemi est de 150 à 200 mètres au moins; sinon, tirer debout, pour ne pas briser l'élan.

7° *Vulnérabilité comparée de la section en tirailleurs à un pas et sur un rang sans intervalle.* — Le sergent marqueur tire dans la tranchée quelques cartouches à blanc, simulant rafale, afin d'aplatir les tireurs. A la dernière cartouche, il fait lever 40 silhouettes en tirailleurs à un pas pendant 20 à 25 secondes, ce qui correspond à un bond de 40 à 50 mètres. Commandement : « Attention — Feu ». Les tireurs se soulèvent et ouvrent le feu.

Même tir sur les silhouettes accolées.

### E) MANŒUVRES AVEC TIRS RÉELS

Pour rendre profitables les manœuvres avec tir réel, il faut :

1° Pouvoir placer sur la même ligne de tir des objectifs qui n'apparaissent que *successivement*, figurant, par exemple, un poste avancé ou une avant-garde et un gros; mieux encore, on doit chercher à utiliser *2 ou 3 lignes de tir*, permettant une esquisse de manœuvre.

2° A tout le moins, il faut disposer d'un front d'action de *300*ᵐ et d'une profondeur de déplacement de *500 à 800*ᵐ.

3° Enfin les objectifs doivent être vraisemblables et correspondre à des dispositifs de guerre; autant que possible, on figurera par des silhouettes sur perches les bonds de l'ennemi ou sa surrection de la tranchée et l'on créera des abris pour marqueurs, exigeant un déblai de $2^{m3}$ environ, soit trois jours de travail par homme et par mètre courant.

Dans les champs de tir temporaires, on fera ces abris dans les fossés existants ou sur des friches pour ne pas ramener à la surface d'un champ cultivé un sol non arable.

*1ᵉʳ Exemple.* — Une compagnie d'avant-garde est arrêtée à 600 mètres d'une lisière boisée (haie...) et ne peut progresser.

Les 2° et 3° compagnies reçoivent l'ordre de se porter par tel cheminement sur le flanc de l'ennemi et d'attaquer; la 4° compagnie en échelon derrière la 3° compagnie.

*Exécution.* — Les 2°, 3° et 4° compagnies se portent en cheminant jusqu'au dernier couvert. Puis les deux premières compagnies se disposent pour ouvrir un feu de surprise sur ce qu'elles jugent devoir être la droite ennemie; ceci fait, elles exécutent par bonds de compagnie ou demi-compagnie leur marche offensive, la 4° compagnie (qui ne tire pas) forme échelon à gauche (1 section de cette compagnie et les mitrailleuses au dernier couvert en repli).

Si l'on dispose d'une troisième ligne de tir, on peut

supposer qu'une contre-attaque de 1 ou 2 compagnies se jette sur le flanc des 2ᵉ et 3ᵉ compagnies; elle est arrêtée par la 4ᵉ compagnie en échelon et le feu des mitrailleuses.

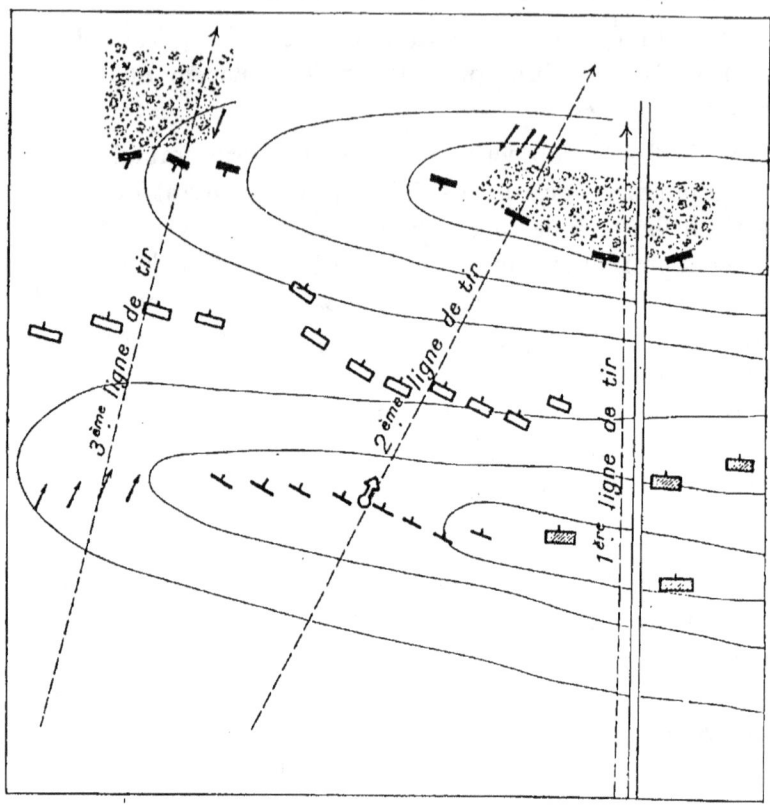

Engagement d'avant-garde.

NOTA. — Dissimuler une partie des objectifs derrière des haies, lisières, de manière qu'ils ne soient visibles qu'à la jumelle.

Pour le feu de surprise, les chefs de section prennent le défilement à genou ou couché. Les hommes chargent, prennent la hausse, courent à leur chef et ouvrent le feu presque instantanément.

Si la crête est oblique par rapport à l'ennemi, les sections s'échelonnent.

2° *Exemple*. — Un bataillon encadré chemine, précédé d'une compagnie; la cavalerie amie (éclaireurs montés ou peloton divisionnaire) a été fusillée en A.

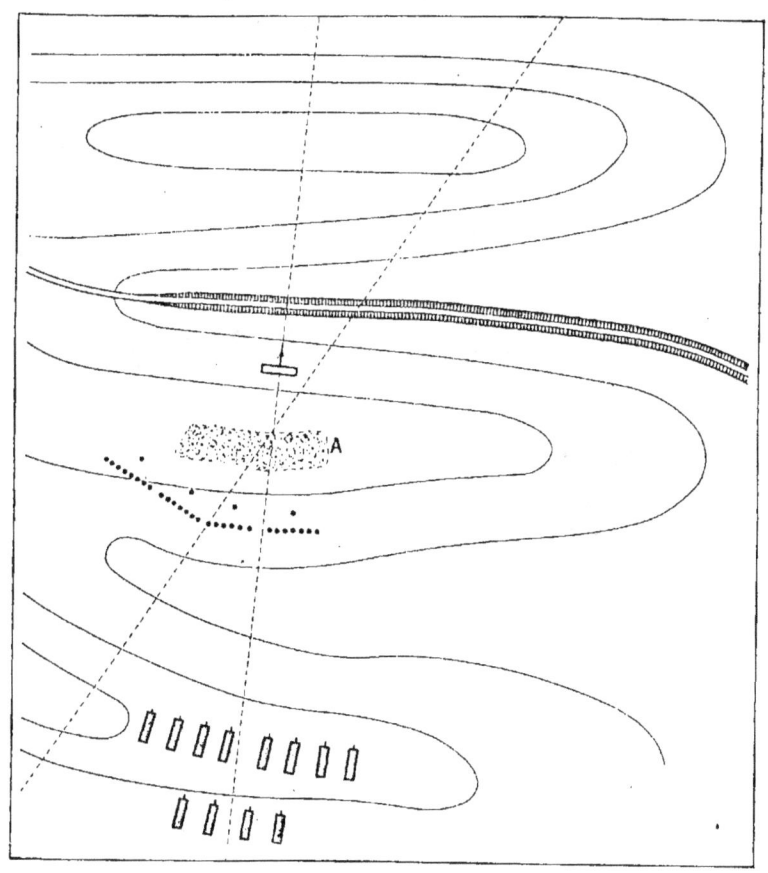

I. — Enlèvement d'une section d'avant-postes par la compagnie d'avant-garde.

La compagnie de tête engage deux sections précédées d'éclaireurs ; avec l'appui de ces derniers qui s'approchent jusqu'à 450 mètres de A et ouvrent le feu, les deux sections serrent à 450 mètres sans tirer et ouvrent le feu à leur tour; renforcées et, si possible, prolongées par une troisième et quatrième section (quand on dispose d'une

302   ÉDUCATION PROFESSIONNELLE

deuxième ligne de tir), elles enlèvent la position A défendue par une section ennemie.

En arrivant en A, le commandant de la compagnie d'avant-garde aperçoit une batterie qui vient s'installer

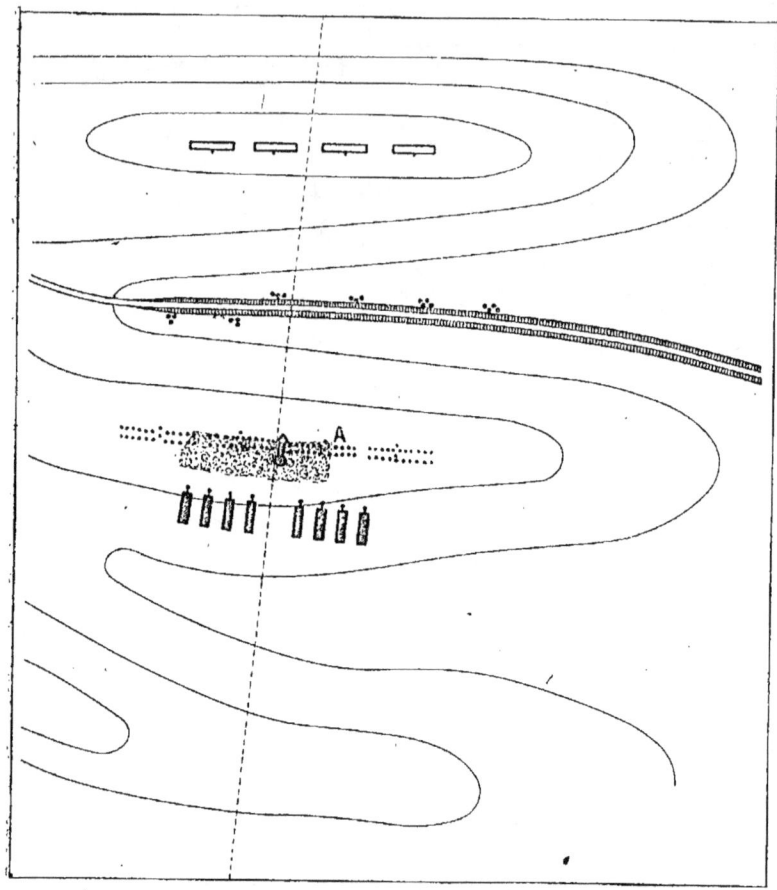

II. — Préparation du franchissement de crête. Envoi de patrouilles à l'angle mort.

à 1.500, 2.000 mètres de lui. Il commande immédiatement : « Sur la batterie en mouvement : 1.500 mètres, échelonnez de 150. » (La 1re section tire avec la hausse de 1.500, la 2e section avec la hausse de 1.650, etc.)

La batterie a laissé quelques attelages sur le sol; le reste a disparu.

En face, une ligne de haies et de tranchées révèle des groupements ennemis à 1.100, 1.400 mètres.

La 1<sup>re</sup> compagnie qui a peu souffert va continuer le

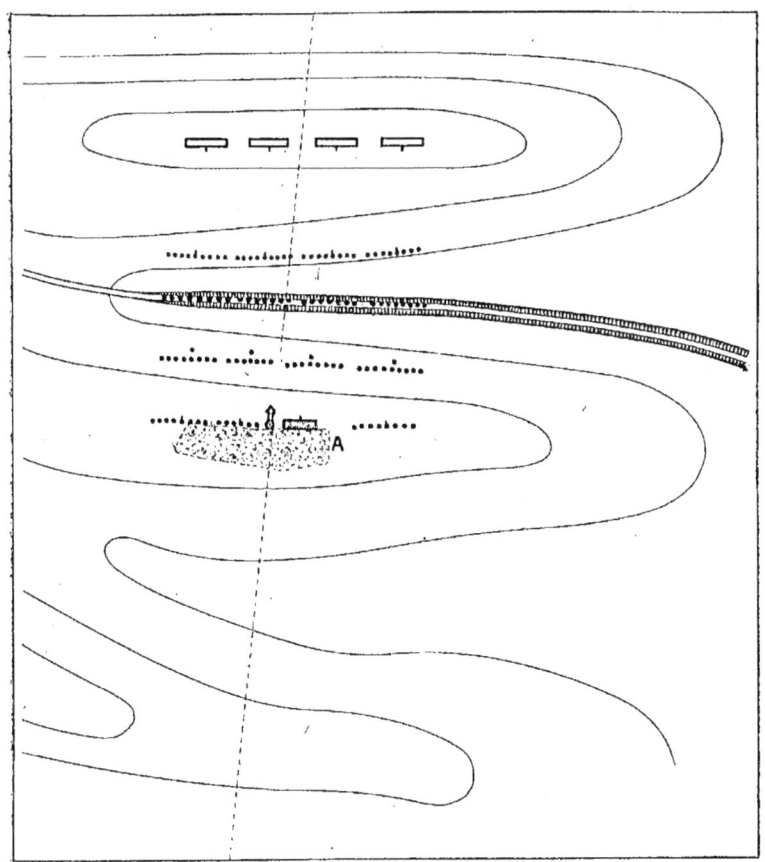

III. — La 1<sup>re</sup> ligne a débouché du dernier couvert. 4 sections de renfort vont l'appuyer. 2 C<sup>ies</sup> dégringolent les pentes.

mouvement, la 2° compagnie la prolongera à gauche (pratiquement la 1<sup>re</sup> compagnie se place par précaution en entier à droite de la ligne de tir, la 2° compagnie à gauche).

Les mitrailleuses se mettent en surveillance. Les deux compagnies, à la même hauteur, en colonnes doubles de tirailleurs et à l'abri de la crête, poussent leurs éclaireurs jusqu'au fossé de l'angle mort; ceci fait, leur première ligne (4 sections) surgit avec ensemble et dégringole à son tour dans l'angle mort.

La deuxième ligne dévale de même, une fois la première ligne au fossé.

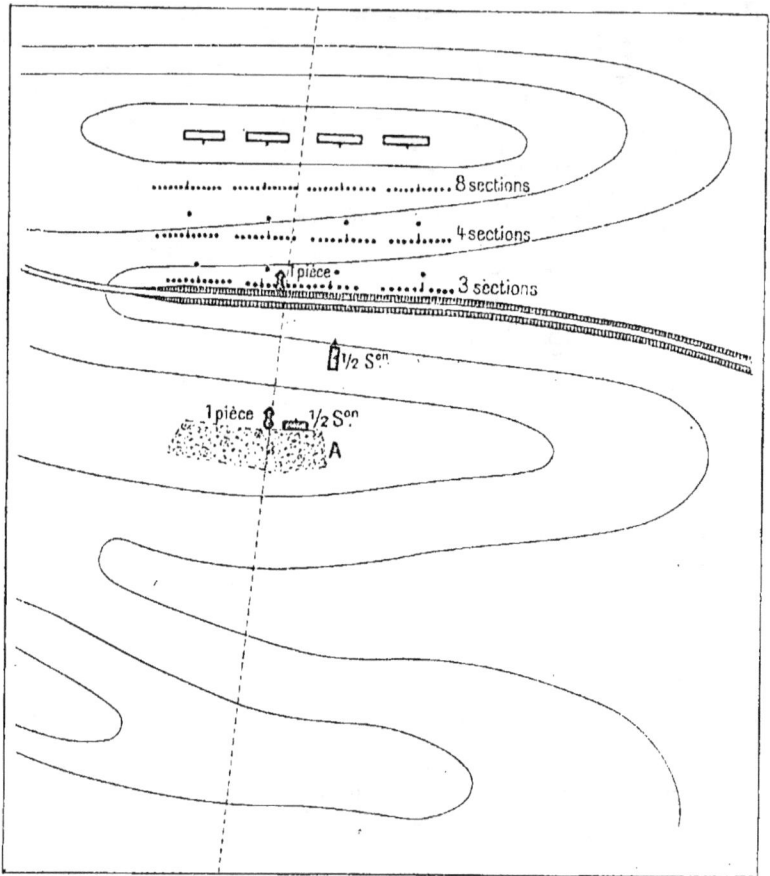

IV. — 2 vagues mélangées. La 3ᵉ va renforcer. La 4ᵉ débouche du dernier couvert.

Les mitrailleuses, démasquées, fouillent les différents abris.

Après un premier ralliement au fossé, les deux compagnies reprennent leur marche sur deux lignes de tirailleurs, qui, par renforcement, viennent se mélanger à 500, 700 mètres de l'ennemi.

Les deux compagnies de renfort traversent la crête de la même manière ou dévalent avec leurs huit sections à la fois, gagnent l'angle mort et poussent deux nouvelles vagues de renforts pour faire avancer la ligne préexistante. Mélange des unités. Marche par échelons de compagnies ou demi-compagnies. Rafales suivies d'un bond. Arrêt à 300, 400 mètres de la position.

3° *exemple*. — La même manœuvre peut être exécutée à blanc jusqu'à la phase ci-dessus. On exécute à balles l'attaque (bonds, pertes, le feu en marchant sans sac, le ralliement, l'arrivée des mitrailleuses et l'arrêt par le feu d'un retour offensif). On peut également accoler 3 ou 4 compagnies au lieu de 2, chacune d'elles fournissant 3, 4 vagues, etc. (V. attaque par un bataillon encadré.)

### III. Instruction guerrière individuelle.

Le soldat doit savoir utiliser son fusil, sa baïonnette, le terrain, éclairer et couvrir ses camarades, communiquer à ses chefs les ordres, renseignements qu'il a recueillis ou qu'il doit transmettre.

L'escrimeur se formera à la gymnastique d'application, le tirailleur au stand, à la cible et à l'école de section; la sentinelle, le patrouilleur, etc., au service en campagne.

Aussi nous bornerons-nous à consacrer quelques séances préparatoires aux points suivants :

1° Apprendre à 2 ou 3 hommes en sentinelle en avant d'une section au repos, etc., à se répartir le terrain pour la surveillance. Le moindre incident suffit d'ordinaire à absorber d'un seul côté l'attention de tous; pour faire ressortir cet inconvénient, on fera apparaître un petit groupe ennemi, et ultérieurement, d'un autre côté, un groupe plus fort qui arrivera le plus souvent à courte distance sans avoir été remarqué.

2° Faire apprécier les distances.

*a)* Pour le tir jusqu'à 400, 500 mètres.

*b)* Pour le renseignement à 500 mètres près jusqu'à 2.000, 3.000 mètres.

*a)* Il faut que le soldat, hors de l'action de son chef blessé, incapable de se faire entendre dans le fracas de la bataille, sache s'il a chance d'atteindre avec la hausse de combat.

Cette instruction se fera le plus simplement possible, sans étalonnage du pas, par la comparaison d'objectifs variables en deçà et au delà de l'emploi de la hausse de combat (500 mètres environ).

Une seule question : « Ai-je chance d'atteindre avec la hausse fixe, étant donnés le nombre et la visibilité des ennemis qui me font face? »

*b)* L'évaluation des distances pour le renseignement à 500 mètres près est très facile.

3° Montrer l'utilisation et la valeur comme abris des divers accidents du sol pour s'abriter et pour tirer, arbres d'une futaie, fossé d'une route, fenêtre d'une maison, haie, etc.

Une seule séance. Instruction à reprendre dans la section, lorsqu'il faudra associer cette utilisation du terrain au tir, au mouvement, à la gêne du voisin, etc.

4° L'instruction des sentinelles, de la patrouille, des agents de liaison, des hommes de relais trouvera sa place au service en campagne.

5° La première instruction des recrues terminée, le capitaine entamera, à l'exercice principal de la journée ou les après-midi d'été, le perfectionnement de l'éclaireur. Il emmènera sa compagnie dans les bois ou landes à proximité, et la dressera d'après le programme ci-dessous du général de Maud'huy.

a) Orientation { Au soleil, à la boussole, à la carte. Perdre les hommes dans un bois, leur donner un rendez-vous. Leur faire trouver une trace par des feuilles de papier ou des branches brisées, etc...

b) Transmission rapide de renseignements. { Organiser des relais en plaine, sous bois. Faire utiliser le terrain par les hommes de relais.

c) Ecoulement à un point : Régiment d'infanterie, 15 minutes; régiment de cavalerie, 5 minutes; 3 batteries d'artillerie, 10 minutes.

d) Uniformes allemands, numéros sur la patte, ce qu'il faut enlever à un blessé.

e) Faire une embuscade dans les bois, talonner la nuit, sous bois ou dans le brouillard la troupe ennemie à coups de fusil, pour jalonner sa direction de marche. (Poste de 4 ou 7 hommes.)

f) Enlever une sentinelle.

g) Un fantassin contre 3 ou 4 cavaliers.

h) C'est également dans ces après-midi que le capitaine perfectionne l'instruction guerrière et aiguise le coup d'œil de ses chefs de section, de ses caporaux et élèves-caporaux (V. P. 322).

# CHAPITRE X

## Dressage de la Section

Généralités. — L'instantanéité et la simultanéité d'exécution correspondent aujourd'hui à l'ancien ordre dit serré.

L'ordre est nécessaire, que la troupe évolue ou combatte; mais l'ordre au combat étant plus difficile à réaliser matériellement et moralement, il y a lieu de s'y exercer davantage et de demander à l'ordre ouvert la bonne exécution de l'ordre ouvert.

La section de guerre est un peu lourde au combat; aussi serait-il avantageux de toujours marcher et combattre par demi-sections, le chef de section commandant une demi-section, le meilleur sous-officier l'autre demi-section. Mais souvent la section n'aura qu'un chef digne de ce nom.

Pour remédier à la lourdeur du déploiement de la section et se donner la possibilité de rendre rapidement l'indépendance aux demi-sections, la formation normale de la section devrait être la ligne de demi-sections accolées ou non; le déploiement en tirailleurs de la ligne de demi-sections accolées se faisant en éventail serait aussi rapide que celui des demi-sections indépendantes.

La formation sur deux rangs n'a d'utilité que pour rendre les honneurs au drapeau dans une rue étroite, pour passer une revue dans un cantonnement ou encore permettre l'inspection des armes[1]. Pour passer de la ligne

---

[1] Elle pourra s'employer également pour l'attaque de nuit, bien que la formation sur un rang lui soit préférable en principe.

de demi-sections accolées à cette formation, face en avant, il suffirait de commander : En ligne sur deux rangs — Marche. Le mouvement serait le même que pour le déploiement en tirailleurs, mais les hommes resteraient sur deux rangs.

Pour former la ligne sur deux rangs face à gauche (droite), on commanderait : A gauche (droite) en dédoublant — *Gauche (Droite)*. Tout le monde ferait à gauche (droite). Dans chaque demi-section, les hommes qui sont derrière un camarade se porteraient à sa hauteur, du côté indiqué par le commandement; puis la demi-section en arrière serrerait à un mètre. La section se reformerait en ligne de demi-sections accolées par le commandement de : A droite (gauche), ligne de demi-sections accolées. *Droite (Gauche)*.

A part ces deux mouvements, la section ne manœuvrerait qu'en ligne de demi-sections accolées ou non et en ligne de tirailleurs.

D'autre part, en vue de diminuer la fatigue des soldats de petite taille, cette ligne de demi-sections accolées aurait les petits en tête; en conséquence, pour le rang de taille, dans la première demi-section (première escouade du temps de paix), les hommes seraient formés en ligne par rang de taille, les grands à droite; dans la deuxième demi-section (deuxième escouade), les soldats seraient formés de la même manière, mais les petits à droite.

1<sup>re</sup> Série[1]. — Se fait sans arme dès l'incorporation, puis avec arme.

a) Colonne par 2; le chef d'escouade (12 à 16 hommes) ou de demi-section (25 à 30 hommes) se place devant le premier rang de deux et donne l'explication de « En

---

[1] La première série d'exercices est précédée d'une initiation guerrière. On fait trouver par les recrues les principes du combat. Voir Service en campagne.

avant — *Marche* » en appuyant sur l'instantanéité d'exécution.

Puis l'escouade (la demi-section) suit le chef dans ses mouvements (marche, changement de direction, arrêt instantané, se coucher, repartir).

b) Mêmes mouvements en ligne sur un et sur deux rangs.

c) L'escouade (demi-section) étant en colonne par 2, la déployer en tirailleurs à un ou deux pas.

En avant.

Face à un point (vers la droite ou vers la gauche).

Face à droite ou à gauche.

Bonds de 50 à 80, 100 mètres au commandement : « Attention (éventuellement, à tel abri, ou telle direction). En avant — *Marche* ».

d) L'escouade (demi-section) étant couchée ou bondissant en tirailleurs, la rassembler couchée, en colonne par deux ou en ligne (sur un ou deux rangs), suivant la direction de l'abri par rapport à l'ennemi.

Même rassemblement en marchant.

e) Déploiement en tirailleurs, à un ou deux pas, de l'escouade (demi-section) sur deux rangs, couchée ou en marche.

Nota. — 1° Pour déployer en tirailleurs, face en avant, la demi-section ou escouade en colonne par deux, le plus simple semble être, par analogie avec l'article IV du règlement de manœuvres, de commander : « Vers la droite (vers la gauche) en tirailleurs », comme on commande : « Vers la droite (vers la gauche) en ligne ».

Chaque groupe de deux hommes se porte vers la droite (gauche), les hommes prennent entre eux l'intervalle indiqué. (Voir fig. 1.)

Le chef, après avoir dit aux deux hommes de tête : « Continuez », court se poster à l'emplacement que doit occuper le centre de sa demi-section, ou bien se précipite en avant du centre de sa demi-section et désigne le soldat ou gradé de base, si l'on doit continuer la marche.

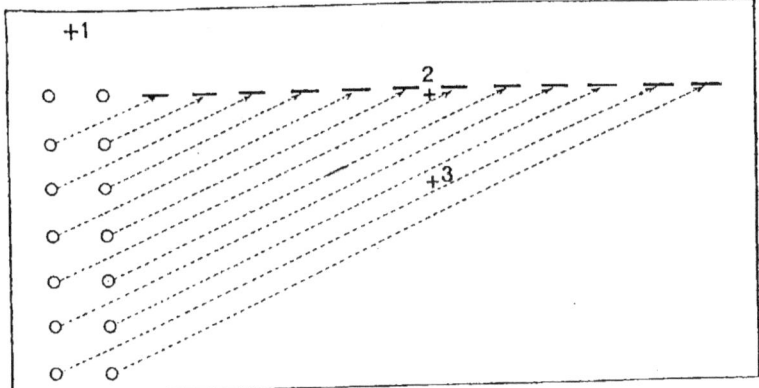

Fig. 1. — Vers la droite en tirailleurs. Halte.

2° Pour déployer dans une autre direction, le chef fera toujours précéder son commandement de l'indication du

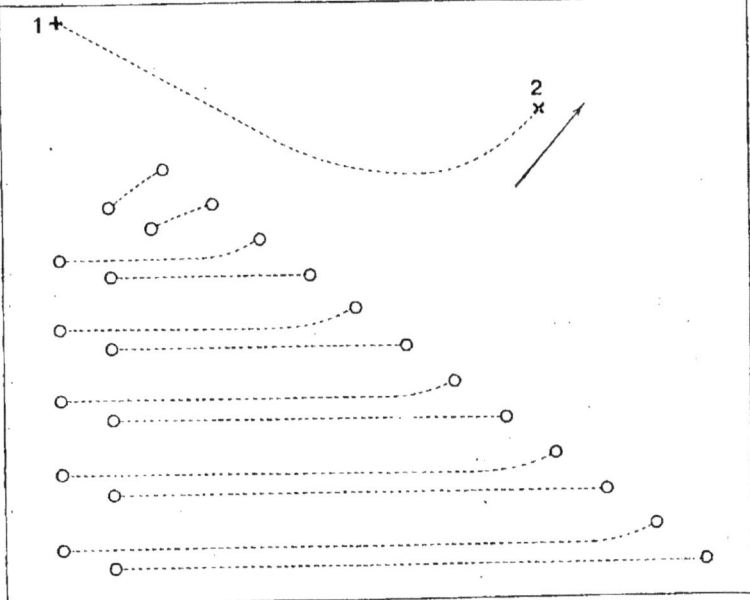

Fig. 2. — « Face à tel point : En tirailleurs, marche ». Au commandement de face à tel point, la file de tête s'infléchit face au point. Le déploiement se fait forcément du côté de la direction.

nouvel objectif. Ex. : Face à tel point en tirailleurs — Marche (Halte). (Fig. 2 et 2 bis.)

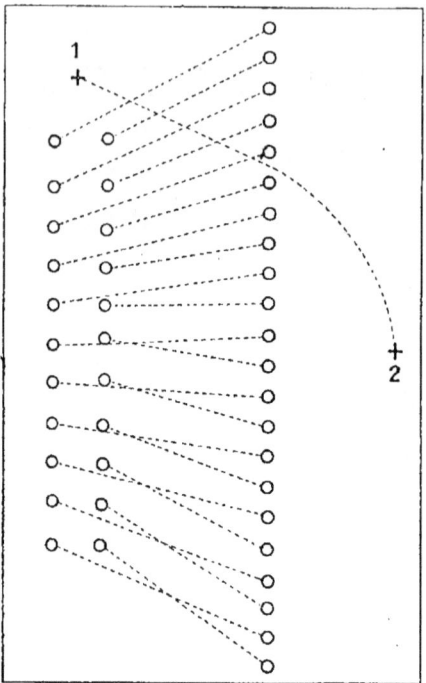

Fig. 2 bis. — « Face à droite. En tirailleurs, marche », tout le monde fait face à droite et le déploiement se fait sur le centre.

2° Série. — Elle comprend, dans l'ordre d'importance, l'exécution des articles IV et III du règlement, auxquels on ajoute le déploiement en tirailleurs; ces mouvements s'exécutent, comme ceux de la 1re série, en terrain varié.

*Article IV du règlement.* (Faire numéroter les 2 rangs.)

a) En avant par 4 et par la gauche, en avant par 4. Tout le monde part, la deuxième file oblique, le reste change de direction.

b) A droite (gauche) par 4 (par escouade, par demi-section); le second rang est d'ordinaire trop serré, par la paresse de l'homme de second rang de pivot.

c) Oblique à droite (gauche), étant par 4, surtout au pas de route, au pas gymnastique, ou en partant de la position couchée. (Mouvement contre l'artillerie.)

d) De la formation par 4 à la ligne. Vers la gauche (droite) en ligne.

En ligne face à.... et exceptionnellement face à gauche (droite) *Halte* (*Marche*).

e) Changement de direction de la colonne par 4; de pied ferme (couché ou à genou), puis en marche.

f) S'arrêter, à genou ou couché, d'après la position même du chef et au commandement de : « Section — *Halte* ».

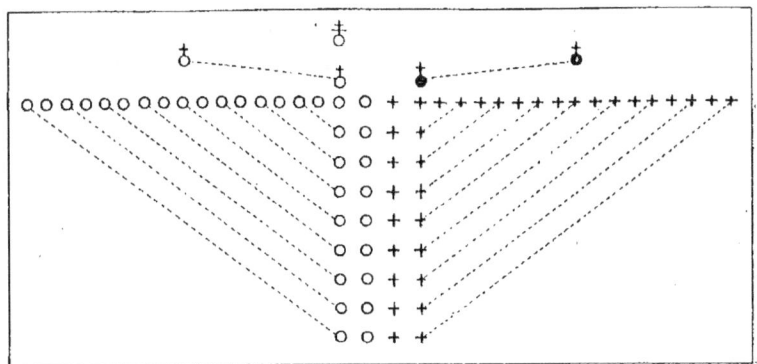

Fig. 5.

g) Formation en ligne de demi-sections (escouades) : Accolées[1]. (Fig. 5.)

A.... pas.

---

[1] Chaque demi-section (escouade en temps de paix) en colonne par deux, la première demi-section rassemblée par la gauche, la deuxième demi-section par la droite, les demi-sections accolées.

Le chef de section à 6 pas devant le rang de gauche, toutes les fois que sa section n'est pas précédée immédiatement par une autre unité, *h*) Traversée d'un pont, d'un embarras de voitures, d'une barricade en crémaillère : « A volonté.... *Marche* ».

*i*) Déploiement en tirailleurs en partant de la colonne par 4 ou de la ligne de demi-sections (escouades) accolées.

1° Si l'on est en colonne par 4.

Déploiement en avant « Vers la gauche (droite) en tirailleurs — *Marche* ». Le premier groupe de 8 se déploie sur son centre. Les autres groupes se portent successivement vers la gauche (droite) et se déploient sur l'homme du côté déjà déployé.

Pour avoir un déploiement ordonné et aéré avec une section de 40 à 50 hommes portés en tirailleurs d'un seul côté (vers la droite ou vers la gauche), le chef doit souvent arrêter sa tête de section après 10 ou 20 pas. Les tirailleurs, en arrivant sur la ligne, se couchent à leur intervalle; quand les derniers hommes vont atteindre leur emplacement, le chef, qui s'est placé devant le centre, commande : « En avant — *Marche* ».

Pour se déployer dans une autre direction, le chef fait toujours précéder son commandement de l'indication du nouvel objectif (comme dans la 1ʳᵉ série). Ex. : « Face à tel point. En tirailleurs — *Marche* ». « Face à droite. En tirailleurs — *Marche* ». Tous les groupes de 8 con-

---

sinon à côté d'un de ses chefs de demi-section; au combat, à 20 pas en avant ou avec les éclaireurs.

Les chefs de demi-section à 2 pas devant le rang extérieur de leur demi-section.

Dans chaque demi-section, un sous-officier disponible (sous-officier en surnombre, fourrier, caporal fourrier) ou le caporal de l'escouade de tête en serre-file sur le flanc de la demi-section, les caporaux des escouades de queue à la gauche de leur escouade.

En temps de paix, avec la section à 2 escouades, le sous-officier devant l'escouade de gauche, le caporal de l'escouade de droite devant son escouade, le caporal de l'escouade de gauche en serre-file du côté droit.

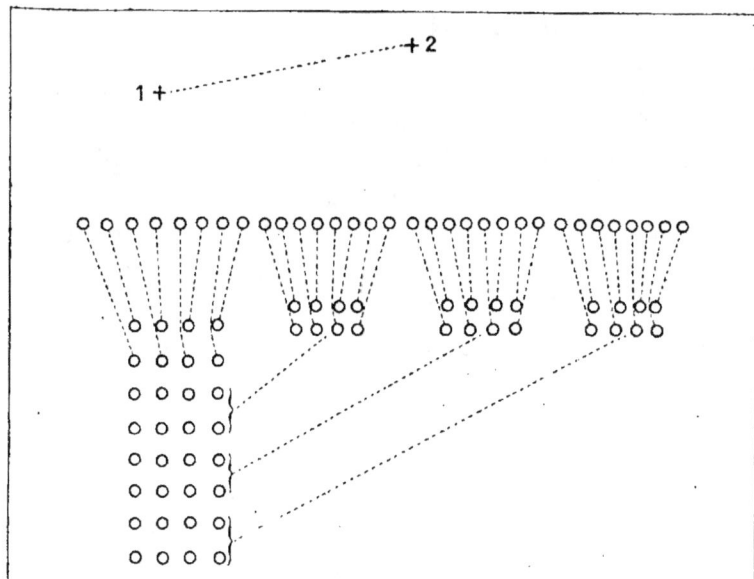

Fig. 3.

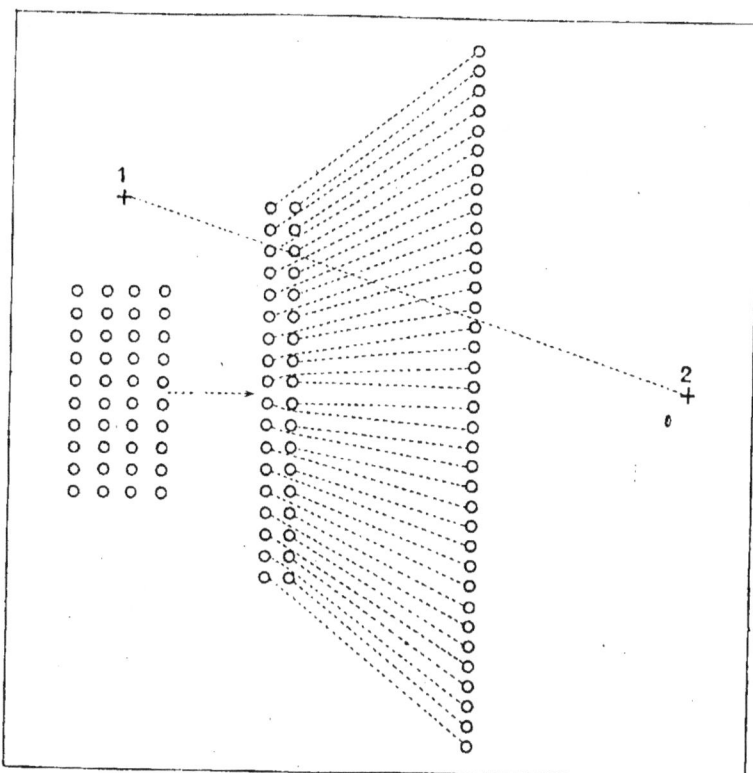

Fig. 4.

versent face à.... ou face à droite (gauche) et le déploiement se fait alors sur le centre. (Fig. 4.)

2) La ligne de demi-sections accolées se déploie au commandement de : En tirailleurs (ou : A tant de pas en tirailleurs) *Marche* (ou *Halte*). La demi-section de droite se déploie vers la droite, la demi-section de gauche vers la gauche, les deux hommes de chaque rang prenant entre eux et par rapport à leur voisin du côté de la fraction de tête l'intervalle prescrit.

La ligne de demi-sections accolées se déploie face à un nouvel objectif au commandement de : Face à.... En tirailleurs — *Marche* (ou *Halte*). Au commandement préparatoire, la tête de colonne fait rapidement face au nouvel objectif et le déploiement se fait comme précédemment.

La ligne de demi-sections à tant de pas se déploie au même commandement du chef de section; la demi-section qui suit le chef de section se déploie normalement vers l'extérieur, l'autre demi-section du côté du chef de section; en terrain varié, le cheminement ou l'abri déterminera le côté du déploiement.

j) Mécanisme de la halte horaire, former les faisceaux par $4^1$, ou en ligne.

II. — *Article III du Règlement.*

a) « Face à tel point : sur le centre *alignement*.

b) « En arrière — *Marche* », puis alignement comme plus haut.

---

[1] Avec la ligne de demi-sections accolées ou non, le chef de section commande : « Par signaux, en profondeur, comptez-vous deux ». Les hommes se numérotent en élevant un ou deux doigts de la main gauche. Les faisceaux se forment comme dans la colonne par 4; on emploie, pour chaque demi-section, l'expression : l'homme de gauche (droite) du rang numéroté 1 (2), au lieu de : le numéro pair (impair) du 1er (2e) rang.

c) « Oblique à droite et à gauche — *Marche.* »

d) « Face à tel point... : *Marche* ou *Halte* » (exceptionnellement, face à droite ou à gauche).

e) A genou et couchez-vous.

f) Feux sur 1, 2 rangs (1 rang debout, 1 rang à genou), la section étant en marche l'arme à la bretelle, ou au pas de charge (attaque de nuit).

3° Série. — *Le feu[1] et l'offensive dans la section.*
L'homme a été dressé à l'instruction guerrière individuelle : à approvisionner, tirer à répétition, réapprovisionner, à charger;
A surveiller le terrain;
A apprécier les distances en deçà de 500 mètres;
A utiliser les divers abris et appuis.

On dispose à 500, 700, 800 mètres une section (escouade) dont on se propose d'enrayer le mouvement en avant, ou sur laquelle on veuille avancer. On fait battre le tambour de la compagnie, ou les tambours du régiment qui font leur école à proximité.

1° *Feu de pied ferme* contre un ennemi qui cherche à avancer en se dissimulant et en bondissant d'abri en abri.

a) Les tirailleurs ont l'arme approvisionnée et chargée.

b) Désignation de l'objectif.
S'il est net, aucune difficulté;
S'il est plus ou moins dissimulé : « Tel point (ceux qui ne voient pas lèvent la main; le chef de section, les serre-files ou les camarades les orientent).

« A tant de travers de main à droite, une haie, côté droit de la haie (ou à droite et à gauche du point blanc,

---

[1] Les hommes se servent de cartouches en bois. Un homme par section ou escouade est pourvu de 8 à 16 cartouches à blanc pour marquer l'ouverture du feu.

chacun sa part). Hausse 7 — *Feu* » — « Cessez le feu » (ou disparition de l'objectif, les hommes cessant le feu d'eux-mêmes).

c) Cessation du feu, les hommes réapprovisionnent à l'abri et restent en surveillance; ils améliorent leur abri, leur appui de tir.

d) Reprise du feu. L'ennemi fait un bond, « Attention — Feu » ou « Attention. Hausse 6 — *Feu* ».

*Nota.* — Dans cet exercice et les suivants, l'homme doit :

1° S'abriter pour réapprovisionner;
2° Appuyer son arme pour tirer le mieux possible;
3° Vouloir atteindre (V. instruction individuelle du tireur, page 279);
4° Vouloir faire atteindre. Le camarade corrige le voisin qui a pris la mauvaise hausse ou continue son tir après la cessation du feu ou la disparition de l'ennemi.

2° *Gagner du terrain en avant.*

La section, déployée, est couchée ou derrière un abri; l'objectif a été indiqué à tous; on a ouvert ou non le feu; en tout cas, les armes sont approvisionnées et chargées, les hommes en surveillance, le chef dans la position de ses hommes ou au même abri.

a) Le chef rampe, s'il n'y est déjà, à hauteur de sa section et commande : (A tel abri.) En avant — *Marche*. Au commandement de Marche, le chef bondit à 20 pas en avant de sa section, puis prend le pas gymnastique ou cadencé. Départ simultané et immédiat de la section, les hommes se conforment à l'allure du chef (d'ordinaire, pas gymnastique modéré).

Au commandement de *Halte* ou quand le chef s'arrête, la section se précipite à l'abri ou à hauteur du chef, se couche, à moins d'ordre contraire, et se groupe plus étroitement, le cas échéant, aux points mieux abrités. Ouverture ou non du feu suivant la nécessité tactique, c'est-à-dire l'obligation d'appuyer le bond d'un camarade, de préparer son propre bond ou d'utiliser une occasion exceptionnelle.

b) Si le chef fait immédiatement précéder son bond d'une rafale, il prévient à l'avance ses hommes, si possible : « Rafale suivie d'un bond — *Feu* »; en tout cas, aussitôt qu'il a sifflé : « Cessez le feu », il traverse sa section en criant : « En avant — *Marche* » et l'entraîne. Les hommes, une fois arrivés à l'abri, réapprovisionnent et se mettent en surveillance.

c) Enfin, si l'on s'arrête en terrain découvert, sous un feu violent, il est à craindre que les fusils partent tout seuls. Pour arrêter la fusillade, il faudra faire retrancher les hommes : « Par deux, retranchez-vous », ou mieux les porter en avant comme en b) et, si possible, jusqu'à un abri.

3° *Feu après un déploiement inopiné.*

On doit parfois se déployer inopinément contre de l'infanterie (en débouchant d'une crête, d'un pont, dans une rencontre sous bois, quand on tombe dans une embuscade ou qu'on la tend, etc.).

On peut, de même, être surpris par la cavalerie.

a) D'ordinaire, l'évolution sera suivie d'un feu.

b) On prendra toujours la position couchée ou minima pour voir, sauf à petite distance, où, pour diminuer l'adhérence, on ripostera debout ou à genou.

c) Contre la cavalerie, on tirera d'ordinaire un rang à genou, un rang debout; ceux qui n'ouvrent pas immédiatement le feu, par suite de leur évolution pour se porter en ligne, mettent baïonnette au canon.

Une troupe embusquée qui sort de son abri ouvrira le feu successivement ou avec ensemble suivant le cas.

1ᵉʳ ex. : On veut déboucher d'un coin de mur, l'ennemi est proche : « Vers la gauche en tirailleurs — *Feu* ». Le premier homme ouvre le feu, puis le second, etc.

2ᵉ ex. : La section (compagnie) est embusquée dans un fourré à 20 pas de la lisière. Son chef laisse passer les éclaireurs ennemis, puis porte sa fraction à la lisière même et déclanche sa rafale d'*ensemble*, etc.

4ᵉ Série. — *Offensive de deux sections.*

1° Les deux sections prennent les dispositions de combat et s'engagent à intervalle variable (50 à 150 mètres); chaque section se couvre par une patrouille lointaine (200 à 400 mètres) commandée par le chef de section et chemine le plus possible par le terrain ou bondit d'abri en abri.

2° Quand les patrouilles ne peuvent ni cheminer, ni avancer à découvert, elles cherchent, par leur feu, à couvrir l'approche de leurs sections respectives. Celles-ci se déploient, forment un ou deux groupes, suivant leur effectif, le front disponible et la qualité des chefs de demi-sections, serrent sur leurs patrouilles et combinent mouvements et feux pour avancer, par soutien réciproque ou soutien propre des feux.

*a)* A assez grande distance, quand l'intervalle entre les unités le permet, le feu d'une section postée appuie le bond d'une section voisine qui dépasse le plus possible, et facilite à son tour par son feu le mouvement du camarade : « Attention — Feu ».

*b)* Lorsque l'accolement des sections rendra impossible l'appui par le feu de l'arrière, la section, mieux favorisée par le cheminement ou plus énergiquement enlevée, gagnera du terrain en avant; son exemple et son feu entraîneront à sa hauteur la section restée en arrière.

*c)* A ce moment, on ne pourra souvent avancer qu'à

la suite d'une rafale exécutée par une section, rafale suivie immédiatement d'un bond de cette dernière, alors que l'ennemi, aplati par le sifflement des balles, n'a pas encore repris tous ses moyens.

3° Mais les hommes tombent, — à l'instruction on les fait « manquer » — les cartouches s'épuisent, le moral fléchit; il faut donc faire affluer sur la chaîne hommes frais et cartouchières pleines, d'où le prolongement ou le doublement[1] d'une des sections considérées par une autre section, qui, cheminant par le couvert ou bondissant de couvert en couvert, rejoint la première section clairsemée; les nouveaux arrivants prennent éventuellement la hausse[2] des camarades, renforcent le feu dans une position permettant le mouvement en avant (debout ou à genou) et, la rafale lancée (8 à 10 cartouches), se portent en avant en entraînant le plus possible d'hommes de la chaîne préexistante.

Répartition du commandement, chefs éventuels, nouveau renforcement, assaut.

*Ralliement (en tirailleurs — par 4)*. A ce commandement, la section ou le groupe provisoire se rallie à son chef normal ou momentané, d'ordinaire dans la position couchée.

On se retranche et s'éclaire, ou bien on se rassemble, les gradés restants reconstituant et au besoin groupant les unités origines le plus vite et silencieusement possible. On tâche de se réapprovisionner, on reprend les sacs; si possible, on fait manger les hommes avant de reprendre une nouvelle attaque ou la poursuite.

---

[1] Le renforcement par prolongement est toujours à rechercher, mais sera le plus souvent impossible, car toute la place sera prise quand on se rapprochera de l'objectif.

[2] D'ordinaire, ce sera inutile, car à partir de 500 mètres, la hausse de combat suffit.

5° Série. — *Applications*. — a) Usage du sifflet à l'école des tambours pour faire cesser le feu.

b) Traversée d'une crête sous le feu de l'artillerie (formation par le flanc ou en tirailleurs, vitesse pour gagner l'angle mort, obliquité).

c) Occupation d'une crête oblique à la direction de l'ennemi; on forme des échelons d'escouades (demi-sections).

d) Feu de surprise à une crête, à une lisière, en débouchant d'un coin de mur, etc., passer à l'attaque ou non suivant les circonstances.

e) Occupation défensive d'une lisière (faire une caponnière), d'une crête topographique, dont on tient la crête militaire par des éclaireurs groupés par deux et chargés de battre l'angle mort par un feu roulant (chaque éclaireur est pourvu, si possible, de deux fusils).

f) Assaut en ordre en tirailleurs, sur un, deux rangs. Déposer les sacs sans se faire voir, les reprendre après l'assaut, « 1 homme sur 3 aux sacs ». Traverser en ligne de demi-sections accolées une chaîne qui vient de faire l'assaut et ne se déployer qu'au delà.

g) Marcher contre un mur, le franchir.

h) Organisation d'une issue, d'un réduit, d'une aile de point d'appui (tranchée à la charrue), occupation d'une ferme canonnable ou non. Masquer un réduit ennemi avec des tireurs en surveillance de chaque fenêtre ou créneau, etc.

i) Surprise dans un bois, le long d'une route (se jeter au fossé ou attaquer).

j) La section soutien d'artillerie.

k) Couvrir un grand front avec peu de monde; on dissémine plusieurs escouades groupées.

l) Formations à employer, suivant la situation tactique,

le terrain et le moment (jour, nuit, près, loin de l'ennemi, on est canonné ou non, etc.).

*m*) Point d'appui lâché par l'ennemi..., s'y jeter; s'il est profond, se réorganiser, puis s'y engager; s'il est mince, sauter à la lisière opposée et s'y rallier.

*n*) Reconnaissance d'un village, fermeture immédiate des issues.

*o*) La section en flanc-garde; course au point d'appui couvrant le camarade. Suivant le cas, attaque de ce point, résistance à fond, une fois placé, ou retraite, la mission terminée.

*p*) Protection, embuscade, dans les bois.

*q*) Marche d'une section de renfort, en colonne par le cheminement, en tirailleurs de couvert en couvert, en tirailleurs et au pas gymnastique ininterrompu, si possible, du dernier couvert à la chaîne.

*r*) Placement d'un poste.

*s*) Section en garde-flanc, dans un bois, dans le brouillard, la nuit (elle ne concourt pas de suite à l'enveloppement).

*t*) Limiter la tiraillerie par le retranchement : « *Par 2, retranchez-vous* ».

*u*) Deux reconnaissances sur *x* et *y*. En *x*, il n'y a rien, en *y*, un ennemi supérieur.

*v*) Poste détaché d'une grand'garde { attaquée. enfoncée.

*x*) Tenir sous le feu le débouché d'un bois.

*y*) Section de renfort traversée par des fuyards (tenir un front étroit, faire coucher ses hommes; les fuyards passés, se déployer, tirer et attaquer).

APPENDICE. — *L'instruction par le mauvais temps.*

1° On ne dispose que des *chambres*.

*a)* Gymnastique éducative par section.

*b)* A droite, à gauche, demi-tour avec et sans armes.

*c)* A genou, couchez-vous — en partant de l'arme à la bretelle ou sur l'épaule, les hommes sur un ou sur deux rangs, par 4. — Debout.

*d)* Mettre et remettre la baïonnette. Croisez la baïonnette sur deux rangs.

*e)* Position du pas de charge, de la garde, de l'arme à la main.

*f)* Former et rompre les faisceaux, en ligne face à gauche (à droite), en colonne par 4 ou ligne de demi-sections accolées.

*g)* Présentez *Arme*. L'arme sur l'épaule *Droite*. Reposez *Arme*.

*h)* Alignement de front et oblique. « Face à.... sur le centre (à droite) *Alignement* ».

*i)* A droite et à gauche par 4. En ligne face à....

*j)* Exercices de tir.
- Mauvais tireurs au chevalet.
- Maniement rapide de la hausse.
- Approvisionner à 8, 9, 10, cartouches, couché et à genou.
- Feu à répétition, coup par coup, cesser le feu, le reprendre. Décharger et réapprovisionner.
- Feu sur 2 rangs.

*k)* Répartition d'un poste d'issue, de 4 hommes, par les gradés et élèves-caporaux.

*l)* Théorie sur la mobilisation, le paquetage de campagne, le fascicule, etc. Théorie morale.

*m)* Kriegspiel pour les officiers et sous-officiers.

2° *On dispose du gymnase et du stand.*

Comme plus haut.

En outre : Pas décomposé;

Pas de charge sur deux et sur un rang, arrêt et feu dans cette formation; cesser le feu et faire l'assaut au pas cadencé (préparation aux exercices de nuit);

Marche oblique par 4, vers la gauche en ligne;

En avant par 4, etc.;

Mécanisme de la halte horaire;

Gymnastique d'application;

Tir au stand.

# CHAPITRE XI

## Fortification de campagne.

---

Nous avons cru devoir résumer en quelques pages l'instruction du 24 décembre 1906, en la faisant suivre de quelques applications entre cent autres.

1° *Des couverts.* — L'essentiel, c'est que le soldat retienne toute sa vie :

Que 0 m. 80 de terre lui sont indispensables pour être protégé;

Qu'un arbre, pour offrir toute garantie, doit être au moins gros comme un homme;

Qu'il faut utiliser le côté droit des arbres, fenêtres, tas de pierres, bornes, etc., toutes les fois que cela est possible;

Que les haies, buissons rendent le tir de l'ennemi très incertain et doivent être utilisés avec soin.

2° *Utilisation des couverts existants.* — On apprend ensuite l'utilisation des couverts.

Exemples : « Approfondissez le fossé (pour approvisionner à l'abri). »

« Faites des gradins appuis-coudes, des créneaux s'ouvrant vers l'intérieur, débroussaillez la haie (pour mieux tirer). »

« Recouvrez les cailloux de terre (pour éviter les éclats). »

« Faites des gradins de franchissement. »

« Utilisez le fagot, l'arbre couché, le tas de pierres, la

borne, la haie, les sillons pour tirer couché, à genou. Crénelez le mur. »

Les images du règlement parlent aux yeux, nous les reproduisons ici.

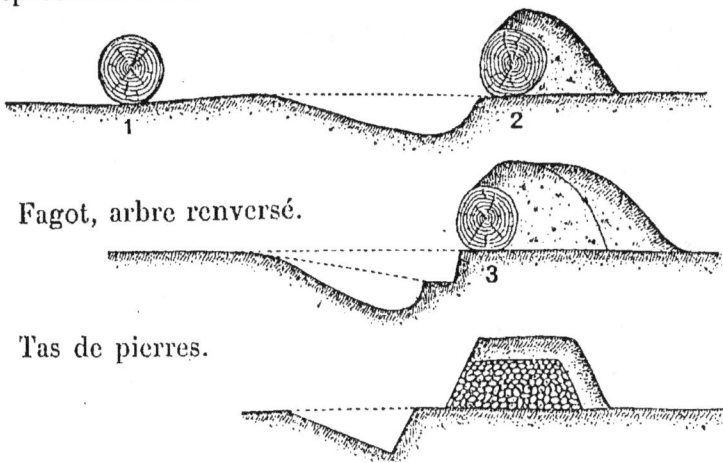

Fagot, arbre renversé.

Tas de pierres.

Haie (débroussailler, faire une tranchée en arrière).

Sillon large (Woëvre).

Sillon court.

3° *Création de couverts élémentaires.* — « Par 2, retranchez-vous. »

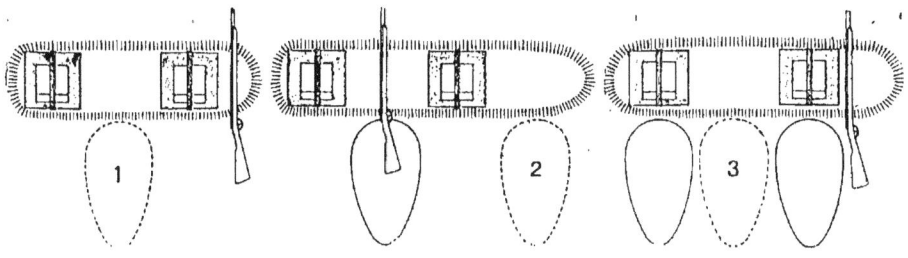

4° *Constitution complète du couvert sous la direction du chef de groupe.*

1° La section de renfort améliorera le couvert élémentaire ci-dessus de manière à faire une tranchée continue.

2° « Organisez la levée de terre. »

3° « Organisez la haie, la clôture. »
(Débroussaillement, tranchée en arrière.)

4° « Crénelez le mur ou organisez une banquette. »

5° Exécution complète d'une tranchée.
Pour cela :

1° Fixer l'emplacement de la tranchée en mettant l'œil à hauteur de l'homme une fois placé dans la tranchée.

2° Jalonner la tranchée par des pierres ou des hommes couchés.

3° Former à l'abri des ateliers de 4 hommes (1 ou 2 pelles-bêches et 1 ou 2 pelles-pioches), soit pour la tranchée de section, 15 ateliers de 4 hommes (15 ou 30 pelles-bêches et 15 ou 30 pelles-pioches).

4° Se porter en avant en tirailleurs.

5° Placer fusils et sacs sur le revers, limiter la tâche en avant et sur les côtés.

6° Faire d'abord un bourrelet à parapet raide, puis perfectionner :

a) De la tranchée couché à la tranchée assis.

b) De la tranchée assis à la tranchée à genou.

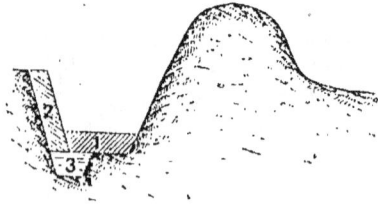

1. Debout.
2. Protection complète.
3. Position d'attente.

c) De la tranchée à genou à la tranchée debout.

## DE L'INFANTERIE

*d*) De la tranchée debout à la tranchée *crénelée*.

On approfondit la tranchée à 1 m. 60 et on organise tous les mètres un créneau avec des rondins, planches, pierres plates larges, etc. En faisant simplement des créneaux, on tirera à genou. On pourra même créer des auvents blindés.

Il est d'expérience qu'un défenseur dans une tranchée ordinaire a tendance à se découvrir au minimum

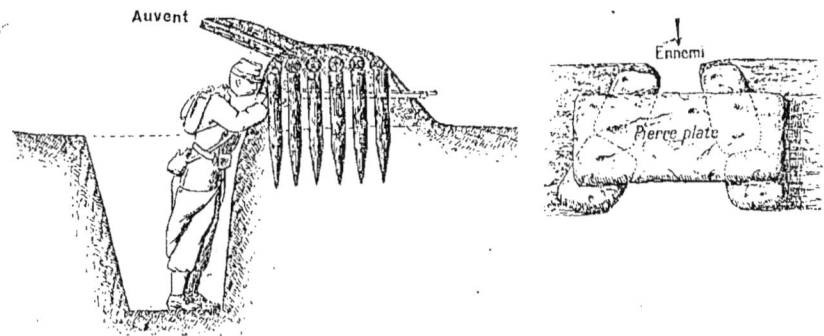

pour riposter; aussi soulève-t-il à peine la tête pour viser, quand il ne lui arrive pas de poser simplement le fusil sur la tranchée, tout le corps abrité, le canon du fusil dirigé de 30 à 45° au-dessus de l'horizon, créant un angle mort complet pour l'assaillant.

Aussi bon nombre d'officiers, le général Hamilton en tête, préconisent-ils la tranchée crénelée; les hommes, se sentant à peu près aussi invulnérables dans le tir que dans la position d'attente, sont autrement redoutables.

Mais, d'une part, ces tranchées ont d'ordinaire un relief assez élevé, plus facile à repérer et à détruire pour l'artillerie; elles demandent beaucoup de temps et de matériaux; surtout, le soldat trop bien abrité se refusera à lâcher son terrier pour s'exposer complètement dans une contre-attaque.

Comme conclusion, les tranchées crénelées nous semblent à réserver pour les troupes qui n'ont à opposer qu'une résistance passive : mitrailleuses en caponnière, soutiens avancés de ces pièces, tirailleurs éparpillés en avant du gros avec mission de battre un angle mort, etc. Pour les autres troupes, on sacrifiera défilement et amélioration du tir à la possibilité de manœuvrer et de lutter corps à corps.

Nota. — Avec une charrue, l'ouvrage est singulièrement facilité. On obtient presque instantanément un abri couché. A cet effet, 12 hommes s'attellent à la char-

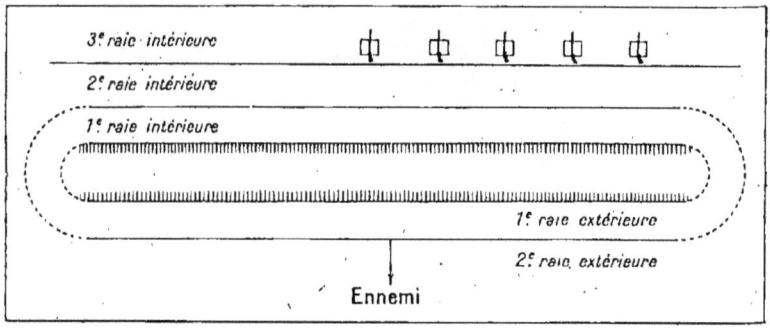

rue et engagent des branches d'arbre dans les chaînes pour mieux tirer. Le sergent, maître de charrue, fait d'abord une raie du côté du parapet intérieur, trace, en revenant, une raie à l'extérieur à 0 m. 90. Il fait alors une deuxième raie intérieure que les pelleteurs rejettent sur la première, puis une deuxième raie extérieure rejetée également sur la première raie extérieure. Il peut enfin tracer un troisième sillon intérieur et l'on a une tranchée pour tireur couché. Il ne reste qu'à approfondir avec l'outil.

5° *Organisation d'un point d'appui réduit*. — Une grand'garde peut avoir à tenir un point du terrain jusqu'à la dernière extrémité; la nuit, une troupe aux avant-postes quitte la hauteur qu'elle occupait de jour pour aller cantonner; elle laisse dans un réduit une petite garnison; dans ces cas et beaucoup d'autres, il est avantageux de s'établir dans un ouvrage fermé, entouré d'un réseau sommaire de fils de fer ou de broussailles.

C'est d'ailleurs chose facile et rapide, à condition qu'on soit à proximité de clôtures ou de haies. Le travail sera facilité si l'on trouve une charrue à proximité.

*a) Tranchée proprement dite* (ouvrage filiforme pour une section).

Personnel : 1 sous-officier, maître de charrue, 12 hommes (et une relève d'égal nombre); 80 hommes munis des pelles-pioches de la compagnie pour rejeter la terre et ultérieurement approfondir la tranchée.

*b) Réseau de fils de fer.*

1° Pendant ce temps, les serpeurs arrachent des clôtures, ou coupent et épointent des piquets qu'enfoncent les piocheurs tous les 1 m. 50 à 3 mètres.

Distance à la tranchée : 20 mètres.

2° Les cisailleurs coupent les fils de clôture et forment le réseau[1]; faute de clous, on enroule le fil de fer autour des piquets.

Si possible, on organise une deuxième clôture à 40 mètres.

NOTA. — Si l'on affecte deux sections à la défense d'un réduit, on organisera de préférence deux ouvrages fermés indépendants, se flanquant en partie.

6° *Abri pour mitrailleuse en caponnière*[2]. — L'abri proposé permet de tirer en avant par-dessus le parapet lorsque l'ennemi, encore éloigné, a peu d'efficacité.

Lorsque l'ennemi se rapproche, la mitrailleuse, disposée pour le tir couché, agit en caponnière à travers une embrasure; les servants couchés sont abrités sur leur droite

---

[1] Les voitures régimentaires d'outils emporteraient avantageusement quelques bobines de fil de fer en remplacement d'outils de parc.

[2] Voir annexe II, chapitre III de l'Instruction pratique sur les Travaux de campagne, du 24 octobre 1906, modifiée le 28 octobre 1911.

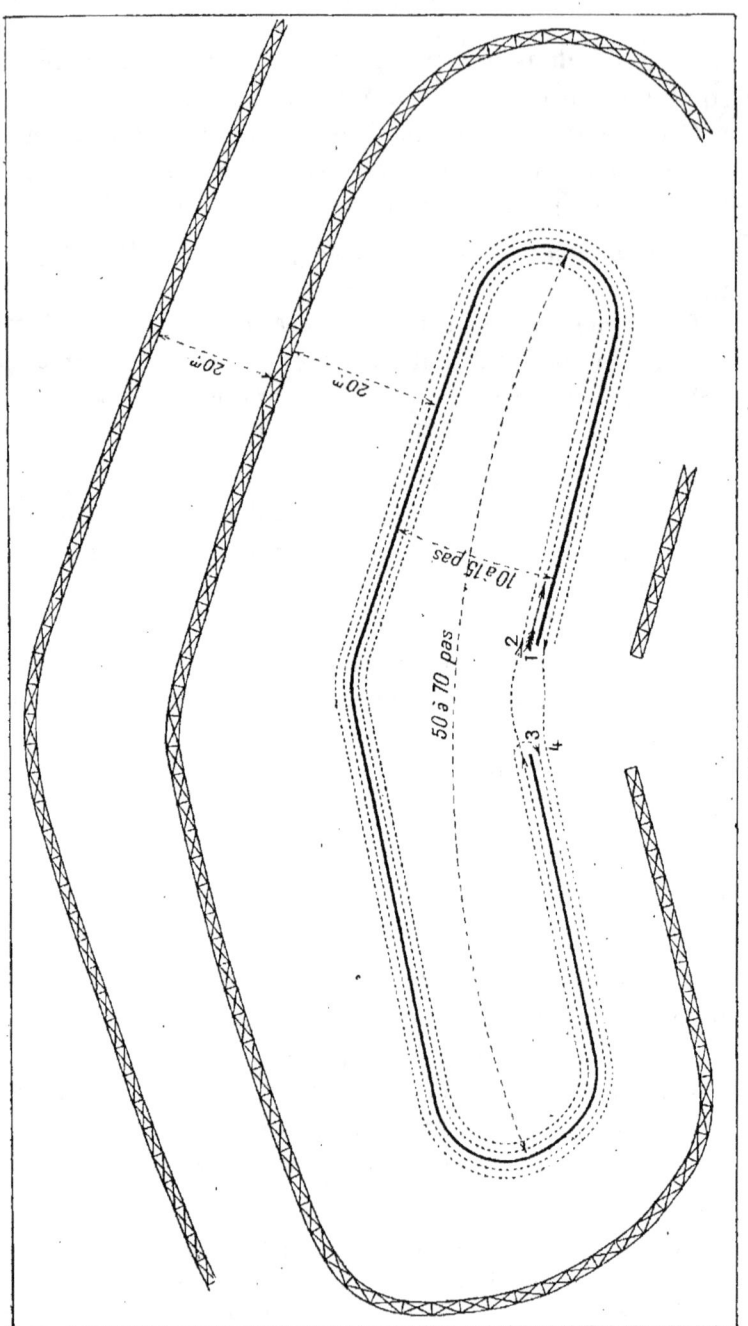

Réduit pour une section.

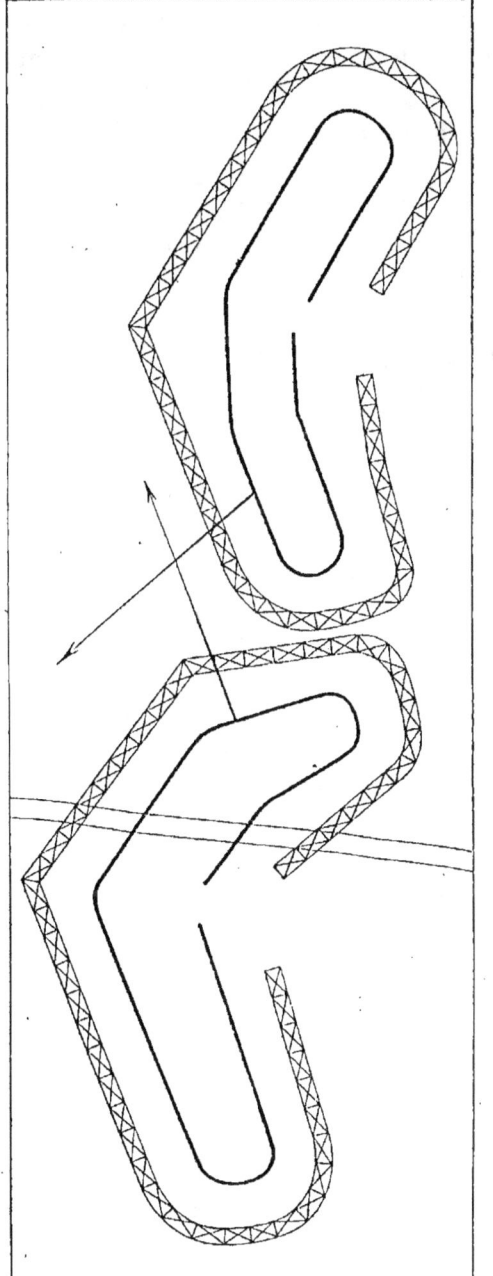

Réduit pour deux sections.

(gauche) par le parapet. Des feuillages, disposés le long de l'ouvrage, à droite et à gauche, dissimulent la mitrailleuse.

Si l'on a deux mitrailleuses, on les met dans deux

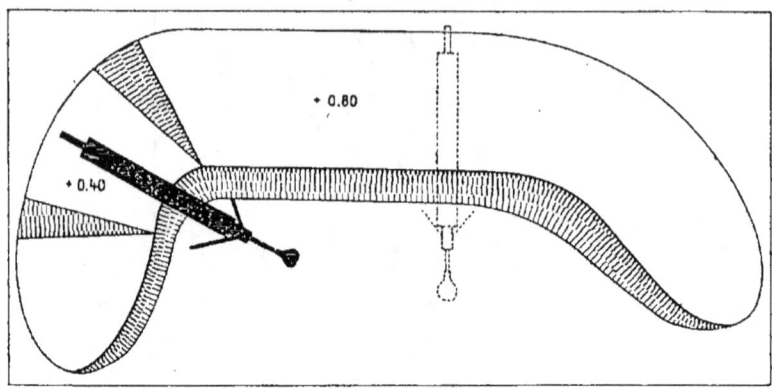

Abri pour mitrailleuse.

abris échelonnés ou sur la même ligne suivant qu'elles auront à agir d'un seul côté ou des deux côtés à la fois. Pour qu'un même projectile n'atteigne pas simultanément les deux abris, on les séparera, autant que possible, par un intervalle de 25 mètres.

7° *Organisation d'un village.*

a) Barricader les issues, autant que possible avec des voitures remplies de fumier ou de terre; barricades en crémaillère ou non, suivant qu'on veut en déboucher ou non; y disposer les mitrailleuses la nuit.

b) Créer des tranchées latérales (avec la charrue), ou aménager des fossés.

c) Créer un réduit (crénèlement, mitrailleuse, barricades intérieures à crémaillère), ou bien une tranchée arrière empêchant de déboucher, suivant que la troupe aura à tenir à fond ou non la localité.

d) Eventuellement, disposer des abris pour les réserves extérieures chargées de contre-attaquer.

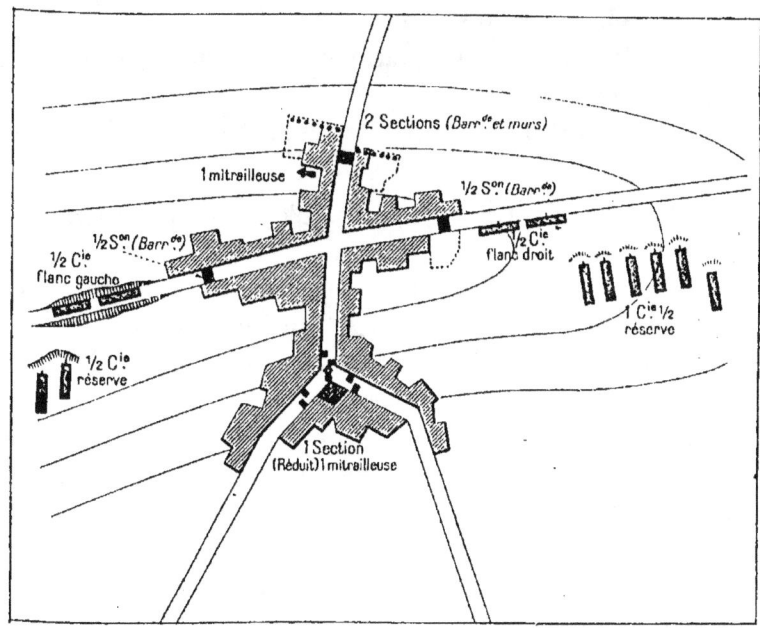

Occupation par un bataillon.

## ORGANISATION D'UN BOIS.

I. — *Organisation défensive* proprement dite.

a) *On ne voit pas à la lisière même.* Dans ce cas, on se défend en avant en creusant des tranchées.

b) La lisière comporte *un fossé d'où l'on a des vues.*

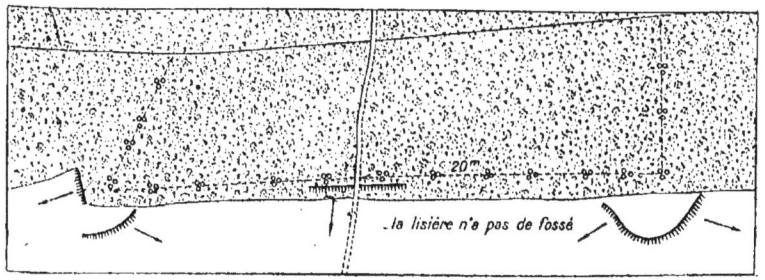

La lisière n'a pas de fossé.

On organise des tranchées-caponnières pour sections ou mitrailleuses.

On aménage le fossé de lisière.

On crée des communications en arrière (parallèles et rayonnantes).

Enfin, si on a le temps, on crée des abatis, entre les intervalles.

c) *La lisière n'a pas de fossé. C'est l'organisation complète.*

On crée d'abord les tranchées-caponnières pour sections ou mitrailleuses, puis les tranchées intérieures, avec les hommes munis de pelles et de pelles-pioches.

Pendant ce temps, on organise les communications intérieures parallèles et rayonnantes. Dans chaque compagnie, on dispose des ateliers de 3 hommes (1 homme-serpe, 1 homme-hache ou serpe, et 1 débroussailleur) tous les 20 mètres (soit : 10 ateliers = 200 m. par compagnie). Chaque atelier va rejoindre le point de départ du précédent. Suivant le cas et le front à organiser, on se contente d'abord d'un sentier parallèle à la lisière, pour un homme ou deux de front, et on transporte les 10 ateliers à 200 mètres au delà, ou bien on élargit le chemin de colonne, ou bien encore on crée des chemins de colonne rayonnants. Chaque atelier débroussaille un sentier de 20 mètres de long sur 1 m. à 1 m. 50 de largeur en 15 minutes.

Déboisement de 3 m. à 4 mètres de champ de tir en arrière de la lisière, une fois les communications établies.

II. — *Empêcher l'ennemi de cheminer par un bois.*

Faire un layon coudé et rejeter les abatis sur l'ennemi.

Créer une double tranchée d'enfilade couverte du côté de l'ennemi, y mettre quelques tirailleurs ou des mitrailleuses; au besoin, créer une tranchée au sommet du layon coudé.

III. — *Poste de section dans un bois.*

a a', 2 tranchées pour 2 (4 hommes).

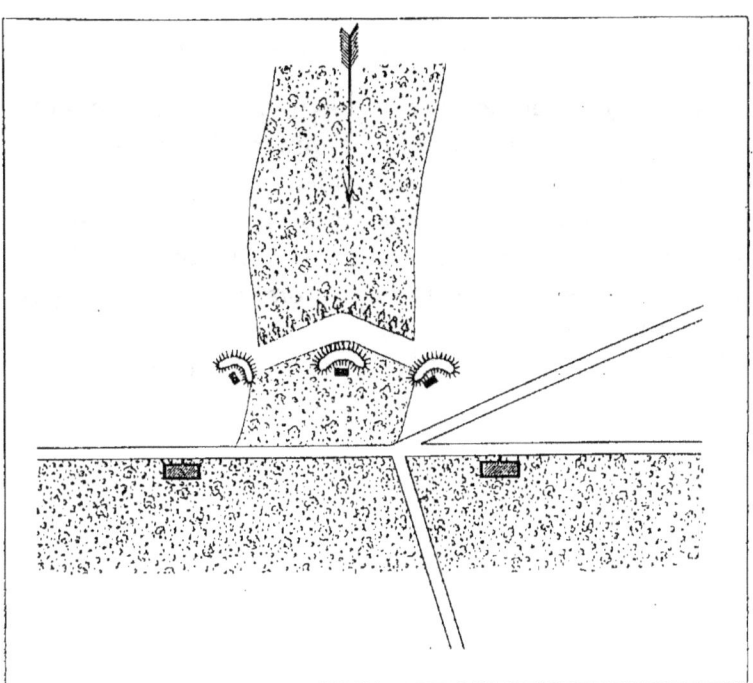

Empêcher l'ennemi de cheminer par un bois.

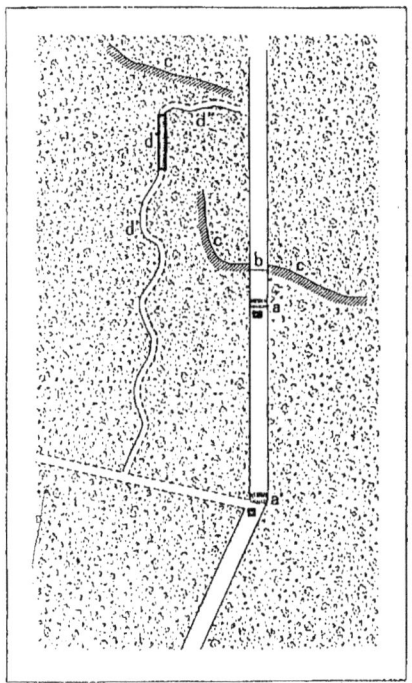

Poste de section dans un bois.

$b$, harts ou fils de fer en avant de la première tranchée.

$c\ c'\ c''$, harts pour empêcher l'ennemi de déborder facilement la tranchée ou l'embuscade.

$d$, emplacement du gros de la section en embuscade (moins 3 ou 4 hommes en $a$ et 2 ou 3 hommes en $a'$).

$d'$, chemin de retraite de la section sous la protection des hommes en $a'$.

$d''$, chemin éventuel pour charger l'ennemi surpris par l'embuscade.

# CHAPITRE XII

## Dressage de la compagnie.

### I. LES SIMPLIFICATIONS NÉCESSAIRES.

L'actuelle colonne de compagnie n'a aucune utilité à la guerre; elle n'en a même pas pour défiler, car la ligne de sections, avec ses chefs en tête de la compagnie et à la même hauteur, a, pour le moins, autant d'allure.

De même, la section en colonne par 4 devrait céder la place à la ligne de demi-sections accolées ou non, plus souple.

La ligne sur deux rangs est d'un emploi exceptionnel (Voir les généralités sur la section). On passerait de la colonne de sections ou de la ligne de sections à la ligne sur deux rangs d'après les procédés de la section, mais on n'évoluerait pas dans cette formation[1].

Pour marcher par 8, pour s'engager avec deux sections, les deux autres sections formant renfort, la compagnie doit pouvoir se former en colonne double, au même titre que le bataillon.

Dans les attaques, pour éviter le mélange des unités, on engage souvent en profondeur les différentes sections d'une même compagnie; il faut donc pouvoir disposer rapidement ces sections en tirailleurs les unes derrière les autres, de manière qu'elles n'aient à faire aucune évolution à leur débouché du dernier couvert.

On aurait donc, pour la compagnie, le bataillon, le régiment, quatre formations d'évolution, en y comprenant l'échelon; dans chacune de ces formations la section serait en ligne de demi-sections accolées ou en tirailleurs.

---

[1] Sauf parfois, la nuit, au moment de l'abordage.

## Compagnie

**En colonne**
- *Colonne de sections.* — Les sections en ligne de demi-sections accolées, à 4 pas de distance.
- *Colonne de tirailleurs.* — Les sections en tirailleurs à 1 pas (ou exceptionnellement sur 1 rang) placées les unes derrière les autres à 10 pas ou à la distance voulue par l'abri.

**En colonne double**
- *Colonne double de sections.* — 2 colonnes de sections à 4 pas d'intervalle ; 4 pas de distance entre les sections de la même colonne. Sur route, les colonnes sont jointives.
- *Colonne double de tirailleurs.* — Dans chaque colonne, les sections en tirailleurs à 10 pas de distance ; 10 pas d'intervalle au minimum entre les 2 colonnes.

**En ligne**
- *Ligne de sections.* — Les sections à 4 pas d'intervalle ou à l'intervalle prescrit.
- *Ligne de tirailleurs.* — Formation de combat prise en marchant ou au dernier couvert. Les sections en tirailleurs à 1 pas ; entre les sections, intervalle voulu par l'abri et, en terrain découvert, 10 pas au minimum.

**En échelons** *Vers la gauche (droite)*
- *en échelons de sections.* — La tête de chaque section à 10 pas d'intervalle et 4 pas de distance de la queue de la section précédente.
- *en échelons de tirailleurs.* — Les sections en tirailleurs, la droite (gauche) de chaque section à la distance d'un front de section en tirailleurs et à 10 pas d'intervalle de la gauche (droite) de la section précédente.

## Bataillon

**En colonne**
- *Colonne de sections.* — Les compagnies se suivent en colonne de sections.
- *Colonne de compagnies.* — Les compagnies se suivent en ligne de sections.
- *Colonne de tirailleurs.* — Les compagnies se suivent en colonne de tirailleurs.

**En colonne double**
- *Colonne double de sections.* — 2 colonnes de 2 compagnies en colonne de sections — on les accole jointivement sur route, pour marcher par 8.
- *Colonne double de compagnies.* — 2 colonnes de 2 compagnies en ligne de sections.
- *Colonne double de tirailleurs.* — 2 colonnes de 2 compagnies en colonne de tirailleurs.

**En ligne**
- *Ligne de compagnies.* — Les compagnies en ligne de sections.
- *Ligne de colonnes de tirailleurs.* — Les compagnies en colonne de tirailleurs.
- (Eventuellement). *Ligne de compagnies en colonne double de tirailleurs.* — S'emploie quand on veut lancer, dans chaque compagnie, 2 vagues de 2 sections ou 3 vagues de 1 section, 1 section, 2 sections.

Sauf indication contraire, les intervalles et les distances sont de dix pas entre les compagnies.

**En échelons** *Vers la gauche (droite) en échelons*
- *de compagnies.* — La tête de la section de droite (gauche) de chaque compagnie à 10 pas d'intervalle et 4 pas de distance de la queue de la section de gauche (droite) de la compagnie précédente.
- *de tirailleurs.* — Les compagnies en colonne de tirailleurs, la section de tête de chaque compagnie à la distance d'un front de section en tirailleurs et à 10 pas d'intervalle de la gauche (droite) de la section de queue de la compagnie précédente.

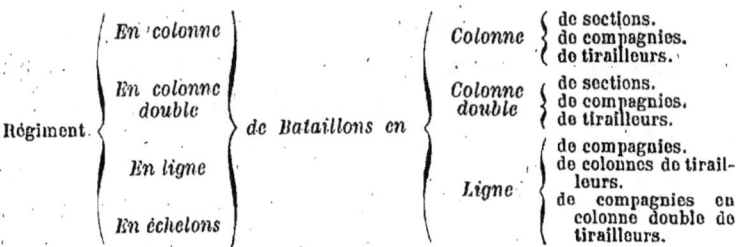

Le passage d'une formation à l'autre ne présente de difficultés que pour passer de la ligne de sections à la colonne de tirailleurs, sur place, derrière un abri, quand on dispose de très peu de profondeur.

Dans ce cas, les sections subordonnées s'échelonnent à quelques pas en arrière, permettant aux chefs de demi-section de l'unité de base de conduire leur fraction, en colonne par un, à droite et à gauche, parallèlement à l'abri et de l'arrêter face à l'ennemi. Les autres sections font successivement de même dès qu'elles ont le champ libre et se forment, s'il est nécessaire, à dix pas de distance.

En marche, la section de base pointe et se déploie en avant, les autres font de même successivement et serrent à dix pas.

Pour reformer la ligne de sections, la section de base et, successivement, les autres sections se reconstituent sur leur centre et se placent à la même hauteur.

Dans les pages qui suivent, nous avons tenu compte de toutes les formations réglementaires, d'où une certaine complexité d'évolutions.

## II. PRINCIPES D'EXÉCUTION DES ÉVOLUTIONS

*a)* Les mouvements sont censés faits sous la menace du feu, par conséquent, exécutés à allure vive. Sinon, le capitaine commande : « Loin de l'ennemi », et l'exécution se fait au pas ordinaire.

*b)* Les chefs de section et serre-files sont lestes et silencieux; les chefs de section marchent, autant que possible, à distance de front de section, ou, éventuellement, aux éclaireurs; les serre-files assurent l'exécution par le geste et l'indication à voix basse, jamais par le cri.

c) On aura soin, au début et à la fin de ces évolutions, de faire prendre les dispositions de combat et de fin de combat; de même, on fera précéder ou suivre l'exercice de combat ou les évolutions d'un exercice de service en campagne (avant-garde, avant-postes, halte gardée, suspension de combat, etc...) qui en sera le prélude ou la conclusion naturelle.

d) Les évolutions se font d'ordinaire « sans cadence » et l'arme à la bretelle. Le pas sera repris pour le démarrage, l'arrêt et surtout aux moments de crise, pour l'attaque. Une compagnie en tirailleurs peut marcher au pas de charge ou gymnastique, cadencé par section. Il suffit que les chefs de section donnent l'exemple.

### III. ÉVOLUTIONS PROPREMENT DITES.

*1° De la colonne par 4 à la ligne de sections par 4.*

a) « Ligne de sections par 4. — Marche (Halte). »

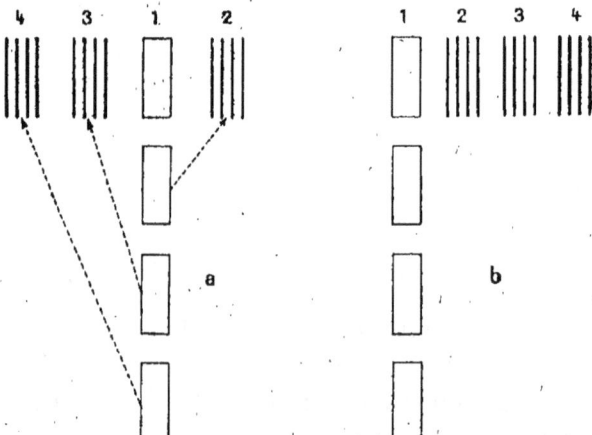

b) « A droite (gauche) ligne de sections par 4. — Marche (Halte). »

*c)* « Face à..... Ligne de sections par 4. — *Marche* (*Halte*). »

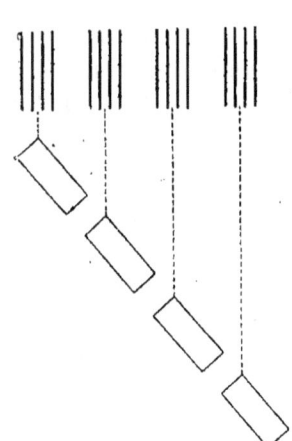

*a)* Le mouvement se fait par une marche oblique ou un changement de direction, la 2ᵉ section à droite, 3ᵉ et 4ᵉ à gauche.

*b)* Même exécution, mais toutes les sections se portent à droite ou à gauche de la première.

*c)* Les sections font face au point et prennent leur intervalle sur la section de base (celle devant laquelle se porte le capitaine ou qu'il désigne).

*d)* « Ligne de demi-sections accolées. — *Marche* (*Halte*). »

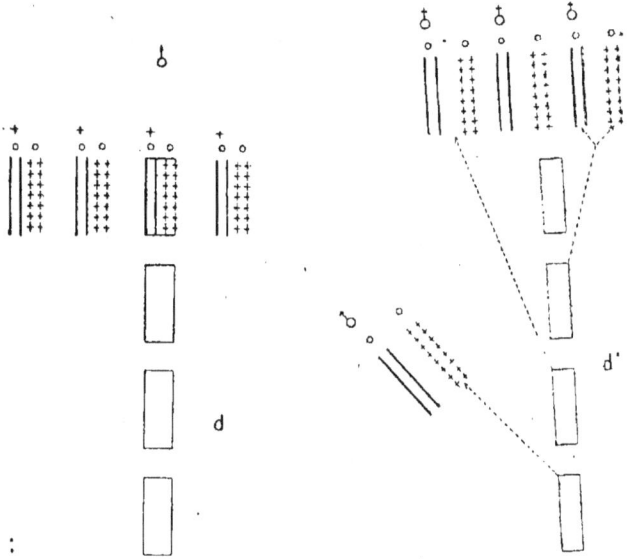

ou :

*d')* Ligne de demi-sections (à 20 pas), Marche (Halte) ».

Dans le 1ᵉʳ cas, chaque section se place comme précédemment, mais se forme par demi-sections accolées.

Dans le 2ᵉ cas (*d'*) les demi-sections se séparent à 4 pas ou à l'intervalle donné par le capitaine.

2° *De la colonne par 4 à la colonne de tirailleurs.* — *De la colonne par 4 à la colonne double de sections et à la colonne double de tirailleurs.* — *De la colonne par 4 à la colonne de compagnie, de demi-sections, d'escouades, face en avant, ou face à tel point, à gauche ou à droite.*

a) « Colonne de tirailleurs (de demi-sections, d'escouades en tirailleurs) *Marche (Halte).* » — Chaque section (demi-section, escouade) se forme vers la gauche[1] en tirailleurs et serre à 6 pas.

b) « Colonne double de sections. *Marche (Halte).* » — Les deux sections de queue se portent à gauche des sections de tête et à 4 pas d'intervalle ou à l'intervalle prescrit.

Sur route, elles s'accolent jointivement. On marche par 8.

c) « Colonne double de tirailleurs. *Marche (Halte).* » — La compagnie se forme en colonne double de sections, si elle n'y est déjà, à l'intervalle minimum d'une section en tirailleurs plus dix pas; puis, dans chaque colonne, les sections se forment en tirailleurs et serrent à dix pas.

d) « Colonne de compagnie (de demi-sections, d'escouades), *Marche (Halte).* »

e) « Face à.... Colonne de compagnie (de demi-sections, d'escouades), *Marche (Halte).*

---

[1] Les sections en ligne de demi-sections accolées se forment en tirailleurs vers la droite et vers la gauche; éventuellement, les demi-sections, escouades, se placent derrière l'élément de base.

DE L'INFANTERIE 345

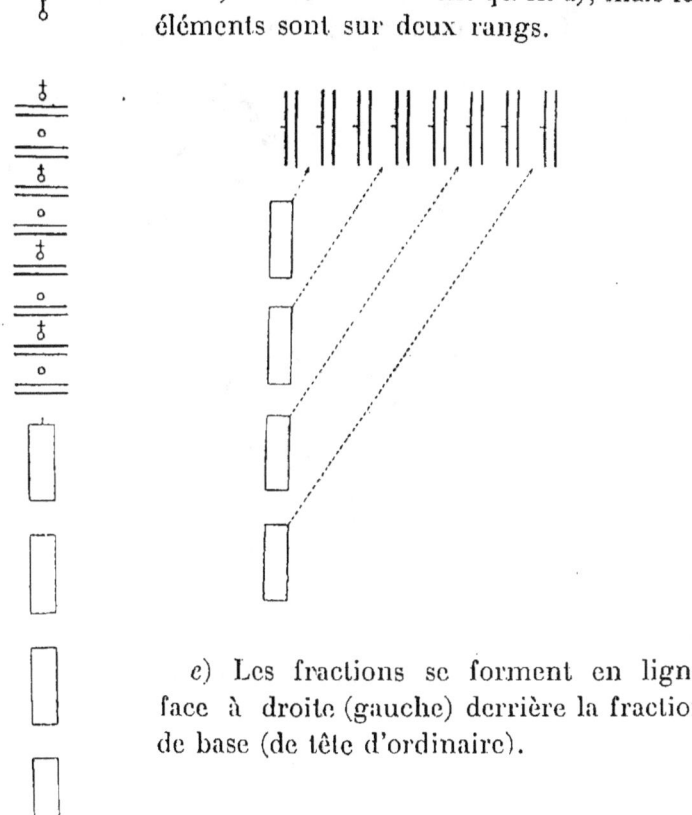

d) Même mouvement qu'en a), mais les éléments sont sur deux rangs.

e) Les fractions se forment en ligne face à droite (gauche) derrière la fraction de base (de tête d'ordinaire).

3° *Changement de direction de pied ferme (à genou, couché, debout) ou en marche, de la ligne de sections par 4 (ou de demi-sections accolées), de la colonne de compagnie, face à....*

« Face à.... *Droite (Gauche)* ou *Marche.* »

a) De pied ferme ou en marche, le changement de direction de la ligne de sections (demi-sections accolées) se fait par un déplacement rapide des chefs de section qui s'établissent face à la nouvelle direction et à la même hauteur; leurs fractions les suivent et reprennent la position primitive (à genou, couché) ou le pas.

b) Le changement de direction de la colonne de compagnie se fait par un face à.... de la section (demi-section)

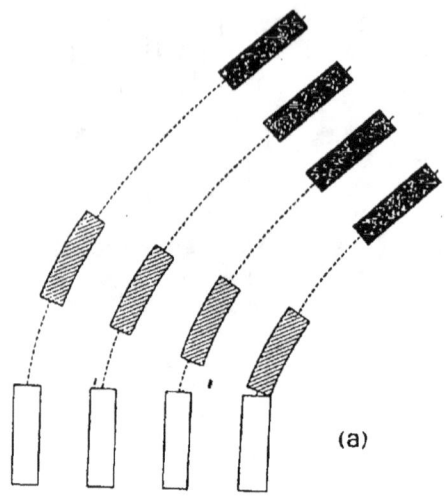

de tête, les autres fractions se portent vivement derrière la fraction de tête en « chassant » à droite ou à gauche.

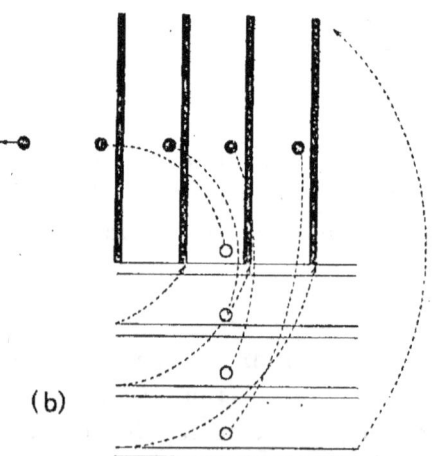

Pour éviter la fatigue, on peut aussi se mettre en marche et faire face par un changement de direction au pas.

4° *Marche ou rassemblement en ligne de sections par 4 (demi-sections accolées), en ouvrant ou serrant les intervalles.*

a) Etant en ligne de sections par 4 (demi-sections accolées) et à 4 pas d'intervalle :

« Ouvrez à intervalle de tirailleurs (de déploiement sur un rang). Marche. »

b) Etant en ligne de sections par 4 (demi-sections accolées) à intervalle de tirailleurs :

« Serrez à intervalle de déploiement sur un rang (à 4, 10... pas). Marche. »

5° *Passer de la ligne de sections par 4 à la colonne de compagnie (de tirailleurs) et réciproquement.*

I. *La compagnie est en ligne de sections par 4*[1] :

« Face à ... Colonne de compagnie (de tirailleurs). Marche (Halte). »

Le capitaine se place du côté où il veut former la co-

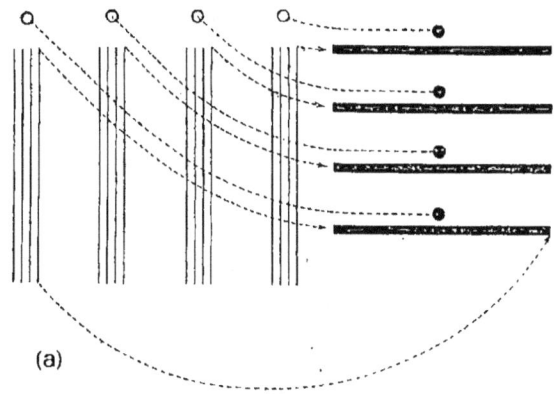

lonne de compagnie (de tirailleurs). Chaque section se

---

[1] Pour passer de la ligne de demi-sections accolées à la colonne de tirailleurs et réciproquement, voir *Les simplifications nécessaires*.

forme vers la droite (gauche) en ligne (en tirailleurs)

(b)

en « chassant » vers la droite (gauche) de manière à couvrir sur la section de base.

II. *La compagnie est en colonne de compagnie.*

« Face à... par la droite (gauche), ligne de sections

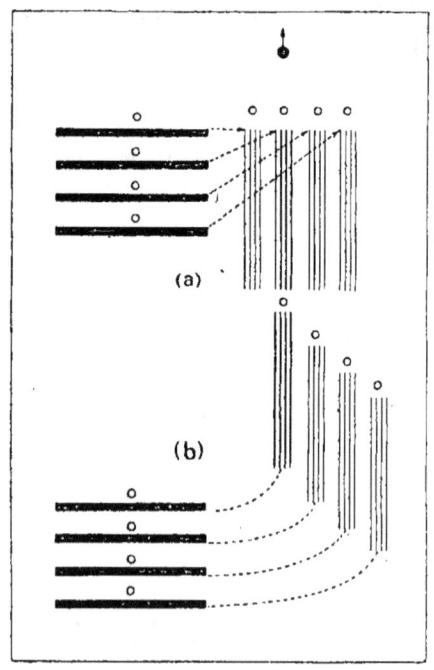

par 4. *Marche.* » Chaque section fait à droite (gauche) par 4 et court se placer derrière son chef.

6° *Passer de la colonne de compagnie à la ligne déployée ou à la formation en tirailleurs.*

« Face à... ligne déployée ou (en tirailleurs). *Marche* (*Halte*). »

Les 2°, 3° et 4° sections obliquent à droite et à gauche,

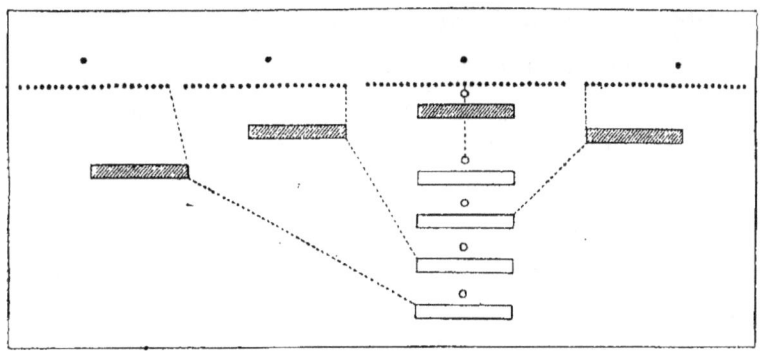

se redressent au pas gymnastique et se déploient éventuellement en tirailleurs du côté de la section de base.

7° *De la ligne de sections par 4 (demi-sections accolées) à la ligne déployée ou en tirailleurs.*

« Face à..., ligne déployée (ou en tirailleurs). *Marche*

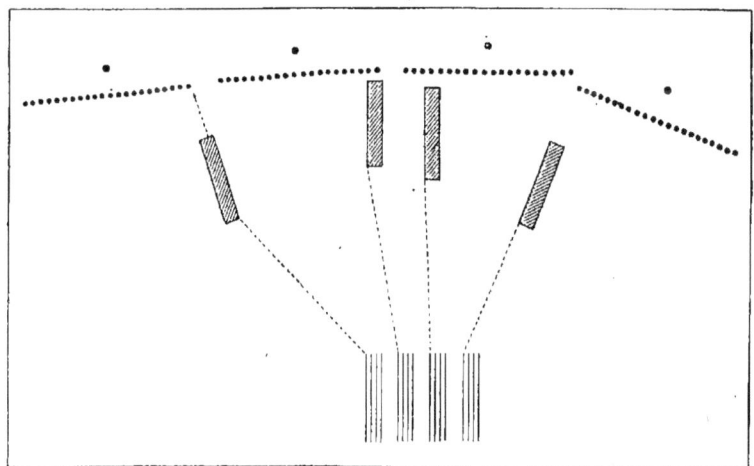

(*Halte*). » Faire face à la direction, prendre l'intervalle nécessaire, s'il y a lieu, se déployer ou se mettre en tirailleurs, se porter sur l'alignement ou tirer échelonné suivant le cas et l'urgence.

8° *De la colonne par 4, par demi-sections, par escouades, à la ligne déployée (ou en tirailleurs).*

Mêmes commandements que 7°.

*a)* Face en avant. Les fractions prennent leur intervalle, se déploient et se portent ou non sur la ligne suivant l'urgence.

*b)* Face à un point. Si l'angle est faible, la tête de colonne change de direction et le mouvement se fait comme

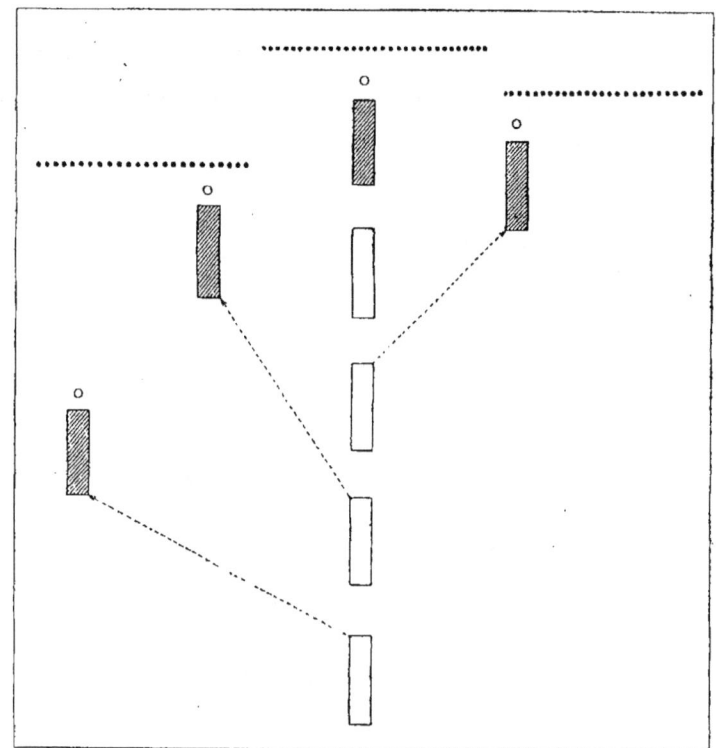

précédemment. Sinon, la compagnie se forme en ligne face au point, puis s'ouvre en tirailleurs.

9° *Marche en terrain varié au pas cadencé, de charge.*

gymnastique, la compagnie étant en colonne, en ligne, en tirailleurs.

Départ au pas de charge en partant de la position couchée et à genou.

Pousser avec ensemble le cri de « En avant ».

10° *Jeter vivement le sac à terre* pour courir à un point

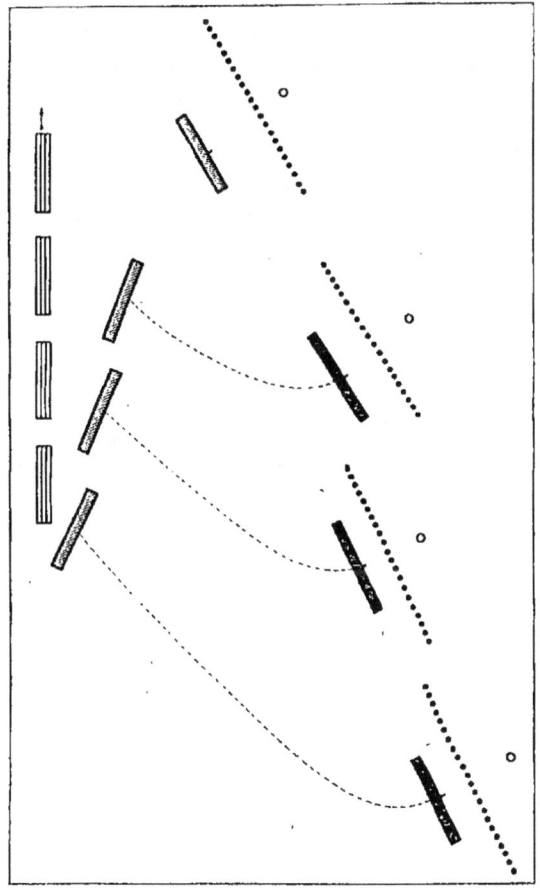

d'appui, prendre vivement les sacs jetés à terre par les camarades et les leur rapporter. Deux hommes mettent deux sacs l'un sur l'autre et les portent par les bretelles.

Mettre sac à terre, en se dissimulant, avant l'attaque ou l'assaut.

Faire reprendre les sacs après l'assaut.

« Comptez-vous 3. » « Les numéros 1 aux sacs » (1 sur le dos, 1 dans chaque main). Les hommes reprennent un sac quelconque; on fera plus tard le triage.

11° *Traverser une crête battue par l'artillerie.*

Prendre un grand front pour la compagnie et une faible largeur pour chaque élément [ligne de sections (demi-sections), par 4 (par 2) à 50 mètres (100 mètres)].

Descendre vivement, obliquer, se coucher sous les rafales, se resserrer dans l'angle mort.

L'obus allemand bat 15 à 20 mètres en largeur, 100 en

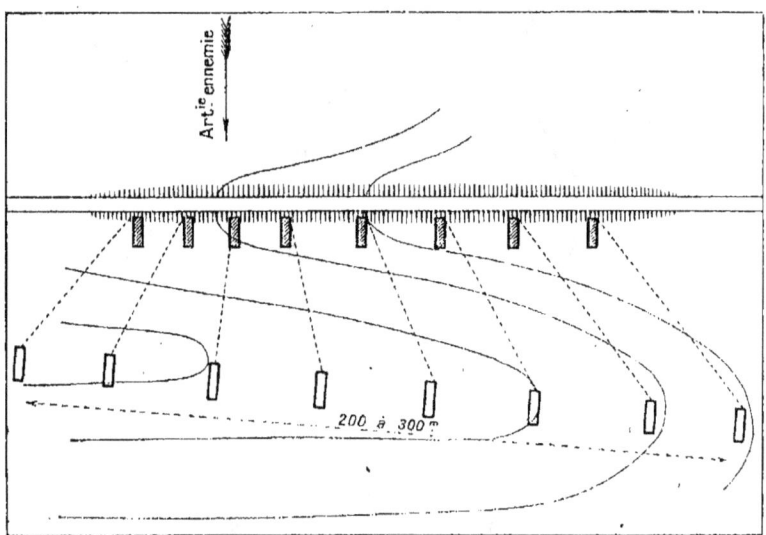

profondeur. La batterie allemande bat au maximum un front de 120 mètres.

Si la compagnie ne dispose que d'un front étroit — 60, 80 mètres — pour franchir la crête et gagner l'angle mort d'où elle entamera l'attaque, elle se formera en colonne de tirailleurs, dévalera rapidement, avec ses quatre sections, jusqu'à l'angle mort[1] et débouchera, cette fois, par vagues successives.

12° *Traversée d'un défilé et épanouissement à la sortie.* (chemin de bois, pont, sortie de rue, etc.).
1° En harde.

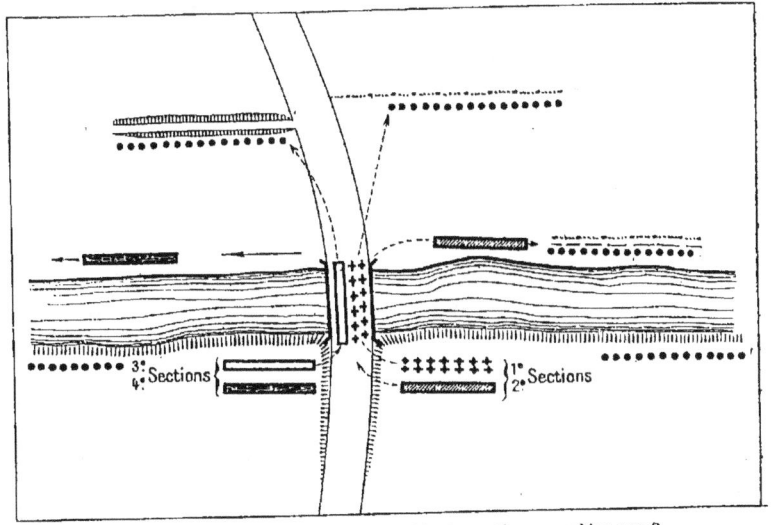

Débouché d'un pont en colonne double de sections accolées par 2.

2° En colonne double de sections accolées par 2 (4) ou en ligne de sections par 1.
3° En se couvrant par le feu en marchant.

13° *L'ennemi lâche un point d'appui* (bois).

S'y jeter, sauf à laisser momentanément un repli. Point d'appui *profond*. Un élément en ordre s'y engage, forme nouvelle avant-garde et continue le mouvement sans désemparer; le reste se reforme. Ex. : « 1ʳᵉ compagnie, ralliement en arrière du bois; 2ᵉ compagnie, en

---

[1] L'artillerie ennemie, vraisemblablement surprise, ne pourra diriger ses coups sur des vagues surgissant successivement de la crête repérée.

Billard.

échelon à droite; 3° compagnie, en échelon à gauche; 4°

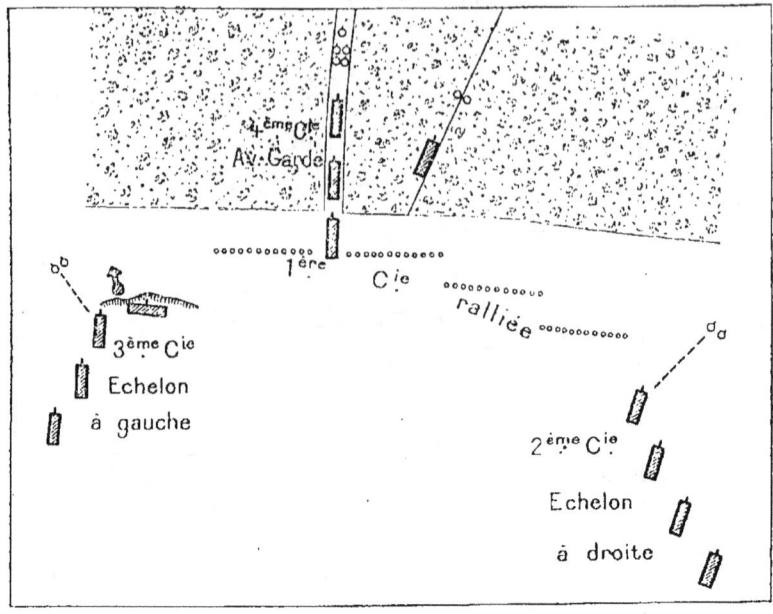

L'ennemi lâche un point d'appui.

compagnie, nouvelle avant-garde, entrez dans le bois et couvrez la reconstitution du bataillon.

« Mitrailleuses, couvrez le flanc droit (gauche). »

Point d'appui *sans profondeur*. Traverser et se rallier à la sortie.

14° *Préparation d'un débouché de bois pour surprendre l'ennemi.*

V. p. 179.

15° *Exécuter un feu de surprise à une crête perpendiculaire ou oblique à la direction de l'ennemi.*

Se déployer à l'abri, faire prendre la hausse, charger; chaque chef de section jalonne la position de tir.

Puis tout le monde à la crête, ouverture du feu, attaque ou non suivant le cas.

Quand la crête est oblique, les sections (demi-sections) s'échelonnent.

16° *Engagement de la compagnie.*

Voir combat du bataillon et de la compagnie encadrée.

17° *Attaque de la compagnie.*

a) La compagnie tout entière disponible pour l'attaque se forme au dernier couvert en ligne, colonne double ou colonne de tirailleurs[1]. Baïonnette au canon, sacs à terre. Bond au pas gymnastique modéré jusqu'à la chaîne, tir (debout ou à genou) à hauteur de cette chaîne couchée, bond, aplatissement sous le feu ennemi, feu pour protéger l'afflux d'une nouvelle vague, etc. Assaut. Ralliement et occupation de la position. Retranchement. Reprise des sacs.

b) Même mouvement avec des chefs de fortune.

c) La compagnie, dernier élément d'une attaque de bataillon ou de régiment, se porte en avant en ligne de sections par 4 (demi-sections accolées) à intervalle de déploiement, traverse les troupes d'assaut et reprend le combat à son compte : Envoi d'éclaireurs, d'une ligne de tirailleurs, etc.

La même compagnie dans la même formation est traversée par les fuyards amis; elle se couche, se déploie et attaque.

18° *Mécanisme d'une contre-attaque.*

a) *De front.* Battre l'angle mort par des tirailleurs ou par des mitrailleuses retranchées, rester abrité jusqu'au dernier moment, puis surgir, presque tout le monde en ligne (3 sections ou 3 sections et demie), rafale et assaut.

Gagner un couvert en avant, et, si on le trouve trop désavantageux à tenir à fond, regagner la crête par infiltration ou par fractions, sous la protection des camarades non encore remontés.

---

[1] La ligne de tirailleurs fournit une vague, la colonne double de tirailleurs 2 vagues de 2 sections ou 3 vagues (une section, une section, deux sections); la colonne de tirailleurs fournit 4 vagues d'une section.

b) *De flanc* (coin de bois, village). Rechercher la combinaison du feu de la troupe de front, et de celui de la

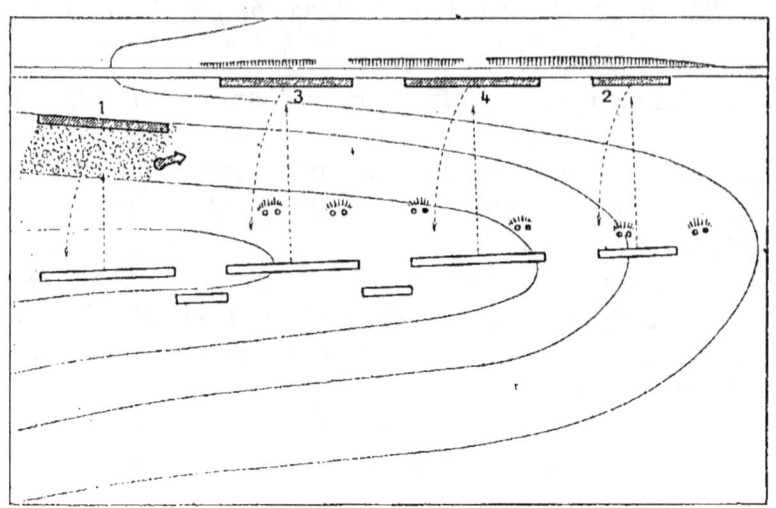

Contre-attaque de front et retour au « perchoir ».

contre-attaque, la soudaineté, l'ordre, la forme échelonnée.

19° *Attaque, traversée, organisation rapide d'un village.*
(Voir village, service en campagne.)

20° *Passer d'une formation quelconque et du mélange des unités après l'assaut à un rassemblement échelonné ou non, en ordre serré ou ouvert — définitif ou provisoire.*

Cet exercice est à exécuter particulièrement en fin de manœuvre, à titre de « remise en main », dans la position couchée, de préférence aux classiques : « Rassemblement! » et « inspection des armes » dans la position debout.

1° Face à.... Rassemblement.
2° — Vers la gauche (droite) en échelons.
3° Face à.... En tirailleurs.

4° Face à.... Vers la gauche (droite) en échelons de tirailleurs.

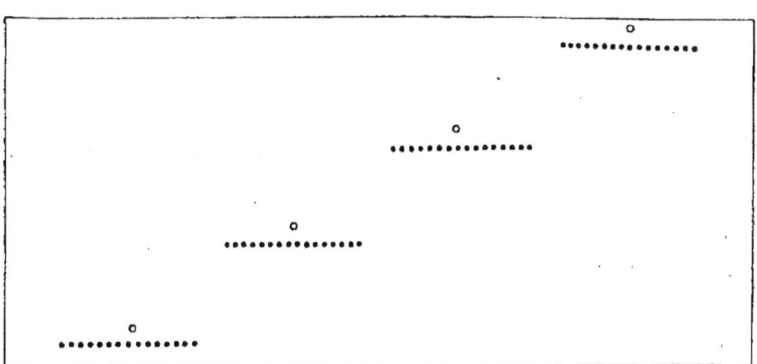

5° Occupation de la lisière du village, de la hauteur, sur les sections intérieures en échelons.

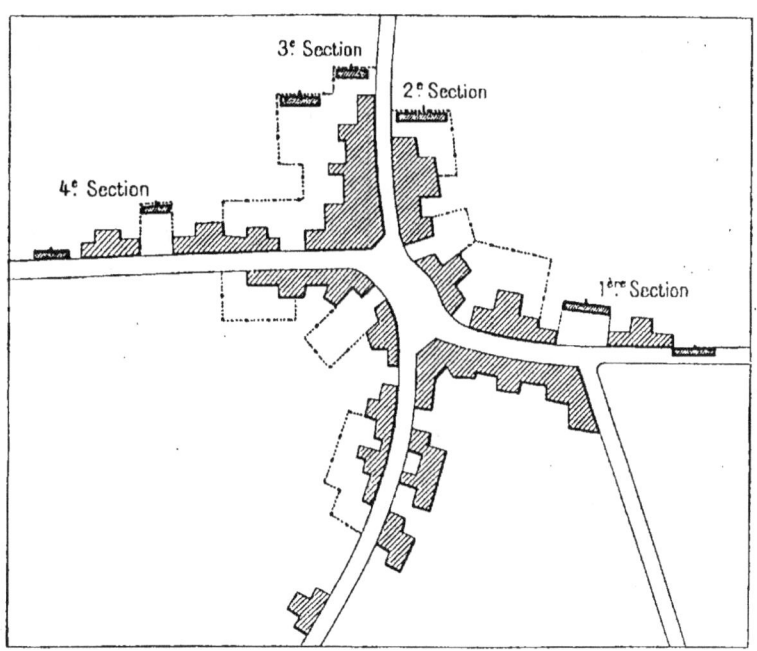

Normalement, après l'attaque, le premier ralliement se fait par *groupes provisoires*, chaque chef réunissant le plus d'hommes qu'il peut, en *tirailleurs* de préférence, s'il est en première ligne, en *colonne par 4, par 2, sur 2 ou sur 1 rang*, suivant les abris du terrain, s'il a des camarades devant lui. On se reformera ensuite.

21° *Combat contre la cavalerie.*

Lorsque le capitaine charge la compagnie le sabre à la main, il figure une charge de cavalerie.

Les sections se disposent de manière à tirer, de préférence, échelonnées; celles qui se déplacent mettent la baïonnette.

A proximité d'un bois, d'une localité, y appuyer une aile ou rentrer dans la lisière.

La compagnie, suivant une route en déblai, se jettera du côté opposé à la charge (chemin creux d'Ohain).

22° *Passage et défense de rivière en face de l'ennemi.*

1° *Passage à la nage et en bateau au petit jour.*

a) Disposer des tirailleurs en amont et franchement en aval à cause de la dérive.

b) Lancer des nageurs en éclaireurs (avec fusils et ceinturons garnis) pour former la première couverture du passage.

c) Faire traverser immédiatement les bateaux portant les premiers éléments embarqués d'avance, chaque bateau pourvu d'une cinquenelle pour faire va-et-vient.

d) Couvrir alors l'établissement d'une passerelle ou l'arrivée de nouveaux renforts par bateau.

2° *Empêcher de nuit le franchissement d'une rivière.*

a) Disposer plusieurs postes, retranchés et couverts par des fils de fer, en face des points de passage probables; y laisser des « gardes de tranchées » pourvues de moyens d'éclairage et, éventuellement, de mitrailleuses.

*b)* Avoir sur la rive ennemie un ou plusieurs postes cosaques avec bateau et cinquenelle, ou simplement des nageurs.

*c)* Garder le gros en arrière du centre ou le répartir entre les différents points de passage probables.

23° *Franchissement d'un pont défendu* par de l'infanterie, des mitrailleuses et barricadé.

Il faut :

*a)* Refouler l'ennemi sur la rive opposée.

*b)* Détruire l'obstacle.

*c)* Neutraliser les mitrailleuses.

*d)* Franchir rapidement le pont, s'épanouir, prêt à tirer et charger.

Après le refoulement de l'adversaire sur la rive opposée, une partie de l'infanterie borde la rivière en amont et en aval; le reste se dispose au plus près, en mesure de franchir le pont et de s'épanouir au delà, dès que la brèche sera faite (colonne de demi-sections, de sections, ligne de sections par un accolées, etc.).

Pour détruire l'obstacle et neutraliser les mitrailleuses, on dispose de trois moyens :

1. — Le bouclier-bélier antique; une voiture de fumier, portant à sa partie inférieure une plaque métallique, est poussée à reculons jusqu'à l'obstacle qu'elle défoncera; à tout le moins, elle permettra l'approche des hommes chargés de la destruction.

2. — La destruction par explosifs.

3. — La poussée au plus près d'un canon, aux roues cerclées de paille, pour faire sauter l'obstacle et détruire les mitrailleuses. L'obstacle détruit, la troupe d'attaque franchit immédiatement le passage, se déploie au delà; on la renforce au plus tôt.

NOTA. — Toutes les fois qu'on le pourra, on combinera

ce forcement de vive force avec le franchissement d'un détachement (compagnie d'infanterie, mitrailleuses...) en bateaux ou à la nage.

24° *Défense d'un pont, la nuit.*

Barricade solide, fils de fer, etc.
Mitrailleuses repérées, moyens d'éclairage préparés, etc.
Avoir sur la rive ennemie des postes; en avoir également sur la rive amie, aux ailes.
Garder une réserve pour l'imprévu.

25° *Marche sur route.*

Il est indispensable qu'au cours de la marche la compagnie puisse obéir instantanément à un ordre urgent du capitaine.

Il faut pouvoir : se rassembler à droite ou à gauche de la route.

Accélérer l'allure;

Se déployer.

Un coup de sifflet long du capitaine signifie : attention; tout le monde regarde.

Si le capitaine lève le bras et se porte à droite (gauche) de la route, on se rassemble de ce côté en ligne de sections par 4.

S'il étend les bras et fait face à une direction quelconque, la compagnie se déploie et, suivant le cas, tire, attaque, ou combine feu et attaque.

L'accélération d'allure se fait au signal réglementaire du bras et du képi.

26° *Remise en main par des mouvements de combat.*

Déploiements impeccables.
Rassemblement ou ralliement rapide et couché.
Marche au pas de charge ou gymnastique, dans une formation quelconque.

Bond de toute la compagnie couchée. Ensemble au départ, à l'arrêt.

Cris de « En avant » poussés avec ensemble par toute la compagnie.

Déboucher en ordre d'une lisière.

Garde à vous, etc.

# CHAPITRE XIII

## Dressage en vue du service en campagne.

### I. L'initiation guerrière.

De l'arrivée des recrues au commencement de novembre, les principes du service en campagne comme ceux du combat doivent être *trouvés* par les jeunes soldats.

Il ne s'agit point du tout de faire manœuvrer vaille que vaille des anciens (?) plus ou moins sûrs d'eux-mêmes et de faire répéter par les jeunes soldats ce qu'ils ont vu. — Pure méthode pour singes.

Ce sont les jeunes soldats eux-mêmes, qui commandent patrouilles, éclaireurs, section; à eux de se mettre en sentinelles, d'aller reconnaître un point, etc. Il faut qu'avec le seul bon sens comme guide ils trouvent le principe et en même temps un des procédés d'exécution.

Les anciens sont exclusivement employés à faire ressortir le principe, à souligner les fautes; ils sont donc à part des recrues pour l'initiation guerrière; eux-mêmes auront beaucoup à apprendre pour cheminer, surprendre un poste, une sentinelle, une patrouille de recrues.

Cette instruction se fait par section; le sous-officier ou l'officier consacre chaque jour trois quarts d'heure ou une heure à ce dressage fondamental.

A titre d'indication, nous donnons quelques exemples de l'enseignement par « l'erreur ».

1° Un jeune soldat doit conduire ses camarades (une

section) à tel endroit; il ne se couvre pas : fusillade des anciens à la première crête, ou à la première lisière. D'où la nécessité de s'éclairer en avant.

2° La section, sans cavaliers, marche parallèlement à une crête, à un bois, à proximité d'une carrière, d'une ferme. Elle n'envoie pas de patrouille d'infanterie : surprise; donc nécessité, quand on ne voit pas loin et qu'on marche sans cavaliers, d'avoir deux ou trois camarades pour surveiller le côté droit (gauche).

3° La section qui précède la compagnie (section d'avant-garde) fait la pause au bas d'une hauteur; si ses éclaireurs ne gagnent pas la crête, fusillade des anciens y postés. Si la section forme les faisceaux et n'a pas un observateur à la section même, surprise par le capitaine chargeant pour simuler la cavalerie.

4° La section en suit une autre à 300 mètres par un itinéraire difficile (bois, village). Si le chef de section a oublié de détacher en queue de la section de tête deux camarades (agents de liaison), il se perdra.

5° Une section va couvrir le cantonnement de la compagnie; si elle ne se couvre pas elle-même pour gagner son emplacement, la faire surprendre. Si, une fois postée, elle n'a qu'un camarade en avant à 200, 300 mètres, faire attaquer cet isolé (sentinelle) par les anciens et, pendant qu'il vient rendre compte au chef de poste, faire changer de direction les anciens qui attaquent le poste de flanc. D'où nécessité d'une sentinelle double ou d'un poste de 4 à 7 hommes en avant de la section.

6° Placer le poste en terrain couvert ou bien donner une explication quelconque à tous les soldats, tandis que les anciens débouchent. Si le poste n'a personne devant les armes, c'est la surprise.

Par des procédés analogues, on fera ressortir la nécessité, pour le poste de 4 (7) hommes, d'être groupé, pour les postes, d'être reliés par échange d'agents de liaison, pour les sentinelles, de se répartir la surveillance, d'avoir ou non la baïonnette suivant le temps et le terrain; pour les patrouilles, de contourner l'obstacle, de laisser un homme en arrière, en prévision d'une surprise, etc.

Ce débrouillage fait, dès le début de novembre, on entame le service en campagne sous la direction du capitaine, par compagnie, peloton, ou par section, suivant l'entraînement et la capacité des chefs de section.

7° On procédera de même pour l'initiation du combat : Nécessité du bond, de l'appui mutuel des feux, des éclaireurs en avant, des agents de liaison, de la rapidité, de l'ordre, de l'obéissance (feux et bonds), de la formation par 4 (artillerie), des tirailleurs (vulnérabilité), du feu debout ou à genou par-dessus la chaîne préexistante couchée (attaque).

### II. Les avant-postes.

#### A) Organisation de l'instruction

Le poste d'issue est d'usage courant, tant pour les grand'gardes cantonnées, que pour les gros qui reposent en arrière.

C'est donc le poste d'issue qu'on enseigne en premier lieu, dès l'arrivée des recrues (barricades, sentinelles, organisation de nuit...). On fait ensuite l'instruction du poste de surveillance-embuscade (4 ou 7 hommes) délicat et d'emploi autrement fréquent que la sentinelle double, puis, concurremment, l'instruction du poste de 4 (7 hommes) et du poste d'issue qu'il couvre.

Le mécanisme de la patrouille, des hommes de relais, des agents de liaison est étudié une fois ou deux à part, puis dans la grand'garde même.

Bref, à partir de la mi-novembre, le capitaine établit la grand'garde complète et, ceci fait, charge chacun des chefs de poste de faire l'instruction de détail de son unité (instruction du petit poste de 4 hommes par le caporal, du poste de section ou demi-section par le sergent, du piquet, des sentinelles devant les armes, des agents de liaison, des hommes de relais par le lieutenant, etc.).

Le chef de bataillon, pour utiliser les terrains libres et les abords des villages, accessibles à ce moment, établira de même, une fois par semaine, ou par quinzaine, des avant-postes de jour, de nuit, etc., avec son bataillon formant une seule grand'garde ou bien une grand'garde principale et des grand'gardes secondaires.

### B) Instruction du poste d'issue.

1° A l'arrivée, barrage sommaire, une sentinelle derrière la barricade.

2° Ceci fait, ranger le jeu :

a) De jour, 4 hommes de garde : (1 à la barricade, 2 au repos et 1 chef). Le reste de l'escouade (section) est de piquet; les hommes ont l'arme à leur portée, le fusil approvisionné, la baïonnette au canon; ils ont des cartouches dans les poches, peuvent se laver, dormir. Un agent de liaison de la garde de police est affecté à chaque poste d'issue pour prévenir en cas d'alerte.

b) La barricade est perfectionnée; on l'organise en crémaillère ou non, suivant qu'on veuille déboucher ou non. On la dispose de manière à protéger des balles (d'ordinaire, voitures de fumier mélangé de sable, sans roues); Si l'on dispose de mitrailleuses, on les pointe sur la largeur de la route.

c) La nuit, on place deux sentinelles, ce qui entraîne au minimum un poste de 8 hommes[1] (6 sentinelles et 2

---

[1] Pour diminuer la fatigue, on constitue un poste de 12-14 hommes avec 3 ou 4 chefs de poste. De la sorte, les hommes ne prennent qu'une fois la faction et les chefs de poste n'ont à veiller que 2 ou 3 heures. Ils sont placés dans la grange (cuisine) de l'issue, dans

chefs relayant par moitié de la nuit); une des sentinelles est placée derrière la barricade, prête à réveiller les camarades; l'autre, postée en avant, dispose un bouchon de paille imbibé de pétrole et un écran pour éclairer l'ennemi en cas d'attaque[1] tout en laissant le défenseur dans l'ombre. Elle est pourvue d'une boîte d'allumettes-tisons. La relève se fait par moitié, la sentinelle montante (G) se

---

l'ordre de faction pour ne pas être réveillés inutilement. Les chefs de poste sont couchés vis-à-vis..

[1] Quand la sentinelle en avant de la barricade entend approcher une troupe, elle verse sur le bouchon de paille son flacon de pétrole,

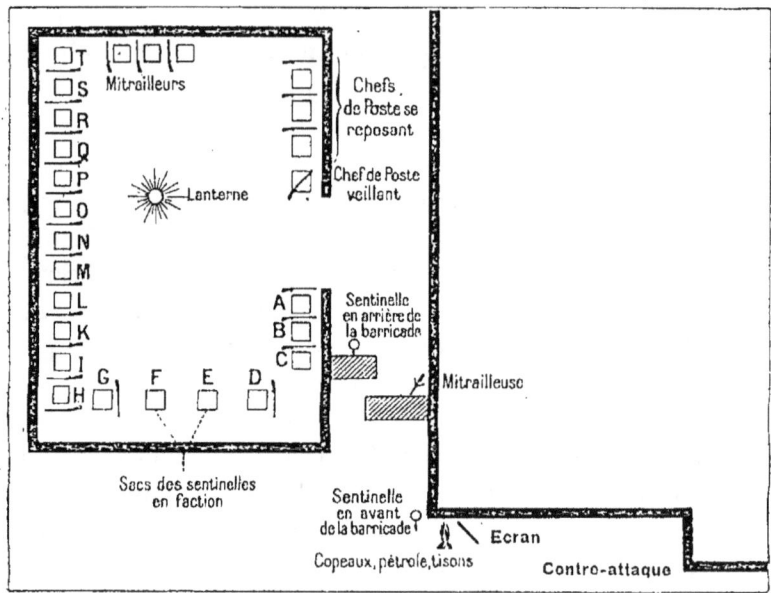

si ce n'est déjà fait. Puis elle crie : « Halte-là! » « Aux armes » et répète : « Halte-là où je fais feu! »; si la troupe ne s'arrête pas, elle fait feu, allume le bouchon de paille et s'esquive autant que possible latéralement. Il faut que l'écran soit suffisamment élevé (une porte par exemple) pour que la barricade reste dans l'ombre.

Cet écran-réflecteur doit également laisser dans l'ombre la troupe de contre-attaque.

Les autres bouchons de paille et le pétrole restants sont conservés au poste en vue d'un retour de l'ennemi.

rend d'abord derrière la barricade, y remplaçant la sentinelle (F). Celle-ci, bien réveillée, va faire la deuxième moitié de sa faction comme sentinelle en avant, relevant (E) qui rentre dormir au poste. A la pose suivante, la sentinelle (H) relèvera (G) à la barricade, tandis que (G) relèvera en avant (F) qui rentrera au poste, etc.

d) En cas d'attaque, le poste d'issue saute à la barricade, en totalité ou non, suivant son effectif et les circonstances. Il tire avec l'appui éventuel des mitrailleuses; au besoin, une partie du poste contre-attaque par le dehors, mais c'est d'ordinaire le rôle du gros de la compagnie ou du bataillon.

e) En dehors des consignes habituelles des sentinelles devant les armes, les sentinelles aux issues dirigent sur la garde de police les estafettes et empêchent les habitants de sortir.

C) INSTRUCTION DU POSTE DE SURVEILLANCE EMBUSCADE.

(4 OU 7 HOMMES).

Ces postes de surveillance sont poussés plus loin que les sentinelles doubles et donnent une sécurité très supérieure; leur emploi sera la règle, celui des sentinelles doubles, l'exception. De jour, on leur affecte, autant que possible, 1 ou 2 cavaliers.

Les hommes de ce poste laissent leur sac à la grand' garde ou au poste de résistance dont ils dépendent, restent groupés en dehors de la route, couverts à quelques pas par un ou deux hommes qui veillent, éclairés au besoin en avant ou sur un flanc par le (les) cavalier (s) d'affectation.

Ils annoncent l'approche de l'ennemi par renseignement, écrit autant que possible, à défaut, verbal, ou à coups de fusil; en tous cas, ils jalonnent par une fusillade *continue* l'itinéraire de l'ennemi. Ils sont relevés une fois par jour (soit 12 heures de service au maximum).

Le rôle de ces postes, poussés à 800, 1.000 mètres, est délicat; il y faut un chef dégourdi; on les relie d'ordinaire au poste de résistance ou à la grand'garde par un relais de deux hommes.

Les deux difficultés principales consistent, la nuit, à arrêter un isolé ou à reconnaître une troupe. (Voir le 2° exercice de nuit.)

#### D) Instruction de la patrouille.

1° La patrouille doit, avant tout, *voir* et *dire ce qu'elle a vu* (quoi, quand, où, comment?). Tant pis s'il lui faut tirer ou recevoir des coups de fusil, l'essentiel est qu'un patrouilleur au moins puisse rapporter le renseignement.

2° Précautions : l'arme prête, la baïonnette la nuit et dans les couverts, laisser quelqu'un en arrière pour pouvoir rapporter le renseignement en cas de surprise, rechercher le cheminement, entourer le point à fouiller.

3° Consignes au démarrage. Le chef de patrouille doit bien savoir ce qu'il a à faire, il le dit aux siens, peut faire prendre, la nuit, un brassard pour éviter les méprises.

4° Applications :

Rencontre de deux patrouilles ennemies, la nuit, dans un bois (embuscade), rencontre d'un ennemi en force, marchant ou non sur les camarades.

Conserver le contact d'un détachement ennemi, envoyer des comptes rendus successifs.

Exploration de lieux habités, de bois.

Nota. — *a*) Remarquer la différence entre le service de la patrouille d'une troupe fixe et le service, forcément sommaire, de la patrouille de troupe en marche.

*b)* Les patrouilles mobiles des grand'gardes ne valent pas d'ordinaire les postes fixes de surveillance. On les réservera pour fouiller une partie accessoire du terrain et surtout pour garder le contact d'un ennemi signalé ou en retraite.

### *E)* Instruction des hommes de relais.

Les hommes de relais servent à accélérer la transmission des renseignements entre les éléments de résistance ou entre ces derniers et les postes de surveillance, lorsque la distance dépasse 500 à 700 mètres.

Laissant leur sac au poste d'origine, ils accompagnent le poste à relier jusqu'au point où ce poste s'installe et reviennent se placer à mi-distance.

Leur relève est assurée dans les mêmes conditions que pour la sentinelle double.

### *F)* Instruction des agents de liaison.

Les agents de liaison gardent leur sac et vivent à leur unité provisoire. Ils doivent talonner le chef de cette unité[1]. (Voir liaison en station, p. 231.)

### *G)* Instruction des sentinelles.

1° *Sentinelle double isolée.*

*a)* Mettre la baïonnette (bois, brouillard, nuit), avoir toujours l'arme approvisionnée à 8 et même 10 cartouches.

---

[1] Exemple : Une compagnie ennemie attaque un poste de résistance latérale; l'agent de liaison s'adresse au chef de poste : « Sergent, faut-il dire quelque chose à la grand'garde? ».

*b)* Ne tirer que pour *avertir* : c'est-à-dire en cas de surprise, ou si une troupe ennemie (section, compagnie) surgit à courte distance, en mesure d'arriver sur la grand' garde ou le poste presque en même temps que le renseignement de la sentinelle.

*c) Voir (entendre* la nuit*) pour rendre compte* (quoi, où, quand, comment?); précautions correspondantes : ne pas s'envelopper la tête la nuit, ne pas chanter, fumer, ne pas rendre d'honneurs.

*d)* Connaître les signaux d'appel de jour, au maximum 2 : l'un pour demander le chef de poste (patrouille ennemie, troupe lointaine, étrangers); l'autre pour signaler un ennemi en force (escouade, section). En outre, en cas de surprise et à courte distance, la sentinelle signale à coups de fusil.

*e)* Dans tous les cas, une sentinelle qui ne reconnaît pas *sûrement* un *isolé* ou un *chef de troupe* prévient le chef de poste, quand même elle aurait reçu le mot de ralliement.

*f)* Le caporal de pose communique une fois pour toutes à chaque groupe de sentinelles les consignes :

En avant : direction de l'ennemi.

Latéralement : on a des camarades (sentinelles ou postes) sur ses flancs ou non.

En arrière : comment renseigner le poste? (signaux, envoi de renseignement par une des sentinelles, coups de feu).

*g)* Exercices d'application :

Troupe ennemie à 800 mètres.

Troupe ennemie à 200 mètres.

Surprise par une patrouille ennemie.

Surprise d'une patrouille ennemie.

Répétons-le : la sentinelle double éloignée du poste sera l'exception, le poste de 4 hommes (7 hommes), la règle.

2° *Sentinelle devant les armes.*

La sentinelle devant les armes est simple et mieux double, si l'effectif le permet (on a moins peur à deux).

Consignes :

1° Surveiller le terrain entre les postes (sentinelles) et la grand'garde.

2° Informer le chef des signaux des camarades.

3° Arrêté de nuit tout isolé, toute troupe. (Voir pour le détail : Exercice de nuit.)

*B)* INSTRUCTION DE LA GRAND'GARDE.

C'est dans la grand'garde complète, nous l'avons dit, que se fait, normalement, l'instruction des postes d'issue, de 4 hommes, des sentinelles, des gardes de tranchée, etc.

1° *De jour.*

a) Le chef de bataillon, au courant de l'ordre de stationnement et d'avant-postes[1], conduit son bataillon, militairement, sur l'emplacement présumé de la grand'garde principale.

Il tâche de ressaisir la cavalerie divisionnaire pour lui donner ses ordres en vue de couvrir la marche et la prise d'avant-postes; ultérieurement, il prélèvera quelques cavaliers pour les grand'gardes, les cavaliers restants allant se refaire en arrière ou à la grand'garde principale.

---

[1] Le commandant du gros ou de l'avant-garde fixe la ligne de résistance des avant-postes permettant de couvrir le débouché, le rassemblement ou la position de combat de son gros. En cas de fatigue, de difficultés de terrain, de proximité de l'ennemi, on pourra se contenter de tenir avec des avant-postes la position même de rassemblement ou de combat du gros, mais alors les avant-postes devront être plus forts.

En marchant, il donne ses ordres[1] aux différentes grand'gardes (ou postes latéraux de résistance) qui continuent, chacune vers son secteur, en se couvrant; de sa personne, il se tient avec la grand'garde principale qu'il commande.

b) Le commandant de chaque grand'garde donne ses premiers ordres en marchant : (situation générale, ligne de résistance, grand'gardes voisines, liaison, vivres (fourrier) et bagages. Il arrête son gros à l'emplacement probable de défense et prend immédiatement des mesures provisoires :

Poussée immédiate d'éléments de surveillance (sentinelles et postes de 4 ou 7 hommes) et de postes latéraux de résistance;

Sac à terre et organisation du piquet (garde de police) de la grand'garde.

Après reconnaissance, il met au point son dispositif.

1° Renforcement ou suppression des éléments de surveillance et des postes de résistance latérale, échange d'agents de liaison entre les postes et la grand'garde et établissement de relais (si ce n'est déjà fait), installation dé-

---

[1] Ordre du commandant des troupes
  I. Renseignements sur l'ennemi.
  II. Cantonnements { du gros. / de l'avant-garde.
  III. Avant-postes, fournis d'ordinaire par l'avant-garde (sauf parfois un [ou deux] poste spécial prélevé sur le gros). } Ligne de résistance. Point de liaison avec les avant-postes des troupes voisines (éventuellement).

Ordre du commandant de l'avant-garde
  I. Renseignements sur l'ennemi.
  II. Cantonnement de l'avant-garde.
  III. Avant-postes. . { 1 bataillon à ..... / 1 bataillon à ..... / Ligne de résistance. Démarcation (à quel bataillon).
  IV. Cas d'attaque. Rassemblement (ou manœuvre) du gros de l'avant-garde à .....

Ordre du chef de bataillon d'avant-postes
  I. Renseignements sur l'ennemi.
  II. Cantonnements du gros (de l'avant-garde ou du détachement).
  III. Ligne de résistance. Force, emplacement des grand'gardes. Cavaliers adjoints. Démarcation entre les grand'gardes. Liaison avec les avant-postes voisins (par agents de liaison).
  IV. Cas d'attaque (rassemblement ou manœuvre de jour, de nuit).
  V. Distributions, malades, bagages.

finitive de la grand'garde (sur place ou en cantonnement d'alerte en arrière, avec maintien sur place d'une garde de tranchée).

2° Travaux d'organisation : Tranchées, fils de fer, barricades, réduit, abris de bivouac, etc.

3° Envoi d'agents de liaison aux grand'gardes voisines. Communication des consignes à chaque groupe de sentinelles et à chaque poste de relève par le caporal de pose. Compte rendu sommaire :

Emplacement du gros;
La liaison latérale est assurée;
Dispositions en cas d'attaque.

2° *Passer du service de jour au service de nuit.*

Ajouter des postes de surveillance sur les chemins vus, de jour, et au moins à la distance de vue, le jour (800 à 1.000 mètres; soit 10 à 15 minutes pour prendre les armes).

Descendre au cantonnement ou à la croisée des routes en laissant une garde de tranchée à l'emplacement de jour. Faire prendre le dispositif en cas d'alerte, avant la rupture dans le cantonnement ou la prise de bivouac. Organisation du quart et, éventuellement, de la relève de la garde de tranchée. Donner un signal de reconnaissance.

3° *Passer du service de nuit au service de jour.*

Se méfier de l'attaque au petit jour.
En conséquence : les grand'gardes se mettent sous les armes un peu avant le jour. Elles envoient des postes de surveillance de relève et reprennent la position permettant l'emploi des feux. Au jour, elles font rentrer les postes devenus inutiles.

4° *Arrivée, la nuit, aux avant-postes.*

Mener tout le bataillon, groupé, à l'emplacement de la grand'garde principale. Les grand'gardes secondaires partent de ce point, accompagnées par un caporal et un sergent de la compagnie de jour (fournissant la garde de police). Elles occupent un point d'appui barricadable, poussent des postes sur les chemins, en cercle ou demi-cercle. L'un des deux gradés retourne à la grand'garde principale, l'autre gradé (caporal) de cette grand'garde reste au piquet de la grand'garde secondaire.

Le plus souvent, tout le bataillon s'établira en cantonnement d'alerte, poussant seulement des postes de surveillance sur les routes.

On se barricade, on organise un réduit, on fixe l'emplacement en cas d'alerte des troupes de contre-attaque.

Le lendemain matin, on rangera le jeu. Dès le petit jour, on occupera l'emplacement d'alerte; ultérieurement on enverra ou non des postes latéraux, on se fortifiera, etc. (Voir l'organisation de Dampvitoux.)

Nota. — 1. *Instruction du poste latéral de résistance de 12 à 50 hommes (escouade ou section).*

Ce poste est destiné à couvrir le flanc du gros de la grand'garde contre le débordement.

C'est un raccourci de la grand'garde.

Le chef de poste emmenant un agent de liaison de la grand'garde :

1° Se rend à son emplacement en couvrant sa marche.

2° Arrête son monde à l'emplacement provisoire de son poste, met une sentinelle devant les armes, fait déposer les sacs; les éclaireurs arrêtés deviennent des sentinelles provisoires.

3° Précise par sa reconnaissance le nombre et l'emplacement de ses sentinelles ou postes de 4 hommes, de ses

relais et, une fois de retour, fait sa répartition définitive[1] ;
il envoie à la grand'garde son propre agent de liaison et,
éventuellement, un agent de liaison à la grand'garde voisine.

4° Se fortifie ou s'abrite.

5° Adresse un bref compte rendu. (V. p. 373.)

2. *Création de réduits.*

Sur la position de jour, on crée un ouvrage filiforme
(à la charrue) entouré de fils de fer ou de broussailles; on
y laisse une garde de tranchée.

Ronde dont 1 caporal et 1 agent de liaison de la g. g.

Patrouille 3.

Patrouille 2.

Patrouille 1.

Hommes de relais (4 h. - 6 s.)

Sentinelle devant les armes (3 ou 6 h.)

Sentinelle double (4 h. - 6 s.).

Poste de 4 h. (la relève).

Poste de 4 h. (4 sacs).

[1] Supposons que le poste ait à fournir un poste de 4 hommes et une sentinelle double :

Les hommes sont déjà partis, laissant leurs sacs au poste.

Le chef de poste choisit : le poste de 4 hommes de relève (4 hommes).

Les hommes de complément de la sentinelle double (4 hommes).

Les hommes de complément de la sentinelle devant les armes (2 ou 4 suivant que la sentinelle est simple ou double).

Éventuellement, les hommes de relève de poste de relais (4 hommes).

Les patrouilles (2 ou 3 hommes et un chef).

La ronde comprenant l'agent de liaison.

*Nota* — Le piquet de la grand'garde qui fournit sentinelle devant les armes, relais, postes de surveillance, se fractionne absolument de la même façon.

Dans un village à tenir à fond, on crée un réduit à un carrefour ou à l'arrière. Ce réduit est défendu par la garde de police, renforcée au besoin de mitrailleuses.

3. *Combinaison de la cavalerie et de l'infanterie aux avant-postes.*

La fraction de cavalerie affectée aux avant-postes est réduite au minimum (demi-peloton par exemple); elle est placée sous les ordres du commandant des avant-postes qui la répartit également ou non entre ses grand'gardes.

Les grand'gardes disposent ainsi de 2, 4, 6 cavaliers; elles les affectent aux postes de surveillance formés en majeure partie de fantassins (poste de 4, 7 hommes, etc. avec 1, 2 cavaliers). Le (les) cavalier (s) du poste mixte éclaire en avant ou sur les flancs ou assure la transmission.

A la nuit, ces cavaliers regagnent normalement la grand'garde et s'y reposent.

4. *Du mot.*

C'est intentionnellement que nous avons passé sous silence le « Mot » dans les consignes ou ordres d'avant-postes.

Son emploi nous paraît inutile, souvent dangereux. Bien des cavaliers, cyclistes, officiers, n'auront pas eu connaissance du mot ou l'auront oublié. Faut-il pour cela leur interdire l'entrée dans les lignes ou leur envoyer un coup de fusil? Inversement, rien n'est plus facile que de surprendre le mot, à la relève des sentinelles, par exemple; c'est monnaie courante à la guerre.

Nous trouvons plus simple l'adoption dans chaque unité aux avant-postes (compagnie ou bataillon), d'un signal destiné à reconnaître les allées et venues des isolés de l'unité en évitant les cris : frapper deux fois dans la main, tousser, siffler... la sentinelle relevée, le patrouilleur, l'officier de ronde, répondront par leur nom (escouade, compagnie); on les laissera passer s'il n'y a plus de doute sur leur identité. Si on ne reconnaît pas à la voix ou au visage, aller chercher le chef de poste (poste de 4 hommes et sentinelle isolée), le demander (sentinelle devant les armes).

Pour les non initiés, qui n'ont pas compris le signal, crier : « Halte là! » (ajouter « Aux armes! » lorsqu'une troupe arrive près d'un poste) qui vive? avancez seul! ». Quand on ne reconnaît pas l'individu ou le chef de troupe à la voix ou au visage, agir comme précédemment.

### III. De l'avant-garde, de l'arrière-garde, etc...

Ce que nous avons dit aux chapitres I et II suffit amplement pour l'instruction; les difficultés ne surgiront qu'au choc de l'ennemi; c'est alors pure question de tactique.

# CHAPITRE XIV

## Dressage en vue du combat de nuit.

#### I. Du nombre et de la durée des exercices de nuit.

L'exercice de nuit, s'il est chaudement prôné par les écrivains en chambre, est fort peu goûté des exécutants. Aussi toutes les occasions sont-elles bonnes pour « espacer » les séances. Au début de l'instruction, « les recrues sont insuffisamment dressées », plus tard, il fait trop froid; plus tard enfin, les cultures forcent la troupe à exécuter de simples exercices d'avant-postes sans ennemi, ou des marches aussi peu récréatives que celles de jour; inutile de multiplier pareils exercices sans intérêt.

Cette complicité latente de tous à l'encontre des manœuvres de nuit trouve son origine :

Dans la paresse; on aime peu travailler après 5 heures.

Dans le manque d'intérêt : « A quoi bon faire des exercices de nuit, nous disait un de nos sous-officiers. De pied ferme, ça consiste à voir la Polaire et en marche à ne pas fumer ». Le sergent M.... sait maintenant qu'il y a mieux à faire et plus à apprendre.

Nous raidissant donc contre le préjugé commun, nous demanderons que les exercices de nuit soient entamés dès l'arrivée des recrues et poursuivis d'octobre à mars ou avril à raison d'une séance par semaine. A partir de cette époque, on n'aura plus qu'une séance tous les quinze jours ou toutes les trois semaines. En août, on reprendra la séance hebdomadaire.

L'instruction de nuit est en effet indispensable; il y a

lieu de la marteler par la répétition bien plus que par la durée des exercices. Le service des postes de surveillance, des sentinelles isolées ou devant les armes, le silence des évolutions, des rassemblements, la rapidité des ralliements, exige un travail continu. Il faut donc entamer cette instruction au plus tôt.

En automne et en hiver, le terrain permet d'ailleurs les évolutions, les attaques, les défenses de points d'appui, en particulier des villages dégarnis alors des cultures maraîchères qui les enveloppent normalement.

On peut réellement manœuvrer, glisser le long des localités, rechercher les ruelles, les jardins, les lignes de retraite de l'ennemi. On peut se retrancher, en grand' garde ou après l'assaut, marcher à travers champs, sans risquer grands dégâts.

Une telle instruction, possible à ce moment de l'année est en même temps attrayante. Chefs et troupes en sentent la nécessité et parfois, comme nous avons eu le bonheur de l'éprouver, y témoignent d'un réel intérêt.

En automne et hiver enfin, les séances peuvent être très courtes. Le jour tombe à 16 ou 17 heures. En commençant l'exercice de jour ou à la brune, on pourra, par un choix judicieux, rentrer pour 18 heures ou 18 heures 30 et permettre aux officiers d'aller dîner en jaquette, aux soldats de faire encore un tour en ville. De même, le jour se levant très tard, il suffira de quitter le quartier à 5 heures, 5 heures 30 pour faire une marche d'approche suivie d'une attaque au petit jour.

Au printemps, les exercices seront forcément très retardés ou, au contraire, entamés de grand matin; en revanche, on espacera les séances, pour ne les reprendre, plus fréquentes, qu'après l'enlèvement de la majeure partie des récoltes, en août.

Quelle progression établir? Ici encore il faudra souvent mettre la charrue avec les bœufs, parfois même avant, pour ne pas attendre le moment où l'on ne pourra disposer ni de charrues ni de bœufs. Autrement dit, on mènera de front, dès le début, l'instruction de détail et les manœuvres d'ensemble, le dressage des sentinelles et l'organisation, l'attaque d'un poste d'issue, d'une grand'garde, etc...

Dernier détail : on aura soin, l'hiver, de faire préparer pour le retour de la manœuvre de nuit un bon quart de vin chaud.

### II. Programme(1) d'exercices de nuit.

1. — *Procéder de jour à l'arrangement de l'équipement* pour une marche ou une attaque de nuit: la baïonnette serrée dans deux tours du pan de capote ; le fusil à l'épaule droite (clairons), la cuiller dans le sac, le bidon

---

[1] Nous ne disons pas progression. Suivant la température, les facilités de manœuvre, la complaisance des camarades, on interchangera les exercices.

Pratiquement, nous faisons l'instruction dans l'ordre suivant :

a) Dès l'*arrivée des recrues.*

Postes d'issue — organisation sommaire, définitive — reconnaissance des isolés et d'une troupe par les sentinelles d'issue (2 ou 3 exercices).

Postes d'issue précédés de postes de 4 (?) hommes. Reconnaissance des isolés, des troupes amies et ennemies par les postes de 4 hommes — des relais — du jalonnement par le feu quand l'ennemi marche sur le poste d'issue — défense du poste d'issue (3 ou 4 exercices par section).

Organisation complète d'une grand'garde dans une localité — arrivée de jour — arrivée de nuit — postes d'issue, postes de 4 hommes — cantonnement d'alerte — réduit — mitrailleuses — agents de liaison du piquet aux postes d'issue — attaque de la grand'garde — contre-attaque (2 ou 3 exercices).

Même organisation à découvert (sur une route, à une lisière, à un pont, attaque).

Evolutions de la compagnie, ou de 2, 3, 4 compagnies, la nuit (2 séances de *jour*, 2 séances de *nuit* et au petit jour).

Mesures d'ordre et de sécurité sur route — attaque d'une grand' garde, d'un point d'appui par 2 ou 3 compagnies — ralliement —

près du ceinturon, l'outil sur la poitrine, ne pas causer, ne pas fumer.

2. — *Exercice d'orientation.* — *Liaison.* — *Reconnaissance de l'ennemi ou des amis par les sentinelles.*

*a)* La compagnie est menée au champ de manœuvre ou dans une friche, les 4 sections se suivant à 50 pas de distance, reliées par des gradés de l'élément arrière (pour les changements de direction).

Dans chaque section on montre l'étoile polaire; ceci fait, on envoie les hommes à 100 (200) pas Nord-Est, Sud, Est, etc...; des gradés sont placés d'avance; les noms des hommes et la direction qu'ils doivent prendre sont inscrits au départ ; le contrôle est fait au retour des gradés.

En même temps, les officiers, sous-officiers, caporaux, élèves-caporaux, s'orientent d'après la carte, à l'aide de la boussole et de la lanterne sourde. Quand ils ont fait 400 ou 500 pas, ils reviennent. Le contrôle est fait par l'instructeur muni également d'une boussole et qui vérifie la direction donnée par la lanterne sourde du gradé.

*b)* On habitue la compagnie à mettre, enlever le brassard (serviette, en campagne), à se rassembler derrière

---

organisation (1 séance didactique de jour — 2, 3 exercices d'application, la nuit et au petit jour).

Grand'garde de bataillon — postes de résistance latéraux — liaison — rappliquer en cas d'attaque.

*b)* Le *printemps* et l'*été*.

En raison des difficultés de la manœuvre à travers champs : orientation au terrain de manœuvre, reconnaissance des isolés, troupes, etc., exercices de sentinelles, postes de surveillance, patrouilles, marche de nuit, exercice de cantonnement ordinaire et d'alerte.

*c)* En *août.*

Suspension de combat — avant-postes de combat — évolutions, attaque, défense, par le bataillon et le régiment au petit jour — exploitation du succès par un ou deux régiments, l'artillerie, etc.

ses chefs munis d'un mouchoir dans le dos, à disparaître à un signal (coups de sifflet, de corne répétés), à se rallier à un point fixé d'avance.

On habitue également les agents de liaison à transmettre ordres et renseignements.

Exemples : Colonne de demi-sections — Sur 2 lignes de demi-sections à 12 pas — Vers la gauche (dr.) en échelons (dernière section, garde-flanc).

### c) Reconnaissance des isolés et d'une troupe.

I. — Reconnaissance des *isolés*. — Par le poste de 4 (7) hommes, la sentinelle double isolée, la sentinelle devant les armes :

Faire un signal auquel les initiés répondent par leur nom (escouade) et compagnie.

Sinon, appels réglementaires avec l'étendue de voix juste nécessaire. « Halte-là, halte-là ou je fais feu. Qui vive? Avance au ralliement! » Si l'on ne reconnaît pas sûrement la personne arrêtée, aller chercher le chef de poste (pour le poste de 4 hommes ou la sentinelle double isolée), l'appeler (sentinelle devant les armes) : « Chef de poste, venez reconnaître ».

II. — Reconnaissance d'une *troupe*. — Le chef de poste de 4 (7) hommes embusque ses hommes sur le flanc (baïonnette, fusil approvisionné à 10); il tâche de reconnaître personnellement la troupe à l'uniforme et au langage[1]. S'il est convaincu que c'est une troupe ennemie, il la fusille et jalonne sa marche à coups de fusil. S'il est incertain, nouveau d'Assas, il l'arrête réglementaire-

---

[1] Si le chef de poste se contentait de faire le signal de reconnaissance ou de pousser les cris réglementaires, il perdrait tout le bénéfice d'une embuscade. Par contre, une fois que la troupe non reconnue passe à sa hauteur, il n'a plus le loisir de faire un signal de reconnaissance, il ne peut que l'arrêter réglementairement.

ment : « Halte-là, halte-là ou je fais feu, etc. »; si la troupe se jette sur lui, ses camarades embusqués le vengeront ou du moins signaleront à coups de fusil. En dehors du jalonnement par le feu, il est très désirable qu'un homme se détache pour apporter un renseignement approximatif sur la force de l'assaillant.

La sentinelle double, plus rapprochée de la grand'garde

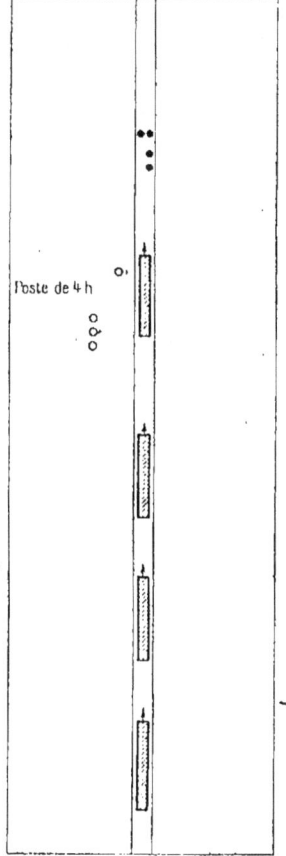

qu'elle couvre, emploie de suite les cris réglementaires et fait feu si on n'obéit pas. Si elle ne reconnaît pas le chef de la troupe, elle envoie chercher le chef de poste.

La sentinelle devant les armes (poste, poste d'issue,

grand'garde, etc.) n'a pas un instant à perdre, dès qu'elle entend avancer une troupe[1]; de suite, elle crie pour alerter au plus tôt son poste : « Halte-là, aux armes! Halte-là où je fais feu. Qui vive. Chef de poste, venez reconnaître ».

3. *Exercices combinés de sentinelles, postes de surveillance, patrouilles, troupes en marche.*

On veille en particulier : à ce que les postes de 4 (7) hommes jalonnent à coups de fusil l'itinéraire de l'ennemi et envoient un premier renseignement si possible.

A ce que les sentinelles devant les armes arrêtent le plus tôt possible les troupes;

A ce que ces mêmes sentinelles, devant une barricade, allument à temps le bouchon de paille au pétrole;

A ce que les patrouilles, troupes, approchent en revanche, au plus près, sans se faire voir ni entendre.

Applications :

*a)* Un petit poste de 4 hommes reconnaît une troupe ennemie et la surprend.

*b)* Rencontre de deux patrouilles amies ou ennemies. Le chef embusque ses hommes et reconnaît comme un chef de poste de 4 hommes.

*c)* Conserver le contact d'un poste ennemi qu'on fait changer de place.

4. *Du cantonnement.*

*a)* Occupation rapide d'une localité par une compagnie ou un bataillon d'avant-postes :

Barrer et tenir les issues;

Pousser des postes de 4 (7) hommes sur les routes;

---

[1] On sait le temps, forcément assez long, nécessaire pour mettre un poste endormi sous les armes.

Affecter le piquet (ou la garde de police) au réduit, envoyer des agents de liaison aux postes d'issue ;

Faire prendre le dispositif de contre-attaque.

Cantonner le gros vers l'arrière et sur le flanc correspondant à l'emplacement en cas d'alerte.

Organiser la veillée.

b) Rassemblement à la lanterne[1] au point de ralliement intérieur de la compagnie ou au point de ralliement extérieur[2]. Evolution de contre-attaque en combinaison avec la défense d'un poste d'issue.

c) Du poste d'issue. Exercice à exécuter dès le début de l'instruction, tant au point de vue de son organisation rapide et complète, que de la fatigue minima.

d) Du réduit (éclairage, mitrailleuses, etc.).

5. *Evolutions de la compagnie.*

Principes : Silence. Commandements transmis à voix basse par les agents de liaison. Mouvements faits rapidement, mais sans courir. L'assaut est fait au pas de charge, sans jamais prendre le pas gymnastique ni le pas de course.

a) Marche en ligne de sections (demi-sections) par 4 (ou par 2) à intervalle de déploiement sur 2 ou sur 1 rang (25 à 50 pas pour la section, 12 à 25 pas pour la demi-section). On se couvre de front et de flanc, à 100 mètres au maximum, par 2 ou 3 patrouilles. En outre,

---

[1] Dans chaque section, une lanterne est rayée d'un trait (rouge pour la 1re section, bleu pour la 2e section, jaune pour la 3e section, vert pour la 4e section).

Les hommes se rassemblent derrière le chef muni de cette lanterne qu'il tient au bout d'un fusil.

[2] En cantonnement d'alerte, le commandant de compagnie fixe deux points de ralliement, l'un dans une rue, l'autre à l'extérieur du village, d'accès facile par une grange, un hangar, un jardin, à proximité d'ailleurs du point de ralliement intérieur.

Billard.

1 cisailleur par section marche avec le chef de section ; les agents de liaison sont auprès du capitaine.

*b*) Marche en échelons (sections par 4 ou en ligne).

*c*) Rassemblement sur 2 lignes de demi-sections à 12 ou 25 pas d'intervalle et 6 pas de distance. Place des chefs, des cisailleurs, patrouilleurs (éventuellement des travailleurs). Démarrage de la 1$^{re}$ ligne suivie à 50 pas de la 2$^e$ ligne. Position du pas de charge, sonnerie de la charge, cris de « En avant » sans courir. Déploiement et feu à brûle-pourpoint de la 1$^{re}$ ligne ; poussée de la 2$^e$ ligne qui entraîne le tout et dépasse un peu la position enlevée pour couvrir le ralliement.

Attaque en colonne de demi-sections, d'escouades (traversée d'un pont, d'une rue).

*d*) Organisation rapide d'une position enlevée.

Ralliement de 2, 3 sections sur un rang avec intervalles entre les sections. On creuse la tranchée, tend un fil de fer en avant, dispose les moyens d'éclairage ; 1, 2 sections couvrent l'organisation et poussent des patrouilles ; la tranchée terminée, elles se replacent en arrière des intervalles.

Si l'on a enlevé un village, 1 (2) section organise les issues (barricades), une demi-section, un réduit et l'éclairage ; une demi-section fouille la localité ; le reste couvre l'organisation, puis s'établit sur un flanc.

*e*) Avant-postes de fin de combat. Quelques sentinelles ou postes de 4 hommes en avant. Grand'gardes déployées et retranchées, parfois repliées en arrière pour manger, se réchauffer et reposer, 1 garde de tranchée restant à la position de combat. Réserves en cantonnement d'alerte en arrière.

*f*) Rencontre de 2, 4, 8 sections sur route, le long d'une lisière, etc.

6. *Instruction d'ensemble de la grand'garde (1 à 4 compagnies).*

*a)* Passer du service de jour au service de nuit. Désignation de la garde de tranchée et, éventuellement, de sa relève. Préparation du cantonnement, du réduit, de la garde des issues. Envoi des postes de 4 hommes sur les chemins vus de jour. Organisation du quart.

*b)* Passer du service de nuit au service de jour. Mettre la grand'garde sous les armes avant le jour, réoccuper le perchoir, faire rentrer les postes de surveillance devenus inutiles.

*c)* Arrivée de nuit. Barrer les issues, pousser des postes de surveillance sur les routes, cantonner en arrière et sur un flanc pour sortir facilement de la localité; organiser un réduit.

*d)* Liaison en profondeur, en largeur (voir liaison).

7. *Mesures d'ordre et de sûreté sur route.*

Se reporter aux marches de nuit pour les mesures propres à assurer la direction, la sécurité, le secret de la marche (P. 212).

8. *Attaque et défense de points d'appui.*

Précautions pour assurer la direction, l'ordre, le sang-froid (V. P. 213).

Attaque d'une localité (V. P. 216), d'une hauteur (V. P. 218).

Rencontre de deux troupes la nuit (V. P. 217).

Attaque au petit jour (V. P. 222), dans le brouillard (V. P. 205).

Défensive la nuit (V. P. 223), dans le brouillard (V. P. 204).

# CHAPITRE XV

## Evolutions du bataillon.
## Exercices de combat, de service en campagne, de nuit, du bataillon et du régiment.

---

### I. Evolutions du bataillon.

*a)* Les principes posés pour les évolutions de la compagnie valent pour le bataillon : allure vive et reconstitution rapide de la troupe dans la nouvelle formation ou direction; se couvrir quand on n'est pas encadré à la vue; se préoccuper avant tout de la direction et de la prise de l'intervalle, non de l'alignement; faire toujours passer cheminement avant formation, etc.

*b)* Les évolutions ont pour but :

1° De rapprocher les troupes au plus près de l'ennemi avec le minimum de fatigue et le maximum de cheminement;

2° De les faire passer le plus vite possible, d'une formation d'approche ou de la colonne de route à une formation de combat.

1° La formation *d'approche* sera donc une résultante des cheminements existants, des nécessités tactiques et du réseau routier.

Exemples : Colonne de sections (colonne par 4) ou colonne double de sections (colonne par 8), le long d'une lisière, dans un chemin creux ou défilé, dans une tranchée de chemin de fer, etc.

Colonne de compagnies ou colonne double de compagnies (la colonne de bataillon et la colonne double actuelle), quand on chemine par un fond de vallée, entre deux bois, dans une large tranchée forestière, quand on s'avance par le brouillard, la nuit, à proximité de l'ennemi (les compagnies en ligne de sections par 4, par 2, par 1, selon le cheminement disponible ou la largeur de la route).

Ligne de compagnies (la ligne de colonnes actuelle) à l'intervalle maximum disponible entre les sections, pour franchir une crête repérée.

Ligne de colonnes de tirailleurs ou ligne de colonnes doubles de tirailleurs, quand on veut faire déboucher les vagues successives d'une attaque, etc.

Dans tous les cas, les sections sont en colonne (par 4, par 2, par 1) ou en tirailleurs; la colonne actuelle de compagnie n'est d'aucune utilité.

2° Les formations ou dispositif de *combat* se ramènent à deux types :

On a de la place (combat d'avant-garde, de détachement, d'aile); on attaque immédiatement, par le cheminement et en cherchant le *débordement;* par suite, les unités sont *accolées* avec des intervalles variables avec le terrain et la facilité d'enveloppement; elles mettent en ligne, du premier coup, la majeure partie de leur effectif.

On manque de place, de cheminement (attaque encadrée); on attaque, aussitôt les moyens réunis, en faisant succéder rapidement les efforts en *profondeur*.

En vue de développer la souplesse du bataillon, son chef l'exerce à prendre un dispositif de combat au signal de « En tirailleurs » précédé de quelques coups de corne précipités pour appeler l'attention; une ou deux compagnies se déploient de suite, en totalité ou en partie, les autres compagnies suivent en renfort par le terrain favorable ou prolongent la ligne en vue d'un débordement immédiat suivant le cas.

Le bataillon est également exercé :

À prendre le pas gymnastique pour gagner l'angle mort ou courir au point d'appui;

À se déployer derrière une crête et à ouvrir le feu par surprise;

À préparer et à exécuter le débouché d'un pont, d'un bois;

À passer d'une formation quelconque à un ralliement judicieux, etc.

### II. Combat du bataillon et du régiment.

En vue d'utiliser le terrain non emblavé en avoine et en légumes, bataillons et régiments seront exercés une fois par semaine au combat, de préférence encadré, à partir du milieu de novembre.

a) *Combat offensif.*

Dispositions de sûreté, de combat, de liaison.
Marche d'approche suivant le terrain.
Engagement rapide, en partant de la colonne de route, avec l'appui des mitrailleuses et des canons, si possible.
Attaque de 2, 3 bataillons, liaison avec l'artillerie et la cavalerie.
Attaque d'aile.
Suspension de combat et avant-postes au contact.
Attaque de nuit, attaque générale au petit jour.

b) *Combat défensif.*

Préparation de la contre-attaque ou du retour offensif et organisation rationnelle d'une position basse, en crête, etc.

Usure par les avant-postes, action ⎱ Contre-attaque.
   décisive de front ou de flanc. ⎰ Retour offensif.
Reprise de l'offensive ou retour à la position primitive.

c) *Cas particuliers du combat.*

Engagement d'avant-garde.
- L'ennemi dans la direction de marche.
- L'ennemi sur le flanc.

Flanc-garde.
- Qui a de la profondeur (combat en retraite par les couverts, si possible).
- Adossée à son gros (combat à fond).
- Ne couvrant pas encore son gros (attaque).
- Marchant parallèlement à son gros engagé : « rappliquage ».

Une troupe, chargée d'exécuter un mouvement de flanc et informée de la présence ou de l'approche d'un détachement ennemi sur son aile extérieure, s'en couvre, mais ne se laisse pas détourner de son objectif.

Arrière-garde. Combat en retraite d'un détachement mixte de couverture.

Attaque d'un défilé : s'avancer par la (les) crête.

Aborder une crête douteuse « en garde ».

Liaison d'une charge (ou d'un recul) de la cavalerie amie et d'un bond (ou d'une embuscade) de l'infanterie.

Panique d'une première ligne.

Réserve en position d'attente.

Couvrir un débouché.

d) *Bois.*

Traverser une futaie, clairière.

Traverser un fourré.
- On dispose d'une large tranchée.
- On peut utiliser un chemin de bois et des layons parallèles.
- On n'a pas de chemin.

Rencontre de l'ennemi.
- Dans une clairière.
- En plein fourré.

Attaque d'un bois. { Profond. / Mince.

Débouché d'un bois.

Défense. { D'une lisière. / D'une clairière. / En arrière d'un bois (en empêcher le débouché).

e) *Localité.*

Course au point d'appui.

Attaque, traversée et organisation sommaire d'une localité enlevée.

Débouché d'une localité.

Défense d'une localité :

En avant-ligne.

Sur la position principale. { Proportionnée à l'effectif. / Trop grande pour l'effectif. / Canonnable ou non.

### III. Service en campagne du bataillon et du régiment.

a) *Avant-postes.*

S'installer de jour.

S'installer de nuit.

S'installer le soir du combat.

Passer du service de jour au service de nuit et inversement.

Rencontre de l'ennemi. { En allant prendre les avant-postes; / Pendant l'installation; / Une fois installé (de jour et de nuit).

Liaison active entre les éléments d'avant-postes (navettes).

Cantonnement d'alerte. Postes d'issue, réduit, postes de surveillance. Conduire les éléments mobiles de défense à l'emplacement d'alerte.

b) *Avant-garde.*

Emploi de la cavalerie suivant que l'on dispose de quelques cavaliers ou d'un, deux... escadrons.

Dispositif de l'infanterie :

Tant que la cavalerie couvre et éclaire la marche;

Une fois dans l'inconnu (éclaireurs montés, patrouilles mixtes, détachements d'ailes).

Halte horaire (éclaireurs, section de tête, compagnies du gros).

Grand'halte (compagnies, sections aux issues ou hauteurs environnantes).

### IV. Exercices et manœuvres de nuit.

a) *Marche.*

Précautions : Guide, boussole, lanterne, etc. (prendre un itinéraire compliqué, à l'instruction). Liaison par des gradés poussés de l'élément arrière à l'élément avant.

Egrènement de la compagnie d'avant-garde, pour éviter la panique (V. P. 212).

Sapeurs ou détachement du génie à l'avant-garde avec le matériel nécessaire.

Si l'on dispose d'artillerie et de cavalerie, mettre en queue d'avant-garde un minimum de cavalerie et éventuellement un canon pour détruire une barricade (de village, de pont). Le reste de l'artillerie et de la cavalerie en queue de colonne.

Chevaux en queue de bataillon.

Halte horaire. { L'indiquer par des traits de lumière. La garder. { A l'avant-garde. Au gros.

Envoi de patrouilles latérales à proximité de l'ennemi.

b) *Evolutions et combats de nuit.*

1° Précautions pour assurer la direction et l'ordre, dispositions préparatoires en vue de l'enlèvement et de l'occupation d'un point d'appui.

2° Rassemblement du bataillon (régiment) de part et d'autre de la route de marche (ou d'un seul côté) et le long d'un chemin, d'une crête, d'une lisière parallèle à la position ennemie. Les compagnies intérieures, sur deux lignes de demi-sections à 12 (24) pas d'intervalle, les compagnies d'ailes, en ligne de sections à 24 (50 pas), les compagnies de réserve en ligne de sections. — Place des mitrailleuses, des travailleurs, etc. — Démarrage des lignes, des échelons, attaque, enlèvement de la position, ralliement, retranchement.

3° Attaque de localité.

4° Attaque au petit jour. Dans le brouillard.

5° Rencontre de deux avant-gardes.

6° Suspension de combat. Avant-postes au contact, en cantonnement d'alerte dans un village de la ligne de combat. Ravitaillement en eau, munitions, vivres. Attaque par les troupes en première ligne, au petit jour, ou leur traversée par les réserves et leur ralliement.

7° Franchissement et défense d'un pont, d'une rivière.

8° Défense d'une localité, la nuit, au petit jour, dans le brouillard.

9° Défense d'une hauteur.

10° Évacuation silencieuse du terrain par une troupe au contact.

### V. De l'arbitrage.

Dans toutes les manœuvres, mêmes les plus modestes, un arbitrage *judicieux* est indispensable.

L'arbitre doit connaître la valeur et l'effet des armes, mais il sait surtout que le tir de guerre n'a souvent aucun rapport avec le tir de polygone, exécuté dans le calme physique et moral.

Manœuvrier lui-même, il sait apprécier l'importance de la surprise, de la convergence des feux, de l'union des armes, de l'ensemble dans l'action, etc. L'assaillant a le droit « d'y aller » s'il neutralise le tir de l'adversaire grâce au feu du voisin, au sien propre, grâce aux mitrailleuses, aux canons amis ou encore s'il surgit à l'improviste.

Dans l'incertitude, l'arbitre tranchera en faveur de l'offensive, pour entretenir la flamme sacrée du dévouement et de l'initiative. « Au cours d'une manœuvre, dit le commandant Jette, Bredow ne ferait pas 500 mètres, sans voir surgir des cavaliers au brassard blanc, le rouge au front et la neutralisation à la bouche. »

Les sanctions arbitrales se traduisent normalement, non par un recul des adversaires, immédiatement suivi d'un nouvel « Avant deux », mais par la neutralisation de telle fraction qui forme les faisceaux immédiatement; le plus souvent, ce n'est pas un blâme, mais simplement le prix d'un sacrifice utile à l'ensemble ou la rançon du succès. Un bataillon attaque concentriquement, de près et avec ensemble, une compagnie de grand'garde. L'arbitre annulera complètement la grand'garde; par contre, il évaluera le prix du succès à une compagnie et demie par terre. Les deux compagnies et demie restantes auront le champ libre pour continuer leur action.

# CHAPITRE XVI

## Dressage des réservistes.

---

Avec la brièveté des périodes, on dispose de bien peu de temps pour rafraîchir la mémoire des réservistes et les faire rentrer dans le rang. Aussi la revision de l'instruction doit-elle n'envisager que l'indispensable.

1° *Instruction individuelle.*

Oblique à droite en partant de la position couchée; même mouvement, au pas gymnastique ou au pas de route (en vue de la marche oblique sous le feu de l'artillerie).

Pas gymnastique (lent, long, l'arme à la main, en partant de la position couchée) :

« Attention. Direction (ou abri). En avant. Marche. »

Mettre la baïonnette au canon couché.

Démarrer au pas de charge de cette position.

Mettre vivement sac à terre. Enlever rapidement l'outil, le mettre au ceinturon.

Quelques mouvements d'escrime à la baïonnette d'application (Pointez, lancez l'arme, parades, pas en avant, en arrière, à droite et à gauche).

Tir : Maniement de la hausse. Approvisionner rapidement couché. Tirer dans cette position.

« Cessez le feu! » Réapprovisionner en s'abritant si possible, charger, rester en surveillance (laisser le bouton quadrillé à la position *arrière*).

Bondir l'arme chargée.

Bondir l'arme déchargée et, à l'arrivée, continuer le feu coup par coup ou réapprovisionner.

Vouloir atteindre
{ Trouver la direction de l'ennemi, prendre la hausse.
Appuyer l'arme.
Cesser le feu quand on entend le sifflet, le commandement: « Cessez le feu » ou quand on ne voit plus ou trop peu.

2° *Ecole de section*[1].

Séries 1, 2, 3, 4, 5 (ne pas oublier la halte horaire).

3° *Évolutions de la compagnie et du bataillon.*

Quelques séances (surtout la phase de l'attaque-. Attaque et défense de nuit.

4° *Travaux de campagne.*

« Par 2, retranchez-vous. »

5° *Paquetage de mobilisation.*

Arrimage, vivres, outils au ceinturon. Tenue de campagne.

6° *Service en campagne.*

Poste de 4 (7) hommes. Poste d'issues. Piquet.
Hommes de relais. Agents de liaison.
Sentinelles devant les armes. Sentinelles isolées.
Eclaireurs.

7° *Théorie.*

Police de marche.

---

[1] Pendant 2 ou 3 jours, les gradés réservistes sont remis au point en manœuvrant avec une section de l'active, tandis que les soldats réservistes sont instruits par les gradés actifs. Une fois en confiance, les gradés réservistes prennent le commandement de leurs camarades, ou de leur groupe, dans la compagnie mélangée.

Installation au cantonnement, bivouac. Précautions en vue d'une alerte.

Devoirs au combat.

Paquet de pansement.

Fascicule de mobilisation.

*Remarque.* — Il ne suffit pas de relever la valeur militaire technique du réserviste; il faut aussi que ce soldat n'ait pas à regarder en arrière, qu'il aille au combat, assuré que les siens ne seront pas abandonnés, jetés dans la misère dès son départ.

Ce n'est pas l'argent qui manque en France, et dans une guerre qui doit décider de l'existence ou de la destruction du pays, quelques centaines de millions comptent peu.

Aussi préconisons-nous instamment *l'allocation, à chaque famille de réserviste* (épouse et [ou] enfants), d'un bon journalier de vivres ou d'argent pour la durée de la campagne. Dans les grands centres, où l'alimentation pourra éprouver des difficultés, ce bon donnerait droit à des distributions en nature (pain, viande fraîche ou conserves) par les soins de la municipalité; dans les petites localités, l'allocation d'argent permettrait à la famille du réserviste de se tirer d'affaire.

Ce bon, fixé au fascicule mobile, serait détaché par le réserviste même à la mobilisation et remis aux siens.

Il suffit de s'être entretenu avec les réservistes des grandes villes sur ce grave sujet pour sentir la nécessité d'une solution plus ou moins approchée de celle que nous proposons.

# ÉPILOGUE

Merci, ami lecteur, qui nous as suivi sans défaillance jusqu'au terme de cette rude besogne. Pardon, aussi, pour les rabâchages suggérés par les questions qui nous tenaient plus à cœur.

De ces pages, retiens à tout le moins ceci :

On ne se bat qu'avec des gens qui veulent bien mourir; à toi, de persuader les soldats de la nécessité du sacrifice suprême; à toi, de leur donner en même temps confiance; qu'ils sachent qu'avec toi ils mourront utilement : *mourir utilement*, c'est tout l'art de la guerre.

On meurt utilement en attaquant. Tu as de la place (avant-garde, détachement...), attaque immédiatement[1] par débordement; la place te manque, attaque immédiatement[1] par renforcements successifs et rapides. Dans les deux cas, attaque avec tout ton monde, en utilisant au mieux le terrain, pour cheminer ou te regrouper, la vitesse, pour traverser le découvert, le feu, seulement pour avancer ou faire avancer les voisins.

Attaque donc et meurs, officier de France; ceux qui tombent pour le Pays sont inscrits au Livre de Vie; attaque et meurs, officier de France, pour que Vive la France!

---

[1] On ne bride l'instinct, on n'accepte la mort que par volonté; cette quantité d'énergie dépensée, le soldat fuit ou reste couché : c'est la peur.

De toute évidence, la continuité du danger, les longues heures de réflexions angoissées, sous les balles et les shrapnels tueront le moral plus sûrement qu'un effort court et violent, fourni par une volonté fortement bandée; bref, on poussera plus loin et avec plus de facilité l'attaque immédiate et rapide que le mouvement consécutif à une longue attente sous le feu.

# INDEX ALPHABÉTIQUE

## A

*Abri* pour mitrailleuses, 334.
*Agent de liaison*, 227.
*Allègement* du fantassin, 68.
*Applications collectives* de gymnastique, 58.
*Approche* : par le terrain, 91 et 101. — Par la vitesse, 98. — Par l'amincissement des formations, 96. — Par le feu, 99.
*Appui* (course au point d'), 169.
*Appui réciproque des groupes engagés*, 122.
*Arbitrage*, 394.
*Arrière-garde*, 151.
*Artillerie*. — Se garer de l'artillerie allemande, 240. — Se faire appuyer par l'artillerie française, 241. — Artillerie à l'avant-garde, 247. — Artillerie dans le combat de front, 248. — Liaison matérielle avec l'infanterie, 248. — Artillerie dans l'attaque, 251. — Rendre service à l'artillerie amie, 252.
*Attaque* (en général), 103. — Attaque d'un bataillon encadré, 124. — Attaque d'un bataillon (détail d'exécution en temps de paix), 135. — Attaque d'une brigade, 127.
*Avant-garde* (son échelonnement), 206. — Distance au gros, 208. — Son engagement, 140. — De l'artillerie à l'avant-garde), 247.
*Avant-ligne* ou *Avant-postes* combattant ou manœuvrant en retraite, 152.
*Avant-postes*. — Concentration des avant-postes, 191. — Cavalerie et infanterie aux avant-postes, 376. — Grand'gardes, 196 et 371. — Postes d'issue, 364. — Postes de résistance, 196. — Eléments de surveillance, 200. — Postes de 4 (7) hommes, 201 et 367. — Sentinelles isolées, 371. — Devant les armes, 371. — Hommes de relais, 59 et 369. — Agents de liaison, 227. — Patrouilles, 368. — Du mot, 376. — Avant-postes la nuit, 201.
*Axiomes* de combat, 75.

## B

*Bataillon* (bataillon encadré), 111. — Détails d'exécution en temps de paix, 135. — Evolutions, 388. — Exercices de combat, 390. — Exercices de service en campagne, 392. — De nuit, 393.
*Bois*. — Offensive et défensive, 173.
*Bond*. — Vitesse. — Amplitude. — Simultanéité, 98.
*Brouillard* (offensive et défensive dans le brouillard), 204.

## C

Cadres (manœuvre de), 16.
Cantonnements (Entrée dans les), 67 et 284. — (Arrivée de nuit au), 195.
Caractère du chef, 7.
Carte. — Manœuvre sur la carte, 13. — Manœuvre sur la carte dans la compagnie, 32.
Cavalerie. — Combat contre la cavalerie, 237 et 358. — Cavalerie aux avant-postes, 376. — Cavalerie au combat, 139.
Chant, 43.
Combat. — Axiomes de combat, 75. — Application des axiomes de combat à l'infanterie, 91. — Approche, 91. — Attaque, 103. — Résumé du combat d'infanterie, 108. — Combat de la compagnie, 111. — Du bataillon encadré, 111. — Du régiment et de la brigade, 127. — Suspension de combat, 170. — Dispositions de combat, 115. — Dispositions de fin de combat, 171.
Commandements rythmés, 269.
Compagnie (Evolutions de la), 339.
Conduite du feu, 270.
Conférences. — Dans le régiment, 20. — Aux cadres de la compagnie, 25. — Aux soldats de la compagnie, 30.
Contre-attaque, 147.
Course. — De vélocité, 60. — Au point d'appui, 50 et 169.
Couverture, 152.
Crête (Franchir une), 241 et 352. — Feu de surprise à une crête, 354.
Critique, 18.

## D

Découvert. — Le découvert présente toujours des couverts, 95. — Nécessité de la marche par le terrain plus ou moins découvert, 97.
Défensive, 145. — Défensive la nuit, 223.
Détachement (Combat de), 159.
Dispositions. — De combat, 115. — De sûreté, 112. — De fin de combat, 171.
Drapeau. — Sa place, 134.

## E

Eclaireurs d'infanterie (Instruction des), 307.
Eclaireurs montés d'infanterie, 209.
Education morale. — Son importance, 1. — Education morale des officiers, 9.
Education patriotique du soldat, 38.
Education physique, 45.
Education professionnelle des officiers, 11. — Education morale et intellectuelle du soldat, 28.
Embuscade, 181. jour, 339. — De nuit, 385.
Evolutions du bataillon, 388.
Escrime à la baïonnette, 266.

## F

Flanc-garde, 149.
Fortification de campagne, 326. — Tranchée crénelée, 329. — Point d'appui réduit, 330. — Abri pour mitrailleuses, 331. — Organisation d'un village, 334. — Organisation d'un bois, 335.

## G

*Gibernage*, 18.
*Grand'garde*. — Force, 191. — Installation, 371. — Nuit, 195 et 587. — Grand'garde voisine attaquée, 200. — Enfoncée, 200.
*Grand'halte*, 66.
*Gymnastique éducative*, 51. — D'application, 56.

## H

*Halte horaire*, 65.

## I

*Imprévu* (Que faire en face de l'), 87.
*Initiation* guerrière, 363.
*Instruction des éclaireurs*, 307.
*Instruction individuelle*. — Elémentaire, 204. — Du tireur, 269. — Guerrière, 305.
*Instruction* par le *mauvais temps*, 323.
*Instruction* (*méthode d'*), 258.

## L

*Liaison*. — Principes, 226. — Dans l'arme, 226. — En marche, 228. — En station, 231. Au combat, 233. — Entre les troupes et les Etats-majors, 250. — Entre les Etats-majors, 237. — De l'infanterie et de la cavalerie, 237. — De l'infanterie et de l'artillerie, 240. — Agents de liaison, 227.

## M

*Manœuvres avec troupes*. — Dans la compagnie, 21. — Sur la carte dans la compagnie, 22. — De cadres, 22.

*Marche*. — Discipline de marche, 65. — Diminution de la fatigue pendant la marche, 66. — Evolutions ou manœuvres pendant la marche, 69.
*Méthode* d'instruction, 258.
*Mitrailleuses*, 171.
*Mot*, 576.
*Mur* (Assaut du), 60.

## N

*Nuit*. — Marche de nuit, 217. — Approche de nuit, 213. — Attaque de nuit, 213. — Attaque générale au petit jour, 222. — Attaque et défense par une compagnie, 202-216. — Un bataillon, 216. — Un régiment, 218-223. — Nombre et durée des exercices de nuit, 378. — Programme d'exercices de nuit, 380.

## P

*Pas cadencé*, 264.
*Pas de charge*, 266.
*Pas d'école*, 62.
*Pas gymnastique*, 58.
*Patrouille*, 368.
*Pont* (Franchissement d'un), 359.
*Poste d'issue*, 364.
*Poste de résistance*, 196 et 374.
*Poste de surveillance*, 201 et 367.
*Poursuite*, 135.
*Programme d'instruction*, 254.

## Q

*Qualités du chef*, 5.

## R

*Reconnaissance*, 208.
*Reconnaissance* d'isolés, 382. — D'une troupe la nuit, 382.

*Réduit.* — Organisation d'une tranchée, 330. — D'une maison, 334 et 376.
*Régiment.* — Evolutions, 388. — Exercices de combat, 390. — Des exercices de nuit, 393.
*Relais* (Homme de), 59 et 369.
*Remise en mains*, 36 et 360.
*Renseignement.* — Sa valeur, 76.
*Réserve* (d'avant-poste), 191. — Troupe en réserve, 101.
*Réserves.* — Marche des réserves, 102.
*Réservistes*, 396.
*Rivière* (Défense et passage de), 358.

## S

*Section* (5 séries), 308.
*Sentinelles.* — Double, 369. — Isolée, 371. — Devant les armes, 371.

*Signaux*, 360 et 389.
*Sonnerie de la charge*, 125.
*Sûreté en marche*, 112. — En station, 113. — Au combat, 114.
*Sûreté lointaine*, 145.

## T

*Tableau de travail*, 259.
*Terrain.* — Son importance, 92, 116 et 388.
*Tir.* — Instruction du tir, 269. — Conduite du feu et de la troupe, 270. — Tir au stand, 280. — Tirs individuels, 280. — Tir de groupe, 290. — Tir de démonstration, 297. — Tirs réels (manœuvre avec), 298.

## V

*Vélocité* (course de), 60.
*Village*, 185.

# TABLE DES MATIÈRES

## PREMIÈRE PARTIE
*Education morale et intellectuelle de l'infanterie.*

#### CHAPITRE I
Importance de l'éducation morale. — Qualités du chef........ 1

#### CHAPITRE II
Education des officiers........................................ 9

#### CHAPITRE III
Education morale et intellectuelle du soldat................... 28

## DEUXIÈME PARTIE
*Education physique de l'infanterie.*

#### CHAPITRE I
La gymnastique............................................... 46

#### CHAPITRE II
La marche.................................................... 62

## TROISIÈME PARTIE
*Education professionnelle de l'infanterie.*

#### CHAPITRE I
Vue d'ensemble du combat. — Axiomes de combat............ 72

#### CHAPITRE II
Applications à l'infanterie.................................... 94

#### CHAPITRE III
Application au combat encadré................................ 110

## TABLE DES MATIÈRES

#### CHAPITRE IV
Cas particuliers du combat.................................... 140

#### CHAPITRE V
Du service en campagne....................................... 190

#### CHAPITRE VI
Manœuvres de nuit............................................ 211

#### CHAPITRE VII
La liaison................................................... 226

#### CHAPITRE VIII
Programme et méthode d'instruction........................... 254

#### CHAPITRE IX
Dressage individuel.......................................... 264

#### CHAPITRE X
Dressage de la section....................................... 308

#### CHAPITRE XI
Fortification de campagne.................................... 326

#### CHAPITRE XII
Dressage de la compagnie..................................... 339

#### CHAPITRE XIII
Dressage en vue du service en campagne....................... 362

#### CHAPITRE XIV
Dressage en vue du combat de nuit............................ 378

#### CHAPITRE XV
Evolutions du bataillon. — Exercices de combat, de service en campagne, de nuit, du bataillon et du régiment............ 388

#### CHAPITRE XVI
Dressage des réservistes..................................... 396

#### ÉPILOGUE
#### INDEX ALPHABÉTIQUE

---

Marc Imhaus et René Chapelot, Imprimeurs, Nancy et Paris.

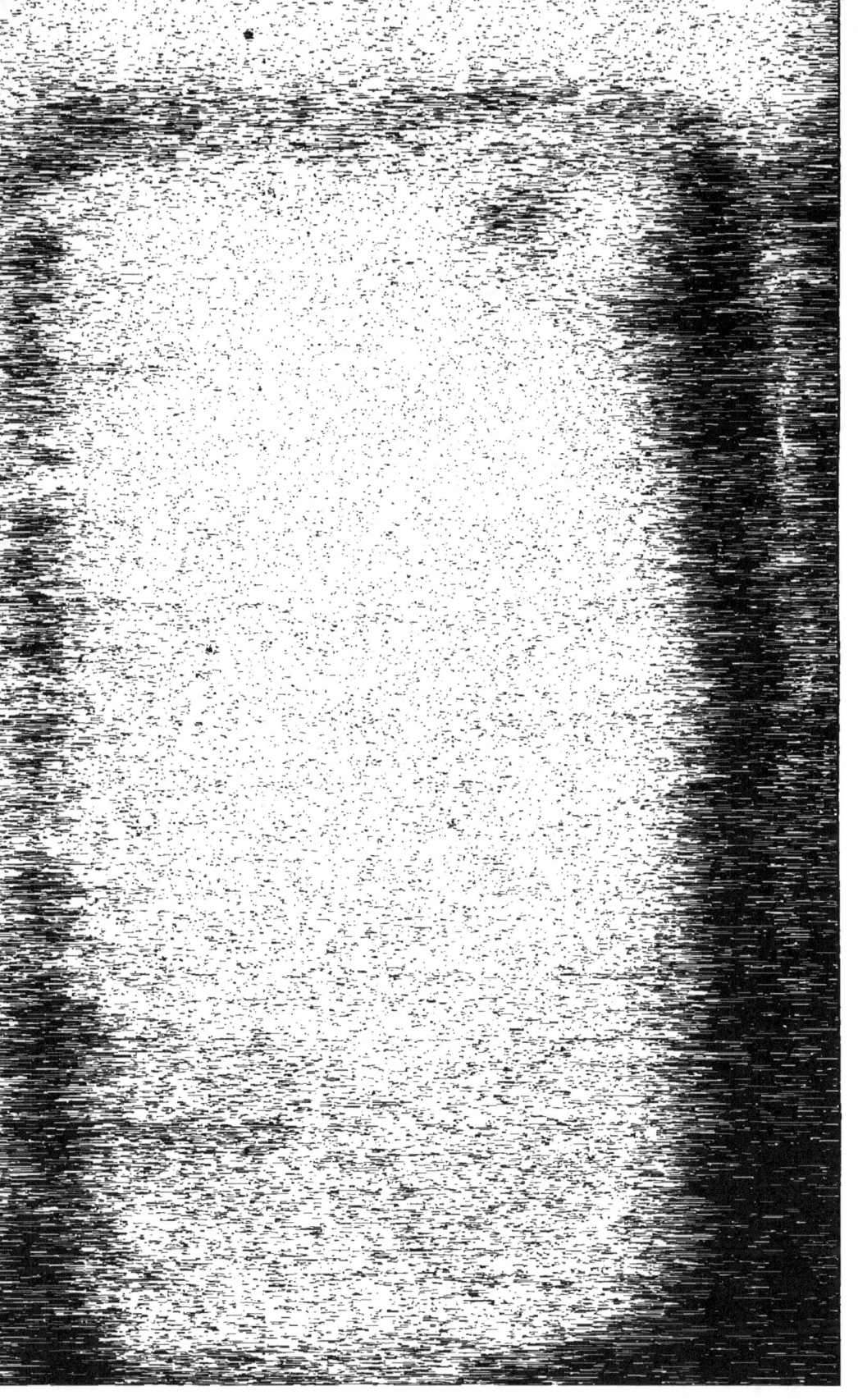

# A LA MÊME LIBRAIRIE

**Instruction de la compagnie dans le service en campagne**, par le lieutenant Biétron, du 4ᵉ d'infanterie. 1911. in-8. . . . . . . . . . 1 fr. 50

**Études sur les règlements de l'infanterie. Les élèves caporaux.** 1906, in-8. . . . . . . . . . . . . . . . . . . . . . . . . . . . 40 c.

**Un règlement moderne.** — *Essai sur le règlement de manœuvres de l'infanterie du 3 décembre 1904*, par le commandant Edmond Ferry. 1905, in-12. . . . . . . . . . . . . . . . . . . . . . 1 fr. 50

**Pour t'aider dans le commandement de ta compagnie.** — *Lettres à mon neveu*, par le capitaine G. Cognet. 1908, 1 vol. in-8 . . . . . 3 fr.

**Infanterie.** — *Méthodes de commandement, d'éducation et d'instruction*, par le général H. Bonnal. 2ᵉ édition. 1900, 1 vol. in-8 avec carte et croquis. . 
. . . . . . . . . . . . . . . . . . . . . . . . . . . . . . . . 6 fr.

**Quelques idées sur l'instruction d'un régiment d'infanterie.** (Mise au point des cadres et des unités. Tactique élémentaire de sûreté et de combat. — Liaison des armes), par le lieutenant-colonel de Fonclare, du 45ᵉ d'infanterie. 1909, 1 vol. in-8 . . . . . . . . . . . . . . . . . 3 fr. 50

**Éducation et instruction de la troupe et des cadres dans l'infanterie**, par le commandant de Blondeau. 1910, broch. in-8. . . . . 2 fr. 50

**De l'instruction des cadres dans l'infanterie**, par le lieutenant Balédent, du 104ᵉ régiment d'infanterie. 1907, in-8. . . . . . . . . . . 1 fr. 50

**Du formalisme au « débrouillez-vous ».** — *Étude sur les procédés de maniement du groupe*, par le lieutenant Jaray, du 130ᵉ régiment d'infanterie. 1910, broch. in-8. . . . . . . . . . . . . . . . . . . . 1 fr. 25

*Exercices d'instruction des cadres.* — **Placement d'un petit poste**, par le capitaine A. B. 1909, broch. in-8 avec gravures et 1 carte. . . . . 1 fr.

**En terrains variés**, par le lieutenant Chevron, du 22ᵉ bat. alpin de chasseurs à pied. 1908, in-16 cart. avec figures. . . . . . . . . . . . . . . 60 c.

**Étude sur le service en campagne et la deuxième partie des règlements de manœuvres de l'infanterie**, par le commandant A. Lamey, chef d'état-major du gouverneur de Bayonne. 1902, in-8. . . . 1 fr. 75

**La tyrannie de l'arme à feu**, par le capitaine Linarès, du 31ᵉ d'infanterie. Préface du général Percin. 1911, broch. in-8. . . . . . . . . . 1 fr. 25

**Éclaireurs non montés d'infanterie**, par le capitaine Faure, du 126ᵉ d'infanterie. 1911, broch. in-8 avec 2 croquis. . . . . . . . . 60 c.

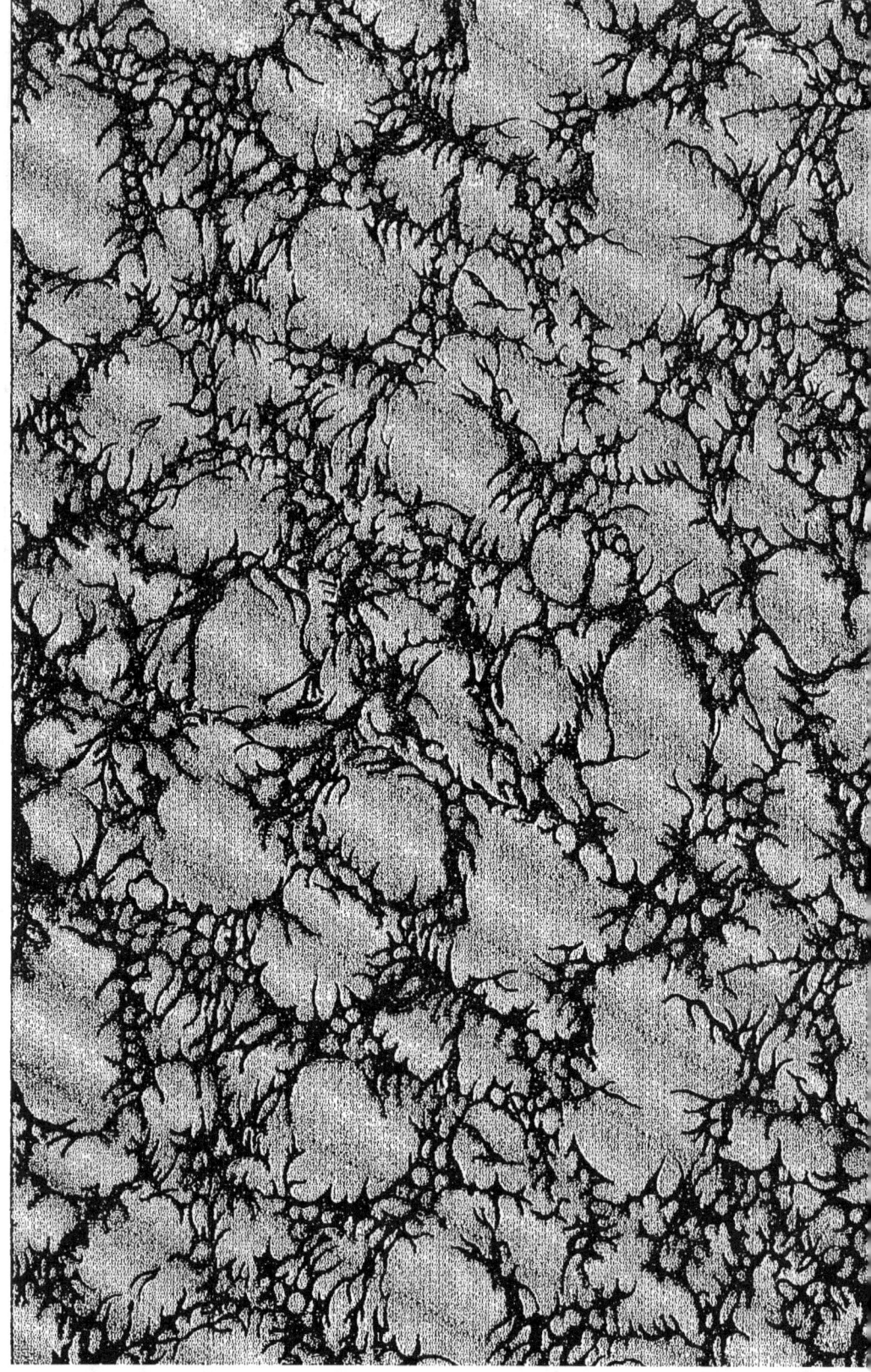

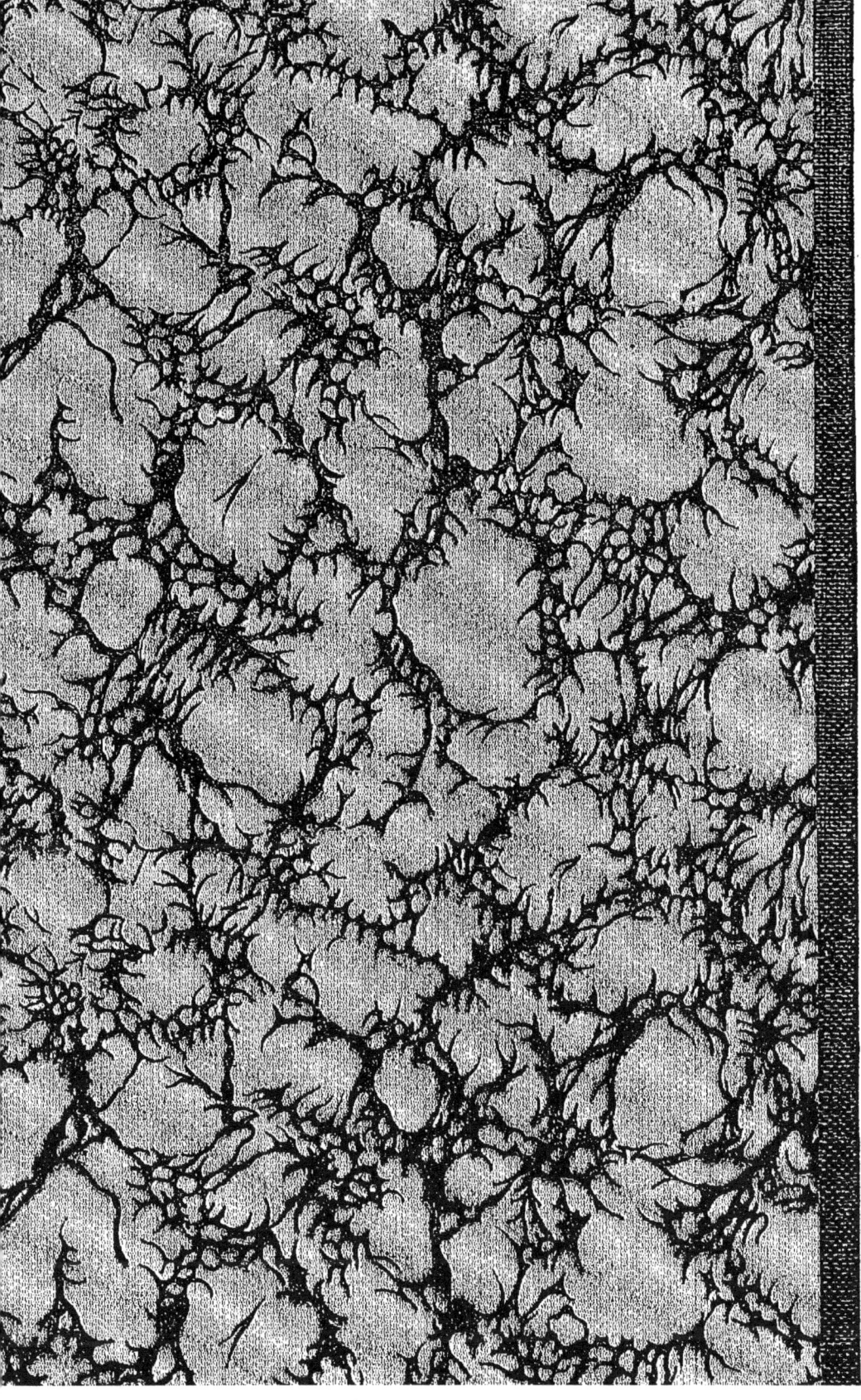

www.ingramcontent.com/pod-product-compliance
Lightning Source LLC
Chambersburg PA
CBHW060542230426
43670CB00011B/1652